国家社科基金重大项目成果（项目批准号：22&ZD077）
高等学校经济与管理类核心课程教材

ZHONGGUO TESE SHEHUIZHUYI ZHENGZHI JINGJIXUE

中国特色社会主义政治经济学

（第二版）

主　编　陈伯庚　陈承明　沈开艳
副主编　傅尔基　刘美平　速继明　石　涛

中国教育出版传媒集团
高等教育出版社·北京

内容提要

本书是高等学校经济与管理类核心课程教材之一。本书主要内容包括:导论;第一篇基本经济制度;第二篇经济体制机制;第三篇根本任务;第四篇微观经济运行;第五篇宏观经济运行;第六篇国际经济关系。本书全面贯彻习近平新时代中国特色社会主义思想和党的二十大精神,全面剖析了中国特色社会主义经济的形成过程,着力构建中国特色社会主义政治经济学理论体系。

本书适合作为高校经济与管理类专业相关课程教材,也可作为党政干部的学习资料。

图书在版编目(CIP)数据

中国特色社会主义政治经济学/陈伯庚,陈承明,沈开艳主编.—2版.—北京:高等教育出版社,2023.4

ISBN 978-7-04-058442-4

Ⅰ.①中… Ⅱ.①陈… ②陈… ③沈… Ⅲ.①中国特色社会主义-社会主义政治经济学-高等学校-教材

Ⅳ.①F120.2

中国国家版本馆 CIP 数据核字(2023)第 001405 号

策划编辑	刘自挥 熊柏根	**责任编辑**	熊柏根	**封面设计**	张文豪	**责任印制**	高忠富

出版发行	高等教育出版社	网　　址	http://www.hep.edu.cn
社　　址	北京市西城区德外大街 4 号		http://www.hep.com.cn
邮政编码	100120	网上订购	http://www.hepmall.com.cn
印　　刷	上海当纳利印刷有限公司		http://www.hepmall.com
开　　本	787 mm×1092 mm　1/16		http://www.hepmall.cn
印　　张	21.25	版　　次	2023 年 4 月第 2 版
字　　数	517 千字		2016 年 8 月第 1 版
购书热线	010-58581118	印　　次	2023 年 4 月第 1 次印刷
咨询电话	400-810-0598	定　　价	45.00 元

序

　　政治经济学是马克思主义三大组成部分之一,是科学社会主义的理论支柱,党和国家领导人历来重视社会主义政治经济学的研究与学习。20 世纪 50 年代末,毛泽东提出了"价值规律是一个伟大的学校"的科学论断,接着主持对苏联社会主义政治经济学教科书的阅读与批注,并要求有条件的地区编写中国自己的政治经济学教科书。1984 年中共十二届三中全会作出《关于经济体制改革的决定》,邓小平称它为中国自己的"社会主义政治经济学"。2015 年,习近平主持政治局学习会议,专题学习与研究社会主义政治经济学问题,并先后多次发表有关重要讲话,深刻论述研究当代中国马克思主义政治经济学的重大意义。学者们说,研究与学习政治经济学的又一个春天到了。

　　习近平的"当代中国马克思主义政治经济学"这一论述,深刻地概括了我们要研究的政治经济学的特定内涵与性质。

　　"当代"的社会主义政治经济学,意指既要摆脱 20 世纪五六十年代苏联式教科书的影响,摆脱那种脱离实际、规律排队的教条主义影响,又要避免对未来社会脱离实际的抽象论述,特别是那种急于过渡的空想社会主义影响。当代社会主义政治经济学,意指我们既要立足于社会主义初级阶段的实际,又不能忘记我们当前面对的是一个开放的世界。

　　"中国"的社会主义政治经济学,意指我们是站在中国这块大地上来研究社会主义政治经济学,研究的是具有中国特色的社会主义。以改革开放为特点的中国特色社会主义,已经拥有相当丰富的建设社会主义的经验,是世界社会主义运动中的极其宝贵的财富。改革开放以来的建设与改革实践已走在理论前面,更需要理论去加以总结与进一步指导。

　　"马克思主义"的社会主义政治经济学,更是对社会主义政治经济学的科学定性。社会主义有多种多样,社会主义政治经济学同样也可以有多种多样,而我们所要的是马克思主义的政治经济学,而不是社会民主主义的政治经济学或其他社会主义政治经济学。这一点关系到中国社会主义建设的性质与发展方向。

　　当代的、中国的、马克思主义的这三个维度,指正着社会主义政治经济学的研究坐标与方向。

　　每门学科都有它自己的研究对象。政治经济学的研究对象,应该主要是生产关系或者说经济关系。但是在苏联政治经济学教科书中,由于都是一些远离实际的教条主义的规律排队,加上我国在极左路线泛滥时期大批"唯生产力论",提出"宁要社会主义的草,不要资本主义的苗"等谬论,因而在拨乱反正过程中,为了摆脱这些教条主义与极左思潮的影响,曾经把生产力与上层建筑也纳入学科的研究范围,这可能也是所谓的物极必反吧。政治经济学的研究不能脱离生产力发展的阶段,即不能脱离社会主义初级阶段生产力发展的基础。政治经济学的研究也必须有利于推动生产力的发展,但这决不是要把生产力纳入政治经济学的研究对象。同样,政治经济学的研究不能不受上层建筑特别是政治与文化的影响,但也不能把上层建筑纳入政治经济学的研究对象。有关政治经济学的研究对象的正确含义,还得回归马克思主义的经典论述:"人们在自己生活的社会生产中发生一定的、必然的、不以他们的意志为转移的关系,即同他们的物质生产力的一定发展阶段相适应的生产关系。这些生产关系的总和构成社会的经济结构,即有法律的和政治的上层建筑竖立其上并有一定社会意识形式与之相适应的现实基础……不是人们的意识决定人们的存在,相反,是人们的社会存在决定人们的意识。"①这就是说,政治经济学研究对象主要是生产关系或者说社会经济结构,当然是以一定的生产力发展水平为基础,并有上层建筑构筑其上的生产关系。

生产关系或经济关系作为政治经济的研究对象,在当前的中国,天地是相当宽广的,内容是相当丰富的。

改革开放以来中国经济持续高速增长,要归功于改革开放之力。而改革开放的实质是生产关系或者说经济关系的调整。以农村家庭联产承包责任制替代人民公社体制,变单一的公有制为多种所有制共融的基本经济制度,变计划经济体制为社会主义市场经济体制,等等,无不都是生产关系及其运行机制上所发生的重大变革。而正是这些变革,即把生产关系置于现实生产力发展阶段上的重大变革,调动了人们的积极性,使人财物等要素得以优化配置,并促进了生产力的巨大发展。

改革,生产关系及其运行机制的调整,正是当前我国社会主义政治经济学研究的主要对象。不仅至今的改革开放经验需要从政治经济学的视角去提炼总结,未来进一步的改革开放更需要政治经济学的理论去加以启发与指导。这也正是习近平一再强调学习与研究政治经济学的基本精神。

《中国特色社会主义政治经济学》一书,就是对当代中国马克思主义政治经济学的有益探索。该书的最大特点,是从政治经济学的视角,全面剖析了中国特色社会主义经济的形成过程,分析了改革开放通过生产关系与运行机制的变革,对解放与发展生产力所发挥的巨大威力。该书全面地论述了当前研究与学习社会主义政治经济学的重要意义;论述了创新发展中国特色社会主义政治经济学所必须处理的几个问题,包括研究对象中的生产力与生产关系的关系、社会主义经济制度的特殊性与经济运行机制一般性的关系、马克思主义政治经济学与西方经济学的关系等;把创新、协调、绿色、开放、共享的发展观纳入政治经济学的视野,包括把政治经济学的理论创新与发展提到极其重要的地位等,都是书中的重要亮点。

该书的主编陈伯庚教授,是1959年编写、1961年出版的国内第一部自编的政治经济学教科书作者之一。他以80多岁的高龄,主持此书写作,特别是他那高昂的创作勇气、创新精神、创作热情,更值得钦佩与推崇。

袁恩桢②

---

① 马克思:《〈政治经济学批判〉序言》引自《马克思恩格斯选集》第2卷,人民出版社2012年9月第3版,第2页。

② 袁恩桢,著名经济学家,上海市经济学会名誉会长,曾任上海市经济学会会长、上海社会科学院经济研究所所长。

第 二 版 前 言

《中国特色社会主义政治经济学》教材的第一版出版以来,受到社会各界特别是经济理论界的关注,取得了良好的效应。教材的内容基本上符合党的二十大精神。但是,教材在贯彻习近平新时代中国特色社会主义思想方面,缺乏全面系统的阐述,立足点不高,深度不够。特别是中国特色社会主义进入新时代的定位、社会主要矛盾转化、经济高质量发展、建立现代化经济体系、乡村振兴、建设现代化强国和构建人类命运共同体等新的理论成果没有涉及。因此,必须根据党的二十大精神,作出重大补充和修改。

本次教材修改全面贯彻党的二十大精神,以习近平新时代中国特色社会主义思想为指导思想,力求反映和阐述党的二十大报告中,习近平总书记提出的最新理论成果。就内容来说,主要做了十个方面的修改、补充和提高。

一、在"导论"中,增加了一个子目,"习近平新时代中国特色社会主义经济思想对中国特色社会主义政治经济学的创新发展"。从九个方面概括论证了其创新成果,确认其为中国特色社会主义经济政治经济学发展的新的里程碑。

二、在第一章中,专门列了一节,即"第四节,中国特色社会主义新时代",集中论述新时代的客观依据和科学内涵、新时代的主要矛盾转化、新时代的总任务和目标、新时代的战略意义等,新时代理论,创造性地发展了社会主义初级阶段理论。

三、分析和论述了新时代主要矛盾转化为:人民日益增长的美好生活需要和不平衡不充分发展之间的矛盾,这是事关全局的重大变化,意义深远。新增的第五章,根据党的二十大关于"共同富裕是中国特色社会主义的本质要求"[①]的思想,全面论述了经济规律与共同富裕的内在联系,阐明了实现共同富裕的途径和方法。

四、经济体制改革的核心问题是正确处理政府与市场的关系。习近平总书记提出,要充分发挥市场在资源配置中的决定性作用,同时要更好地发挥政府的积极作用,使社会主义与市场经济深度融合,做到既实现市场经济的高效率,又充分发挥社会主义制度的优越性,发展了社会主义市场经济理论,更加夯实了中国特色社会主义政治经济学的基石。

五、坚持五大发展新理念。在相关章节中,集中论述了习近平总书记倡导的创新、协调、绿色、开放、共享五大发展新理念。上升到规律性的高度来认识,深刻反映了经济规律,按比例协调发展规律、生产力发展规律、社会发展规律、经济全球化发展规律,创新了发展理论,

---

① 习近平:《高举中国特色社会主义伟大旗帜 为全面建设社会主义现代化国家而团结奋斗》,人民出版社 2022 年10 月版,第 22 页。

并确认为中国特色社会主义政治经济学的核心。

六、补充论述了经济高质量发展的理论。进入新时代,中国经济已由高速增长阶段转向高质量发展阶段,关键是要转换发展方式,优化经济结构,转换增长动力。所谓高质量发展,就是要坚持质量第一,效率优先,提高全要素生产率,不断增强创新力和竞争力。坚持高质量发展,既是解决现阶段主要矛盾,满足人民日益增长的美好生活需要的根本手段,又是建设社会主义现代化强国的必然选择。这是对马克思主义发展观的又一次创新。

七、增加了第十章,专门论述了新时代的中心任务,是全面建成社会主义的现代化强国和完善现代化经济体系。建设现代化经济体系是实现高质量发展和建成社会主义现代化强国的必然要求。其目标:一是建设创新引领、协调发展的产业体系;二是建设统一开放、竞争有序的市场体系;三是建设体现效率、促进公平的收入分配体系;四是要建设彰显优势、协调联动的城乡区域发展体系;五是要建设资源调节、环境友好的绿色发展体系;六是要建设多元平衡、安全高效的全面开放体系;七是要建设充分发挥市场作用、更好地发挥政府作用的经济体制。以上七个方面是统一整体,要一体分设,协调推进。

八、强化了供给侧结构性改革的内容。坚持和深化供给侧结构性改革,是根据我国经济在供给侧方面存在的深层问题提出的。以去产能、去库存、降成本、补短板为重点,做了大量工作,取得了积极成效,但矛盾并没有完全解决。因此,党的二十大提出:"着力扩大内需,增强消费对经济发展的基础性作用和投资对优化供给结构的关键作用。"[①]实现更高水平和更高质量的供需动态平衡。

九、充实了乡村振兴的内容。乡村振兴的本质,是工业反哺农业、城市支援乡村,积极推进农业农村现代化,增加农民收入,真正使农业强起来,农村美起来,农民富起来,实现城乡融合发展。党的二十大指出:"巩固和完善农村基本经营制度,发展新型农村集体经济,发展新型农村经营主体和社会化服务,发展农业适度规模经营。"[②]为深化农村经济改革和建设农业强国指明了方向。

十、增补了构建人类命运共同体的重要理念。近年来,习近平总书记高瞻远瞩,直面世界大局,把开放的思想扩展到全世界范围,倡导"一带一路"建设,积极参与世界经济治理。提出构建人类命运共同体的重大倡议和重要理念,推动建设开放型世界经济,把中国特色社会主义政治经济学扩展到世界范围内,大大推进政治经济学的国际化。

此外,在教材的体系结构方面也做出了一些微调,一是在指导思想上,坚持习近平新时代中国特色社会主义思想为指导。二是,坚持以"社会主义本质论"为教材的总纲,以"人民为中心"的思想为本教材的根本政治立场和贯穿全书的主线,围绕人民的根本利益安排全书体系结构。三是,对加快中国式现代化建设,促进共同富裕,坚持以国内大循环为主体,促进国际国内双循环等新内容也进行了补充和完善。

习近平新时代中国特色社会主义经济思想实现了马克思主义政治经济学又一次革命性的飞跃,是中国特色社会主义政治经济学又一次伟大的创举。如果说邓小平经济理论是中国特色社会主义政治经济学形成的重要里程碑,那么,习近平新时代中国特色社会主义经济

---

① 习近平:《高举中国特色社会主义伟大旗帜　为全面建设社会主义现代化国家而团结奋斗》,人民出版社 2022 年 10 月版,第 29 页。

② 习近平:《高举中国特色社会主义伟大旗帜　为全面建设社会主义现代化国家而团结奋斗》,人民出版社 2022 年 10 月版,第 31 页。

思想,是中国特色社会主义政治经济学发展的又一重要里程碑。认真学习和研究习近平新时代中国特色社会主义经济思想,对确立中国特色社会主义政治经济学根本立场,明确贯穿全书的主线,建立基本经济范畴,构筑理论体系,具有十分重要的指导意义。

编　者

2023 年 3 月

第 一 版 前 言

社会主义政治经济学是中国特色社会主义理论体系的核心和基石,是马克思主义政治经济学中国化、时代化的产物。中国特色社会主义政治经济学是党和政府领导经济社会发展制定方针、政策的根本指导思想,是改革开放和现代化建设的主要理论依据,是全中国人民团结奋进实现伟大民族复兴"中国梦"的指路明灯。40多年来引领中国经济建设突飞猛进发展,一跃而成为世界第二大经济体,人民生活发生了翻天覆地的变化,大幅提高了综合国力和创造了"中国奇迹"。理论创新与实践创新相结合,辩证互动,充分证明中国特色社会主义政治经济学是当代中国的主流经济学。事实是给妄图否定马克思主义和社会主义的历史虚无主义者最好的回答!

我们党历来重视对马克思主义政治经济学的学习、研究和运用,并结合中国实践,创造性的发展马克思主义政治经济学。早在1959年冬到1960年春,毛泽东为总结"大跃进"和人民公社运动的经验教训,多次号召全国党政干部学习苏联《政治经济学教科书》(社会主义部分),懂得按经济规律办事。并且亲自带领身边的理论工作者,用两个月时间边读边议《政治经济学教科书》,发表许多极有价值的谈话,成为后人的理论财富,给人以启迪。邓小平在领导我国改革开放和现代化建设实践过程中,十分重视总结实践经验上升到理论。1984年10月,他在评论中央作出的《关于经济体制改革的决定》时说:"我的印象是写出了一个政治经济学的初稿,是马克思主义基本原理和中国社会主义实践相结合的政治经济学……"[1]

习近平总书记经常关注学习和运用马克思主义政治经济学。2014年7月,在一次座谈会上,他号召党政干部要学好用好政治经济学,按照经济规律、自然规律和科学规律办事。2015年11月23日,他又亲自主持中央政治局集体学习马克思主义政治经济学基本原理和方法论,并发表了重要讲话。强调马克思主义政治经济学是马克思主义的重要组成部分,也是我们坚持和发展马克思主义的必修课。他指出,面对极其复杂的国内外经济形势,面对纷繁多样的经济现象,学习马克思主义政治经济学基本原理和方法论,有利于我们掌握科学的经济分析方法,认识经济运动过程,把握社会经济发展规律,提高驾驭社会主义市场经济的能力,更好地回答我国经济发展的理论和实践问题,提高领导我国经济发展的能力和水平。[2]深刻阐明了学习马克思主义政治经济学的重大战略意义。

同时,习近平总书记的讲话还从多方面对创新和发展当代中国马克思主义政治经济学

---

[1] 《邓小平文选》第3卷,人民出版社1993年10月版,第83页。

[2] 《十八大以来重要文献选编》下,中央文献出版社2018年5月版,第1—7页。

指明了方向。一是,强调要立足中国国情和我国发展实践,揭示新特点新规律,提炼和总结我国经济发展实践的规律性成果,把实践经验上升为系统化的经济学说,不断开拓当代中国马克思主义政治经济学的新境界。二是,指明了当代马克思主义政治经济学要坚持以人民为中心的发展思想,这是马克思主义政治经济学的根本立场。要坚持把增进人民福祉,促进人的全面发展,朝着共同富裕方向稳步前进,作为经济发展的出发点和落脚点。三是,总结和指明了党的十一届三中全会以来,我们党把马克思主义政治经济学基本原理同改革开放新的实践结合起来,不断丰富和发展马克思主义政治经济学,形成了当代中国马克思主义政治经济学的许多重要理论成果,特别是鲜明提出了创新、协调、绿色、开放、共享五大新的发展理念,实现了社会主义经济理论上的新突破,为我们学习、研究,运用当代马克思主义政治经济学照亮前进的道路。

在现阶段,特别是中国经济进入"新常态"的形势下,增强理论自信、制度自信、道路自信和文化自信,应对新的挑战,实现中国经济发展水平的总体跃升,学好用好政治经济学具有极其重要的指导作用。习近平同志关于当代马克思主义政治经济学的重要指示,引起了全国特别是经济理论界的高度关注。一场学习、研究和运用马克思主义政治经济学的热潮正在展开,可以预见政治经济学再次繁荣的第二个春天即将到来!

本书的编撰就是响应习近平总书记的号召,并且按照其重要指示的精神,为学好用好政治经济学提供参考用书服务的。

马克思强调,政治经济学研究要"从当前国民经济的事实出发"。当代中国最大的实际就是处于社会主义初级阶段,对应这个基本国情,最主要的现实就是改革开放和社会主义现代化建设的伟大实践。实践出真知,实践提出了许多现实问题,实践创新又在解决问题的过程中,形成了许多新的观点,推动理论创新。本书力求从当代中国的实际出发,提出问题,研究问题,力图总结改革开放和现代化建设实践的丰富经验并上升到理论,提出一些新的见解,并形成一定的体系结构,但理论逻辑和思想逻辑还达不到应有的高度,只能说是一种新的尝试。

本书定名为《中国特色社会主义政治经济学》,是一本研究性、创新性和探索性的专著型教材,可供党政干部和高校学生学习政治经济学时使用。由于水平限制,本书定有许多不足之处,敬请同仁和读者批评指正。

本书的编撰是在上海市社会科学界联合会的关怀和支持下,上海市经济学会的直接领导下进行的,利用社会主义市场经济研究专业委员会的平台,汇集华东师范大学经济学院、上海交通大学、上海社科院经济研究所、市委党校和市发改委专家学者通力合作,发挥集体智慧,编写而成的,在此一并表示感谢!

编 者
2016 年 1 月

目　录

第六篇　国际经济关系

导　　论

创新与发展中国特色社会主义政治经济学

中国特色社会主义政治经济学是一门年轻的学科,它是当代马克思主义政治经济学时代化、中国化、大众化的产物。不仅是中国特色社会主义理论体系的重要组成部分,而且是其核心和基石。学习、研究和运用中国特色社会主义政治经济学,不仅有重要的理论意义,而且对全面深化改革,全面推进现代化,全面依法治国,开启建设现代化国家的新征程具有极其重大的战略意义。

一、中国特色社会主义政治经济学的形成与发展

社会主义政治经济学从萌芽、产生到发展,如果从《资本论》问世算起,至今已有 150 多年历史了。早在一百多年前,马克思在批判资本主义社会的同时,对未来社会作出了一些科学预见;1917 年俄国十月革命胜利后,建立起世界上第一个社会主义国家苏联,经过 30 多年的实践,在 20 世纪 50 年代初编写出版了包含社会主义部分在内的《政治经济学教科书》;1949年中国革命胜利,经过艰苦探索,直到改革开放和现代化建设,形成中国特色社会主义理论体系,这个过程既迂回曲折,又在实践中不断创新发展。

（一）马克思对未来社会的科学预见

马克思批判地继承和吸收了古典政治经济学的优秀成果,结合当时资本主义经济发展的现实状况,实现了政治经济学的革命性变革,建立起科学的政治经济学。马克思在以《资本论》为主的一系列著作中,充实和完善了劳动价值理论,创立了剩余价值理论,阐明了剩余价值的分配理论和工资理论,以及社会再生产理论。马克思运用生产力和生产关系、经济基础和上层建筑的相互关系原理,揭示了社会发展规律,并解剖了资本主义社会,揭示了资本主义经济运行的基本规律及一系列经济规律,论证了资本主义制度产生、发展和灭亡的规律性,为无产阶级革命奠定了理论基础,为社会主义经济制度和生产方式的建立指明了方向。苏联、东欧和中国等一系列社会主义国家的建立,都是在这一理论指导下实现的。

马克思在揭示资本主义制度产生、发展、灭亡规律的同时,对社会主义经济理论也提出了一些科学预见。马克思从资本主义社会的发展趋势、生产力发展的要求,生产关系变革的方向,以及批判地继承空想社会主义学说的某些观点,在《资本论》《哥达纲领批判》,恩格斯在《共产主义原理》等著作中,对未来社会主义的基本特征作出过一些设想。其中,有些科学

预见是有重大价值的。如建立公有制和社会所有制;实行按劳分配;国民经济有计划发展;大力发展生产力,使社会财富极大丰富;消灭城乡差别和工农差别,实现人的全面发展等,为社会主义政治经济学奠定了最基本的理论基础。

但是,马克思、恩格斯毕竟没有经历并参与社会主义建设的实践,受历史条件的限制,他们的理论仍然存在不少局限性。例如,在社会主义阶段商品经济完全消亡,实行完全的计划经济,以及不允许私人积累等。苏联和东欧等建立的计划经济模式,否定市场经济。我国1949 年后的 30 年照搬苏联的计划经济模式,既取得了巨大成就,也产生了不少失误。

(二) 苏联对社会主义经济理论的探索与实践

1917 年俄国十月革命胜利,在世界上建立起第一个社会主义国家——俄罗斯苏维埃联邦社会主义共和国。在列宁、斯大林的领导下,经过过渡时期,在城市"剥夺剥夺者",没收资产阶级的财产,建立起全民所有制性质的国有经济,在农村实行土地国有化,通过集体化,建立起集体所有制性质的集体农庄,到 1936 年宣布过渡时期结束,建成社会主义社会。

苏联在社会主义革命和建设中摸索前进,也经历过不少曲折。早在 20 世纪 20 年代初,苏联实行战时共产主义,在农村搞余粮收集制,否定商品经济,造成粮食危机,列宁总结了这个教训,提出了新经济政策,用粮食税代替余粮收集制,实行工农产品的商品交换,走上了正确的道路。

早在 20 世纪 40 年代以前,苏联经济理论中流行着否定社会主义经济规律的倾向,从而社会主义政治经济学难以成为真正的科学。

1936 年,苏共中央作出了《关于改革政治经济学的讲授》的决议,批评了经济科学方面理论研究落后于社会主义经济实践的情况,提出必须在广义政治经济学课程中增加"社会主义政治经济学专篇"。由此开始,苏联集中了一批经济学家编写包括社会主义生产方式在内的广义的政治经济学教科书。以著名经济学家康·奥斯特罗维扬诺夫为首的编写组经过十多年的努力,完成了苏联《政治经济学教科书》的编写任务,于 20 世纪 50 年代初出版发行。

苏联《政治经济学教科书》和斯大林的《苏联社会主义经济问题》的写作和出版是互相联系的,《苏联社会主义经济问题》是斯大林在 1951 年 11 月听取了关于教科书未定稿的经济问题讨论会汇报之后,写出书面意见的汇编,而教科书在 1954 年出版时,又根据斯大林的书面意见作了修改,因此,这两本书在社会主义经济理论的内容和观点上是基本一致的。

这两本书的出版,在社会主义政治经济学史上占有重要地位。它第一次肯定了社会主义政治经济学存在的必然性,首次构筑了其体系结构。苏联《政治经济学教科书》作为广义政治经济学,包括三大部分,即资本主义以前的各社会形态;资本主义生产方式;社会主义生产方式。在社会主义生产方式篇中,又分为三个部分:第一部分是"从资本主义到社会主义的过渡时期";第二部分是"社会主义的国民经济体系";第三部分是"各人民民主国家的社会主义建设"。这个体系虽不甚完善,但是一种尝试性的理论成果。

苏联《政治经济学教科书》是在斯大林领导下完成的,它同斯大林的《苏联社会主义经济问题》一起,反映了当时苏联社会主义建设实践的经验,提出了一系列社会主义经济理论的基本观点,主要贡献是:

(1) 明确了从资本主义到社会主义过渡时期的必然性和苏联建立社会主义生产方式的过程,这对所有国家都有参考价值。

（2）阐明了生产资料公有制是社会主义社会的经济基础,确立公有制有全民所有制和集体所有制两种形式。

（3）在收入分配制度上,实行按劳分配原则和物质奖励制度。

（4）在发展生产力方面,强调了社会主义工业化和农业机械化,在高度技术基础上发展生产力的必要性和重要性。

（5）在商品生产问题上,斯大林批评了"立即消灭商品生产"的观点,指出:"不能把商品生产和资本主义生产混为一谈"①。提出了社会主义商品生产存在的原因在于全民所有制和集体所有制两种公有制形式并存。

（6）论述了社会主义制度下价值规律的作用问题,斯大林认为,价值规律在个人消费品流通范围发挥着调节者的作用,在生产领域发挥着影响生产的作用。

（7）论证了在社会主义制度下经济规律的客观性。斯大林明确指出:"经济发展的规律是反映不以人们的意志为转移的经济发展过程的客观规律……人们不能消灭这些规律或创造新的经济规律。"②

（8）首次提出了社会主义基本经济规律。斯大林认为,作为社会主义的基本经济规律,应当是能够决定社会主义生产发展方向和本质的东西。他提出的社会主义基本经济规律是:"用在高度技术基础上使社会主义生产不断增长和不断完善的办法,来保证最大限度地满足整个社会经常增长的物质和文化的需要。"③

上述八个方面的主要观点,基本反映了当时苏联社会主义建设实践的状况,具有里程碑式的重大意义。这些基本观点,对中国的社会主义建设实践,对社会主义经济理论的形成和发展产生了重大影响。

当然,也必须承认由于苏联在世界上第一次进行社会主义实践,难免有一定的局限性。一是在商品经济问题上,理论不彻底,只承认消费资料是商品,否定生产资料是商品;只承认两种公有制之间交换的产品是商品,不承认全民所有制内部企业与企业之间交换的产品是商品。与此相应,认为价值规律的作用范围也受到了限制,对生产不起调节作用等。二是在经济体制上,过分强调计划经济包罗万象的作用,建立起僵硬的计划经济体制,把计划和市场对立起来,否认市场经济的作用。三是在对社会主义制度的认识上,过分强调团结一致性,否认矛盾性,特别是认为社会主义生产关系是同生产力发展完全相适应的,不承认其中有不相适应的方面,从而也就从根本上排斥了改革和完善社会主义生产关系的可能性。这些僵化的观点,最终影响了生产力的发展和人民生活的改善,阻碍了社会主义制度优越性的充分发挥。

（三）毛泽东对苏联《政治经济学教科书》的评价

1959 年鉴于"大跃进"中发生的一些问题,干部中存在的混乱思想,毛泽东深感各级干部非常缺乏经济学知识,不懂得经济规律,他自己也需要加强这方面的学习和思考,曾两次建议大家读苏联《政治经济学教科书》,并自己带头学。

①　《斯大林选集》下卷,人民出版社 1979 年 12 月版,第 548 页。
②　《斯大林选集》下卷,人民出版社 1979 年 12 月版,第 541 页。
③　《斯大林选集》下卷,人民出版社 1979 年 12 月版,第 569 页。

这期间,毛泽东提出的主要思想观点有以下几点:

(1)关于如何认识事物规律问题。毛泽东说:"要认识事物的规律,必须进行实践,在实践中必须采取马克思主义的态度来进行研究,而且必须经过胜利和失败的比较,反复实践,反复学习,经过多次胜利和失败,并且认真进行研究,才能逐步使自己的认识合乎规律。"①

(2)关于社会主义社会两种所有制问题。毛泽东一方面赞成社会主义社会存在全民所有制、集体所有制和个体所有制三种形式;另一方面又受到人民公社化运动中"左"的思想影响,认为人民公社从"基本队有"到"基本社有",再到"全民所有"可以搞得快一点,他既希望早一点过渡,又怕再度刮起"一平二调"的"共产风"。

(3)关于生产中人与人的关系问题。毛泽东十分重视这一问题。他说:"所有制问题基本解决以后,最重要的问题是管理问题。这方面是大有文章可做的。"②反映了毛泽东尊重和维护劳动者的权利和主人翁地位。

(4)关于商品生产和价值规律作用问题。毛泽东认为不能取消商品生产,主张商品生产要大发展,不是为了利润,而是为了农民,为了工农联盟,为了发展生产。他认为,价值规律是个大学校。"价值规律作为计划工作的工具,这是好的。但是不能把价值规律作为计划工作的根据。"③毛泽东用"计划第一,价格第二"来解释"大跃进"的合理性是不妥当的,原因就在于违反了价值规律。

(5)关于物质利益原则问题,毛泽东很不满意这个论点,他认为教科书"把物质刺激片面化、绝对化,不把提高觉悟放在重要地位,这是很大的原则性错误。"④物质利益是一个重要原则,但不是唯一原则,"物质利益也不能单讲个人利益、暂时利益、局部利益,还应当讲集体利益、长远利益、全局利益……"⑤

(6)关于社会主义发展阶段问题。毛泽东首次提出了阶段论,他说:"社会主义这个阶段,又可分为两个阶段,第一个阶段是不发达的社会主义,第二个阶段是比较发达的社会主义。后一个阶段可能比前一阶段需要更长的时间。"

(7)关于生产力、生产关系和上层建筑三者的辩证关系问题。他认为"政治经济学和唯物史观难以分家"。指出:"生产关系的革命,是生产力的一定发展所引起的。但是,生产力的大发展,总是在生产关系变革以后。""一切革命历史都证明,并不是先有充分发展的新生产力,然后才改造落后的生产关系,而是要首先造成舆论,进行革命,夺取政权,才有可能消灭旧的生产关系。消灭了旧的生产关系,确立了新的生产关系,这样就为新的生产力发展开辟了道路。"

(8)关于如何研究政治经济学的问题。毛泽东认为,"我们要以生产力和生产关系的平衡和不平衡、生产关系和上层建筑的平衡和不平衡,作为纲,来研究社会主义社会的经济问题。政治经济学研究的对象是生产关系,但是要研究清楚生产关系,就必须一方面联系研究生产力,另一方面联系研究上层建筑对生产关系的积极作用和消极作用。"⑥他批评教科书的缺点之一是很少研究国家和上层建筑。

关于教科书的写法问题。毛泽东批评书上不是从矛盾出发,实际上是不承认矛盾的普

① 逄先知、金冲及:《毛泽东传》,中央文献出版社2011年1月版,第2005页。
②③ 逄先知、金冲及:《毛泽东传》,中央文献出版社2011年1月版,第2008页。
④⑤ 逄先知、金冲及:《毛泽东传》,中央文献出版社2011年1月版,第2009页。
⑥ 逄先知、金冲及:《毛泽东传》,中央文献出版社2011年1月版,第2005—2006页。

遍性,不承认社会矛盾是社会主义发展的动力。他认为:研究问题要从人们看得见摸得着的现象出发,来研究隐藏在现象后面的本质,从而揭示客观事物的本质和矛盾。

此外,毛泽东还提出理论创新问题。他指出:"马克思这些老祖宗的书,必须读,他们的基本原理必须遵守,这是第一。但是,任何国家的共产党,任何国家的思想界,都要创造新的理论,写出新的著作,产生自己的理论家,来为当前的政治服务,单靠老祖宗是不行的。"①

(四) 中国特色社会主义经济理论的形成过程

习近平总书记指出:"中国特色社会主义是改革开放新时期开创的,也是建立在我们党长期奋斗基础上的,是由我们党的几代中央领导集体团结带领全党全国人民历经千辛万苦、付出各种代价、接力探索取得的。"②

第一,以毛泽东为核心的第一代中央领导集体,为新的历史时期开创中国特色社会主义经济提供了宝贵经验和理论准备,做出了如下贡献:

(1) 带领全党和全国各族人民完成了新民主主义革命,进行了社会主义改造,确立了社会主义的基本制度,成功实现了中国历史上最深刻、最伟大的变革,为当代中国的一切发展奠定了政治前提和制度基础。

(2) 开展了有计划的社会主义经济建设。积极推进我国的工业化发展。初步建立了独立的、比较完整的国民经济体系。这一发展不仅巩固了国家政权,而且改善了人民生活。在建立社会主义经济制度和政治制度等方面取得了初步的成果,也为开创中国特色社会主义提供了物质基础和思想准备。

(3) 进行了社会主义经济理论的探索性研究,虽然经历了多次严重曲折,但仍然取得了一些独创性成果,突出表现在毛泽东同志发表的《论十大关系》和《关于正确处理人民内部矛盾问题》等多篇文章中。前文提出了社会主义经济建设中必须正确处理的十大关系,包括重工业与轻工业、农业的关系、沿海工业与内地工业的关系、经济建设与国防建设的关系、国家、生产单位与生产者的关系、中央与地方的关系等,初步揭示了正确处理这些经济关系的规律。后者首次提出了社会主义社会中的基本矛盾,仍然是生产力与生产关系、经济基础与上层建筑的矛盾,为开创中国特色社会主义经济做好了理论准备。

第二,以邓小平为核心的第二代中央领导集体,首次提出走自己的路,建设中国特色社会主义,科学回答了建设中国特色社会主义的一系列基本问题,成功开创了中国特色社会主义经济建设的崭新道路,做出了如下贡献:

(1) 深刻总结中国社会主义建设中正反两方面经验,借鉴世界社会主义发展的历史教训,在深刻批判了"文化大革命"以来形成的极左路线及其错误思潮的基础上,做出把党和国家的工作中心转移到经济建设上来,实行改革开放的历史性决策,并且取得了举世瞩目的伟大成就。

(2) 开创性地提出了建设中国特色社会主义的思想。早在 1982 年 9 月,邓小平在《中国共产党第十二次代表大会开幕词》中郑重宣告:"把马克思主义的普遍真理同我国的具体实

---

① 逄知先、金冲及:《毛泽东传》,中央文献出版社 2011 年 1 月版,第 2011 页。

② 习近平:《紧紧围绕坚持和发展中国特色社会主义　学习宣传贯彻党的十八大精神》出自《十八大报告辅导读本》,人民出版社 2012 年版,第 2 页。

际结合起来,走自己的道路,建设有中国特色的社会主义,这就是我们总结长期历史经验得出的基本结论。"①

（3）深刻揭示了社会主义的本质,是解放生产力和发展生产力,消灭剥削,消除两极分化,最终实现共同富裕。从国情出发,邓小平明确提出了社会主义的根本任务是发展生产力,并做出了"科学技术是第一生产力""要重视发展科技和教育"等一系列重要论断。

（4）确立了社会主义初级阶段理论和党的基本路线,为制定党的方针政策奠定了思想基础。我国是从半殖民地半封建国家直接过渡到社会主义国家的,因此必须经历一个以发展生产力为主要任务的初级阶段。只有使生产力达到或超过中等发达国家,我国才能完成初级阶段的历史使命,进入合格社会主义的发展阶段。

（5）创建了社会主义市场经济理论。邓小平批判了社会主义只能搞计划经济的错误思想,明确指出计划与市场都是方法和手段,资本主义和社会主义都可以利用。在社会主义的发展史上,第一次把社会主义和市场经济结合起来,为我国的经济体制改革和建立社会主义市场经济指明了方向。

（6）为中国特色社会主义勾画了蓝图,其中包括建立以公有制为主体,多种所有制经济共同发展的基本经济制度;以按劳分配为主与多种分配方式相结合的分配制度;让一部分人先富起来,最终实现共同富裕的渐进式发展路径,以及对外开放和分"三步走"的战略部署等方针政策。

第三,以江泽民同志为核心的第三代中央领导集体,坚持党的基本理论和基本路线,创立了"三个代表"的重要思想,确立社会主义市场经济体制,丰富和发展了中国特色社会主义经济理论。

第四,以胡锦涛同志为核心的党中央领导集体,创建了科学发展观与构建和谐社会等符合中国实际的新理论。成功地在新的历史起点上,坚持和发展了中国特色社会主义经济。

（五）中国特色社会主义政治经济学的创新发展

不断开拓当代中国马克思主义政治经济学新境界

习近平新时代中国特色社会主义经济思想,开拓了马克思主义政治经济学的新境界,是中国特色社会主义政治经济学创新发展的重要里程碑。习近平新时代中国特色社会主义经济思想,全面、系统、深刻论述了社会主义政治经济学的基本原理,其创新点和精粹主要体现在以下九个方面。

1. 确立中国特色社会主义政治经济学的主线

习近平同志指出:"坚持人民为中心的发展思想,发展为了人民,这是马克思主义政治经济学的根本立场……把增进人民福祉,促进人的全面发展,朝着共同富裕的方向稳步前进,作为经济发展的出发点和落脚点。"②这个指示为中国特色社会主义政治经济学明确了主线,奠定了根基。

2. 夯实中国特色社会主义政治经济学的立足点

精辟地回答了一系列重大的时代课题,包括坚持和发展中国特色社会主义的总目标、总任务、总体布局和发展方向、发展方式、发展动力、战略步骤、外部条件、政治保证等基本问

---

① 《邓小平文选》(第3卷),人民出版社1993年版,第3页。
② 《习近平关于社会主义经济建设论述摘编》,中央文献出版社,2017年6月第1版,第30、31页。

题,作出了新的理论概括,为中国特色社会主义政治经济学夯实了立足点。

3. 明确主要矛盾转化,揭示了主要经济规律

习近平总书记在党的二十大报告中指出:"我国社会主要矛盾是人民日益增长的美好生活需要和不平衡不充分发展之间的矛盾"①新时代主要矛盾转化的理论,丰富和发展了马克思主义关于社会主义社会主要矛盾的理论,深刻揭示了社会主义经济运行中的主要经济规律。在这对主要矛盾中,人民日益增长的美好生活需要、实现共同富裕和人的全面发展是目的,而解决发展不平衡、不充分的问题则是实现目的的手段。矛盾的主要方面是经济发展不平衡、不充分,为此要大力提高经济发展质量和效率,调整经济结构,更好地实现协调发展和公平分配。

4. 践行五大发展新理念,创新中国特色社会主义政治经济学

经济发展是解决中国一切问题的关键,习近平总书记在党的二十大指出:"必须完整、准确、全面贯彻新发展理念"。②创新、协调、绿色、开放、共享的发展理念是对马克思主义发展思想的理论创新,确定了中国特色社会主义政治经济学研究的主题和核心。五大发展理念,提出了经济、社会、生态、国内、国际等全面发展的思想;五大发展理念深刻揭示了经济社会发展规律,把经济规律、生产力规律、科学技术规律、社会发展规律和自然规律结合起来,揭示其运行轨迹,真正做到按客观规律办事。

5. 正确处理政府与市场关系,创新发展社会主义市场经济理论

社会主义市场经济理论是中国改革开放的理论基础,邓小平的贡献是把社会主义和市场经济结合起来,形成社会主义市场经济理论。习近平总书记在党的二十大提出:"充分发挥市场在资源配置中起决定性作用,更好发挥政府作用。"③这一论断揭示了市场经济的一般规律和本质,使社会主义和市场经济深层融合,创造性地发展了社会主义市场经济理论,更加夯实了中国特色社会主义政治经济学的理论基石。

6. 推进经济高质量发展和建设现代化经济体系

习近平总书记在党的二十大报告中指出:"高质量发展是全面建设社会主义现代化国家的首要任务。"④这就需要解决经济高质量发展和建立现代化经济体系这两个相互关联的重大理论和实践问题。而扩大内需和深化供给侧结构性改革,又是推进经济高质量发展和建立现代化经济体系的重要环节。这四者相互联系,紧密结合,构成了新时代经济建设中的新发展理论,成为经济发展的新的理论指导。

7. 实施乡村振兴战略,推进中国特色城乡融合发展

全面推进乡村振兴是党的二十大作出的重大战略部署,习近平总书记指出:"坚持农业农村优先发展,坚持城乡融合发展,畅通城乡要素流动。加快建设农业强国,扎实推动乡村产业、人才、文化、生态、组织振兴。"⑤这段话深刻指明了乡村振兴的重大战略意义和总体要

①　习近平:《高举中国特色社会主义伟大旗帜　为全面建设社会主义现代化国家而团结奋斗》,人民出版社 2022 年 10 月版,第 7 页。

②④　习近平:《高举中国特色社会主义伟大旗帜　为全面建设社会主义现代化国家而团结奋斗》,人民出版社 2022 年 10 月版,第 28 页。

③　习近平:《高举中国特色社会主义伟大旗帜　为全面建设社会主义现代化国家而团结奋斗》,人民出版社 2022 年 10 月版,第 29 页。

⑤　习近平:《高举中国特色社会主义伟大旗帜　为全面建设社会主义现代化国家而团结奋斗》,人民出版社 2022 年 10 月版,第 31 页。

求。乡村振兴开辟了中国城乡融合的新道路,丰富和发展了马克思主义城乡关系理论。

8. 形成全面开放新格局,引领国际经济合作新航程

习近平总书记在党的二十大提出:"推进高水平对外开放。"①改革开放以来,我国已形成"引进来"和"走出去"双向开放,陆海空对外联动,东西双向互动的开放格局,新时代将推进更大力度的对外开放,站在更高的起点上推动全面开放。

9. 促进世界和平与发展,构建人类命运共同体

习近平总书记在党的二十大报告中指出:"不断以中国新发展为世界提供新机遇,推动建设开放型世界经济,更好惠及各国人民。"②近年来,习近平总书记高瞻远瞩,直面世界大局,把开放思想扩展到全世界范围,倡导"一带一路"建设,积极参与世界经济治理,提出构建人类命运共同体的重要理念,成为中国特色社会主义对外经济关系的一面旗帜。构建人类命运共同体,是对"建设一个什么样的世界,如何建设这个世界"的积极响应,就是要建设持久和平、普遍安全、共同繁荣、开放包容、清洁美丽的世界。构建人类命运共同体,深刻揭示了人类社会发展的规律,体现了国际主义精神,是对马克思主义国际关系理论的重大发展。

(六) 中国特色社会主义政治经济学学科建设的探索

与上述理论体系的形成过程相适应,中国的经济理论工作者对社会主义经济理论和政治经济学学科建设也作了认真的探索。例如,关于过渡时期经济理论的讨论、对社会主义社会主要矛盾的研究、社会主义商品生产和价值规律问题的讨论、社会主义基本经济规律的讨论、社会主义生产目的的讨论、按劳分配理论的讨论、计划与市场关系的讨论等。这些讨论和探索,对中国特色社会主义经济理论的形成和发展起了重要的推动作用。

在开展理论研究的同时,我国的经济理论界也进行了编写社会主义政治经济学教材的探索。1959 年以前中国高等学校使用的是苏联《政治经济学教科书》。1959 年冬毛泽东提出要编写中国自己的政治经济学教材。为此 1959 年 12 月到 1961 年,北京、上海、天津、湖北四省市委组织班子编写政治经济学(社会主义部分)教材。其中,上海本由姚耐、雍文远、蒋学模、苏绍智主编的《政治经济学(社会主义部分)》教材,于 1961 年 9 月由上海人民出版社出版发行,供华东地区高等学校文科学生使用。同时出版的还有庞季云等主编的《中国社会主义经济问题》,供高等学校理科学生使用。这两部教材一直用到 1966 年才停用。这是中国最早出版的社会主义政治经济学教材。

在"文化大革"命期间,由于极左思潮的干扰,社会主义经济理论受到严重扭曲。粉碎"四人帮"以后,经过拨乱反正,逐步走上马克思主义轨道。随着党的工作重心转移到经济建设上来,改革开放和现代化建设推动社会主义经济理论创新,特别是确立了社会主义市场经济理论,形成了以邓小平理论为核心的中国特色社会主义理论体系,带来了政治经济学的繁荣。1978 年国家教委组织全国南方十六所高校联合编写政治经济学教材,即南方本,由蒋家俊和吴宣恭主编,1979 年由四川人民出版社出版发行。1994 年第六版改名为《社会主义政治经济学新编》。北方十三所高校联合编写政治经济学教材,称为北方本,由谷书堂等主编。

---

① 习近平:《高举中国特色社会主义伟大旗帜　为全面建设社会主义现代化国家而团结奋斗》,人民出版社 2022 年 10 月版,第 32 页。

② 习近平:《高举中国特色社会主义伟大旗帜　为全面建设社会主义现代化国家而团结奋斗》,人民出版社 2022 年 10 月版,第 61 页。

这两部教材反映了中国改革开放实践形成的理论成果,对政治经济学教学和教材建设起了重要的积极作用。20 世纪 90 年代又由吴树青、谷书堂、吴宣恭主编全国统一本,《政治经济学(社会主义部分)》教材。此外,蒋学模主编的《政治经济学教材》,由上海人民出版社出版,发行量为全国之首,影响也很广。进入 21 世纪以来,全国各地陆续出版了一些具有不同风格和体系结构的政治经济学教材。大体有三种类型:第一种是包括资本主义部分和社会主义部分在内的政治经济学教材;第二种是社会主义部分和资本主义部分打通的政治经济学教材;第三种是社会主义政治经济学教材。这些教材都反映了中国改革开放以来实践创新和理论创新的成果,使中国特色社会主义政治经济学在探索的道路上前进了一大步。

党的十八大以来,在习近平经济思想的指导下,全国经济理论界展开了中国特色社会主义政治经济学研究,有关教材也相继问世。2013 年 10 月,上海财经大学出版社出版了由陈承明、陈伯庚、包亚钧主编的《中国特色社会主义经济理论教程》,2016 年 8 月,高等教育出版社出版了由陈伯庚、陈承明、沈开艳三位教授主编的国内第一部《中国特色社会主义政治经济学》教材。同年 10 月,中国人民大学出版社出版了张宇著的《中国特色社会主义政治经济学》教材。2017 年 4 月,高等教育出版社又出版了由张宇、谢地、任保平、蒋永穆等编著的《中国特色社会主义政治经济学》。党的十九大以后,根据习近平新时代中国特色社会主义经济思想,上述这些教材正在进一步修订中。教材建设出现了"百花齐放"的良好局面。

二、中国特色社会主义经济理论的共性与特质

中国特色社会主义,既坚持了马克思科学社会主义的基本原则,又根据时代要求和基本国情,赋予其鲜明的中国特色,以崭新的视野深化了对社会主义经济规律和人类社会发展规律的认识,从理论和实践结合上,系统回答了在中国这样一个人口多、底子薄的东方大国,建设怎样的社会主义、怎样建设社会主义的根本问题。与此相应,中国特色社会主义经济理论,既包含了社会主义经济共同的本质要求,又体现了与现时代和本国国情相结合独具的特质。

(一) 社会主义经济本质要求的共同性

中国特色社会主义经济理论是建立在科学社会主义经济理论的基础之上的,它首先反映了社会主义经济的基本特征。在人类社会的历史长河中,社会主义社会是必经的历史阶段,作为一种生产方式,它是生产力与生产关系的统一,与其他社会形态相比,它具有共同的本质要求和特征。

首先,从生产关系的角度考察,社会主义社会具有共同的基本经济制度。一是在所有制方面,实行以公有制为基础的生产资料所有制结构;二是在分配制度方面,实行以按劳分配为主的分配方式。三是在生产过程中,确立了劳动者的主体地位和当家作主的权利。

其次,从生产力的角度考察,社会主义社会的本质要求就是解放生产力、发展生产力,在继承资本主义社会生产力水平的基础上,创造更高水平的生产力,为全体社会成员提供更加丰富的物质文化产品。根据马克思主义关于生产力决定生产关系的原理,生产力是生产关系的物质基础,发展生产力是社会主义的根本任务。不能离开生产力孤立地强调生产关系,任意拔高公有化程度。

再次,从社会发展目标的角度考察,消灭剥削,消除两极分化,最终实现共同富裕,是社

会主义的根本目标。贫穷不是社会主义,贫富两极分化也不是社会主义。只有全体社会成员实现共同富裕,才是真正科学的社会主义。归根到底,建立和健全社会主义生产关系,解放生产力、发展生产力都是手段,社会主义生产目的是在生产发展的基础上,不断满足人民群众的物质文化生活需要,实现人的全面发展。

(二)中国特色社会主义经济理论的特质

中国特色社会主义经济理论是建立在上述社会主义的共同本质要求基础之上的,是在新的时代、具体的中国国情的历史条件下,对马克思主义经济理论的创新和发展,是当代马克思主义政治经济学。概括起来,中国特色社会主义经济理论的特质主要体现在以下八个方面:

1. 民族性

中国特色社会主义经济理论,是马克思主义经济理论同中国实际相结合的产物,是马克思主义经济理论中国化的体现。中国的基本国情是处于社会主义初级阶段,底子薄,生产力落后,商品经济不发达。只有从这一国情出发,以经济建设为中心,大力发展社会生产力,满足人民的物质文化需要,才能充分体现社会主义制度的优越性。这里所说的特色就特在民族性上,就是要从中国的国情出发,确立社会主义初级阶段理论,建设同这一阶段的实际相符合的社会主义经济。从根本上说,中国文化有着五千年的悠久历史,马克思主义经济理论只有扎根并融合在底蕴深厚的中华民族文化之中,才有强大的生命力。

2. 时代性

任何一种经济理论都是时代的产物。我们正处在和平与发展、合作共赢的时代,总体的和平环境给中国经济发展创造了有利的国际条件,要好好利用和平环境加快发展自己。同时,我们也处在一个开放的、经济全球化的时代,国与国之间的经济贸易联系密切,相互依存日益紧密,利用国际资源、国际资金、国际技术,发展本国的经济也是极为有利的时机。在此时代背景下搞社会主义经济建设,必然要走开放型经济的道路。所以,中国特色社会主义经济理论也可说是马克思主义政治经济学时代化的产物和结晶。

3. 两重性

中国特色的社会主义经济决不是纯而又纯的社会主义经济,从社会主义初级阶段出发,必然呈现出既有社会主义成分又有非社会主义成分的两重性。在社会主义基本经济制度方面,决不能搞单一的公有制,而是必须实行以公有制为主体,多种经济成分共同发展的所有制结构。在分配制度方面,也决不能搞单一的按劳分配,而是必须实行以按劳分配为主体,多种分配方式并存的分配制度,把按劳分配与按资本、技术、信息、管理等生产要素分配结合起来。在经济利益方面,既有公共利益,也要承认个人利益,实行二者兼顾,公私融合。此外,在生产力结构、体制、机制等方面,也同样存在明显的两重性。这种两重性将贯穿于中国特色社会主义经济发展的全过程,因此,揭示和阐明经济发展的两重性,正确处理二者的关系,是中国特色社会主义经济理论的重要特点之一。

4. 系统性

中国特色社会主义是全面发展的社会主义,它涵盖了经济、政治、社会、文化、生态五位一体的内容,因此不可忽视和忽略其中的任何方面。中国特色社会主义经济理论,包含了一个完整的科学体系:社会主义本质、社会主义根本任务、社会主义初级阶段的基本路线;社会主义基本经济制度,其中包括所有制结构制度、收入分配制度、市场经济体制;对外开放、利用外资、建立经济特区;保护生态环境、转变经济发展方式、走可持续发展道路,等等。

5. 人民性

社会主义制度必须坚持以人为本,以人民的利益为中心。社会主义的一切经济活动要从人民的利益出发,以服务人民为宗旨;社会主义建设是全体人民共同参与才能完成的事业,必须全心全意依靠人民搞建设;经济发展成果是劳动人民创造的,必须最终惠及全体人民。因此,以人民为主体就是坚持以人为本,这既是建设中国特色社会主义的力量源泉,又是社会主义制度优越性的充分体现,所以在社会主义初级阶段,以至整个社会主义历史时期,人民的主体性是决不能动摇的。

6. 结合性

传统的社会主义经济是计划经济,造成长期的短缺经济,效益不佳。在理论和实践上关于计划与市场的关系一直争论不休,成为社会主义经济中解不开的难题。邓小平怀着极大的理论勇气,第一次提出社会主义和市场经济不存在根本矛盾,二者是可以结合的。在邓小平这一理论的指引下,建立起社会主义市场经济体制,把社会主义和市场经济有机地结合起来,这是历史上的伟大创举,也是社会主义经济理论的一大特色。

7. 开放性

传统社会主义经济是一种封闭式的经济,与外界割裂。中国特色社会主义经济理论和实践,打破了这种封闭僵化的经济模式,建立起开放的新型经济。经济全球化是世界大趋势,资金、技术、资源在各国间的流动每天都在发生,闭关自守只能导致落后。利用国际资金、资源、技术搞社会主义建设,学习别国的长处,弥补自己的短处,才能加快社会主义的经济发展。40多年来改革开放的经验表明,中国实行全方位对外开放,引进技术、利用外资、设立经济特区,取得了巨大成就,证明开放型经济有着巨大的优越性。

8. 实践性

"实践是检验真理的唯一标准。"中国特色社会主义经济,是马克思主义经济理论同中国的具体实践相结合的产物。这一理论的形成,是中国共产党和广大人民以马克思主义为指导,对实际问题进行理论思考,在改革开放中不断总结经验、上升到理论的结果,因而具有鲜明的实践性。如社会主义市场经济理论、设立经济特区等,都是在实践中创造的。实践是不断发展的,新的经验不断积累,新的理论观点不断出现,由此中国特色社会主义经济理论也在实践中不断丰富、发展和完善。

上述八个基本特征,构成了中国特色社会主义经济理论的特质,是前无古人的伟大创造,也是中国特色社会主义经济发展的重大理论成果。

三、发展中国特色社会主义政治经济学必须处理好几个关系

政治经济学也是一门关于历史发展的科学,并不是一成不变的"永恒的真理"。恩格斯精辟指出:"每一个时代的理论思维,包括我们这个时代的理论思维,都是一种历史的产物,它在不同的时代具有完全不同的形式,同时具有完全不同的内容。"[①]在当今时代,和平发展与合作共赢是时代的主题。为适应时代的要求,马克思主义政治经济学必须实现现代化。

---

① 《马克思恩格斯选集》第3卷,人民出版社2012年9月第3版,第873页。

同时,马克思主义政治经济学也必须同中国的实际相结合,从中国的国情出发,为中国的改革开放和现代化建设服务,实现中国化,使之成为具有中国特色的社会主义政治经济学。为此,要处理好以下几个关系。

(一)正确处理研究对象中生产关系与生产力的关系

传统观念认为,政治经济学的研究对象是生产关系,只能联系研究生产力。按照这种观点编写的政治经济学教材,偏重于社会经济制度的性质,而分析的方法又采取僵硬的对比法,社会主义如何,资本主义如何,最终归结到某种所谓优越性。至于生产力仅仅放到被促进或阻挠的地位,很明显这是受斯大林批判雅罗申科的严重影响。近几年来情况虽有所好转,但生产力在政治经济学中的作用并未放到突出的地位,没有完全摆脱"文革"中批判唯生产力论的影响。

这些观念与马克思的观点是不相符的。马克思历来认为,生产力与生产关系是辩证的统一,主张政治经济学要研究生产、分配、交换和消费各个方面及其相互关系的规律,他在《资本论》第一版序言中说:"我要在本书研究的,是资本主义生产方式以及和它相适应的生产关系和交换关系。"①按照马克思的原意,政治经济学的对象应当是生产力与生产关系相统一的社会生产方式及其运行规律。只是因为马克思所处的时代,主要任务是推翻资产阶级的统治,建立未来的社会主义社会,所以偏重于揭示生产力发展引起资本主义基本矛盾尖锐化,必然导致资本主义灭亡的规律性,可以说是无产阶级革命的政治经济学。我们今天处在建设社会主义的新时代,发展生产力成为社会主义的根本任务,以经济建设为中心,更应重视发展生产力。不仅要研究调整生产关系,改革经济体制,解放生产力,促进生产力发展的动力问题;而且要研究生产力的合理组织、社会资源的优化配置问题。如微观经济领域,要研究企业内部生产要素的优化组合、企业管理制度的现代化、企业收入分配制度、提高资本经营效率问题,以及供求规律、价格形成和工资运行等市场机制问题等。在宏观经济领域要研究经济总量平衡、结构协调和优化、生产力合理布局、经济增长速度和质量、货币政策、财政政策、产业政策等调控手段的合理运用,提高社会资源的配置效率问题,以实现经济持续稳定和健康发展。政治经济学脱离了发展生产力这个根本任务,便不可能有生命力,也谈不上应用价值了。

(二)正确处理经济制度特殊性与经济运行一般性的关系

经济制度是生产关系的集中体现,是把各社会经济形态区别开来的主要根据,构成社会经济基础。生产关系是政治经济学研究的主要对象,当然应重点研究经济制度演变的规律性,研究旧的经济制度灭亡、新的经济制度产生的原因和规律,研究资本主义经济制度和社会主义经济制度的特征及其发展趋势,把握未来。但制度分析并不是政治经济学的全部,传统观念把经济制度研究看作政治经济学的一切,并由此把资本主义制度妖魔化,说得一无是处;把社会主义制度理想化,否认其矛盾的一面。这都不符合唯物辩证法。马克思曾经充分肯定了资本主义制度的历史贡献,在《共产党宣言》中指出:"资产阶级在它的不到一百年的阶级统治中所创造的生产力,比过去一切世代创造的全部生产力还要多,还要大。"②这是历

---

① 《马克思恩格斯全集》第 44 卷,人民出版社 2001 年 6 月版,第 8 页。
② 《马克思恩格斯选集》第 1 卷,人民出版社 2012 年 9 月版,第 405 页。

史唯物主义的结论。

直到今天,我们仍然不能否定资本主义制度的一切,否则就不能理解为什么资本主义制度在当今世界的多数国家中还能存在,而且取得一定的发展。更不能理解当代中国为什么还要允许私营经济存在并且与公有制经济共同发展。所以,对当代资本主义也要进行一分为二的科学分析。

应当承认社会主义与资本主义在制度层面上有根本的区别,但也应当看到二者有许多共同点。不仅在生产力方面,建立在现代化大生产和高科技基础上;在经济结构方面,产业结构合理化、优化和高度化;在经济体制机制方面,都实行市场经济体制,通过市场配置资源,优化资源配置;在企业管理方面实行现代企业制度;在宏观经济方面,通过货币政策、财政政策、产业政策等调控手段实现总量平衡和结构优化;在对外经济关系方面,经济全球化,使资源、资金、人才和科技在世界各国间流动,国际分工和合作共赢成为不可逆转的潮流。所有这些构成经济一般,而且这种经济一般是大量的。我们认为政治经济学教材应减少制度分析的分量,增加共同的经济一般分析的分量,大大扩展经济运行机制和规律的研究,使理论更贴近现实,更便于应用。

（三）正确处理马克思主义政治经济学与西方经济学的关系

经济学历来是在"百花齐放、百家争鸣"中不断创新发展的,马克思主义政治经济学本身是在批判地继承古典政治经济学的基础上创立的。同任何学说一样,理论经济学的创新也是人类文明的结晶。

在如何处理二者关系问题上,存在两种倾向。一种倾向是把马克思以后的西方经济学一概斥之为庸俗资产阶级经济学,只讲批判,不讲继承,全盘加以排斥。其实,当代资本主义国家经过几百年的发展和不断调整,同样积累了发展市场经济的宝贵经验,西方经济学者从理论上反映和总结了行之有效的现代经济运行的成功经验,概括了社会化大生产和现代市场经济发展的一般规律。例如,微观经济领域的现代企业理论、供求弹性理论,均衡价格理论、市场营销理论、垄断竞争理论、收入分配理论等。宏观经济领域的调控理论、货币政策、财政政策和产业政策理论、社会保障理论等。再如国际经济学方面,国际金融贸易理论、国际分工理论、经济国际化、全球化、一体化理论等。此外,在方法上使用高等数学、图式、模型等工具,进行数量经济分析,都是可取的。所有这些都有重大参考价值和借鉴作用。我们不能因为政治制度和意识形态不同而拒之门外,而是应当实事求是地分析,吸取其合理的科学的成分,"去其糟粕,取其精华",批判地吸取、继承和发展。经济学应当有"容纳百家"的精神,现代经济学是开放的经济学,决不能搞成封闭的经济学。

另一种倾向是把西方经济学奉若神明,照抄照搬,甚至排斥马克思主义政治经济学,用西方经济学取而代之。有人认为,中国改革开放的理论基础是西方经济学,这完全是一种曲解。实践已经证明,改革开放的指导思想是时代化、中国化的马克思主义,即中国特色社会主义理论体系,其中也包括吸取了西方经济学中的科学成分,但决不能夸大西方经济学的作用。其实西方经济学中也存在许多学派,他们在解决西方经济中面临的深刻矛盾方面,也显得软弱无力。最明显的是2008年由美国次贷危机引发的国际金融危机,没有一个西方经济学家曾经预测到,而在危机发生并扩展到欧洲各国时,形成的资本主义经济普遍衰退状况,许多年来复苏缓慢,也未见经济学家开出什么良方。

　　马克思主义政治经济学与西方经济学既有相通的一面,也有本质区别的一面。主要表现在二者在立场、观点和方法上的本质不同。坚持以人民利益为中心的发展,是马克思主义政治经济学的根本立场;而西方经济学则为资产者和统治者少数人谋利益。从研究对象来说,马克思主义政治经济学以生产力与生产关系相统一的生产方式为研究对象,揭示各社会形态,特别是资本主义制度和社会主义制度的本质特征,及其发展趋势,社会主义代替资本主义的历史必然性。而西方经济学则回避生产方式和经济制度,否认资本主义制度人剥削人的实质及其历史暂时性,甚至为资本主义制度辩护。从研究方法来说,马克思主义政治经济学以辩证唯物主义和历史唯物主义为方法论基础,着重揭示经济现象之间本质的、必然的内在联系,揭示经济规律及其运行机理,预测社会发展方向。而西方经济学往往只停留在分析经济现象的表面联系,不去触及资本主义生产方式的内部联系和内在矛盾。西方经济学家观察和分析经济现象的立场、观点和方法,和马克思主义有原则性的区别。可见,一概排斥和全盘照抄都不是科学的态度。具体问题具体分析是马克思主义的灵魂。对待西方经济学的正确态度应以马克思主义经济理论为指导,结合中国国情,在具体分析的基础上,辨别其精华与糟粕,吸取其科学的合理的部分,为我所用,并在实践中检验,推进经济学的国际化、现代化,丰富和发展马克思主义政治经济学。

四、学好用好政治经济学的战略意义

　　学好用好政治经济学不仅有着极为重要的理论意义,还对全面深化改革,推进现代化建设具有重要的指导作用。不但可以提高管理经济的能力和水平,而且为形成正确的世界观、人生观奠定坚实的思想基础。

(一) 政治经济学是马克思主义的核心与基石

　　政治经济学不但是马克思主义的重要组成部分,而且是马克思主义的核心和基石。列宁明确指出,马克思主义包括哲学、政治经济学和科学社会主义,"使马克思的理论得到最深刻、最全面、最详尽的证明和运用的是他的经济学说。"[①]恩格斯指出:无产阶级政党"它的全部理论内容来自对政治经济学的研究。"[②]马克思的巨著《资本论》,阐明的剩余价值理论和历史唯物主义理论两大发现,实现了政治经济学史上和哲学史上两大革命,使社会主义建立在科学的基础上。由此可见,政治经济学是马克思主义的核心内容,辩证唯物主义和科学社会主义都是在他研究政治经济学最终得出的科学结论。可以说,不懂得政治经济学,便不可能真正理解和掌握马克思主义。所以,习近平总书记强调,马克思主义政治经济学是马克思主义的重要组成部分,也是我们坚持和发展马克思主义的必修课。

(二) 政治经济学是改革开放与现代化建设的主要理论依据

　　中国特色社会主义经济理论是中国化、时代化的马克思主义政治经济学,是中国特色社会主义理论体系的内核,丰富和发展了马克思主义政治经济学。中国特色社会主义政治经济学科学地回答了什么是社会主义、怎样建设社会主义的一系列问题,是改革开放和现代化

---

　　① 《列宁选集》第 2 卷,人民出版社 2012 年 9 月版,第 428 页。
　　② 《马克思恩格斯选集》第 2 卷,人民出版社 1995 年 6 月版,第 37 页。

建设的根本指导思想。它明确了中国处在社会主义初级阶段,确立了发展生产力是社会主义的根本任务,坚持以经济建设为中心;规定了社会主义初级阶段的基本经济制度和分配制度;创立了社会主义市场经济理论,为经济体制改革明确了目标;提出了"科学技术是第一生产力",制定了一系列经济建设的发展战略;采取了对外开放、利用外资、引进技术,建立经济特区等促进生产力发展的政策措施。改革开放40多年来,中国经济建设突飞猛进发展一跃而成为世界第二大经济体,充分体现了中国特色社会主义政治经济学的巨大威力。

(三) 政治经济学是解析当代资本主义的锐利武器

马克思的政治经济学巨著《资本论》,揭示了资本主义的本质,阐明了资本主义制度产生、发展及其灭亡的必然性和经济运行规律,仍然是认识和分析当代资本主义的强大理论武器。当代资本主义各国面临深刻的矛盾,其深层原因何在? 只有运用马克思《资本论》的学说,剖析当代资本主义,揭示生产社会化、现代化与资本主义私人占有的内在矛盾,才能从根本上得到解析。美国民众"占领华尔街"的运动,深刻反映了劳动大众与极少数金融寡头统治的深层矛盾,表明了阶级斗争是经济矛盾的深刻反映。当代资本主义矛盾的终极根源只能从经济基础中去寻找。马克思主义政治经济学的基本原理正是解开这个谜团的钥匙。

(四) 政治经济学是提高经济管理水平与管理能力的重要指针

党和政府的各级领导和管理人员,肩负着改革开放和进行社会主义现代化建设,实现伟大的民族复兴"中国梦"的重任。只有深刻认识经济发展和社会发展规律,科学把握中国特色社会主义的本质要求,才能解决面临的矛盾和问题,引领改革开放和现代化建设的航船沿着正确的方向前进。特别是在当前我国经济转型发展的关键时期,只有运用马克思主义政治经济学的基本原理,从实际出发,破解新的矛盾,创新设计,才能沿着中国特色社会主义的道路前进。这就必须学好用好政治经济学,不断提高理论素养、领导能力和管理水平。

(五) 政治经济学是树立正确的世界观、人生观的思想基础

马克思主义政治经济学以辩证唯物主义和历史唯物主义为指导,揭示了社会制度变迁的根本原因和社会发展的客观规律,可以使人们树立社会主义必胜的信念,建立和坚定共产主义世界观。马克思主义政治经济学揭示了商品和货币的本质,以及商品拜物教和货币拜物教的成因,帮助人们正确认识和对待物欲和金钱,提高防贪反腐的自觉性。同时,政治经济的方法,也可以帮助人们掌握如何运用唯物辩证法分析事物,观察世界的方法,提高分析问题、解决问题的能力,掌握社会经济政治发展的客观规律,科学地预见未来发展的方向,从而能够主动地应对一切困难和挫折,增强信心,提高工作效率。

毛泽东不仅自己带头学,而且多次号召全国广大干部认真学习政治经济学。邓小平也数次称赞改革开放的重要文件,是马克思主义与中国实际相结合的政治经济学。邓小平经济理论本身就是中国特色社会主义经济理论的基石。近年来,习近平总书记亲自主持中央政治局集体学习当代马克思主义政治经济学,发扬了中央高层带头学习政治经济学的优良传统。习近平总书记深刻指出:面对极其复杂的国内外经济形势,面对纷繁多样的经济现象,学习马克思主义政治经济学基本原理和方法论,有利于我们掌握科学的经济分析方法,认识经济运动过程,把握社会经济发展规律,提高驾驭社会主义市场经济能力,更好回答我

国经济发展的理论和实践问题。①再次号召党政干部学好用好政治经济学,对全面深化改革,推进现代化建设,实现伟大的民族复兴的"中国梦",具有极其深远的影响和战略意义。重视学习、宣传和研究具有中国特色的马克思主义政治经济学是理论工作者的重要职责。

五、本书的指导思想与体系结构

本书的指导思想是以人民为中心,发展和创新中国特色的社会主义政治经济学。从基本经济制度、经济体制机制、经济的根本任务、微观和宏观经济运行以及国际经济关系等六个方面,构建了中国特色社会主义政治经济学的新体系。

(一) 本书的指导思想

(1) 坚持马克思主义政治经济学中国化、时代化,以习近平新时代中国特色社会主义经济思想为指导。

(2) 坚持从国情民情的实际出发,以社会主义初级阶段理论为基础,以中国特色社会主义新时代的历史方位为立足点。

(3) 坚持以社会主义市场经济理论为基石,五大新发展理念为核心,坚持理论创新。主要围绕以下八大理论展开:①以人民为中心,以人为本论;②社会主义初级阶段论和新时代论;③社会主义本质论;④社会主义根本任务论;⑤社会主义与市场经济深度融合论;⑥社会主义经济制度的两重性论;⑦五大新发展理念论;⑧经济全球化,全面开放论。

(4) 坚持以"社会主义本质论"为总纲,以人民为中心作为贯穿全书的主线,明确社会主义政治经济学的主要任务,是揭示社会主义市场经济运行规律,提高资源配置效率,解放和发展生产力,不断满足人民物质文化和全面发展的需要。

(5) 坚持辩证唯物主义和历史唯物主义的世界观及其根本方法,运用社会主义社会基本矛盾分析法,以社会主义初级阶段经济制度的两重性为基本特征。坚持"解放思想,实事求是"的思想路线,理论与实际相结合,遵循"实践是检验真理的唯一标准",从具体到抽象与抽象到具体等辩证方法的结合运用。

(二) 本书的体系结构

根据上述指导思想来构筑社会主义政治经济学的理论体系,共分六大篇,21章。

第一篇　基本经济制度

这是社会主义生产方式的基础,也是社会资源优化配置的制度基础。在确立中国长期处于社会主义初级阶段的基点上,运用两重性观点,分析生产资料所有制、分配制度和社会主义经济利益关系,既坚持社会主义的主体地位,又确认非社会主义因素的依附地位及其积极作用。政治经济学既要研究这种两重性混合经济在社会资源配置中的制度优势,又要研究二者之间的矛盾和突出问题,使之健康发展。

这一篇共分五章,第一章,社会主义发展过程。第二章,社会主义初级阶段的所有制形式与结构。第三章,农村的集体所有制与土地制度。第四章,社会主义初级阶段的收入分配制度。第五章,遵循经济规律与促进共同富裕。

---

① 习近平总书记在十八届中央政治局第二十八次集体学习时的讲话,《求是》2020 年第 16 期。

第二篇　经济体制机制

这是社会主义生产关系的具体体现和实现形式,也是优化社会资源配置方式的体制保证。社会主义和市场经济相结合,既发挥市场在资源配置中的决定性作用,又发挥社会主义制度下政府宏观调控和计划指导的优越性,纠正市场调节的缺陷和失灵,使社会资源配置达到高效率。改革是解放生产力,是社会主义发展的强大推动力。

这一篇共分三章,第六章,社会主义与市场经济,从总体上论证社会主义市场经济理论。阐明市场在资源配置中的决定性作用,要完善市场经济模式,指出社会主义与市场经济结合是伟大创举,是政治经济学发展史上又一次革命。第七章,社会主义市场经济的运行机制,包括价值规律、供求规律、竞争规律,资本和剩余价值规律,市场经济法制建设。第八章,中国经济体制改革,具体阐述改革的理论基础、基本原则、目标模式和全面深化改革等。

第三篇　经济的根本任务

生产力是社会主义生产方式的决定力量,社会主义经济制度的优越性集中体现在促进生产力发展,市场经济体制机制的改革和完善,也是为了发展生产力这个根本任务。

这一篇共分四章,第九章,发展生产力与以经济建设为中心;第十章,全面推进中国式现代化建设;第十一章,新型工业化与数字化;第十二章,农业现代化与城乡融合发展。

第四篇　微观经济运行

微观经济运行实质上是作为市场经济主体的企业,如何运用市场经济规律和市场机制配置资源,提高微观经济效益的问题。

这一篇共分四章,第十三章,市场供求与市场价格。第十四章,市场竞争与垄断。第十五章,现代企业制度与国有企业改革。第十六章,企业成本与利润。

第五篇　宏观经济运行

宏观经济运行实质上是社会再生产问题,也是社会资源在全社会范围内合理配置,提高资源配置宏观效率问题。

这一篇共分三章,第十七章,经济增长与经济效益。第十八章,经济发展与科学发展。第十九章,宏观经济管理与调控。

第六篇　国际经济关系

社会主义国家的对外经济关系实质上是发展开放型经济问题,是社会资源在国际范围内的配置问题,也就是利用国际资源(包括国外资金、技术、人才、物资等)发展自己,提高资源配置效率问题。

这一篇共分两章,第二十章,经济全球化与开放型经济,从理论上阐述发展开放型经济的依据和必然性。第二十一章,中国的对外经济开放,具体讲中国经济对外开放的形式、水平和质量问题。

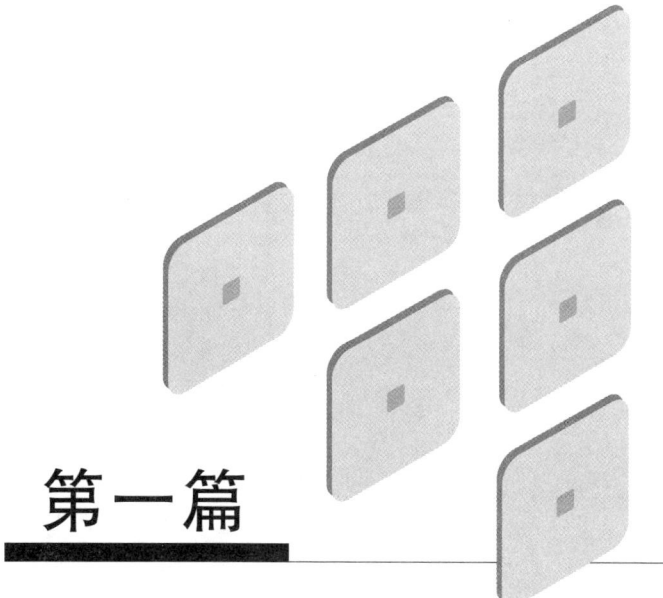

第一篇

基本经济制度

第一章　社会主义发展过程

社会主义经济制度的建立是社会主义政治经济学研究的起始点。旧中国处于半殖民地半封建社会,经过新民主主义革命转变到社会主义革命,运用三大改造的方式建立社会主义经济制度,从一开始就具有中国特色。中国的基本国情,决定了新建立的社会主义社会只能处于初级阶段,并由此引申出中国特色社会主义经济政治的一系列特点。

第一节　社会主义经济制度的建立

社会主义经济制度是社会主义制度体系的核心和基础。同时又必须以革命斗争的胜利和人民政权的建立为政治前提,并且以国家政权为代表的社会主义政治制度作保证。社会主义经济制度和政治制度是相互依存和相互促进的辩证统一。

一、社会发展和经济制度的必然选择

在中国建立一个什么样的制度,是近代以来中国人民面临的一个历史性的课题和艰难抉择。

(一) 选择社会主义是近代中国历史发展的必然

1840 年鸦片战争后,中国逐步沦为半殖民地半封建社会,国弱民穷,亿万人民处于水深火热之中。一代又一代的仁人志士自强不息,进行了救国救民之路的探索,开展了一系列社会改造和制度重建运动,但都未取得成功。原因何在? 一是从外部条件来看,在帝国主义列强占统治地位的时代,不允许中国民族资本主义发展成为繁荣独立的强国与之竞争,而是要把中国变成任其宰割的半殖民地甚至殖民地附属国。二是从内部来说,传统的封建势力和新兴的买办资产阶级勾结,力图把中国变成帝国主义的附庸。帝国主义、封建主义、官僚资本主义三股势力的合流,成为民族独立和社会发展的巨大障碍。

推翻帝国主义和封建主义的统治,实现民族独立和人民解放,实现国家富强和人民富裕,实现中华民族的伟大复兴,路在何方? 社会制度和发展道路的选择,历史性地摆在了中国人民的面前。

十月革命的一声炮响,使苦苦寻求救国良方的中国先进分子燃起了新的希望。马克思

主义传入中国,引入了崭新的先进文明,照亮了中国人民制度选择的道路;苏俄十月革命胜利后建立社会主义制度的成功实践,又提供了光辉的榜样。中国共产党把马克思主义同中国革命实践相结合,带领中国人民经过艰苦卓绝的斗争,推翻"三座大山",实现民族独立和人民解放,从人民的最大利益和长远利益出发选择了社会主义制度,这是中国历史发展的必然结果。

（二）选择社会主义是社会发展的客观要求

社会经济制度的选择,绝不是人们主观意志的结果,而是有其自身发展的客观规律的。马克思创立的历史唯物主义原理,运用生产力和生产关系矛盾运动的辩证方法,阐明了人类社会经历原始公社、奴隶制社会、封建社会、资本主义社会,再到社会主义、共产主义社会这一历史更替的必然规律。马克思的巨著《资本论》发现了资本和剩余价值规律,又深刻阐明了资本主义经济制度从产生、发展、衰落到最终消亡的历史过程,揭示了生产社会化与资本主义私有制的基本矛盾,而必然为社会主义经济制度所替代的规律性。中国共产党带领中国人民历史性地选择社会主义,正是顺应了社会发展的客观规律。

（三）选择社会主义是中国人民的自主抉择

任何革命和社会制度都是不能像买卖商品那样输出或输入的,而是本国绝大多数人民的自主选择。中国选择社会主义制度,既是人民群众内在的利益诉求,也是学习与借鉴世界上先进制度的结果。在社会主义社会中,人民是主体,人民群众真正当家作主,社会主义社会的一切都是为最广大人民群众的利益服务的,社会主义的本质,就是解放生产力,发展生产力,消灭剥削,消除两极分化,最终实现全体人民的共同富裕。社会主义最有利于人民群众,中国人民选择社会主义制度,内在的自主选择是根本,因而制度本身才有根基和生命力,并且在长期的实践中不断创新发展,才能逐步形成中国特色社会主义制度体系。

二、社会主义经济制度建立的前提

历史经验证明,在人类社会生产方式的更替过程中,总是会遇到以统治阶级为代表的腐朽势力的反对和顽强抵抗,社会主义经济制度的建立更是如此。

这是因为,社会主义经济制度是人类社会崭新的制度。以往的生产方式更替,不论是封建制度取代奴隶制度,还是资本主义制度取代封建制度,都是一种私有制形式取代另一种私有制形式,一种剥削制度取代另一种剥削制度。而社会主义经济制度与此根本不同,社会主义生产方式是建立在生产资料公有制基础上的,其取代资本主义生产方式,必须以公有制取代私有制,消灭一切形式的剥削制度,实行按劳分配,实现人民的共同富裕。这就必然触犯剥削阶级的利益,而代表这些利益集团的统治阶级国家,必然会动用政权的力量,以武装镇压人民革命。所以,无产阶级和劳动人民只有经过武装斗争,夺取政权,先改变上层建筑,建立人民民主国家,才能在政权的保护下消灭私有制,建立生产资料公有制,才能形成社会主义经济制度。

迄今为止,社会主义的实践证明,只有通过革命斗争,无产阶级和人民群众取得政权以后,才有可能建立社会主义经济制度。中国是这样,其他社会主义国家也是这样,可见无产阶级和人民群众夺取政权,是社会主义经济制度产生的前提。关于取得政权的方式,是武装暴力还是和平过渡,不是取决于共产党及其所代表的人民群众,而是取决于资产阶级当时反抗的态度及其运用的手段。

以毛泽东为代表的中国共产党,把马克思主义同中国的具体国情相结合,从中国半殖民地半封建社会性质的实际出发,面对强大敌人的残酷围剿和镇压,通过在农村建立革命根据地,组成工农革命武装队伍,通过农村包围城市的道路,经过艰苦卓绝的斗争,战胜了以蒋介石为代表的国民党反动派,取得了新民主主义革命的胜利,于 1949 年 10 月 1 日建立了中华人民共和国,改变了中国历史发展的方向,开启了中华民族伟大复兴的新纪元,为社会主义经济制度的建立创造了前提条件。

三、中国社会主义经济制度建立的特点和过程

按照马克思早先的设想,无产阶级革命首先是在经济发达的资本主义国家取得胜利的,在那里只需要经过短暂的过渡时期,就可以很快建立社会主义经济制度,进入社会主义社会。中国社会主义经济制度的建立,起点不同,过程不同,采取的方式也不同,呈现出一系列特点,构成显著的中国特色。

(一) 起点不同

按原先的设想,无产阶级革命的基础是发达的资本主义社会,生产力高度社会化,实行完备的资本主义经济制度,不仅工业资本主义化,农业也资本主义化,所以通过"剥夺剥夺者",采取没收资产阶级的生产资料和财产,收归国家所有,可以立即实行社会主义经济制度。

中国的国情和经典作家的设想有很大不同。旧中国处于半殖民地半封建社会,资本主义经济在上海、天津和江浙一带有一定程度的发展,工人阶级队伍开始形成,但是在广大农村,封建经济仍然占统治地位,帝国主义国家及其在华势力控制了中国的财政经济命脉,官僚资本主义垄断了国家的主要经济部门。国民经济处于很低的水平,1949 年在社会总产值中,农业占 58.5%,工业占 25.2%,建筑业占 0.7%,运输业占 3.1%,商业占 12.2%。广大农村仍处于自给自足的自然经济状态,从总体上说属于农业国。从生产关系和生产力的实际状况来看,这个起点决定了中国不可能立即过渡到社会主义社会,而只能是首先完成民主革命的任务,建立新民主主义社会。

(二) 过程不同

由于中国革命的起点是半殖民地半封建社会,建立社会主义经济制度必须分两步走:第一步,在中国共产党的领导下进行新民主主义革命,推翻帝国主义、封建主义、官僚资本主义"三大敌人"的统治,建立以工人阶级领导的、以工农联盟为基础的人民民主专政政权——中华人民共和国,为建立社会主义经济制度创造必要的前提。其社会性质属于新民主主义社会。

第二步,中华人民共和国成立后,就进入了从新民主主义社会到社会主义社会的过渡时期,即革命的转变时期。在 1950 年到 1952 年三年国民经济恢复的基础上,1952 年年底,中共中央提出了党在过渡时期的总路线,这条总路线的内容是:从中华人民共和国成立,到社

会主义改造基本完成,这是一个过渡时期。党在这个过渡时期的总路线和总任务,是要在一个相当长的时期内,逐步实现国家的社会主义工业化,并逐步实现对农业、对手工业和资本主义工商业的社会主义改造。通俗地说就是"一化三改造",这包括生产力发展和生产关系变革两方面的要求。实现社会主义工业化是对发展生产力的要求,以便建立社会主义物质基础;"三大改造"是变革生产关系方面的要求,就是把资本主义私有制和以农民、手工业者个体劳动为基础的私人所有制,通过社会主义改造,建立生产资料公有制,包括全民所有制和集体所有制。

(三) 方式不同

从中国的国情出发,建立社会主义经济制度采取了三条途径:

第一条途径是没收官僚资本,建立社会主义全民所有制。

中国的资本主义可分为官僚资本主义和民族资本主义两大部分,中国共产党根据其性质、地位和作用以及对待革命的态度不同,分别采取不同的办法和政策,即无偿没收官僚资本,和平赎买民族资本。

旧中国的官僚资本依附于帝国主义,同封建势力相勾结,垄断了中国的经济命脉。据统计,在全国解放前,官僚资本占工业、交通运输业固定资本总额的80%,它是国民党反动统治的基础,代表着中国最反动、最落后的生产关系,严重阻碍了中国生产力的发展。因此在新民主主义革命胜利后,立即在全国范围内没收了官僚资本控制的企业,变成国营经济,建立社会主义全民所有制,从而掌握了国民经济命脉,为其他所有制的社会主义改选和社会主义建设奠定了物质基础。没收官僚资本具有双重革命意义:一方面,消灭其买办性和封建性,具有民主革命的性质;另一方面,消灭垄断资本主义,则是属于社会主义革命的性质。这充分反映了中国革命的特殊性质及其两重性的特点。

第二条途径是和平赎买民族资本,逐步转变为社会主义全民所有制。

民族资本主义经济具有两重作用,既有繁荣经济、促进经济发展的积极作用,又有剥削工人的消极作用。民族资产阶级也具有两面性,既有拥护共同纲领,接受共产党和人民政府领导的一面,又有发展资本主义的倾向。因此,在政策上要发挥其积极作用,限制其消极作用,既有必要也有可能对民族资本采取"和平赎买"政策。

中国对民族资本主义工商业的社会主义改造,采取了国家资本主义的途径。国家资本主义是指社会主义国家能够加以限制、规定其活动范围的资本主义,是一种过渡性的经济形式。在过渡时期的国家资本主义经历了两大阶段。第一阶段,是把资本主义工商业变成初级形式的国家资本主义。具体形式主要有委托加工、订购、统购包销、经销代销等。国家首先从流通领域入手,控制原料来源、商品货源和市场,限制其投机性、盲目性,卡住两头,使其依赖国有经济,然后再深入生产领域的改造。第二阶段,公私合营,进入高级形式的国家资本主义。在公私合营中,又经历个别企业的公私合营到全行业公私合营两个阶段。1956年在实现公私合营后,国家对资本家的资本实行定息制度,即在清产核资的基础上,按私人股份额每年得到固定利息。整个生产流通被纳入国家的统一计划和管理中。这些企业基本上已成为社会主义企业。1956年年底全行业公私合营企业占原有私人企业的99%,基本上完成了对资本主义工商业的社会主义改造。1966年9月定息10年到期,国家停止支付定息,公私合营企业成为完全社会主义性质的全民所有制企业。

　　中国对资本主义工商业的社会主义改造取得极大的成功,为世界各国社会主义革命提供了一个成功的范例。恩格斯曾经说过,假如我们能用赎买的办法把资产阶级占有生产资料变为公共所有,"那对于我们最便宜不过了。"①中国共产党第一次把马克思主义的赎买思想付诸实践,不但把资本主义企业改造为社会主义企业,而且将企业改造和人的改造结合起来,在公私合营企业中安排资方人员担任副厂长、顾问和技术人员,成为企业管理者,从剥削者改造成劳动者。这一政策减缓了原工商业私方人员的反抗程度,逐步解决了劳资矛盾,不但企业生产未遭到破坏,而且更快更好地发展了生产力。这是对马克思主义关于社会主义经济制度建立理论的重大发展,具有鲜明的中国特色。

　　第三条途径是通过合作化的道路,对农业和个体手工业实行社会主义改造,建立劳动群众集体所有制。

　　个体手工业和个体农民既是劳动者,又是小私有者,具有两重性,他们广泛存在,又是落后的生产关系。但是他们的生产资料是劳动所得,按照马克思主义原则,对个体劳动者不能实行剥夺,只能引导他们走合作化道路,把个体私有制变为集体所有制。

　　对农业的社会主义改造是一项相当艰巨的任务。在中华人民共和国成立初期,1949年农业占社会总产值60%左右,农村人口占总人口接近90%,共约5亿人口,把个体农民引导到社会主义道路,是农村生产关系的重大变革。遵循马克思主义关于不能剥夺小农的思想,中国的农业合作化采取了从互助组、初级农业生产合作社到高级农业生产合作社三个互相衔接、逐步过渡的形式和步骤,使农民从实际变革中体会到合作化的好处,逐步适应,避免损失,促进农业生产稳步发展。到1956年年底,参加农业生产合作社的总农户达到96.3%,其中参加高级社的农户占87.8%,基本完成对小农经济改造的任务。

　　通过农业合作化把个体农民引向社会主义道路,建立劳动群众集体所有制,其方向和道路是正确的。从根本上说,对农业的社会主义改造必须同农业机械化、现代化,提高生产社会化程度相结合,在发展农业生产力,提高农民收入,改善生活的基础上才能得到巩固和发展。从这个意义上说,农村和农业社会主义改造的任务尚未完全结束,有待进一步发展完善。

　　中国的手工业有着悠久的历史和优良的民族传统,是国民经济的重要组成部分,1954年手工业产值占全国工业总产值的20%左右。城乡手工业从业人员为2000万人,其中独立的手工业者为800万人。

　　个体手工业者既是劳动者,又是生产资料个体所有者。与个体农业不同的是,个体手工业是纯粹的小商品经济,行业复杂,品种繁多,生产和销售紧密结合。从这些特点出发,通过合作化道路,对个体手工业的社会主义改造,首先从流通入手,组织手工业供销小组,或供销合作社,然后发展到生产领域,组织手工业生产合作社。到1956年年底,90%以上的手工业者参加了手工业生产合作社,基本上完成了社会主义改造的任务。

　　从总体来说,原定用三个五年计划即15年时间完成的社会主义改造任务,仅仅用7年时间就完成了。建立以公有制为基础的社会主义经济制度,为解放和发展生产力创造了制度性条件,但是生产力水平仍然很低,社会主义的物质基础还很薄弱,仍处于社会主义的初级阶段。

---

① 《马克思恩格斯选集》第4卷,人民出版社2012年9月版,第375页。

第二节 社会主义社会发展的阶段性

社会主义社会是一个相当长的历史时期。它同任何事物一样,在其发展过程中,必然呈现一定的阶段性。创立社会主义初级阶段理论,是对科学社会主义的重大发展,具有划时代的重大意义。

一、马克思主义经典作家对未来社会发展阶段的设想

马克思、恩格斯是科学社会主义的创始人,他们所处的时代是资本主义占统治地位的时代,面临的无产阶级革命的任务,主要是推翻资产阶级统治,建立社会主义社会。当时社会主义建设还不是实践问题,因而他们只能从分析资本主义发展趋势,对未来社会作出原则性的设想。马克思认为,未来社会的发展首先要经历从资本主义社会到共产主义社会的革命转变时期,即过渡时期。而共产主义社会本身又要经历两个阶段。他在《哥达纲领批判》中指出:"共产主义社会第一阶段"是"经过长久阵痛刚刚从资本主义社会产生出来的"。"在共产主义社会高级阶段,在迫使个人奴隶般地服从分工的情形已经消失,从而脑力劳动和体力劳动的对立也随之消失之后;在劳动已经不仅仅是谋生的手段,而且本身成了生活的第一需要之后;在随着个人的全面发展,他们的生产力也增长起来,而集体财富的一切源泉都充分涌流之后,——只有在那个时候,才能完全超出资产阶级权利的狭隘眼界,社会才能在自己的旗帜上写上:各尽所能,按需分配!"①可见,马克思只是把共产主义社会划分为两大阶段:第一阶段和高级阶段,所谓第一阶段即社会主义社会,但没有提及社会主义社会本身的发展阶段问题。

社会主义社会是一个不断发展和变革的社会,是个动态过程。恩格斯指出:"所谓'社会主义社会'不是一种一成不变的东西,而应当和任何其他社会制度一样,把它看成是经常变化和改革的社会。"②在发展变革的过程中,必然会呈现出一定的阶段性。

在社会主义发展史上,最早提到社会主义发展阶段问题的是列宁,列宁认为,十月革命后,经济落后的俄国,"在剥夺了地主和资本家以后,只获得了建立社会主义那些最初级形式的可能",③还不能达到成熟或发达的社会主义阶段。这里包含着社会主义社会也要有一个从低级到高级、由不完备到完备的发展过程。但从当时的实践来看还没有涉及具体发展阶段问题。

1936年苏联确立了社会主义制度,斯大林宣布:"我们苏联社会已经做到在基本上实现了社会主义,建立了社会主义制度,即实现了马克思主义者又称为共产主义第一阶段或低级阶段的制度。这就是说,我们已经基本上实现了共产主义第一阶段,即社会主义。"但明确讲:"苏联社会还没有实现把'各尽所能,按需分配'的公式作为通行的原则的共产主义高级阶段"。④以后苏联没有再研究社会主义发展阶段问题,但是在1952年战后重建取得成就后,

---

① 《马克思恩格斯选集》第3卷,人民出版社2012年9月版,第364—365页。
② 《马克思恩格斯文集》第10卷,人民出版社2009年12月版,第588页。
③ 《列宁选集》第4卷,人民出版社2012年9月版,第92页。
④ 《斯大林选集》下卷,人民出版社1979年12月版,第399页。

斯大林又宣布党的主要任务是从社会主义过渡到共产主义,显然是脱离实际急于过渡,说明他对社会主义发展的阶段性问题并没有搞清楚。

二、毛泽东提出社会主义社会发展两个阶段论

1956 年年底,中国社会主义改造基本完成,确立了社会主义制度,当时毛泽东比较正确地提出社会主义发展阶段问题。1957 年他明确指出,社会主义制度只是"刚刚建立",还没有"完全建成。"他说:"新的社会制度还刚刚建立,还需要有一个巩固的时间。不能认为新制度一旦建立起来就完全巩固了,那是不可能的。需要逐步地巩固。""建设一个具有现代工业、现代农业和现代科学文化的社会主义国家","还要经过一个很长的历史时期。"①

但是,当时的中国缺乏社会主义建设的经验,对经济发展规律没有足够的认识。特别是在 1958 年"大跃进"和人民公社化运动中,由于对社会主义社会发展阶段认识的不科学和对生产力发展速度的过高估计,出现了盲目乐观情绪,产生了"共产主义在我国的实现,已经不是什么将来的事情了"的"左"的思想,在所有制问题上追求"一大二公",刮"共产风"。严重挫伤了群众的积极性,造成破坏生产力的严重后果。

20 世纪 50 年代末 60 年代初,在初步总结社会主义建设的经验教训后,毛泽东意识到了中国建设社会主义的艰巨性、复杂性和长期性,深感各级干部非常缺乏经济学的知识,他自己也觉得要加强学习和思考。他在读苏联《政治经济学教科书》的时候,提出了一个重要的观点:"社会主义这个阶段,又可能分为两个阶段,第一个阶段是不发达的社会主义,第二个阶段是比较发达的社会主义。后一个阶段可能比前一个阶段需要更长的时间……在我们这样的国家,完成社会主义建设是一个艰巨任务,建成社会主义不要讲得过早了。"②

毛泽东在科学社会主义发展史上,第一次明确提出社会主义社会区分为"不发达的社会主义"和"比较发达的社会主义"两个阶段,这是有重要意义的。但是在 20 世纪 60 年代以后,他又强调主要矛盾是两个阶级、两条道路的斗争,忽视生产力发展和经济建设,"左"的倾向不断发展,以致发生了 10 年"文化大革命",严重破坏了生产力,使国民经济陷入崩溃的边缘。对社会主义发展阶段问题,理论和实践上都没有真正解决。

三、社会主义初级阶段理论的形成和发展

中国共产党的十一届三中全会以后,党在总结中华人民共和国成立以来历史经验的基础上,作了深刻反思,对中国所处的历史阶段进行了探索,逐步作出了中国还处于社会主义初级阶段的科学论断,并且随着改革开放的深入进行,又不断深化了对这一论断的认识。党对社会主义初级阶段的认识经历了一个形成、发展和完善的过程。

社会主义初级阶段理论最早形成于 20 世纪 80 年代初。1978 年党的十一届三中全会确立了党的工作重心转移到现代化建设上来,接着便开始了改革开放的进程。在实践中遇到既要坚持推进改革开放,又要坚持社会主义方向的实际问题,正确处理二者关系必然涉及如何正确认识和把握社会主义发展所处的历史阶段问题,这是改革开放的现实要求和迫切需要。

---

① 《毛泽东文集》第 7 卷,人民出版社 1999 年 6 月版,第 268 页。
② 《毛泽东文集》第 8 卷,人民出版社 1999 年 6 月版,第 116 页。

1981 年党的十一届六中全会通过的《关于建国以来党的若干历史问题的决议》，在总结历史经验时，第一次提出了初级阶段理论："尽管我们的社会主义制度还是处于初级的阶段，但是毫无疑问，我国已经建立了社会主义制度，进入了社会主义社会……我们的社会主义制度由比较不完善到比较完善，必然要经历一个长久的过程。"[①]之后，1982 年十二大报告等文件又对初级阶段的内容作了一定的分析。

1987 年党的十三大召开前夕，邓小平指出："党的十三大要阐述中国社会主义是处在一个什么阶段，就是处在初级阶段，是初级阶段的社会主义。社会主义本身是共产主义的初级阶段，而我们中国又处在社会主义的初级阶段，就是不发达的阶段。一切都要从这个实际出发，根据这个实际来制订规划。"[②]这个论述，把社会主义初级阶段理论作为一切工作的指针，是党制定路线、方针、政策的根本依据。根据这个精神，党的十三大报告系统论述了社会主义初级阶段理论，并以此为依据明确概括和全面阐述了党的基本路线，提出了经济发展的战略、经济体制和政治体制改革的原则等，把中国的改革开放提升到一个新的基点上。这是对社会主义发展阶段和国情认识上的一次飞跃。

随着改革开放和现代化建设的发展，社会主义初级阶段理论又在实践中不断完善。1997 年党的十五大报告在全面总结历史经验的基础上，对党在社会主义初级阶段的基本纲领作出了科学概括。2002 年党的十六大、2007 年党的十七大，当我国经济发展取得重大成就的情况下，再次强调：我国正处于并将长期处于社会主义初级阶段，现在达到的小康还是低水平的、不全面的、发展很不平衡的小康，人民日益增长的物质文化需要同落后的社会生产之间的矛盾仍然是我国社会的主要矛盾。2012 年党的十八大报告指出，在任何情况下都要牢牢把握社会主义初级阶段这个最大的国情，推进任何方面的改革发展都要牢牢立足社会主义初级阶段这个最大的实际。

社会主义初级阶段理论是中国特色社会主义的总依据，正是由于对基本国情有了正确认知和把握，才使中国的现代化建设取得举世瞩目的成就，体现出理论的巨大威力。

第三节　社会主义初级阶段的科学内涵与特征

中国的基本国情决定了现阶段还处于社会主义初级阶段。正确理解社会主义初级阶段的科学内涵和主要特征，对于制定正确的路线、方针、政策和发展战略具有十分重大的意义。

一、科学把握社会主义初级阶段的基本内涵

深刻认识社会主义初级阶段理论，首先必须科学把握其基本内涵。社会主义初级阶段包含两层含义：

第一，中国已进入社会主义社会。这层含义确认了中国社会的根本性质，属于社会主义社会。自 1956 年年底社会主义改造基本完成后，中国已建立起社会主义制度，走上社会主义

---

① 《中国共产党中央委员会关于建国以来党的若干历史问题的决议》，人民出版社 1981 年 7 月版，第 53 页。
② 《邓小平文选》第 3 卷，人民出版社 1993 年 10 月版，第 252 页。

道路。主要标志：一是已建立起以公有制为主体的基本经济制度；二是已形成工人阶级领导的、以工农联盟为基础的人民民主专政制度；三是在意识形态领域，马克思主义和毛泽东思想已成为指导思想。至今 70 多年来社会生产力获得巨大发展，社会主义经济政治制度也不断完善，社会主义制度的优越性日益显示出来。由此，必须毫不动摇地坚持和发展社会主义制度，而决不能脱离和改变社会主义道路。那种主张全盘西化，走资本主义之路，是历史的倒退。

第二，中国的社会主义社会处于初级阶段，即不发达阶段。这是由中国人口多、底子薄，生产力水平低，商品经济不发达，发展又很不平衡等诸多因素和社会状况决定的。中国从 20 世纪 50 年代中期，对生产资料私有制的社会主义改造基本完成到社会主义现代化的基本实现，至少需要上百年的时间，都属于社会主义初级阶段。这是中国的基本国情，是最大的实际，搞社会主义建设和一切工作必须立足于这个实际和基本国情。

社会主义初级阶段的两层含义，既互相区别，又紧密联系，构成一个具有特定内涵的科学概念。前一层含义阐明的是初级阶段中国社会的性质，后一层含义则阐明了中国现实中的社会主义的发展程度。只有把社会主义社会的性质和它的发展程度统一起来，才能完整地科学地理解和把握中国的基本国情。特别要指出的是，这里所说的初级阶段，不是泛指任何国家进入社会主义都会经历的起始阶段，而是特指中国在生产力发展水平不高、商品经济不发达条件下，建设社会主义必然要经历的特定历史阶段，是中国特色社会主义的总依据。以为不经过生产力的巨大发展就可以越过社会主义初级阶段，是空想论，是过去犯"左"的错误的主要思想根源。只有正确全面深刻地认识中国处于社会主义初级阶段的基本国情，才能制定和执行正确路线、方针和政策，保证社会主义现代化建设顺利进行。

二、社会主义初级阶段的主要特征

社会主义初级阶段既同过渡时期不同，又同社会主义发达阶段不同，呈现出一系列基本特征，可以从四个不同的角度进行考察。

（一）过程性

社会主义初级阶段是一个从不发达阶段向发达阶段发展的过程，也是从一个不成熟阶段向成熟阶段发展的过程，从过程性特征考察，党的十五大曾概括为九个特点。这九个方面，反映了社会主义初级阶段是一个发展过程，从生产力到生产关系、从经济基础到上层建筑各个方面各个领域，都有一个从不完善到完善、不成熟到成熟、不发达到发达的发展过程。这就是过程性特征。

（二）两重性

正因为社会主义初级阶段是一个不完善、不成熟和不发达的社会主义，因而必然带有旧社会的痕迹，在生产力、生产关系和上层建筑各领域、各方面都呈现出两重性的特征。

一是生产力状况的两重性。部分先进的生产力与落后的生产力并存。表现在：一部分现代化工业，同大量落后的传统工业同时并存；少量具有世界先进水平的科学技术，同普遍的科技水平不高、文盲半文盲人口较多的状况同时并存；一部分经济比较发达地区，同广大不发达地区和贫困地区同时并存，表明生产力的落后和发展不平衡。

　　二是生产关系方面的两重性。由于生产力落后及其两重性,决定了社会主义初级阶段生产关系方面也呈现出明显的两重性,即既有社会主义生产关系,又有非社会主义生产关系,二者同时并存。表现在所有制方面,生产资料公有制占主体地位,与多种所有制经济成分并存;在分配关系方面,按劳分配为主体与按要素分配等多种分配方式并存;在人与人的相互关系方面,人们之间团结和谐、互助合作占主体地位,同劳资矛盾、收入差距扩大等矛盾同时并存等。在社会主义初级阶段生产关系的这种两重性在形式上与"过渡时期"有些相似,但在内容上主体地位发生了根本变化。

　　三是在上层建筑领域的两重性。经济基础决定上层建筑,经济制度方面的两重性,必然反映到上层建筑领域。在社会主义初级阶段,已经建立起人民为主体的人民民主制度,但民主监督制度仍不健全、不充分,法律法规不健全,官员腐败现象仍比较严重。在意识形态领域,马克思主义的指导地位已经确立,但资本主义、封建主义的残余思想影响仍广泛存在,斗争是长期的。

　　把握社会主义初级阶段生产力、生产关系和上层建筑各方面、各领域的两重性特征,对坚持社会主义的方向和主体地位,正确处理其间的矛盾,巩固和发展社会主义有重大的现实意义。

(三)动态性

　　社会主义初级阶段绝不是静态的、凝固不变的,其过程性特征决定了必然是动态的、不断发展变化的。一方面,随着生产力的不断发展,生产关系和上层建筑都会不断地调整,人民的生活水平也会得到逐步提高,社会主义制度的优越性越来越显示出来。另一方面,随着改革开放的深入进行,社会主义市场经济体制逐步完善,政治体制进一步健全,法律制度建设积极推进,社会主义制度越来越成熟,逐步转变到比较发达的社会主义社会。

(四)阶段性

　　社会主义初级阶段是长期性与阶段性相统一的动态发展过程。我们既要认识其发展是一个相当长的历史阶段,需要几代人,甚至十几代人经过上百年的艰苦努力才能完成的历史任务;又要认识到在长期发展过程中,必然还要经过若干具体的阶段,不同时期会出现不同的阶段性特征。

三、明晰社会主义初级阶段的主要矛盾

　　正确分析社会主义初级阶段的主要矛盾,是制定这一阶段基本路线的客观依据。在社会主义初级阶段,经济、社会、政治、文化各领域存在着错综复杂的矛盾,其主要矛盾是什么呢? 对此经历了一个曲折的探索过程。

　　早在 1956 年社会主义改造基本完成后,党的八大报告中正确指出,中国的无产阶级同资产阶级之间的矛盾已经基本上解决,几千年来阶级剥削的历史已基本结束。"我们国内的主要矛盾,已经是人民对于建立先进的工业国的要求同落后的农业国的现实之间的矛盾,已经是人民对于经济文化迅速发展的需要同当前经济文化不能满足人民需要的状况之间的矛盾。"[①]根据这个分析,曾提出工作重心转移到经济建设方面来。

　　可是,这一正确认识没有坚持下去,主要是党内发生了"左"的错误。1957 年反右斗争以

---

　　① 《建国以来重要文献选编》第 9 册,中央文献出版社 1994 年 8 月版,第 341 页。

后,把无产阶级和资产阶级的矛盾提升为整个社会主义历史阶段的主要矛盾,提出"以阶级斗争为纲",造成全局性的严重失误,最终导致了"文化大革命"的悲剧发生。

党的十一届三中全会纠正了这个错误,决定把党和国家的工作重点转移到社会主义现代化建设上来,进而对社会主义初级阶段的主要矛盾作了新的概括。1981年党的十一届三中全会通过的《决议》,对社会主义初级阶段的主要矛盾作了科学的论断:"在社会主义改造基本完成以后,我国所要解决的主要矛盾,是人民日益增长的物质文化需要同落后的社会生产之间的矛盾。"①

这个主要矛盾,深刻反映了社会主义初级阶段的特殊本质。一方面体现了社会主义的根本目的是满足人及其需要,另一方面也反映了初级阶段社会生产落后的现状,不能完全满足这种需要。在主要矛盾中,生产力落后是矛盾的主要方面,因而要彻底改变这个状况,就必须把党和国家工作重点转移到以经济建设为中心的社会主义现代化建设上来,大力发展社会生产力,并在这个基础上逐步改善人民的物质文化生活。

四、社会主义初级阶段的基本路线

党在社会主义初级阶段的基本路线,是在总结历史经验教训和正确认识基本国情的基础上,在改革开放和社会主义现代化建设的过程中逐步形成的。党的十三大首次系统地表述了这条基本路线,以后随着经济社会发展,基本路线的内容又不断丰富和发展。这条基本路线是:领导和团结全国各族人民,以经济建设为中心,坚持四项基本原则,坚持改革开放,自力更生,艰苦创业,为把我国建设成为富强民主文明和谐的社会主义现代化国家而奋斗。

这条基本路线是中国特色社会主义沿着正确方向前进的保证。它体现了社会主义的本质要求,反映了中国特色社会主义发展的基本规律,代表了广大人民的根本利益和愿望,是建设中国特色社会主义的总纲。

社会主义初级阶段的基本路线包含极其丰富的内容,它规定了这一历史阶段的奋斗目标、实现的基本途径和根本保证、领导力量和依靠力量,以及实现这一目标的基本方针政策。

其一,这条基本路线,规定了党和国家在社会主义初级阶段所要实现的基本目标是:把中国"建设成为富强民主文明和谐的社会主义现代化国家",体现了社会主义社会全面发展的要求,反映了广大人民群众的迫切愿望。

其二,这条基本路线的核心内容是"一个中心、两个基本点",这是实现奋斗目标的基本途径。"以经济建设为中心",体现了社会主义的根本任务是发展生产力的要求。"坚持四项基本原则",即坚持社会主义道路、坚持人民民主专政、坚持共产党的领导、坚持马克思列宁主义、毛泽东思想,体现了亿万人民的共同意志,是党和国家生存发展的政治基石,是立国之本。"坚持改革开放",体现了解放和发展生产力的本质要求,是解决社会主义社会发展的动力问题。"一个中心、两个基本点"是一个相互联系的整体,围绕一个中心,两翼齐飞,才能保证社会主义初级阶段的奋斗目标顺利实现。

其三,这条基本路线,明确提出"领导和团结各族人民",规定了实现社会主义现代化的领导力量是中国共产党,依靠力量是全国各族人民。党的领导和群众路线相结合,这是中国特色社会主义事业取得胜利的政治保证。

---

① 《中国共产党中央委员会关于建国以来党的若干历史问题的决议》,人民出版社1981年7月版,第54页。

其四,这条基本路线,提倡"自力更生,艰苦创业",这是实现社会主义初级阶段奋斗目标的根本立足点。搞社会主义现代化建设,既要学习和借鉴别国的经验,争取国际支持,但是在任何时候都要把立足点放在自己力量的基点上,内力为主,借用外力,自力更生,艰苦创业才能获得成功。

以上四个方面的内容联系紧密、相互贯通,构成社会主义初级阶段整个历史时期的总路线,只有坚持社会主义初级阶段的基本路线,才能坚定不移地走中国特色社会主义道路。

第四节 中国特色社会主义新时代

习近平总书记在党的二十大报告中再次强调:"中国特色社会主义进入新时代",[①]这个重大判断,对认清当前的形势,牢牢把握立足点,确立新时代的奋斗目标,谋划新的发展方针政策,具有极其重大的理论意义和实践意义。

一、中国特色社会主义新时代的客观依据与科学内涵

中国特色社会主义进入新时代,是改革开放以来历史发展的必然结果。新时代的客观依据,可以从国情、党情、世情三个历史方位的革命性改变来考察和分析。

首先,从国情历史方位考察。改革开放40年来,特别是党的十八大以来,经过长期的努力,社会主义现代化建设取得了举世瞩目的成就,发生了翻天覆地的巨大改变,实现了历史性的飞跃。一是社会生产力迅速发展,综合国力大大增强;二是居民收入迅速提高,人民生活大幅改善;三是中国经济发展进入新常态,从高速增长转为高质量发展;四是全面深化改革,攻坚克难,社会主义市场经济体制日臻完善;五是对外开放规模不断扩大和程度不断深化。表明中国社会发展已从站起来、富起来、发展到强起来的阶段,进入新的征程。

其次,从党情历史方位考察。中国共产党的执政能力和领导力量显著增强,党对什么是社会主义、怎样建设社会主义,有了规律性的把握,已经达到了前所未有的高度。从严治党的成效卓著,全党加强了党的领导和党的建设,控制力,领导力和凝聚力大大增强。

再次,从世情历史方位考察。中国在世界经济中的地位迅速提升,对世界经济的贡献度增大,引领作用显著增强。中国的经济实力、科技实力、国防实力、综合国力进入世界前列,国际地位实现前所未有的提升,中国已走近世界舞台中心,为世界经济发展提供中国方案和智慧,中华民族以崭新的面貌屹立于世界的东方。

中国特色社会主义新时代,既是改革开放以来国情、党情、世情发生革命性改变的必然结果,也是新的历史发展的起点,意味着中国的发展踏上新的征程。

中国特色社会主义新时代具有极为丰富的科学内涵,可以从五个方面进行概括:①这个新时代是承前启后、继往开来、在新的历史条件下继续夺取中国特色社会主义伟大胜利的新时代,表明了这个时代的总要求;②这个新时代是全面建成小康社会,进而全面建设现代化

---

① 习近平:《高举中国特色社会主义伟大旗帜 为全面建设社会主义现代化国家而团结奋斗》,人民出版社2022年10月版,第4页。

强国的时代;③这个新时代是全国各族人民团结奋斗、不断创造美好生活、逐步实现共同富裕的时代,反映了以人民为中心的要求;④这个新时代,是全体中华儿女合力同心、奋力实现中华民族伟大复兴中国梦的时代,反映了中华民族的地位节节上升;⑤这个新时代,是我国日益走近世界舞台中央,不断为人类做出更大贡献的时代,体现了中国担当,为世界提供中国方案,中国智慧,发挥引领作用。这五个方面,清晰地阐明了中国特色社会主义进入新时代的深刻内涵。

二、中国特色社会主义新时代的主要矛盾转化

习近平总书记在党的二十大报告中再次指出:"我国社会主要矛盾是人民日益增长的美好生活需要和不平衡不充分的发展之间的矛盾",①社会主要矛盾变化是关系全局的重大变化。

主要矛盾变化是中国特色社会主义进入新时代的主要标志。在社会主义初级阶段的早些年代,由于生产力落后,人民生活需要只能是低水平的满足,所以主要矛盾是:人民日益增长的物质文化生活需求同落后的社会生产之间的矛盾。经过 40 多年的改革开放,特别是近几年来的艰苦努力,我国的生产力迅速发展,人民的收入大大增加,生活水平显著提高。从全局看已经进入中等收入国家,社会主要矛盾发生全局的历史性的变化。在温饱问题解决以后,人民对美好生活提出了更高要求,通俗地讲经济上已发展到"吃讲营养,穿讲漂亮,住讲宽敞,用讲高档,行讲便当"的阶段。而我国经济发展不平衡、不充分,为了更好满足人民在经济、政治、文化、社会、生态各方面的日益增长的需要,实现共同富裕,推进人的全面发展和社会全面进步,必须着力解决发展不平衡和不充分的问题。

新时代主要矛盾转化理论是对社会主义社会主要矛盾理论的丰富和发展,对于制定新的战略目标和方针政策具有重大指导意义。但是必须注意的是,新时代主要矛盾的变化并没有改变我国是世界上最大的发展中国家和仍然处于社会主义初级阶段这一基本国情,没有改变党要以经济建设为中心,坚持改革开放和四项基本原则的党的基本路线。因此,我们要以主要矛盾的转化为强大动力,继续贯彻党的基本路线,不断深化改革,扩大开放,为建成社会主义现代化强国,完成社会主义初级阶段的历史使命而努力奋斗。

三、中国特色社会主义新时代的总任务与目标

中国特色社会主义新时代的总任务,是实现社会主义现代化和中华民族伟大复兴,在全面建成小康社会的基础上,分两步走,在 21 世纪中叶建成富强民主文明和谐美丽的社会主义现代化强国。

改革开放以后,党对我国社会主义现代化建设做出战略安排,提出分"三步走"战略目标。解决人民温饱问题和人民生活总体上达到小康水平两个目标已经提前实现。在全面建成小康社会的基础上,再奋斗三十年,到中华人民共和国成立一百周年时,把我国建成社会主义现代化强国。

从 2020 年到 21 世纪中叶,又分为两个阶段来安排:

第一阶段:从 2020 年到 2035 年,在全面建成小康社会基础上,再奋斗十五年,基本实现

---

① 习近平:《高举中国特色社会主义伟大旗帜　为全面建设社会主义现代化国家而团结奋斗》,人民出版社 2022 年 10 月版,第 7 页。

社会主义现代化。

第二阶段:从2035年到2050年,再奋斗十五年,把我国建成富强民主文明和谐美丽的社会主义现代化强国。

从全面建成小康社会到基本实现现代化,再到全面建成社会主义现代化强国,是新时代中国特色社会主义的战略目标,只要坚韧不拔,努力奋斗,一定能完全实现。

四、中国特色社会主义新时代的战略意义

中国特色社会主义进入新时代,具有极其重大的战略意义。不仅在中华人民共和国的发展史上,中华民族发展史上具有重大意义,而且在社会主义发展史上,人类社会发展史上也具有重大意义。

一是,进入新时代,意味着近代以来久经磨难的中华民族迎来了从站起来,富起来到强起来的伟大飞跃,迎来了中华民族伟大复兴的光明前景。首先是,明确我国发展已进入强起来的新时代,比历史上任何时候更加接近、更有能力、更有信心实现伟大的民族复兴的"中国梦"。其次是,明确未来一段时期我国发展的主要任务是解决发展不平衡、不充分的问题,以满足人民日益增长的美好生活需要,要大力提升发展质量和效益。这就为新时代制定发展战略目标和方针政策提供了理论依据。

二是,进入新时代,意味着科学社会主义在中国焕发出强大生机活力,在世界上高高举起了中国特色社会主义伟大旗帜,社会主义救中国,社会主义发展中国,社会主义使中国强大起来,充分显示出社会主义制度的优越性。

三是,进入新时代,意味着中国特色社会主义道路、理论、制度、文化不断发展,拓展了发展中国家走向现代化的途径,给世界上那些既希望加快发展又希望保持独立性的国家和民族提供了全新选择,为解决人类问题贡献了中国智慧和中国方案。这三个方面,深刻阐明了中国特色社会主义进入新时代的历史意义、政治意义和世界意义。

中国特色社会主义进入新时代,这一新论断也是我们党的极为重要的理论创新,具有深远的历史意义。马克思创立了科学社会主义理论,邓小平贡献了社会主义初级阶段的理论,习近平总书记做出了中国特色社会主义进入新时代的科学判断,进一步丰富和发展了社会主义初级阶段理论,并且为中国特色社会主义的新发展指明了方向。

复习思考题

1. 社会主义经济制度建立为何要有政治前提?
2. 中国社会主义经济制度的建立有哪些特点?
3. 社会主义初级阶段的主要特征是什么?
4. 中国特色社会主义进入新时代有何战略意义?

第二章　社会主义初级阶段的所有制形式与结构

生产资料所有制是生产关系的基础,它决定生产关系的性质和发展方向,因而至关重要。所有制的基本经济制度就是关于生产资料所有制的性质和特点的本质规定,因而对经济社会的发展具有决定性作用。党的二十大再次强调了两个"毫不动摇"的思想,即"毫不动摇巩固和发展公有制经济,毫不动摇鼓励、支持、引导非公有制经济发展"。①这就要求我们在正确认识公有制主体地位和国有经济主导作用的基础上,深刻揭示公有经济与非公经济的必然联系,以巩固和完善我国所有制的基本经济制度。

第一节　社会主义初级阶段所有制的基本经济制度

在社会主义初级阶段,确立以公有制为主体,多种所有制经济共同发展的基本经济制度,不仅是对马克思主义的理论创新,而且是中华人民共和国成立后正反两方面历史经验的总结,更是深化经济体制改革的现实需要。因此,深刻理解初级阶段所有制的基本经济制度,对巩固社会主义制度和加快经济发展具有重大意义。

一、所有制的基本经济制度是马克思主义的理论创新

所谓所有制的基本经济制度,就是关于生产资料所有制的性质、地位和作用的规定,是生产关系中所有制关系制度化的体现。社会主义初级阶段所有制的基本经济制度就是要建立以公有制为主体,多种经济共同发展的所有制体系。现实表明,这一基本经济制度是对马克思主义经济理论的坚持、发展和创新。

首先,我国所有制的基本经济制度是对马克思主义关于生产力决定生产关系理论的坚持。一方面,作为社会主义国家,要建立和发展全民和集体等公有制经济,体现无产阶级所代表的先进生产力;另一方面,由于我国是从半殖民地、半封建社会进入社会主义社会的,不仅存在以社会化大资本为代表的、以机械化和半机械化为主的社会生产力,而且存在以小

---

① 习近平:《高举中国特色社会主义伟大旗帜　为全面建设社会主义现代化国家而团结奋斗》,人民出版社 2022 年10 月版,第 29 页。

工、小农、小商为代表的、以手工劳动为主的个体生产力。因此,根据生产关系一定要适应生产力发展的基本经济规律,在社会主义初级阶段,必须建立和完善与这种较落后、多层次、不平衡的生产力相适应的生产关系,建立和健全以公有制为主体,多种所有制并存的基本经济制度。

其次,我国所有制的基本经济制度是对马克思关于公有制理论的发展。因为马克思是从资本主义社会的基本矛盾出发,揭示用公有制代替私有制的必然规律及其一般原理的,但是他没有亲眼看到和亲身经历这样的变革过程,所以马克思设想的未来社会只能是理想的、单一的公有制。而我国的基本经济制度是在进入社会主义初级阶段以后建立的,由于现实中生产力的差别性以及社会阶层的复杂性,要求我们不仅要考虑公有制的多样性,而且要考虑公有经济与非公经济的并存性。因此,强调公有制的主体性和多样性,以及与非公经济的并存性和互补性,是对马克思公有制理论的深化、细化和具体化,是从理想公有制转变为现实公有制的产物和表现,因而是对马克思关于公有制理论的丰富和发展。

再次,我国所有制的基本经济制度更是对马克思所有制理论的创新。在我国的基本经济制度中,既要强调公有制的主体性,又要强调多种所有制的并存性,并且要把二者有机结合起来,充分体现了马克思关于所有制理论的创新性。马克思只有资本主义社会的生活经历,没有社会主义社会的实践经验,更加无法预见在落后国家率先建立社会主义社会必须经历的初级阶段,因而不可能提出公有经济与非公经济相互促进和有机结合的思想和理论。因此,我国的基本经济制度提出以公有制为主体,多种所有制经济共同发展的要求,不仅是对马克思关于社会主义是公有制的坚持,而且是对多种经济成分并存和相互促进理论的发展和创新。

二、所有制的基本经济制度是历史经验的科学总结

我国所有制的基本经济制度,不仅是发展和创新马克思所有制理论的产物,更是总结正反两方面历史经验的结晶。从中华人民共和国成立以来到改革开放之前,我国经历了几个不同的发展时期,为最终确立所有制的基本经济制度提供了宝贵经验。

中华人民共和国成立初期(1949—1952年),在新民主主义经济纲领的指引下,我国形成了以国营经济为主导,个体、私营经济为主体,多种经济成分并存的所有制结构,使国民经济很快得到了恢复和发展。"1952年的工农业总产值超过1936年(国民党统治时期的最高水平)的20%。同1949年相比,1952年全国职工工资平均提高70%,农民收入增长30%以上。"[1]社会主义改造时期(1953—1957年),形成了以国营经济为主导,公有经济为主体,个体、私营、合资等多种经济并存的所有制结构,也使国民经济得到了迅速发展和壮大,"年均GDP增长率达到11.3%。"[2]"1949年全国农业生产总值是三百二十六亿元,1956年上升到五百八十三亿元,比1949年增长了79%。随着农业总产值的增长,农民的购买力也大大提高了。1950年全国农民的购买力是八十一亿元,1956年上升到一百九十一亿元,比1950年增长了136%。1952年全国职工年平均工资是每人四百四十六元,1956年提高到六百一十元。在四年中间,提高了将近37%"[3]。比较中华人民共和国成立初期和社会主义改造这两个时期,我们发现虽然它们的经济主体有所不同,前者以私营、个体为主体,后者以国营、集体为主

---

① 《中国近现代史纲要》,高等教育出版社2008年4月版,第179页。
② 《中国经济60年　道路、模式与发展》第26卷,上海人民出版社2009年11月版,第18页。
③ 《1957年国务院政府工作报告》http://www.gov.cn/test/2006-02/16/content_200759.htm。

体,但是它们的共同特点是多种所有制经济并存,这种所有制结构是与生产力发展水平相适应的,因此有力地促进了国民经济的恢复和壮大,体现了多种经济共同发展的互补性和优越性。

但是,到了大跃进和文化大革命时期(1958—1976年),由于极左路线占据了主导地位,把马克思设想的,在社会主义高级阶段才能建立的单一公有制强制地拿到社会主义初级阶段来推行,在脱离现实生产力水平和人们思想觉悟的基础上,盲目提高生产资料的公有化程度,并且实行高度集中的计划管理体制和平均主义的分配制度,从而极大地限制了经济主体追求自身利益的积极性和主动性,结果导致生产效率低下,发展速度缓慢,资源浪费严重等问题,甚至出现三年自然灾害和文化大革命时期那样严重的经济衰退。"1958年提出跑步进入共产主义,基建投资比上年增长87.9%,积累率从24.9%急剧上升到33.9%,1959年又高达43.8%。结果1958—1960年赤字累积近200亿元,农业生产从1959年起连续3年大幅度下降,平均每年下降9.7%,轻工业生产也连续3年下降,陷入严重的经济困难。"①

中华人民共和国成立后正反两方面的经验告诉我们:在社会主义初级阶段,由于不发达的生产力状况,决定了在公有制为主体和国有经济为主导的前提下,发展多种所有制经济的必要性和重要性,而脱离现实的物质基础和人们的觉悟程度,人为地强制推行单一公有制和高度集中的计划管理具有极大的盲目性和危害性。可见,以公有制为主体、多种所有制经济共同发展的基本经济制度,是总结历史经验和教训的必然产物,是党和人民经过艰辛探索得出的科学结论。

三、所有制的基本经济制度是深化改革的现实需要

我国的基本经济制度,是在改革开放中逐步建立和完善起来的。1997年党的十五大第一次明确提出:"公有制为主体、多种所有制经济共同发展,是我国社会主义初级阶段的一项基本经济制度。"②在这一基本经济制度的保障和相关理论的指引下,我国的改革开放和经济发展取得了显著成效。

到了21世纪,我国进入全面建设小康社会的关键时期,它既是战略机遇期,又是矛盾凸显期。在公有经济与非公经济并存的情况下,如果不能正确处理好二者之间的关系,或重回单一公有制的老路,或误入私有化的歧途,都可能威胁我国的经济安全,甚至出现像苏联、东欧那样的社会动荡和经济衰退。因此,现实要求我们坚持和完善初级阶段所有制的基本经济制度,准确地为公有经济与非公经济定位,为国民经济的持续、稳定和快速发展提供制度保障。

党的十六大提出"两个毫不动摇"的思想,即"必须毫不动摇地巩固和发展公有制经济……必须毫不动摇地鼓励、支持和引导非公有制经济发展。"③党的十七大提出:"坚持平等保护物权,形成各种所有制经济平等竞争、相互促进新格局"。④党的十七届四中全会进一步提出,要自觉划清"基本经济制度同私有化和单一公有制的界限"。⑤党的十八大、十九大和二十大多次强调"两个毫不动摇"的思想,这就使所有制的基本经济制度的内涵不断丰富和完善。党的十八大以来的十年中,我国经济保持中高速增长,在世界主要国家中名列前茅,"国内生产

---

①　黄泰岩:《我国实现"赶超"的战略选择——建国40周年的回顾与展望》,中国人民大学学报,1989年第5期。

②　《江泽民文选》第2卷,人民出版社2006年8月版,第19页。

③　《十六大以来重要文献选编》上,中央文献出版社2005年2月版,第19页。

④　《高举中国特色社会主义伟大旗帜　为夺取全面建设小康社会新胜利而奋斗——在中国共产党第十七次全国代表大会上的报告》,人民出版社2007年10月,第25页。

⑤　《中国共产党第十七届中央委员会第四次全体会议文件汇编》,人民出版社2009年9月版,第13页。

总值从五十四万亿元增长到一百一十四万亿元,我国经济总量占世界经济的比重达百分之十八点五,提高七点二个百分点,位稳居世界第二;人均国内生产总值从三万九千八百元增加到八万一千元。"①实践表明,公有制为主体、多种所有制经济共同发展的基本经济制度,不但是对马克思主义所有制理论的坚持、发展和创新,而且符合现实生产力发展要求和广大人民的觉悟程度,因而是正确的。

然而,坚持和完善所有制的基本经济制度又不是一帆风顺的。近年来,随着市场经济规模的扩大和对外开放程度的提高,特别是由于某些传统思想的回潮,以及西方新自由主义的影响,使人们对基本经济制度的认识产生了两种错误。一是"左"的倾向,那些还没有从单一公有制思想束缚下解放出来的人认为,目前非公经济在国民经济中的比重已接近或超过50％,国有经济已降到不足 30％②,担心公有制的主体地位可能被动摇,因此主张打击和限制非公经济的发展;二是右的倾向,一些持有西方新自由主义观点的人认为,公有经济产权不清,效率低下,浪费严重,与市场经济不能兼容,因而主张恢复和推进私有化。这两种错误倾向从不同的角度对我国所有制的基本经济制度提出了怀疑。因此,坚持所有制的基本经济制度,必须反对"左"的和右的两种错误,划清基本经济制度与单一公有制和私有化这两个根本界限,才能使所有制的基本经济制度不断巩固、发展和完善。

第二节　公有制为主体与反对单一公有制

坚持社会主义初级阶段所有制的基本经济制度,首先要正确认识公有制的主体地位和国有经济的主导作用。一方面要反对实行单一公有制的"左"倾路线,防止重走封闭僵化的老路;另一方面又要反对实行私有化的右倾路线,防止走上改旗易帜的邪路。因此,坚持公有制的主体地位是不能动摇的。

一、公有制的实质与多种实现形式

所谓公有制,就是全体或部分劳动者共同占有生产资料的所有制形式。建立生产资料公有制的实质是要消灭资本主义的剥削制度,使劳动者成为生产资料的主人,形成劳动平等的生产关系。具体来讲:①用社会主义公有制代替资本主义私有制,是生产关系一定要适应生产力发展的必然结果,它标志着资本主义剥削制度的瓦解,以及社会主义崭新制度的诞生。由于各国经济和社会的状况不同,存在许多历史和地域上的差别,因而在公有制代替私有制的过程中必然会形成纷繁复杂的形式和发展阶段上的差异,因此各国的变革不能强求统一和机械照搬。②所有制是生产关系的基础,它决定人们之间的相互关系和分配关系,也就决定了生产关系的性质和发展方向。因此,社会主义公有制的建立,意味着人与人的剥削关系被平等互利关系所代替,按资分配为主被按劳分配为主所代替,使生产关系的性质发生

---

①　习近平:《高举中国特色社会主义伟大旗帜　为全面建设社会主义现代化国家而团结奋斗》,人民出版社 2022 年10 月版,第 8 页。

②　张宇:《完善中国特色社会主义经济理论体系需要深入研究的若干问题》,《经济学动态》2008 年第 7 期。

了根本的变化,使公有制所代表的生产关系成为人民的整体利益和长远利益的集中体现。③公有制决定了社会主义的生产目的,是满足全体人民日益增长的物质和文化需要。在社会主义市场经济条件下,虽然所有经济主体的直接目的仍然是增加产值和获取利润,但是他们的最终目的或者说最终结果必然是满足社会需要。可见,公有制是社会主义主要经济规律产生和实现的前提条件,它制约着其他经济规律发挥作用的程度和范围。因而只有在公有制条件下,才能限制收入上的两极分化,有效促进全体人民的共同富裕。④公有制是人民民主专政最重要的经济基础。只有坚持公有制,才能增强综合国力和完善上层建筑;在充分发挥市场作用的同时,充分发挥政府的宏观调控作用;在积极提高物质文明的同时,努力提高精神文明的程度,以推动经济和社会的全面发展。可见,加强和完善公有制至关重要,它决定着经济发展的方向和劳动者的主人地位,是巩固社会主义制度和人民民主专政的根本保证。有些人把资本主义国家的国有企业,也看成"公有制"这是不正确的。虽然,这些企业不归资本家私人所有,但是他们的政权掌握在垄断资产阶级手中,他们的国有企业是为整个资产阶级的根本利益和长远利益服务的,因此是社会化了的"私有制",与社会主义的国有企业是有本质区别的。

如何保持公有制的性质和提高公有经济的地位? 必须从以下几个方面加以努力:①要保持公有资产的主体地位。主体不是全体,不能搞脱离生产力水平的纯而又纯的公有经济,而要与非公经济共同发展。通过平等竞争,公有经济不但要在固定资产的投资数量上,而且要在产品质量和产出效益上取得优势,显示出公有经济的优越性。②要保持国有经济的主导地位。主导不等于主体,更不能包办一切,国有经济的主导作用主要表现在对国民经济的控制力、调节力和影响力上。因此,从总体上讲,国有企业在数量上要减少,特别是那些规模小、效益差、无发展前途的企业,要通过关、停、并、转等形式进行剥离,真正提高国有企业的素质、规模和效益,使之更好地发挥主导作用。③要加快包含公有成分的混合经济的发展。混合经济是公有经济与非公经济在企业内部融合的途径和形式,它有利于多种经济成分相互促进,取长补短,共同提高,也是通过股份制和股份合作制等方式和方法,扩大公有经济对非公经济控制、引导和影响的重要途径。

要巩固和加强公有制的主体地位,必须加快公有经济的发展,不断丰富和完善公有经济的实现形式。过去人们认为,公有制只有全民和集体两种,其实是不正确的。在社会主义初级阶段,由于生产力发展水平的多层次和不平衡,要求公有制的实现形式必须多样化,以适应生产力的发展需要。公有制的实现形式,不仅要有全民或集体等单一性质的公有制形式,而且要有全民与集体,集体与集体,以及全民、集体与非公经济混合的实现形式。实现这种混合的基本形式,是股份制和股份合作制。首先,股份制能否成为公有经济的实现形式是一个有争议的问题。过去,人们总是把股份制看成是资本主义私有经济的实现形式,其实股份制是社会化大生产和市场经济的产物,本身不具有基本经济制度的属性,因而它既能与私有制结合,成为资本主义企业的经营管理制度,又能与公有制结合,成为社会主义企业的经营管理制度。股份制是一种比较完善的企业经营管理制度,具有所有权与经营权相分离,法人治理结构严密,经营管理机制合理,资产运作经济高效等特点,对克服原有的公有制企业,特别是国有大中型企业在经营体制上的弊端,有很强的针对性和实用性。其次,股份合作制是股份制与合作制相结合的产物,它既融合了这两种经营管理制度的优点,又弥补了它们的缺陷,因而是一种新型的集体经济的实现形式。股份合作制既解决了股份制下所有者和劳动者不统一,劳动者与生产资料相分离的问题,又解决了传统集体所有制下劳动者的产权和主人地位不落实的问题,从制度上保障了劳动者的合法权益和当家做主的地位。因此,发展股份制和股份合作制,将成为公有企业经营管理制度改革和完善的主要方向。

二、划清公有制为主体与单一公有制的界限

要划清公有制为主体与单一公有制的界限,关键是在发展公有经济的同时,能否为非公经济营造良好的环境和创造有利的条件,使公有经济与非公经济能够平等竞争、相互促进和共同发展。

改革开放 40 多年来,党和国家出台了一系列的政策、措施和法规,为非公经济的发展营造了良好的政治、法律和舆论环境,使非公经济取得了迅速发展。但是,由于在传统的单一公有制下形成的"轻私""疑私""怕私""防私"等思想观念的影响,以及由此导致的体制障碍,使得非公经济面临不少困难。主要表现在以下几个方面:①所谓的"玻璃门"和"弹簧门"现象。2005 年国务院颁布了《关于鼓励、支持和引导个体、私营等非公有制经济发展的若干意见》(以下简称《意见》),允许非公企业进入电力、电信、铁路、民航、石油等垄断行业和领域。由于受传统观念和旧体制的影响,非公经济仍然遇到"看得见、进不去"的"玻璃门",或者"一进去就被弹回来"的"弹簧门"。如非公经济参与国防工业建设,有人担心他们靠不住,会给国家安全造成隐患,致使非公经济很难进入,即使进入也难以生存。②关于融资困难的问题。2005 年国务院颁布的《意见》提出,要加大对非公经济的财税金融支持。但银行仍对非公经济存在融资歧视,严重制约了它们的发展。如四大国有银行在贷款发放、审批程序、不良贷款处理、信贷人员责任等方面,对民营企业的要求极为苛刻,远远超过国有企业。③关于税负不公的问题。虽然已费改税,但在实施上仍存在"所有制歧视"。如传统军工企业可免去增值税,而非公企业不能享受同等待遇,使它们在竞争中处于不利地位。④关于"国进民退"的问题。为使部分国企退出竞争性行业,同时加快非公经济的发展,我们曾提出"国退民进"的口号,并取得很好的效果。但是 2008 年金融危机以后,却出现了"国进民退"的相反现象,如中粮入主蒙牛、中化收编民营化肥厂、五矿和中钢兼并民营钢厂、航空业中民营企业全军覆没、高速公路行业民营资本被集体清退,以及央企进军房地产市场等,对非公经济的发展造成不利影响。造成此类现象的原因是多方面的:首先,由于国家政策导向和国有银行偏爱,使得国企能够凭借政策和资金优势,进军一般性竞争行业和股市、楼市等,挤占了非公经济的发展空间;其次,一系列的兼并、重组又加固了国企的垄断地位,使得非公经济更加难以进入;再次,由这一现象所带来的不良舆论环境,使得非公经济不愿或不敢参与打破垄断的投资和竞争。

可见,在某些领域单一公有制的传统观念仍在延续。一方面,使得非公经济不敢放开手脚大力发展;另一方面,又有意无意地限制了非公经济的健康成长。这就要求我们划清公有制为主体与单一公有制的界限,时刻警惕"左"的错误倾向的回潮和蔓延,不断完善维护非公经济发展的政策、措施和法规,并制定相应的配套制度和管理方法,为非公经济的成长和壮大创造更为有利的环境和条件。

第三节　多种经济共同发展与反对私有化

在社会主义初级阶段,一方面要坚持公有制的主体地位和发挥国有经济的主导作用,另

一方面还要坚持多种所有制经济的共同发展。也就是说,坚持公有制为主体并不能否定或代替多种所有制经济的共同发展,同时多种所有制经济共同发展也不等于搞私有化。

一、非公经济的性质与现实作用

在社会主义初级阶段,由于生产力水平低、多层次和不平衡等特点,要求公有经济与非公经济相互补充,共同发展。这里的非公经济包括:个体、私营、外资等。在对非公经济性质和作用的认识上,是有一个转变观念和逐步提高的过程。改革开放前,由于"左"倾路线的影响,几乎把所有非公经济都看成是资本主义经济,或是滋生资本主义的土壤,全部被纳入消灭之列,结果严重阻碍了社会生产力发展。其实,即使在资本主义条件下,劳动者的个体经济与有剥削的私营经济之间,民族资本主义经济与垄断资本主义经济之间,都有着质的区别,不能"一视同仁"。在社会主义条件下,它们原有的性质已发生根本性的变化,即由资本主义经济,或从属于资本主义经济的性质,转变为社会主义市场经济的重要组成部分,取得了从属于社会主义经济的性质。因此,看不到这一根本性质的变化,就会犯"左"倾错误,否认多种非公经济存在和发展的必要性。改革开放的实践使我们逐步认识到公有经济与非公经济共同发展的重要性,因而党的十五大把多种经济共同发展作为基本经济制度确定下来。

为什么在社会主义条件下,仍然要大力发展非公经济?原因是多方面的:

(1)这是大力发展市场经济的需要。个体、私营和外资等非公经济都是市场经济的产物,它们与市场经济可以说是与生俱来的,有着不可分割的历史联系。因此,市场经济存在的必要性,也就决定了非公经济存在和发展的必要性,因而它们也是社会主义市场经济不可缺少的重要组成部分。

(2)壮大非公经济是加快国民经济发展的需要。首先,非公经济已成为国民经济新的增长点,生产出大量物质产品和精神产品,在满足人民的物质和文化需要方面发挥了重要作用。其次,非公经济的发展,有效地扩大了劳动者的就业领域,大量吸纳了公有企业的下岗职工和农村的剩余劳动力,为缓解就业矛盾和保持社会稳定做出了重要的贡献。再次,非公经济有效地把大量的闲散资金,吸收到生产领域,转化为生产经营资本,特别是通过引进外资,大大加快了我国经济的发展速度,同时为国家财政提供了大量的税收收入,有力地促进了综合国力的增强。最后,非公经济的发展也有利于我国现有产业结构的调整和优化。非公经济的发展弥补了我国第三产业严重落后的现状,特别是随着民营科技企业的迅速发展,也促进了产业结构的升级换代。

(3)非公经济对公有经济的发展有借鉴和鞭策作用。非公企业的某些长处,恰恰是许多公有企业的缺陷,因而有利于取长补短。非公经济的共同特点是产权关系明晰,经营机制灵活,不仅对市场反应灵敏,而且利益机制体现得更为充分。其中,不同的所有制形式都有其特点。个体经济经营规模小,对市场的适应性强,常常起着拾遗补漏的重要作用。私营经济把私有制与社会化生产经营结合起来,既能获得集体劳动所创造的较高劳动生产力,又能把私人老板那种精打细算、严格管理和时时处处追求利益最大化的特点发挥出来,因而能创造出比同类公有企业更高的经济效益。"三资"企业把发达国家先进的生产技术和管理经验引入国内,并能利用国际市场取得资金、原材料的来源和产品的销路等,创造出更高的劳动生产力和经济效益。特别是它们之间的平等竞争会形成巨大压力,鞭策公有经济的改革和发展。当然,非公经济的发展也不可避免地会带来一些负面影响,如有些私有企业偷漏税收,生产假冒伪劣商品,任意排放"三废",破坏生态环境等,其实这些违法乱纪的现象在公有企业中也是屡见不鲜的,因此主要是如何加强教育,严格管理和完善法治的问题。在这里,我们决不能采取因噎废食的态度,抓住非公经济在局部上的缺陷和不足,而否定它们在全局上的重要地位和积极作用。

在非公经济中,民营经济占主要地位并发挥重要作用。针对社会上一些否定民营经济的杂音,2018 年 11 月 1 日习近平总书记亲自主持召开民营企业座谈会,明确指出:"基本经济制度是我们必须长期坚持的制度。民营经济是我国经济制度的内在要素,民营企业和民营企业家是我们自己人。"①从根本上指明了民营经济的性质,同时,又充分肯定了民营经济的重要作用,指出"我国经济发展能够创造中国奇迹,民营经济功不可没!"②

40 多年来,我国民营经济从小到大,从弱到强,不断发展壮大,民营企业的数量达 2 700 万家,个体工商户超过 6 500 万户,民营经济具有"五六七八九"的特征,即在经济体系中,贡献了 50% 以上的税收,60% 以上的 GDP,70% 以上的技术创新,80% 以上的城镇劳动就业,90% 以上的新增就业和企业数量,在稳增长、增就业、惠民生等方面发挥了重要作用。

在这个座谈会上,习近平总书记明确指出了大力支持民营经济发展壮大的六个举措,为保持民营经济发展的良好势头注入了强大动力,为民营经济走向更加广阔的舞台坚定了信心,"吃下定心丸、安心谋发展!"③

二、划清多种所有制经济共同发展与私有化的界限

要划清多种所有制经济共同发展与私有化的界限,关键在于:能否在多种所有制经济共同发展的同时,坚持公有制的主体地位和发挥国有经济的主导作用。

(一)认识公有制主体地位的必要性与重要性

第一,以公有制为主体,是保持社会主义性质的需要。在这里,我们对公有制为主体要有全面、深刻和辩证的理解。首先,公有制为主体是从全局来讲的,并不排斥在部分落后行业和地区、沿海开放城市和经济特区,实行以非公经济为主体的管理体制。其次,公有制为主体,不能简单地理解为在企业数量、就业人数,以及产值、利润、税收上占多数,事实上,非公经济在这些方面已达到或超过了公有经济。统计资料显示,当前,国内非公有制企业的产值占国内企业生产总值的 82.67%,城镇新增就业 90% 以上的岗位由非公有制企业提供,对国内生产总值的贡献超过 50%。公有制为主体的根本标志,是看最重要的生产资料——土地和固定资产的数量和比重,是否在全国范围内占据优势和处于统治地位。在我国,城市土地归国家所有,农村土地归集体所有,因此土地的全民所有和集体所有是我国公有制为主体的最根本标志。我国固定资产的公有比重也是相当高的,这是因为:一方面由于改革开放之前,长期实行计划经济,几乎全部固定资产的投资都是属于全民和集体公有的;另一方面由于国家掌握了税收的主要来源,在过去主要依靠投资拉动经济增长的体制下,国家积累了大量的优质资产,其中包括道路、交通、水利建设等基础设施,成为公有固定资产的重要来源和必要组成部分。因此,只要土地的公有制性质不变,以及公有的固定资产的比重占据优势,那么无论在企业数量以及产值、利润上公有的比重如何变化,公有制的主体地位都是不会动

①②③　习近平:《在民营企业座谈会上的讲话》,《光明日报》2018 年 11 月 2 日。

摇和改变的。最后,上层建筑对经济基础有巨大的反作用。国家不仅拥有能够控制国民经济命脉和规模庞大的优质资产,而且拥有调控宏观经济和再分配国民收入的权力和能力,可以通过相关的政策、法律和制度来维护公有制的主体地位,因而国家政权成为巩固公有经济主体地位的决定性力量。

第二,坚持公有制的主体地位,就要充分发挥国有经济的主导作用。随着经济体制改革的深化,国有企业逐步从一般竞争性行业退出,因而在数量上显著减少。但是,经过改制的国有大、中型企业,由于经营机制转变和经济效益提高,使它们在国民经济中的主导作用不断增强。由于国有经济是公有经济的中流砥柱,因此不断提高它们的经济实力和控制能力,是维护公有制主体地位的根本保障。国有企业质量较高,我国进入世界 500 强的企业总数是115 家,其中八成以上是国有企业。

第三,坚持公有制的主体地位,是对非公经济进行正确引导的可靠保证。非公经济作为一种不同于社会主义性质的经济成分,既有积极的一面,如增加就业,满足需要和促进生产力发展等;但也有消极的一面,如存在剥削,唯利是图,阻碍生产力发展等,因而需要对它们进行正确引导。所以在多种所有制经济共同发展的同时,保持公有制的主体地位和发挥国有经济的主导作用至关重要。实践表明,只有坚持公有经济的主体地位和发挥国有经济的主导作用,才能保证国民经济沿着正确的方向和道路不断前进。

(二)坚决反对与有效制止各种私有化倾向

20 世纪 90 年代以后,随着非公经济的发展和实力的增强,一股主张私有化的思潮时起时伏,公有制的主体地位受到冲击。主要表现在:

(1)"市场决定论"。有些人认为,主体地位不是谁封的,哪种经济成分行,就应占据主体地位,而符合人的"自私本性"的私营经济效率高,对市场的适应性强,理应成为国民经济的主体。

(2)"均分国有资产论"。有些人认为,国有经济产权不清,所有者虚置,只有将国有资产分解到个人,产权才能明晰,甚至提出要向俄罗斯学习,将国家的外汇储备均分到个人。

(3)"消极保障论"。当中央提出对国有经济进行战略调整时,有人就公开主张对非公经济应"有需就让",要求公有经济退缩到单纯提供保障的地位,让非公经济发挥主导作用。

(4)"贱卖论"。在国企民营化的过程中,掀起了一股挑战国有资产的歪风,许多国有企业被"贱买贱卖""半卖半送",甚至"假卖真送",从而造成国有资产的大量流失。

允许私有经济的存在和发展并不等于恢复和重建私有制。现实中出现的各种私有化的"右"倾错误,要求我们进一步划清多种所有制经济共同发展与私有化的界限,从理论和实践两个方面坚决反对和有效制止形形色色的私有化倾向。现实表明,我们提出公有经济与非公经济共同发展,并不是要用非公经济来取代公有经济的主体地位,更不是要全面恢复私有制。相反,我们的目标是要通过公有经济与非公经济的平等竞争和相互促进,实现共同发展。

第四节　公有经济与非公经济的有机结合

在社会主义初级阶段,如何才能在坚持公有制主体地位和发挥国有经济主导作用的同时,使非公经济得到发展和壮大?如何才能在非公经济发展和壮大的同时,不动摇公有制的主体地位和发挥国有经济的主导作用?关键是要找到公有经济与非公经济有机结合的途径和方法。

一、公有经济对非公经济的支持与引导作用

要使公有经济与非公经济协调发展,这里的重要环节是要加快转变经济发展方式。过去的经济发展方式比较落后,主要特点是粗放型、外延型、投资和出口拉动型。这样的发展方式不仅投资大、产值低、效益差,而且容易形成重复建设、产能过剩、结构失衡、资源浪费和环境破坏等不良状况。落后的经济发展方式不仅阻碍了国民经济的健康发展,还致使许多企业无处投资,只能将大量资金投入楼市、股市和债市等,引发经济泡沫和导致金融危机。所以,要使公有经济与非公经济协调发展,最根本的方法是转变经济发展方式,加快各类企业向新能源,新技术,新材料和生态环保等新兴产业发展。只有这样公有经济与非公经济才不会互相挤占市场,才会在转变经济发展方式的过程中,不断以技术创新和管理创新为动力,找到各自更广阔的投资领域和发展空间。

有人认为,公有经济的发展会挤压和限制非公经济的发展,这样的观点是片面的。只要路线正确和政策对头,公有经济的发展反而会对非公经济产生积极影响。这是因为:

(1)公有经济对非公经济有支持和促进作用。一方面,公有经济的壮大,可以通过政府的财政金融政策,为非公经济发展提供物质基础;另一方面,非公企业在发展中,始终需要公有企业在原材料、机器设备、人才技术、信息咨询、供销渠道等方面的支持。

(2)公有经济对非公经济有指导和引导作用。一方面,公有经济为执行国家的宏观政策,在某些重点行业和关键领域的投资会带动非公经济的发展;另一方面,公有经济为保持国民经济持续、稳定发展,需要大量投资新兴产业,如新能源、新技术、新材料等,这些新的经济增长点,也为民营资本拓宽了发展空间。因此,我们要充分利用公有经济的优势,发挥它们对非公经济的支持与引导作用。

二、非公经济对公有经济的促进与协调作用

要充分发挥非公经济对公有经济的促进与协调作用,前提是要调整和优化所有制结构,改变过去公有经济比重过高,非公经济比重过低,难以协调发展的局面。所有制结构不合理的根源之一是产业结构不合理。因为产业结构体现的是生产力发展的要求,而所有制结构体现的是生产关系完善的要求,因此所有制结构的调整也必须符合产业结构调整的需要。过去,产业结构不合理,主要表现是第一、第二产业比重过大,第三产业的比重过小,因而限制了非公经济的发展和壮大;在第一产业中的农业、能源和原材料产业又不能满足第二、第三产业的发展需要;这些瓶颈部门的存在,不仅限制了整个国民经济的协调发展,也限制了公有经济和非公经济的有机结合。随着现代化建设的发展和知识经济时代的到来,对科技、教育、金融、信息、交通、运输等第三产业的需要日益加强,因此产业结构要按照三、二、一的顺序来加以调整,这就为非公经济的发展打开了空间,为公有经济和非公经济的有机结合和协调发展创造了有利条件。只有通过产业结构的调整和优化,特别是要加快第三产业的发展,才能使非公经济的比重显著提高,才能使非公经济有更大的发展空间和回旋余地,才能充分发挥它们对公有经济的促进与协调作用。

有人认为,私营和外资等非公经济有剥削性质,其发展会影响公有经济的主体地位,这样的认识也有失偏颇。虽然,私营、外资等非公经济具有剥削性质,以及强烈的自发性和功利性,因此需要加以引导与管理。但在社会主义初级阶段,只要路线和方针正确,非公经济不仅不会动摇公有经济的主体地位,反而有利于公有经济的发展和壮大。这是因为:①非公经济有促进作用。非公经济进入的领域,使市场竞争加剧,这就增强了公有企业的紧迫感,迫使它们改革管理体制、转换经营机制和加快科技创新等,这对公有经济的长远发展是有利的。②非公经济有协调作用。一方面,非公经济可以协助和配合公有经济改革。如非公经济参与国有资产重组,为公有企业的联合、兼并、嫁接、租赁和拍卖等提供有利条件和有效途径;另一方面,非公经济把相关的配套和辅助工作做好,使公有经济能集中力量进行开发和创新,提高它们在高端技术方面的核心竞争力。因此,我们不应人为地限制非公经济发展,而要通过对非公经济的正确引导与管理,充分发挥它们对公有经济的促进与协调作用。

三、公有经济与非公经济的相互促进

党的二十大再次强调两个"毫不动摇"的指导思想,即"毫不动摇巩固和发展公有制经济,毫不动摇鼓励、支持、引导非公有制经济发展。"[①]公有经济通过自身的壮大为非公经济提供物质基础,而非公经济的壮大,可促使公有经济改革的深化。因此,要充分发挥各自的优势,使它们能够取长补短,相得益彰。

第一,深化国有企业的改革,发挥国有经济的主导作用。国有企业的改革必须朝着适当减少数量,提高效益,强化功能的方向发展。国有经济的功能是发挥主导作用,而这种作用是通过调控能力显示出来的。因此,在关系国计民生的重要部门,必须加大对国有企业的投入,使其主导作用能够显示出来。同时,在一些新兴产业中,有较高科技含量和较广阔发展前景,国有企业也必须积极参与,在竞争中壮大自己,显示出自己的实力和优势。但是在一般性竞争的加工业、零售业和服务业中,国有企业要尽可能退出来,使非公经济有更大的发展余地。当然,国有企业的进入和退出,都必须遵循市场经济的运行规律,实现生产要素的合理流动和高效配置,实现产业结构的调整和优化。

第二,按照市场经济的要求,发展多种形式的集体经济。其中包括:①使集体经济成为普遍的公有制形式。公有制为主体实质是集体经济为主体,因为国有经济主要是掌握经济命脉,提高控制能力,因此在数量上不必成为多数。但是,集体经济有较强的适应能力,可以与不同的生产力相适应,因此可以成为普遍的公有制形式。过去,认为集体经济只能与生产力较低的行业和部门相联系,其实是错误的。实践表明,集体经济也能与规模较大的行业和部门相联系,因此不断提高集体经济的现代化程度,仍然是紧迫的战略任务。②集体经济是能与市场经济直接联系的经济形式。首先,集体经济的产权是独立而明确的。集体的生产资料和产品属于每个集体企业的劳动者共同所有,它们具有独立的经营自主权,因而是真正的市场主体。其次,集体经济有权通过市场获得生产资料,对其产品具有占有、支配和处置的权利,因而是独立的交易主体。再次,产权收益的确定性,决定集体企业能从自身利益出发,积极参与市场竞争,追求利益的最大化。最后,集体经济能以较低成本,形成内部的约束

---

① 习近平:《高举中国特色社会主义伟大旗帜　为全面建设社会主义现代化国家而团结奋斗》,人民出版社 2022 年10 月版,第 29 页。

机制。集体企业的劳动者对财产享有平等权利,因而有权参与民主管理,即每个职工都有参与重大决策和行使民主监督的权利。③加强农村统分结合,双层经营的家庭联产承包责任制。家庭联产承包责任制,是改革开放以来中国农民的一大发明,是符合国情并能促进集体经济发展的好形式。它有利于调动广大农民的积极性和主动性,因此必须长期坚持。但是,家庭承包经营规模狭小,在抗御自然灾害,兴修水利和发展规模经营上存在许多困难。因此,在发展家庭承包经营的同时,不能忽视集体经营的重要性。要利用集体的力量,建立产前、产中和产后的服务体系,来弥补个体生产和经营的缺陷。许多农村在实践中创造出反租和倒包等形式,使土地向种田专业户集中,这样既能维护家庭承包和农民的切身利益,又能扩大规模经营和取得规模效益,值得推广。

第三,在加强引导和管理的前提下,促进非公经济的健康发展。这里要做好四方面的工作:①更新观念。要按照党的二十大精神,充分认识非公经济是社会主义市场经济的重要组成部分。要克服那种认为公有经济与非公经济是彼此消长的错误观念,正确认识它们之间相互促进,共同发展的内在要求。目前,非公经济规模小,技术装备差,投资比重低仍然是主要倾向。因此,必须提高认识,积极鼓励和引导个体、私营和外资等非公经济的健康发展,使它们与公有经济能够取长补短,协调发展。②完善政策。要调整对非公经济的政策,其中包括:提倡和鼓励不同经济之间的平等竞争,克服歧视性政策对非公经济的不利影响;要通过信贷等手段,支持私人投资,利用有效的激励机制,促使它们改造技术,更新设备,完善管理等,使非公经济取得更自由的发展空间;对于非公经济中已有较大规模和生产能力,有独特的工艺技术和较强的国际竞争力,应尽快赋予它们进出口的权利,支持他们从事外贸业务。③制度保证。要加强市场的规范化和法治化建设,使不同所有制经济都能平等竞争和有序发展。非公经济的发展,不是权宜之计,而是长久之策,应从法律与制度上给予保障。要利用经济、行政和法律等手段加强宏观调控,使非公经济在促进现代化建设中的作用充分发挥出来。④发展混合经济。市场经济的壮大和股份制的完善,为发展多种成分的混合经济提供了有利条件,不同性质的企业通过合作经营,可以彼此学习和取长补短,实现资源共享、风险分摊、优势互补,以促进国民经济的持续健康发展。

复 习 思 考 题

1. 如何保持公有制的性质和提高公有经济的地位?
2. 为什么在社会主义条件下,仍然要大力发展非公经济?
3. 如何认识公有制主体地位的必要性和重要性?
4. 如何发挥公有经济和非公经济的相互促进作用?

第三章 农村的集体所有制与土地制度

习近平总书记在党的二十大报告中指出:"全面建设社会主义现代化国家,最艰巨最繁重的任务仍然在农村。"①由于中国是一个农业大国,农民占人口的大多数,农业、农村、农民等"三农"问题具有极端重要性。与生产力水平相适应,农村集体所有制是把劳动、土地、资源和资金结合起来的重要实现形式。土地制度是"三农"问题的核心,深化改革集体土地的产权制度,保障农民权益,要大力发展股份合作制。农村家庭联产承包经营责任制,是农民群众的伟大创造,要同适度规模经营结合起来,以加快中国式农业现代化的进程。

第一节 农村集体所有制的变迁与实现形式

1949 年中华人民共和国成立后,根据马克思主义关于农业合作经济理论结合中国具体实际,引导农民开展农业互助合作运动,建立农村集体所有制经济,这是中国农民走社会主义道路取得的历史性胜利。在这期间,我们从理论到实践都经历了一个摸索、创新的发展过程。

一、经典作家关于农村合作化的理论

如何正确对待汪洋大海般的小农,是中华人民共和国成立后面临的首要问题,因此需要正确的理论指导。马克思主义经典作家十分关注如何引导农民走社会主义道路的问题,他们所提出的基本理论观点可以概括如下:

(1) 对小农经济的定性,明确提出小农具有两重性,既是劳动者,又是私有者。小农依靠自己的劳动,利用自有土地和农具进行生产,以收获的农副产品来维持家庭生活。列宁认为农民是一个特殊阶级:他们是劳动者,是资本主义的敌人,但同时又是私有者,"是单独的小业主、小私有者、小商人。"小农的主体是劳动者,在建国初期 80％ 是农民,是劳动人民的主要组成部分,因而是工人阶级可靠的同盟者。马克思在总结巴黎公社失败的教训时说过,巴黎工人阶级没有得到农民的支持是失败的主要原因之一。俄国十月革命的胜利,就是建立了

---

① 习近平:《高举中国特色社会主义伟大旗帜 为全面建设社会主义现代化国家而团结奋斗》,人民出版社 2022 年 10 月版,第 30—31 页。

工农联盟。中国革命的胜利,就是由中国共产党的领导,并依靠广大农民的支持,走农村包围城市道路而取得的。对小农经济的定性和对农民是劳动者的定位,是社会主义初级阶段制定正确的"三农"政策的重点,也是以工农联盟为基础取得中国特色社会主义胜利的保障。

(2)对小农占有的土地等生产资料不能剥夺,是马克思主义对待小农总体的指导思想。恩格斯在《法德农民问题》中指出:"当我们掌握了国家政权的时候,我们决不会考虑用暴力去剥夺小农(不论有无报偿,都是一样),像我们将不得不如此对待大土地占有者那样。我们对于小农的任务,首先是把他们的私人生产和私人占有变为合作社的生产和占有,不是采用暴力,而是通过示范和为此提供社会帮助。"①这是因为:其一,小农私人占有的土地和农具等生产资料是其从事农业生产的基本条件,剥夺这些基本条件,其后果必会破坏农业生产和农村经济。其二,土地等生产资料也是农民赖以生存和生活的基本要素,是农民的命根子,没有土地和农具等生产资料农民就无法生存。其三,土地和农具等生产资料的所有权就是农民的生存权,财产权和生存权的统一,是农民群体主体地位的经济基础。农民占有的土地和农具等私人财产,是农民家庭祖祖辈辈的劳动积累,因而不能用暴力的方法加以剥夺,只能走合作化道路。

(3)股份合作制是引导农民走合作化道路的最好形式。恩格斯在《法德农民问题》一文中十分赞赏股份合作制,主张"应当把自己的土地结合为一个大田庄,共同出力耕种,并按入股土地、预付资金和所出劳力的比例分配收入"②,逐步扩大劳动力分配比例,最终过渡到共产主义。这个设想,在我国可以把农村集体经济搞成土地联合、资金联合和劳动联合相统一的股份合作制,这是中国农村改革中构建新型农村集体经济的方向和模式。

(4)农业合作化必须遵循合作互利原则进行示范,让农民看到合作化的好处。国家还要在政策和财政等方面提供帮助、引导和支持。由于农业受自然灾害影响很大,要加强农业保险工作。工农业产品之间必须采取等价交换,实行商品经济。列宁总结十月革命后实行余粮收集制的教训,改为粮食税,工农业产品等价交换成为新经济政策的核心。在农村要发展生产合作、供销合作、信用合作等合作经济。20世纪60年代初,毛泽东曾一针见血地指出,急于搞公社所有制,集体所有制急于过渡到全民所有制,搞"一平二调"是剥夺农民,发展商品经济实质是团结农民。

(5)农业合作化要与农业机械化、农业现代化互相结合、相互促进。农业合作化要与社会主义工业化相适应,把个体私有制改变成集体所有制是改变生产关系以促进农业生产力发展。而作为新的生产关系的集体所有制,则必须建立在新的生产力基础上,才能得到巩固和发展,并要适应社会主义工业化发展要求,更好地发挥农业在国民经济中的基础作用。归结起来,可以把马克思主义经典作家的合作化理论,概括为"互助互利,合作共赢"。

二、农村合作化道路的实践

在中国,以马克思主义合作经济理论为指导,从20世纪50年代开始,经历半个多世纪的实践,不断总结经验教训,逐步改进,终于找到了符合中国国情的农业合作化道路,逐渐健全了中国农村的集体所有制。

中华人民共和国成立以前,早在第二次国内革命战争时期,农业生产互助合作就开始萌

①② 《马克思恩格斯选集》第4卷,人民出版社2012年9月版,第370页。

芽。在抗日战争时期的革命根据地和敌后游击区,在减租减息的基础上,农业生产互助合作运动得到比较普遍的开展。在第三次国内革命战争时期,完成土地改革较早的地区,农业生产互助合作在自愿互利的原则下,得到规模较大和迅速的发展。在解放战争末期,一些基础较好的互助组,已经提出了发展农业生产合作社的要求。

中华人民共和国的成立,标志着中国民主革命阶段的基本结束和社会主义革命阶段的开始。在社会主义革命阶段的初期,毛泽东和党中央制定了党在过渡时期的总路线和总任务,即逐步实现国家的社会主义工业化,逐步实现对农业、手工业和资本主义工商业的社会主义改造,把多种经济成分改造成为社会主义经济成分,在我国建立社会主义经济制度。在农村完成土改以后,党和政府按照自愿互利原则,积极领导农民走互助合作的道路。1951年,参加农业生产互助组的农户占总农户的 19.2%,并产生了 300 多个农业生产合作社。1952 年农业生产互助合作运动发展很快,当年参加互助合作组织的农户已占总农户的近40%。1953 年春,各地农业生产合作社已发展到一万多个,并从个别试办阶段发展到普遍推广阶段。到 1955 年上半年,农业生产合作社发展到 65 万个,这时,许多地方不再是一个一个地建立农业生产合作社,而是整村、整乡,一片一片地建立农业生产合作社。当时,党内有的领导同志认为农业合作化走快了,超过了群众的觉悟水平和干部的掌控能力,不利于健康发展,对不符合办社条件的农村解散了 20 万个合作社。就在这个时候,毛泽东在省委、市委和区党委书记会议上作了《关于农业合作化问题》的报告,阐述了农业合作化的理论、路线、方针和政策,认为"目前农村中合作化的社会改革的高潮,有些地方已经到来,全国也即将到来。"①毛泽东的报告和决议传达到全国以后,很快地掀起了农业合作化的高潮。到 1956 年 6月底,全国入社农户达到 1.1 亿多户,占农户总数的 91.1%,其中参加高级农业生产合作社的农户 7 600 多万户,占农户总数的 63%。接着,经过扩社、并社和初级社转高级社运动,到1956 年年底,参加农业生产合作社的农户已经占全国农户总数的 96.3%,其中参加高级社的农户占全国农户总数的 87.8%。从 1951 年算起,仅用 6 年时间,我国农村就基本上完成了生产资料所有制的社会主义革命。②

从整体来说,在一个几亿人口的大国中比较顺利地实现了如此复杂、困难和深刻的社会变革,促进了农业和整个国民经济的发展,的确是伟大的历史性胜利。但是,由于发展速度过快,工作不够深入细致,也对后来农业合作社的发展带来不少后遗症。

三、对农村人民公社的反思

1958 年 8 月,毛泽东主持制定了中共中央《关于在农村建立人民公社问题的决议》,掀起了人民公社化运动的高潮,只用了几个月的时间,在全国范围内基本上实现了人民公社化。到 1958 年 12 月底,全国 74 万个农业生产合作社已经改组成为 2.6 万多个人民公社。参加公社的农户达 1.2 亿户,占全国农户总数的 99% 以上③。从 1958 年人民公社化到 1984 年人民公社解体,历时 26 年。由于人民公社化运动和所谓的"大跃进"运动结合,带来了许多后遗症,严重损害了农民的生产积极性,影响了农业生产的发展。

---

① 《毛泽东文集》第 6 卷,人民出版社 1999 年 6 月版,第 418 页。
② 苏星:《我国农业的社会主义道路》,人民出版社 1976 年 1 月版,第 58 页。
③ 国家统计局:《伟大的十年》,人民出版社 1959 年 9 月版,第 36 页。

第一，必须坚持从中国的国情农情出发，农村合作化不能操之过急。中国是从半殖民地半封建社会经过新民主主义革命，过渡到社会主义初级阶段的。农民占人口80％、底子薄，不同于资本主义发达国家的国情，应稳步推进农业合作化，逐步过渡。而实际上，原来计划用15年时间才能完成的农业合作化，仅用了6年就基本实现了，农业合作化急于过渡明显地违背了客观经济规律，以至于农业、农村、农民等"三农"问题留下许多隐患，在社会主义建设中成为一个"短腿"和"短板"。

第二，必须遵循生产关系适合生产力发展的规律，不能搞穷过渡。中国农村当时处于自然经济状态，基本用手工工具劳动，落后的生产力状况决定农村只能搞低级形式的合作经济组织，决不能追求"一大二公"。1958年8月到12月掀起的人民公社化运动，农业生产合作社"升级"为人民公社，供销合作社与国营商业合并为一个商业行政机构。信用合作社"升级"成为人民银行在农村的基层机构，打乱了农村生产、供销、信用等的集体所有制的合作体系，使农村集体经济的发展受到不利的影响。

第三，必须坚持按客观规律办事，不能搞脱离实际的主观主义。在社会主义初级阶段，搞人民公社化是违背社会发展规律的。认为人民公社是建成社会主义和向共产主义过渡的最好的组织形式，甚至认为在中国，共产主义的实现已经不是什么遥远的事情，这显然是违背了社会发展规律，脱离了辩证唯物主义和历史唯物主义的基本理论，这是我们应该永远记取的深刻教训。

第四，必须坚持农民的主体地位，不能脱离农民群众。农民是集体经济组织的主人，在农村要以农民为本，依靠群众，相信群众，尊重群众的首创精神，把为群众谋利益作为农村合作化运动的出发点和落脚点，反对脱离实际、脱离群众的形式主义、官僚主义，紧密结合中国实际，才能沿着中国特色社会主义的合作化道路前进。

四、农村集体所有制的多样性与实现形式

1978年12月，中国共产党召开了十一届三中全会，决定把全党工作重心转移到社会主义现代化建设上来，明确提出了改革开放的方针。提出必须集中主要精力把农业搞上去。农村改革的目标是以市场经济体制取代计划经济体制，解决好"三农"问题，使农民的合作经济适合社会主义市场经济发展的需要。

经过不断探索，农村集体所有制在社会主义市场经济体制下，以家庭联产承包责任制与社会化服务体系相结合的生产合作社，以服务农业、农村和农民的供销合作社和服务农业发展需要的信用合作社，三者形成了农村集体所有制的合作经济体系。

从生产领域来看：既有家庭联产承包责任制的农业生产合作社、农业专业合作社、农民土地入股的股份合作社、适度规模的家庭农场等，又有手工业和工业领域的合作社、城镇集体工业合作经济，包括合作社、集体控股集团、由集体资本控股的混合所有制企业，还有集体（合作）性质的建筑业、交通运输业、农产品加工企业。

从流通领域来看：既有全国到省、自治区、直辖市的供销合作总社或联社，又有乡、镇到村的基层供销合作社；既有集体性质的信用合作社，又有农村集体性质、混合所有制性质的村镇银行、农村商业银行；既有服务业的农村合作经济的农家乐，又有集体性质的农业（村）旅游公司。

以上形式多样的集体所有制的合作企业，作为市场主体，独立经营，自负盈亏，有利于农村剩余劳动力就业，繁荣城乡经济。

第二节　农村集体所有制的特点

中华人民共和国成立以来,经历了曲折发展的农村合作化道路。2004 年 3 月 14 日第十届全国人民代表大会第二次全体会议通过的《中华人民共和国宪法》第八条规定:"农村集体经济组织实行家庭承包经营为基础,统分结合的双层经营体制。农村中的生产、供销、信用、消费等各种形式的合作经济,是社会主义劳动群众集体所有制经济。

一、自愿互利的劳动联合和资金联合的集合体

农村集体经济组织包括农业生产合作社、专业性农业合作社、规模经营的家庭农场、土地股份合作社等,也包括农业供销合作社、信用合作社和农村合作金融组织,农产品生产、加工、运输、销售等产前、产中、产后一体化经营的企业。它们有些是以劳动联合为基础的联合体,有些是劳动联合和资金联合相结合的集合体,在自愿互利基础上以家庭经营为主的市场主体,能适应社会主义市场经济体制,推进现代农业、建设新农村和新型城镇化,实现城乡一体化的农村集体经济组织。

二、按份共有与集体所有相融合的混合所有制

农村集体所有制的经济组织,在改革开放中不断创新和发展。随着社会主义市场经济体制的建立和健全,城乡集体所有制经济逐步成为以集体资本控股、多种资本参股的混合所有制。

农村集体经济组织以农用土地承包生产经营为基础,与农产品加工企业开展合作,与商贸企业供销合作,并同信用社、村镇银行、农村商业银行等建立资金联系,已逐步演变为按份共有与集体控股相融合的混合所有制企业。这在经济发达地区的农村比较明显。在经济发展一般的农村地区,农户以承包土地入股发展适度规模经营,与农业机械服务组织合作,农业产业化经营企业联合,实现农产品产前、产中、产后一体化经营,以增加农产品附加值,提高了农民收入。村镇集体经济组织按照规划,将集体经营性建设用地入股,参与第二、第三产业生产经营,成为混合所有制企业的成员,为增加农民收入、发展农村经济发挥积极作用。

三、集体所有制与家庭承包经营相结合的体制

从中国的基本国情出发,农村的经营体制必须以家庭经营为基础,经营的形式可以多种多样。目前,从事农业生产及农产品产业化经营的合作组织,实行生产资料集体所有与家庭经营相结合的经营体制。即使是创办的专业合作社、股份合作社和家庭农场,也都是实行以家庭经营为基础,对发展现代农业、建设社会主义新农村发挥了积极作用,对促进社会主义市场经济发展有良好效果。

四、生产成果与经营效率挂钩的分配形式

农村集体经济的收入分配形式,既要坚持按劳分配为主体,又要按生产要素分配为辅

助,二者结合有利于调动生产积极性。

农村集体所有制的合作经济,采取按劳分配与按生产要素分配相结合的分配方式,生产成果与经营效率直接挂钩,独立核算,自负盈亏。根据劳动投入取得劳动报酬,按照土地份额、资金投入、技术等生产要素给以相应的收入。与经营效率直接挂钩分配生产成果,有利于调动合作社集体和社员个人的积极性,提取一定的积累基金用于扩大再生产,提取一定的福利基金,为社员缴纳养老保险基金以及医疗保险基金,并为老弱病残的贫困农民设立救助基金。

以上特点,随着农村改革的深化还将不断完善,按照立足世情、国情、农情,全面实施可持续发展战略,走出一条中国特色社会主义农村合作化道路。随着工业化、信息化、城镇化和农业现代化的同步发展,国家的内部外部条件的变化、城乡关系的变化,未来农村集体经济组织需要适应现代化生产的发展要求,构建新型的集体经济组织。

第三节　农村土地制度的改革理论与改革实践

习近平总书记在党的二十大报告中指出:"深化农村土地制度改革,赋予农民更加充分的财产权益。"[①]农村土地制度是深化改革难度最大和极为紧迫的任务。要解决农村土地财产权及其收益权问题,必须进一步解放思想,创新农村土地制度改革理论并推进改革实践。

一、土地产权制度是"三农"问题的核心

土地产权制度是农村土地制度的核心,也是"三农"问题的核心。土地产权是指存在于土地之上的排他性完全权利,包括土地所有权、使用权、租赁权、抵押权、继承权等多项权利。土地产权像其他产权一样,必须有法律的认可并得到法律的保护。

从土地的各项基本权利来看,我国农民集体所有制的土地产权体系不够完整,农民的土地权益也不完整,且保障不够。从理论和实践的结合上看,土地产权制度是"三农"问题的核心。

(1)土地是农业的主要生产资料,是农村生产关系的基础,保障农民收入的关键。

(2)土地是提供生活资料的自然资源。土地是农民最基本的生活保障,也是所有人口食物的主要来源。失去土地,农民就失去谋生的资源和立足的根基。

(3)土地是农业的主要生产要素。土地资源配置方式是否合理,是提高农业生产效率的决定性因素。

(4)土地是农民的主要财产。土地所有权是一切财富的原始来源,也是一切产业存在和发展的自然基础,是人类在地球上生存并从事各种活动的自然基础。

(5)土地问题不仅是经济问题,也是政治问题。中国农民占全国人口的大多数,处理好土地产权、土地收益问题,是解决好"三农"问题,促进农业发展,加快社会主义新农村建设,

---

① 习近平:《高举中国特色社会主义伟大旗帜　为全面建设社会主义现代化国家而团结奋斗》,人民出版社 2022 年 10 月版,第 31 页。

实现社会和谐稳定的重要环节。

以上情况说明,处理好农村土地产权关系,对解决"三农"问题具有极端重要性,深化农村改革必须把土地产权制度的改革落到实处。

二、农村土地产权制度存在的主要问题

我国农村土地产权制度屡经变迁,但是集体所有制的性质未变。现行的农村法律、法规所规定的合理部分执行不力,不够完善的部分修订滞缓,存在的问题较为突出。

(1)农民集体所有权的规定有缺陷,造成土地产权主体模糊,产权虚设。现行法律法规把村民委员会、村民小组也作为集体土地所有权的主体并不科学,使真正的产权主体——集体经济组织及其成员被架空,名义上土地产权属集体所有,实际上全体村民谁都没有。

(2)农民集体所有的土地权益,得不到应有的保障。集体所有土地归集体经济组织所有,但是没有实行土地产权的按份共有和共同共有相结合的产权制度。土地资产怎么配置?集体经济组织的成员没有发言权、监督权,而是村干部(包括行政村负责人、党支部书记)说了算。

(3)农村集体土地经营分散,土地流转不畅,规模经营和经营效率低下。实行家庭联产承包责任制以来,家庭经营小规模生产,既影响高新技术在农业中的应用,也不利于规模经营和集约经营,使农业在现代化建设中成为"短板"。

(4)土地资源的流动和配置不畅,制约了农用土地的节约、集约和高效利用。农村集体经营性建设用地出让、租赁、入股,参与发展第二、第三产业,城乡统一的建设用地市场还不健全,制约了农民土地财产的价值实现。

(5)土地制度的二元结构,造成城乡差距难以缩小,城乡一体化发展比较艰难。城市的国有土地使用权可以有偿、有期限投入市场,土地价值得到充分显现;而农村土地从农用地变为建设用地,必须通过政府征地,变性为国有土地后才能入市交易,招标拍卖,对农村集体经济组织的土地补偿费,大部分留给集体,农民所得很少。地方政府利用市场价与征地补偿价之间的剪刀差,侵占农民土地权益。

以上问题表明,深化农村土地产权制度改革已非常紧迫,应努力建立中国特色的农村土地产权制度。

三、农村土地制度的改革理论与指导思想

深化农村土地制度改革必须以新时代中国特色社会主义思想为指导,在总结我国农村土地制度变迁的经验教训的基础上,按照马克思主义关于农业合作经济理论中国化的要求,既不走西方国家土地私有化的邪路,也不重走侵犯农民土地权益的老路。从我国基本国情出发,根据党中央的战略布局,探索建立具有中国特色的农村土地产权制度的新路。

(1)以新时代中国特色社会主义思想为指导,根据生产力决定生产关系的原理,农村土地制度应适合中国农业生产力的状况。作为农村生产关系核心的土地产权制度,应该遵循社会主义初级阶段的特点和要求,把集体土地的经营性资产折股量化到组织成员、确权到户,实行合作社成员按份共有与集体经济组织共同共有相结合,建立集体控股的股份合作制。

(2)以社会主义市场经济理论为指导,使农村土地产权和属于农民的财富受到法律保护。在城乡土地交易中,土地价值应得到充分体现,使土地资源合理配置和充分利用,以提

高土地使用效率和效益。

（3）以产权关系理论为依据,农村集体所有的土地应赋予其成员按份共有的份额,并保障其权益不受侵犯。按照《民法通则》《物权法》有关规定,农业生产合作社成员应该获得按份共有的一定份额,享受按份共有的权利和义务。同时,应明确集体土地的行使主体是集体经济组织,不应是村民自治的村委会或村民小组。

四、农村土地制度改革的路径与方法

改革的路径和方法应从理论探索到法律法规的修订,巩固和完善农村基本经营制度,依法深化农村土地产权制度的改革,完善承包地归集体所有、经营权归农民,使用权可以流转,收益归农户的土地产权制度,农用地流转不得变更为非农用地,不得改变农地集体所有制性质。具体来说有以下方面：

（1）实行土地产权主体明晰化。在社会主义初级阶段,农民集体土地所有制是所有成员独立权利的集合体,应当实行共同共有和按份共有相结合的所有制形式。按份共有是把土地财产的归属权量化到农户,使土地产权的共有性和农户土地的股份相结合,成为新型的集体土地产权制度。土地股权的主体是农民,土地产权的主体是集体经济组织,实现土地产权主体明晰化。

（2）实行土地产权结构股份化。在社会主义初级阶段,农村土地集体所有制还不属于完全公有制。农村土地实行股份合作制有利于土地产权主体明确,归属清晰；有利于土地产权关系完整,土地所有权、占有权、使用权、处置权等“四权”统一；有利于土地集体产权和农民股份产权融合,建立由集体控股的合作经济；有利于土地流转,发展规模经营,便于高科技运用和市场化经营。实行土地产权股份化是中国特色农村土地制度的创新。

（3）实行土地资源配置市场化。农村土地属于不动产范畴,具有不可移动性,是自然资源和经济资源相结合的稀缺资源。土地非市场化造成土地资源配置不合理,土地利用效率低下。按照规划将农用地转性为国有建设用地,都应该实行同等入市、同地同价的市场原则,既能确保农民土地收益,又能做到集约、节约、高效利用农村土地。在规范土地使用权转让方面,必须坚持“不得改变土地集体所有性质、不得改变土地用途、不得损害农民土地承包权益”的原则,在农村土地资源配置市场化过程中,必须发挥政府应有的调控作用。

（4）实行土地资产价值显性化。农村土地制度改革,必须赋予农村土地市场化评估机制,确保土地资产价值显性化,征地补偿费除缴纳税收以外,应归集体经济组织及其成员按份所占额度进行分配；农村集体经营性建设用地依据规划允许入市,也应运用土地市场化评估机制,确保集体经济组织的合理收入。

（5）实行土地资产经营资本化。土地作为经济资源和社会财富,是重要的投资品,经过资本化经营,可以成为实现增殖的资本。所谓土地资本化经营,是把土地作为生产要素,投入市场,通过比较效益分析,使土地资源优化配置,寻求土地最佳的利用途径。根据土地的区位、质量状况,可以在第一、二、三产业中选择优势产业,实现最高使用效率和最佳综合效益。

实践创新往往走在理论创新的前面,创新没有终点,永远在前进的路上。要尊重群众的集体智慧,相信群众的创造能力,农村土地产权制度改革一定能创造出适合农村特点的好制度和好形式。

第四节　农村集体经济的经营形式与规模效益

习近平总书记在党的二十大报告中指出：“巩固和完善农村基本经营制度，发展新型农村集体经济，发展新型农业经营主体和社会化服务，发展农业适度规模经营。”[①]因此，深化农村改革要求发展新型农业集体经济组织，推进以家庭承包经营为基础的多种经营形式，形成新型农业经营主体。发挥财政资金的引导和杠杆作用，通过贷款贴息、股权投资等扶持措施，带动金融资本和社会资本的投入，促进农业适度规模经营，取得规模效益。

一、专业化经营的家庭联产承包责任制

根据我国农业生产力水平不高，务农劳动力文化素质较低，农业技术装备条件较差，集体经济组织管理能力较弱的实际，在新时代中国特色社会主义思想指引下，坚持农村集体经济发展方向，依法维护和稳定家庭联产承包责任制，以发展中国式现代化农业为目标，以承包经营权入股和金融资本、社会资本入股的办法，发展产业化经营的新型集体经济和农业主体。

二、农业生产的适度规模经营及其效益

适度规模经营是以家庭经营为基础的农业发展方式的关键，适度规模经营会带来技术进步和规模效益。为推动农业和农村的发展，要以改革创新为动力，以发展多种形式适度规模经营为核心，以构建现代农业经营体系、生产体系和产业体系为重点，推动农业发展方式转变，确保国家粮食安全和农民持续增收。要尊重农民意愿，保障农民权益，发挥农民的主体作用。要以市场需求为导向，调整农业结构，围绕农民分享增值收益，促进“种养加营销结合”“第一、第二、第三产业融合”，拓展农民增收空间。加快农业科技进步，强化生态环境保护和资源要素节约、集约、循环利用，促进综合生产能力，提高规模经营效益。

三、鼓励土地流转与发展专业化经营

农户承包土地流转是发展农业适度规模经营的前提条件，但又必须以提高农业劳动生产力、转移农业剩余劳动力并在城镇就业落户为基础。

深化农村改革，要发展农村合作经济，鼓励家庭承包经营土地向专业大户、家庭农场、股份合作社、农业企业流转，扶持发展规模化、专业化、现代化经营。新型农业集体经济是具有混合所有制性质的合作社，国家允许财政项目资金直接投向符合条件的合作社，允许财政补助形成的资产转交合作社持有和管护，允许合作社开展供销合作和信用合作；鼓励和引导工商资本到农村发展合作化经营的现代种养业，向农业输入现代生产要素和经营模式。特别是鼓励和保障农民集体经济组织成员，积极发展农民股份合作，赋予农民对集体资产股份占

---

① 习近平：《高举中国特色社会主义伟大旗帜　为全面建设社会主义现代化国家而团结奋斗》，人民出版社 2022 年 10 月版，第 31 页。

有、收益、有偿退出及抵押、担保、继承的权利。

通过对相关法律法规的修订和完善,依法深化农村改革。在全面深化改革的背景下,发展新型农业和经营主体,为乡村振兴和推进中国式现代化发展开创新局面。

复习思考题

1. 马克思主义关于合作经济理论有哪些基本内容?
2. 怎样认识中国农村合作化道路的经验与教训?
3. 在新时代如何构建新型农村集体经济组织?
4. 深化农村土地产权制度改革的路径主要有哪些?

第四章 社会主义初级阶段的收入分配制度

习近平总书记在党的二十大报告中指出："坚持按劳分配为主体,多种分配方式并存,构建初次分配、再分配、第三次分配协调配套的制度体系。"[①]这就为深化分配制度的改革和完善指明了方向。在社会主义市场经济中,只有按照价值规律和价值增殖规律的要求,把按劳分配与按要素分配有机结合起来,才能克服分配中的平均主义和两极分化现象,才能使公平分配与合理分配的积极作用充分发挥出来。

第一节 按劳分配的本质要求与实现形式

为了在社会主义初级阶段坚持按劳分配规律,我们不仅要深刻认识它的本质要求,而且要努力探索它的实现形式。因此,在完善公有制实现形式的同时,完善按劳分配的实现形式,是我们亟待解决的现实课题。

一、按劳分配的本质要求与萌芽形式

什么是按劳分配？简单讲就是按劳动的数量和质量分配消费品,使劳动成为收入的直接来源。马克思设想的按劳分配要具备下列条件：①形成"自由人的联合体",即建立单一的生产资料的全民所有制。②商品、货币已经消亡,个人劳动"直接作为总劳动的组成部分存在着。"[②]③在对总产品"作了各项扣除之后",可以按"每一个生产者的个人劳动时间"分配消费品。显然,社会主义的进程与马克思的设想距离甚远。特别在社会主义初级阶段,不仅有全民、集体和混合等多种公有制形式,而且要与个体、私营和外资等非公经济共同发展。由于生产资料与劳动力还处于分离状态,因而不能直接按劳动分配消费品。

因此,有人认为按劳分配只是社会主义高级阶段的分配方式,在社会主义初级阶段是无法实行的。这里应该把按劳分配的本质要求与它的实现形式区分开来。在社会主义时期,

---

① 习近平：《高举中国特色社会主义伟大旗帜 为全面建设社会主义现代化国家而团结奋斗》,人民出版社 2022 年 10 月版,第 47 页。
② 《马克思恩格斯选集》第 3 卷,人民出版社 2012 年 9 月版,第 363 页。

按劳分配的本质要求是由生产资料公有制决定的,因而具有普遍性。但是按劳分配的实现形式,会因生产力水平和社会条件的差异,表现得非常丰富和繁杂。正如马克思所说:"这种分配的方式会随着社会机体本身的特殊方式和随着生产者的相应的历史发展程度而改变。"①虽然马克思设想的按劳分配与现阶段的实际不相符,但是可以探索符合实际的形式。其实不论是货币工资还是劳动券,都不会改变按劳分配的本质要求,相反能显示出它的发展阶段。

按劳分配是社会主义的分配制度,但是作为它前身的资本主义,不仅为按劳分配准备物质基础,而且提供萌芽形式,即按劳动力价值分配。只要仔细分析就会看到,资本主义的按劳动力价值分配,与社会主义的按劳分配具有同一性:①不论是按劳动力价值分配还是按劳分配,都不是按全部劳动分配,结果都是用必要消费资料再生产劳动力。②按劳动力价值分配包含按劳分配的因素。因为按劳动力价值分配,就是按再生产劳动力的必要劳动时间分配,实质是按劳分配的萌芽。③按劳动力价值分配与按劳分配会相互转化。既然在资本主义社会,按劳动力价值分配间接反映了按劳分配,那么在社会主义初级阶段,同样可以利用劳动力的商品形式来实现按劳分配。

二、劳动力商品形式的延续性与必然性

通过劳动力的商品形式来实现按劳分配,碰到的关键问题是:在社会主义初级阶段,劳动力的商品形式是否具有延续性和必然性? 为了说明这一问题,必须从分析资本主义生产关系的变革开始。

要生产,一方面需要生产资料,另一方面需要劳动力。因此,不但有生产资料所有制,而且有劳动力所有制。在资本主义社会它们是分离的,生产资料归资本家所有,劳动力归劳动者个人所有。要使它们结合,资本家与劳动者必须发生经济联系。在"商品形式成为劳动产品的一般形式"②的资本主义社会,这种联系的适当方式是买卖劳动力。资本家支付的工资实质是劳动力价值,劳动力的使用价值即劳动,创造出大于劳动力价值的部分——剩余价值为资本家无偿占有。这种在等价交换条件下实现的剥削关系,根源于资本主义私有制。社会主义革命铲除了这一根源,实现了私有制向公有制的转变。但是劳动力个人所有以及它的商品性质,会不会随公有制的建立而消失呢?

过去,人们总是把消灭生产资料私有制与取消劳动力个人所有看成是同步完成的。事实并非如此,劳动力个人所有向社会所有转变,也要具备客观的经济条件。对社会来说,没有劳动力不行,特别是社会化大生产,需要自由支配劳动力;对劳动者来说,劳动力不用就毫无用处,它会随时间的流逝而消失。因此,劳动力客观上具有让社会支配的必要性和可能性,但这并不等于具备了现实性。因为劳动力的存在要以劳动者的生存为前提,当人们的必要生活资料,还要依靠个人劳动才能得到时,劳动者就会把劳动力作为"私有财产"。社会要完全占有和自由支配劳动力,就必须无条件向全体劳动者提供必要生活资料。也就是说,只有实现按需分配,劳动力个人所有才会消失。事实上,在社会主义时期生产力还达不到按需分配的水平,因此只能默认,"劳动者的不同等的个人天赋,从而不同等的工作能力,是天然特权"。③

---

①　《马克思恩格斯全集》第 23 卷,人民出版社 1972 年 9 月版,第 95 页。

②　《马克思恩格斯全集》第 23 卷,人民出版社 1972 年 9 月版,第 75 页。

③　《马克思恩格斯选集》第 3 卷,人民出版社 2012 年 9 月版,第 364 页。

当然,社会主义同资本主义相比,劳动力个人所有已经发生变化。在资本主义社会,劳动力所有者——雇佣工人与生产资料所有者——资本家,处于剥削与被剥削的对立中。在社会主义社会,劳动力的所有者——个人与生产资料所有者——国家或集体,处在根本利益一致的基础上。随着工农差别和干群差别的缩小,特别是在教育、卫生、劳保、福利等方面按需分配因素的增加,劳动力部分社会所有的条件已经出现,这是在社会主义社会发扬共产主义精神的经济基础。虽然按需分配还不占主导地位,但它反映了在劳动力所有关系上,社会主义同资本主义的区别,以及同共产主义的联系。

过去有人认为,生产资料公有制使劳动者成为企业的主人,因而不能再把自己的劳动力卖给"自己"。这里,他们的缺陷是忽视了个人与集体的区别。其实不论是个人的劳动力,还是企业的资产或产品,在市场经济条件下都不能无偿"调拨"。只要仔细分析就会发现,社会主义革命消灭了剥削制度,但是并没有消除劳动者与生产资料相分离的状况。在社会主义时期,除小生产者外,劳动者个人没有生产资料,他们作为劳动力的所有者与国家或集体所有的生产资料仍然是分离的。那么,要进行社会生产就要求公有企业向劳动者购买劳动力。在社会主义市场经济中,商品仍然是产品的普遍形式,等价交换是国家、集体、个人都能接受的平等关系。因此,劳动力商品具有历史延续性和现实必然性,它不会随资本主义私有制的消灭而消失。

过去人们总是把劳动力商品与劳动者受剥削等同起来。其实不全然,要做具体分析。在资本主义社会,雇佣工人是受剥削者,他们创造的剩余价值成为资本家的财富和扩大私有资本的源泉。但在社会主义社会,工人剩余劳动创造的价值转化为公共必要价值,成为国家或集体的财富和扩大再生产的手段,最终是为全体劳动者谋利益。因此在公有企业中,劳动力虽然是商品,但是劳动者已不再受剥削。如果说资本主义社会劳动力成为商品是被迫的,那么社会主义社会劳动力成为商品已有很大的自觉性。因为国家和集体是劳动者整体利益和长远利益的代表,所以劳动者应该树立俯首甘为孺子牛的思想,当好公有企业的雇员。

社会主义市场经济的实践,证明了劳动力商品形式的必然性。首先,只有承认劳动力个人所有,才能在现有的物质和思想基础上,充分调动劳动者的生产积极性。其次,只有把劳动力作为商品,才能促使劳动者努力学习,不断提高自身的文化素质和劳动技能;同时为了实现劳动力价值,就必须充分发挥劳动力使用价值,创造更多的社会财富。再次,只有健全劳动力市场,才能完善社会主义市场体系,更好地配置劳动力资源。过去,我们否认劳动力市场,限制了它们的合理流动,结果出现有的地方缺乏人才,求才似渴,而有的地方却人才积压,用非所长,甚至外流。可见,劳动力商品化不但是完善社会主义市场体系和合理配置人力资源的需要,而且是健全社会主义分配制度,实现按劳分配的前提条件。

三、劳动力商品与按劳分配的有机结合

生产资料公有制的建立,为实行按劳分配奠定了基础。但是实践表明,就按劳分配本身来讲,我们遇到三大困难:第一,劳动计量没有统一的标准和尺度;第二,对国民收入在分配前要扣除多少没有准确的界限;第三,由于产品价值受市场影响较大,使劳动收入难以稳定。要解决以上困难,可靠的办法就是通过劳动力的商品形式来实现按劳分配。

第一,劳动力作为商品,按劳分配就有了统一的标准和尺度。由于劳动者提供的劳动与补偿劳动力价值的必要劳动成正比,因此按劳动力价值分配,实质也是按劳分配。这里补偿

劳动力价值的必要劳动,又是由再生产劳动力的社会必要劳动时间决定的。这样社会必要劳动时间,不仅决定一般商品的价值,而且决定劳动力价值,因而成为实行按劳分配的统一标准和共同尺度。这样,劳动工资与商品价格一样,只能围绕商品价值上下波动,不会过度偏离社会必要劳动时间这条中心线。因而解决了我们遇到的第一个困难。

第二,劳动力作为商品,使国民收入用于按劳分配的部分有了明确的界定。劳动者的劳动可分为两部分:一部分是个人必要劳动;另一部分是公共必要劳动。由于只有个人必要劳动的部分需要按劳分配,这样就把国民收入中用作按劳分配与社会基金的部分区分开来了。虽然这个界限是可以变动的。当必要生活资料价值下降时,用于按劳分配的部分会相对减少;当必要生活资料的品种和数量增加时,用于按劳分配的部分会相对增加。但在一个国家的一定时期里,用于再生产劳动力的费用是可以确定的,这样按劳分配的第二个困难就会迎刃而解。

第三,按劳动力价值分配消费品,能使劳动者的生活保持相对稳定。在市场经济中,如果使劳动报酬与企业盈亏直接挂钩,势必引起劳动者的收入波动过大。克服这种状况的途径有两个:一是使企业的经营状况符合广义按劳分配的要求,即投入的劳动要符合社会的需要,那么劳动者按狭义按劳分配取得的报酬,就不会波动过大。二是把劳动报酬作为劳动力价值打入产品成本,首先从产品收益中扣除。这样,在产品价格高于成本的情况下,虽然企业利润会波动较大,但是职工的工资可以保持稳定,我们遇到的第三个困难就自然解决了。

总之,在社会主义市场经济中,劳动力商品形式的运用符合三大经济规律的要求:①劳动力价值由再生产劳动力的社会必要劳动时间决定,在劳动力买卖中符合价值规律;②劳动创造的价值要大于劳动力价值,带来公共必要价值,符合价值增殖规律;③工资体现的劳动力价值与劳动者提供的劳动量成正比,符合按劳分配规律。因此,只有正确揭示按劳分配与劳动力商品的内在联系,才能使社会主义分配原则与市场经济的现实统一起来。

第二节　按要素分配的地位与作用

在确立了按劳分配的主体地位以后,为什么还要强调按要素分配? 这是因为,只有劳动一种要素是不能进行生产的,还必须有土地、资金、技术、管理、信息等其他要素的配合。因此,按要素分配与按劳分配一样,也是维护要素所有权的需要,因而是社会主义初级阶段分配制度的重要组成部分。

一、按要素分配的含义与分类

生产要素是指人类进行物质生产必须具备的各种因素,其中包括资金、劳动力、土地、技术以及管理才能等。按要素分配,就是社会根据要素投入的比例和贡献给予相应的报酬,即由所有生产要素共同参与企业的收益分配。

第一,按资金要素分配。按资金要素分配即按资分配包括:一是个人或企业用于银行储蓄所获取的利息;二是人们买卖债券、股票等有价证券,获取红利、股息等收入;三是以独资、合资等形式从事企业投资以获取利润等收益。

第二,按劳动力要素分配。按劳动力要素分配就是按劳分配。因为在市场经济条件下,按劳分配只能通过劳动力的商品形式来实现,即劳动者向企业提供劳动,企业依据劳动力价值向劳动者支付报酬,包括工资、奖金和津贴等。

第三,按土地等自然资源要素分配。在我国,土地属国家或集体所有,不能自由买卖,但它在一定时期内的使用权却可以为不同的经济主体占有、支配、使用和转让等。因此,集体或个人可因拥有土地的使用权而获取各种收入。

第四,按技术要素分配。技术要素所有者将自有的技术投入生产,获取相应报酬。它包括:一是以专利权的形式获得收益;二是以技术入股的形式获取利润;三是以人力资本的形式获取额外收入。

第五,按管理要素分配。管理是经济发展的重要因素,将管理才能投入企业并为其作出贡献,企业家就应获得相应的劳动报酬。这种管理需要承担极大的经营风险,因此应该取得比一般生产者更高的收入和回报。

二、价值创造与价值分配的内在联系

有些人不理解按劳分配与按要素分配的内在联系,因而人为地把它们割裂开来和对立起来。他们认为只有按劳分配才符合劳动价值论,因为劳动是价值的唯一源泉;相反,承认按要素分配就是违背劳动价值论,等于承认多要素共同创造价值。这说明他们并不了解价值创造与价值分配之间的对立统一关系。

首先,价值创造与价值分配是价值规律不可或缺的两个方面。价值创造是基础、是前提,没有价值创造也就不会有价值分配。反过来,价值分配反作用于价值创造,它不仅会影响形成价值的劳动,而且会影响劳动的物质条件(其他生产要素)。因此,要深刻认识价值创造与价值分配之间的本质联系和相互作用,不能人为地把它们分割开来和对立起来。

其次,价值创造与价值分配所要解决的问题是不同的。价值创造是解决价值的来源问题。根据马克思主义经济学原理,价值只有一个来源,就是一般人类劳动,其他生产要素是创造价值的物质条件,但不是价值的直接来源。价值分配是解决要素所有权的实现问题。也就是说,虽然价值是活劳动创造的,但不等于价值必须全部按劳分配。因为商品的使用价值是价值的物质承担者,而商品的使用价值不是活劳动单独创造的,而是由所有生产要素共同创造的。因此,其他要素的所有者也要从商品价值中取得报酬,否则他们将不愿意投入生产要素。因此除了支付劳动报酬之外,还要给其他要素所有者支付报酬,以实现他们的所有权。

再次,按要素分配也必须符合价值规律。例如,利润是资本这一要素的收入,它是活劳动新创造价值中扣除了劳动力价值以后的剩余部分。而产业利润、商业利润和银行利润,则是根据平均利润率在不同部门的分配,这是价值规律通过市场竞争,转化为生产价格规律的结果。地租是土地这一要素的收入,它来源于剩余价值中大于平均利润的部分。由于农业有机构成较低,且受土地数量的限制,不能参加利润的平均化,因此农业劳动创造的剩余价值高于平均利润的部分,成为绝对地租的来源。作为级差地租,来源于中等或优等土地的较高生产力所提供的超额剩余价值。

可见,所有生产要素的收入,都体现了价值创造与价值分配之间的必然联系。那种认为按要素分配是违背劳动价值论和不符合价值规律的看法,是完全错误的。因此,按劳分配与按要素分配并不矛盾,而是相辅相成的。

三、按资分配与优化资源配置

按资分配是按要素分配的基本形式,因为有了资本就可以转化为其他生产要素,所以在多种经济共同发展中,资本起着越来越重要的作用。按资分配是维护资本所有权的需要,它的必然性表现在以下方面:

(1)维护资本的所有权和使用权。资本用于消费可满足生活需要,资本投入生产和经营可满足投资需要。利息是资本所有权的实现形式,利润是资本使用权的实现形式。

(2)提高资本的利用效率。因为大量的生产和经营资本是通过借贷取得的,所以使用者不仅要取得利润,而且要还本付息,这就迫使资本的使用者精打细算,合理安排。

(3)有利于资本的合理配置。利润是资本使用权的报酬,利润越高,就会吸引更多的资本向该行业转移;反之则资本流出。利息是资本使用权的价格,它与利润有着不可分割的联系。利润越高,就会吸引更多的资本投入,造成资本供不应求使利息上升;相反,就会出现资本供过于求使利息下降。因此,利润通过利息,调节着资本的供求,起着合理配置资源的积极作用。

在市场经济中,按资分配涉及国家、集体和个人三者之间的所有权关系。国家作为国有资产的所有者和国有企业的投资者,要求从国有企业的利润中取得一份收益,即企业以国有资本占用费或股息的形式上缴给国家。集体企业的资本收入,大部分用于集体企业的积累和扩大再生产,小部分作为股息或红利分配给股东或职工。个体和私人经营者,由于他们既是劳动者,又是投资者,因此他们的收入具有劳动收入与资本收入的双重属性。由于劳动所形成的收益差距是有限的,因此个体和私人经营者在收益上的较大差距,常常是由投资数量和投资方向的差别所造成的。对于私营企业和外资企业来讲,企业的所有者取得的利润是按资分配的收入。虽然,有一部分所有者同时又是经营管理者,利润中的一小部分,可看作是从事复杂劳动的报酬,但是利润中的绝大部分仍然是资本所有权和使用权的收益,从性质上讲是剥削收入,但在现阶段是合法的和必要的。

四、正确处理公平与效率的关系

要使按劳分配与按要素分配有机结合,必须解决好公平与效率之间的关系。西方有些经济学家认为,公平与效率是彼此消长的一对矛盾,坚持公平就会牺牲效率,坚持效率就会牺牲公平,二者如"鱼与熊掌不可兼得"。其实,这样的认识有失偏颇,因为只有当公平与效率的关系发展到极端,才可能形成彼此消长的状态。在正常情况下,公平与效率是对立统一和相辅相成的。

从对立的角度讲,公平属于人与人关系的范畴,其衡量标准会随着生产关系的变化而变化;效率属于人与自然关系的范畴,其衡量标准会随着生产力的变化而变化,因此二者之间的区别是明显的。但是,二者之间也有不可分割的内在联系。这种联系表现在两个方面:一方面是效率决定公平,效率为公平的产生和发展提供物质基础,可以说没有效率也就没有公平。在原始社会,生产力水平低下,没有任何剩余产品,只能勉强维持生存,也就无所谓公平分配。随着生产效率的提高,产生了剩余产品和不同生产资料的所有者,人们之间才有了维护所有者利益,要求合理分配产品的公平观念。可见,效率是公平的物质基础,公平是效率的产物和表现,公平会随着效率的提高,不断演变和发展。另一方面是公平反作用于效率。具体表现为两种情形:一是公平分配促进效率提高。二是分配不公阻碍效率提高。就微观经济而言,个人对分配公平与否的判断,将直接影响其生产和经营的积极性,影响其投入生产要素的数量和质量。不论是生产者还是经营者,只要认为投入生产要素所取得的报酬是合理的、公平的,他就会坚持和扩大投入;相反,就会减少投入或转移投入。可见,收入分配的公平与否,会直接影响微观经济的效率。就宏观经济而言,收入分配公平与否会影响总供给与总需求的平衡,以及影响国民经济的增长与资源的配置。如果一个国家出现收入分配的严重不公,导致两极分化。那么,少数高收入阶层,他们的收入就会比消费需求提高得更快,而绝大多数的低收入阶层,又无力提高消费水平,使社会的总需求相对减少。与此同时,社会的生产能力却在急剧提高,使社会的总供给不断增加,必然导致生产过剩的经济危机。相反,如果一个国家推行平均主义分配原则,使收入差距过小,就会挫伤人们生产和经营的积极性,从而减少生产要素的投入和降低生产效率。与此同时,平均主义的分配,在制约经济发展的同时,会促使消费需求的增长,造成总需求超过总供给,引起通货膨胀和短缺经济。可见,只有当收入分配较为合理时,才能达到总供给与总需求的平衡。

总之,公平与效率既不是完全对立的,也不是没有矛盾的,而是对立的统一。因此,我们既要大力发展市场经济提高生产要素的利用效率,又要加大收入调节的力度限制分配不公,做到两面兼顾与突出重点有机结合,使效率与公平都能落到实处,充分发挥各自的积极作用。

第三节　收入分配的主要问题与改革设想

改革开放以来,我国的经济发展取得巨大成就,人民的生活水平显著提高。但是由于收入分配制度的不完善,还存在劳动报酬比重偏低,政府调节力度不够,居民的财产性收入更低,以及贫富差距扩大和收入分配不公等问题,需要通过不断深化经济体制改革和完善收入分配制度来加以解决。

一、收入分配的主要问题

改革开放四十多年来,中国社会经济发生了巨大而深刻的变化,在政府收入增长的同时,居民收入也实现了增长,但两者的增长却有很大差别。居民收入虽然伴随着经济增长而有所增长,但其速度却一直落后于经济增长的速度。这一问题在多年前表现得比较突出,最近几年来已有所改观。从 2013 年到 2018 年的五年中,GDP 的年平均增长率为 7.1%,而居民的可支配收入的年平均增长率为 7.4%,高出了 0.3 个百分点。然而,个人所得税和财政收入则长期超过经济增长速度,这样增长的结果,最终导致居民收入在国民收入中所占份额持续下降,究其原因主要表现在以下几个方面。

(一) 在国民收入初次分配中劳动报酬所占比重偏低

一般来说,劳动报酬是居民收入的主体,改革开放以来,尽管我国居民劳动报酬不断增长,但是与 GDP 的增长速度相比是偏慢的。在收入的初次分配环节,劳动者的工资水平其实是由雇主决定的。为了实现利润最大化,雇主会尽可能压低劳动者工资,而劳动者长期处于弱势地位,缺乏同雇主讨价还价的能力,最终只能被动接受较低的工资水平。由于我国劳动力市场长期处于供过于求的状态,劳动力价格即工资被迫降到劳动力价值以下。这种强资本、弱劳工的局面将会长期存在,并且受到市场供求关系的限制,这就是我国居民收入在国民收入中比重偏低的主要原因。如果劳动报酬比重偏低及趋降问题的延续和恶化,会使资本收益和劳动报酬的差距进一步拉大,形成"富者更富""贫者更贫"的"马太效应"。一方面,资本拥有者的消费能力越来越强,但消费倾向却越来越低;另一方面,劳动者及其家庭的消费能力弱化,面临"上不起学,买不起房,看不起病,养不起老"等多种风险。这就使劳动与资本的矛盾加深,以及消费"鸿沟"扩大。

(二) 政府对于国民收入再分配的调节力度不够

目前,在国民收入的二次分配中,存在着许多问题。主要是我国当前的转移支付制度仍不健全,对城乡贫困人口的救助投入不足。作为调节收入分配重要手段的税收政策,并没有充分发挥它在二次分配中的积极作用。众所周知,纳税是调节贫富差距的重要手段,而政府的纳税政策对低收入者的保护力度还远远不够,这就影响了低收入居民收入水平的提高。与此同时,我国的社会保障制度覆盖面小,保障水平低,尤其是对低收入群体和外来务工人员而言,几乎没有获得保障的途径与措施,致使他们中的大部分人无法享受到社会保险的待遇。

(三) 相对来说居民的财产性收入更低

财产性收入是指家庭拥有的动产,如银行存款、有价证券和不动产,如房屋、车辆、土地、收藏品等所获得的收入。它包括出让财产使用权所获得的利息、租金、专利收入等,比如房租;也包括财产营运所获得的红利收入、财产增值收益等。目前,我国居民获得财产性收入比较少,途径比较狭窄,主要是因为金融制度、财产制度不完善,个人理财意识不强,这也制约了居民收入的提高。因此为了使财产性收入发挥城乡居民收入增长点的作用,我国必须进行金融制度改革,创造条件让更多的群众拥有更大的财产性收入。

(四) 居民收入的贫富差距有扩大的趋势

我国城乡、地区、行业收入存在严重差异,整个社会贫富差距很大。从城乡差距看,1985年,城镇居民人均可支配收入为农村居民人均纯收入的 1.86 倍,2007 年达到 3.33 倍。近几年来,城乡收入差距有所下降,但在 2020 年仍有 2.56 倍。城乡人均收入的绝对差距则从 2000 年的 0.4 万元,扩大到 2020 年的 2.67 万元。从地区差距看,东、中、西部地区城镇居民与农村居民人均可支配收入之比 2020 年为 2.44、2.32、2.66,基尼系数从 2008 年的峰值 0.491 见顶回落,近年来维持在 0.46—0.47 区间,说明各地区城乡居民收入差距仍然保持在较高水平。不同行业间工资差距显著,信息技术类工资最高,农林牧渔工资最低,非私营企业比私营企业的行业收入分化更大。我国行业收入差距达 4.2 比 1,其中金融业平均工资最高,达 70 146 元。以上情况说明我国不仅面临怎样收敛收入差距问题,而且面临如何避免两极分化,导致社会风险的考验。

（五）隐性收入加剧分配不公问题

所谓隐性收入,主要包括城镇偏向型补贴、非正常收入和灰色收入等。①城镇偏向型补贴。在原有的城乡二元结构和计划经济体制下,我国长期实行城市偏向的福利补贴,即使在经济改革和社会转型时期,这种政策和做法有些还在沿袭。这种"重城市、轻农村""重市民、轻农民"的福利补贴,事实上形成了城镇居民的隐性收入,包括住房补贴、医疗补贴、教育补贴、社会保障和实物收入等五个方面。②非正常收入。部分国有企业收入分配的透明度低,工资外收入和福利过多,企业高管年薪畸高、职务消费不规范等。部分事业单位资金来源混乱,突破标准或自定标准,随意发放津贴或补贴等。官员们的"三公消费"违规失范,有的以公务消费之名,行个人或家庭消费之实。③灰色收入。在现实生活中有些收入,因制度或法律上没有明确界定,尚处在合法与非法的"中间地带";还有些收入,因来源不明而不能认定其非法性的都是灰色收入。实际上,相当一部分灰色收入是尚未"曝光"的非法收入。灰色收入的获取,往往同钱权交易、以权谋私、公共投资违规、土地收益分配等密切相关,其核心是权力寻租,因而少数特权阶层、重要部门,往往成为灰色收入的"重灾区"。

二、构建公平和谐的三层次分配体系

习近平总书记在党的二十大报告中指出:"构建初次分配、再分配、第三次分配协调配套的制度体系。"①初次分配是基础,第二次分配是主导,第三次分配是补充。这就需要努力构建一个由"基础＋主导＋补充"相结合的三层次分配体系,充分发挥它们的综合效应,以实现扩大消费和共同富裕的战略目标。

（一）国民收入初次分配的调整与创新

初次分配是居民收入的主要渠道,是与市场联系最紧密的分配途径。为改善劳动者及其家庭的消费状况,提高劳动报酬的比重是我们的首选对策。以提高劳动报酬比重为重心,调整和创新初次分配要做到以下三点。

1. 重视市场效率的政策导向

在我国,坚持市场经济的改革取向,体现在政策上必定是自觉维护和科学发挥市场效率。在初次分配中,就是依据市场效率来进行的。每个所有者按其提供生产要素的数量和质量,经过市场的检验与认可,方可取得相应的报酬和收益。初次分配通行的原则是:效率越高,效益越好,收入也越多;效率越低,效益越差,收入就越少。因此,有关初次分配的政策必须以不损害效率为前提,坚持发挥市场在配置资源上的决定性作用,引导人们努力工作、积极进取。

2. 提高劳动报酬比重的政策

针对初次分配中存在的"三个集中"倾向(即财富向政府集中;财富向资本集中;财富向垄断行业集中),而导致居民收入和消费总体偏低的问题,我们应当在确保劳动报酬每年增长的前提下,制定提高劳动报酬比重的政策,并通过实施使劳动者的收入与他们的贡献相匹

---

① 习近平:《高举中国特色社会主义伟大旗帜　为全面建设社会主义现代化国家而团结奋斗》,人民出版社 2022 年10 月版,第 47 页。

配,推动初次分配从失衡走向均衡,从不公平走向相对公平。要坚持劳动报酬增长和劳动生产率提高同步,对于长期来劳动报酬严重偏低的行业和企业,要争取在生产经营改善的基础上,使劳动报酬的增速略高于劳动生产率,以改变劳动报酬滞后或"垫底"的状况。当前,提高劳动报酬份额,要注重形成相关政策的合力:要形成能反映市场供求和企业效益的工资决定机制、增长机制和保障机制;要加强对企业的工资分配指导,提高劳动者最低工资标准,完善工资指导线制度,建立统一规范的企业薪酬调查和信息发布制度;要健全各项劳动工资的政策法规,政府主要通过税收杠杆和法律法规进行调节和规范;要完善和落实各类劳动者教育培训的政策指导,增强职业技能培训的针对性、实效性,侧重提高劳动者的素质和技能,形成劳动工资持续增长的动力机制。

3. 确立工资集体协商的政策

在初次分配中,劳动和资本关系是核心。为扭转劳动报酬份额严重偏低的状况,形成劳动报酬与资本收益的合理格局,我们要在坚持劳资互利的基础上,构建工资集体协商机制及相关政策,强化劳动者的维权意识和工会组织的维权作用。通过工会的"集体发言机制"影响企业或出资方,以确保职工收入能随企业发展和资本收益提高而相应增长。

(二) 国民收入第二次分配的调整与创新

我国第二次分配面对的基本问题是初次分配失衡,而部门垄断、权钱交易和贪污腐败等对市场的深度扭曲,又推进了收入差距的扩大。因此"国家必须运用税收和转移政策,实行再分配"[①]。针对现实问题,在第二次分配中要注重社会公平,着力完善税收政策和转移支付政策,全方位地缩小收入差距。

1. 健全税收政策

税收是一种有效的再分配手段,因此要健全以个人所得税为主的税收体系。

(1) 完善个人所得税政策。要实行综合与分类相结合的个人所得税制度,全面考虑家庭综合税负能力,以家庭为单位进行计征和抵扣。个人所得税既要坚持调高起征点的方略,又要强化对税率和税源的调整。要坚持低收入者不纳税,中收入者少纳税,高收入者多纳税的指导原则,切实缩小不同阶层的收入差距。

(2) 适时出台房产税政策。在我国,家庭收入与房产状况有关联性,而房地产领域又是腐败收入与灰色收入的滋生地。因此尽快出台房产税政策,有利于解决房地产领域的腐败和分配不公的难题。同时,对个人拥有的多套非自住房征收房产税,拓展了来自富人的税源,还可将部分房产收入,用于经济适用房和廉租房建设。

(3) 择机开征遗产税和赠与税。改革开放以来,高收入阶层逐步壮大,财富不断增多,富人的财产转移和"富二代"问题正在延续社会不公和代际不公。因此,我们不仅要择机开征遗产税,还要开征赠与税。要适当提高财产转移的税负水平,既增加国家的税源,又防止收入差距在代际扩展。此外,还可推出社会保障税,完善消费税等。要实施以个税为主的综合调节,把居民收入差距缩小到合理程度。

2. 完善转移支付政策

在我国城乡、地区和不同群体的收入中,隐含着由公共服务导致的差距。这与政府的转

---

① [德]齐默尔曼:《经济学前沿问题》,中国发展出版社 2004 年 4 月版,第 322 页。

移支付和政策不到位有关。因此,要以基本公共服务均等化为目标,完善政府的转移支付政策,这里要突出两个重点。

(1)优化转移支付结构政策。目前,中央政府对地方政府的转移支付主要有三种方式:即返还性支付、财力性支付和专项支付。其中,财力性支付以基本公共服务均等化为目标。我们要据此推进转移支付结构优化:缩小税收返还规模,清理、归并专项支付项目,着力提高财力性支付的规模和比例,增强地方政府,特别是县级政府公共服务的能力。

(2)实施转移支付倾斜政策。政府的转移支付要有利于缩小居民收入差距和地区发展差距,坚持向农民倾斜,向农民工倾斜,向城市低薪阶层和弱势群体倾斜,向落后地区倾斜。在全社会有序地营造收入分配公平化、公共服务均等化、消费关系和谐化的美好生活状态。

(三)国民收入第三次分配的调整与创新

拓展阅读

党的十九届四中全会通过的《中共中央关于坚持和完善中国特色社会主义制度　推进国家治理体系和治理能力现代化若干重大问题的决定》指出:"重视发挥第三次分配作用,发挥慈善等社会公益事业"。这是党中央首次明确提出第三次分配是我国分配制度的重要组成部分,确立了慈善等公益事业在经济和社会发展中的重要地位。

中共中央关于坚持和完善中国特色社会主义制度　推进国家治理体系和治理能力现代化若干重大问题的决定

1. 明确第三次分配的重要地位和积极作用

正反两方面的历史经验表明,收入分配制度是涉及人民切身利益、影响国家发展全局的基本经济制度,慈善事业在促进社会收入更加公平正义方面,扮演着市场和政府难以替代的重要角色。如何充分借鉴国内外经验,建设扎根中国大地的、更有优势的第三次分配制度,亟待加强理论探讨和实践探索。

第三次分配是对初次分配和第二次分配中的缺陷和不足加以必要的弥补和矫正。在第三次分配中,有些社会成员,特别是富人的慈善捐赠、公益义举,资助了弱势群体或落后地区,这是道德、信念等驱动的个人收入转移,有助于缩小社会收入分配差距,发挥第三次分配的积极作用。

2. 培育与健全慈善组织和机构

慈善公益事业及其活动,主要依仗民间组织的规范运作。在我国,有各类慈善机构100多家,基金会2 168个,其中相当一部分是"官办"或"半官办"的。各类慈善组织在公益活动中发挥了积极作用,做出了不小的贡献,但是损害慈善公信的事件也时有发生,因此它们的健康发展仍然是任重而道远。要按照发展公益事业的要求和慈善组织自身的成长规律,来健全和完善相关政策。通过培育与规范慈善组织和机构,推进慈善公益事业的健康发展。

3. 完善慈善捐赠的税收优惠政策

要开启和利用政策资源,构建与慈善公益事业相匹配的税收优惠,对从事各种慈善捐赠和社会公益捐助的个人、企业等实施税收抵扣减免,尽快提高免税比重,以鼓励和引导社会成员,尤其是富裕阶层自愿将一部分收入和财富,向低收入者、弱势群体和遭受特殊危难的人们进行转移,使收入差距和贫富差距得到收敛,实现共同富裕中不同阶层的利益和谐,以及消费的普遍增长。

第四节　建立与健全社会保障制度

建立和健全社会保障制度,是经济社会发展的必然要求。自从确立社会主义市场经济体制以来,社会保障逐步实现了制度上的全覆盖,保障对象由城镇职工扩大到城镇居民,再扩大至农村居民,形成了多轨制的社会保障体系。这类保障由于延续了传统的属地管理模式,因此难以适应新型城市化和人口流动带来的需求变化。为此,从城乡一体化的角度出发,建设覆盖城乡的社会保障体系,应是社会保障制度的发展方向。

一、社会保障制度是经济的"稳定器"

社会保障是我国一项非常重要的经济制度,充分体现了社会主义制度的优越性。社会保障通过各项具体的保险和救助制度,缩小了人们之间的收入差距,降低了弱势群体的各种社会风险,提高了广大居民的消费倾向和生活水平,因而被称为经济发展的"稳定器"和社会公平的"调节器"。

(一) 社会保障发挥稳定器作用的必要性

社会保障具有促进经济社会稳定发展的重要功能。首先,社会保障制度是社会化大生产的产物。在社会化大生产中,由于劳动强度增大,疾病治疗和老年生计等问题都使雇佣劳动者忧心忡忡,迫切需要建立社会保障制度。其次,社会保障制度是市场经济发展的必然产物。随着市场经济的发展,必然有部分人要面临失业或贫困,而社会保障制度为他们提供了基本的生活条件。再次,完善的社会保障制度是社会文明进步的标志。随着经济发展和人们物质需求日益增长,要求建立完备的社会保障制度来为较高的生活水平提供保障。

(二) 社会保障发挥稳定器作用的机制

社会保障发挥稳定器作用的机制表现在以下方面:首先,通过社会救助、社会保险、社会福利和社会优抚等,对国民收入的初次分配进行调节,以缩小人们的收入差距;其次,贯彻货币政策和调节货币的流通量,以稳定人们的消费支出。同时,完善的社会保障能降低国民的预防性储蓄,增加消费支出和提高生活水平;再次,建立和完善的社会保障制度,能极大地提高人们的安全感和幸福指数,降低对未来不确定性的预期,化解各类矛盾冲突,促进社会和谐;最后,完善的社会保障制度能促进边际消费倾向提高,促进财政政策的乘数效应增大,使其对经济的推动作用更为明显。

二、社会保障的主要实现形式

社会保障制度具有丰富内容,涉及公民生活的各个方面,包括养老、工伤、医疗、失业、生育、贫困和死亡等,为公民在遭遇困境时提供制度性的生活保障。社会保障的实现形式包括社会保险、社会救助、社会福利和社会优抚等,它们涵盖了社会保障的主要方面,因而也是完善社会保障制度的基本途径。

（一）社会保险

社会保险是社会保障的核心内容,包括养老、医疗、工伤、失业和生育保险五大部分。其中,养老和医疗是社会保险制度的核心。社会保险是由政府、企业和劳动者共同出资的,对劳动者遭受到年老、疾病、工伤、生育和失业等情况提供制度性帮助,以保障劳动者个人及其家属的基本生活需求。在社会保险制度下,劳动者的权利和义务是对等的,但是具有一定的互济性。劳动者被强制参加各项社会保险,以降低可能遇到的风险,并在必要时获得相应的补助和救助等。

（二）社会救助

社会救助是最低水平的社会保障,是"最后一道安全网"。社会救助是指国家按照法定程序和标准,向因自然灾害或其他原因而难以维持最低生活水平的社会成员,提供物质帮助或金钱援助,以保障其最低生活需要的一种制度。社会救助通常包括医疗救助、法律救助、教育救助、住房救助和灾害救助等具体制度。城市居民和农村居民的最低生活保障简称"低保",是指城乡居民及其家庭成员,当人均收入低于当地规定的最低生活标准时,国家和政府为其提供基本生活帮助的制度。法定特殊救济"是国家对特殊群体的一项生活保障制度,是社会救济的组成部分"。[①]

（三）社会福利

社会福利是更高层次的社会保障形式,它表明一个国家或社会文明的进程和经济发展的状况。一般来说,社会福利分为公共福利、职工福利和特殊福利。①公共福利是面向全体社会成员的,指国家和社会举办的公益性福利,包括文化教育事业、健身娱乐设施和社会服务等。②职工福利是面向全体职工的,是企事业单位为其职工提供的物质和文化生活补贴,它反映了企事业单位的经济效益和文明程度,因而也是完善企事业单位管理的重要方面。③特殊福利也称民政福利,包括民政部主管的老年人、残疾人和儿童三大部分的社会福利。

（四）社会优抚

社会优抚是专门面向军人及其家属的,是国家对现役军人、退伍军人和烈属军属提供的保障制度。社会优抚具有明显的特点:一是优抚对象具有特定性,保障对象是为革命事业和保卫国家安全,做出牺牲和贡献的特殊社会群体。二是这个群体受到党和政府的特别关照。由于这个群体曾经做出过特殊贡献,所以对他们的优抚保障标准更高,明显高于一般的社会保障水平。三是国家财政承担了绝大部分的优抚资金,个人只有在医疗保险和合作医疗方面缴纳一部分费用,因此有稳定和充足的资金来源。四是优抚内容具有综合性,保障内容涉及物质和文化生活的方方面面,体现了党和政府对他们的关怀和照顾。

三、我国社会保障存在的主要问题

确立社会主义市场经济体制以来,我国的养老和医疗等逐步由国家和单位的福利,转变

---

① 全根先:《中国民政工作全书》,中国广播电视出版社 1999 年 10 月版,第 1400 页。

为社会保障的内容和形式,逐步从城镇职工走向农村居民,在制度建设上实现了社会保障的全民覆盖。与此同时,由于制度本身存在的限制和缺陷,如城乡分割、流动人群、固定户籍等,造成实际生活中诸多的社保盲区,因此需要通过深化改革才能得到解决。

（一）完善社会保障制度任重道远

首先是历史原因。主要是 1966 年到 1976 年的"文化大革命"对各项制度带来的破坏,导致制度建设停滞甚至倒退。1968 年,内务部被取消;1969 年,财政部发布《关于国营企业财务工作中的几项制度的改革方案》,规定"国营企业一律停止提取劳动保险金",大大影响了社会保险资金的积累,企业职工正常的退休退职制度遭到破坏,社会福利、军人优抚安置工作无法正常进行,给社会保障事业带来极大损害。

其次是制度原因。主要表现为:一是企业、个人和政府三方筹资分担机制尚未完善,没有参加社会保险的各类企业,尤其是困难企业,严重影响了社会保障的覆盖面。二是社会保障制度实现正常运行所需的资金缺口较大。仅以养老保险为例,由于没有实行全国统筹,部分地区企业效益不好、经济发展缓慢、养老保险费收缴率低,养老保险基金缺口较大,极大地影响了养老保险制度的正常运行。三是社会保障基金管理不规范,监督制约机制不健全,实现社会保障基金的保值增值手段单一,挤占挪用现象严重。

（二）城乡统筹需要进一步推进

我国已经在制度上初步形成覆盖城乡的社会保障体系。然而,这些制度在建立时是根据城乡二元经济分别设计和实施的,在保障标准、制度内容和实施方法上存在明显的差别,城乡统筹和融合度相对较低。农村社会保障制度在资金筹集、管理规范等方面远远落后于城市。此外,农村参保人员由于大量迁移至城市,因而无法享用农村社会保障,制度的实际覆盖水平低下,保障享用不公问题严重。从结果看,现行的社会保障制度,一方面还无法真正覆盖所有国民,另一方面还面临无法享有同样待遇的问题。在城乡二元结构下,社会保障不公的情况将会长期存在,因此缩小城乡保障标准的差距,消除不同人群在基本保障上的不公现象,是覆盖城乡的社会保障制度必须解决的现实问题。

（三）绩效评价亟须发展与完善

在社会保障领域的绩效评价工作还刚刚起步,仍然很不完善,许多地方没有形成规范的制度。在绩效评价过程中,各项社会保障缺乏科学的评价指标,无法形成全民参与的评价制度。绩效评价工作落后的原因有:首先,在于自古以来的"中庸之道"思想影响,主张得过且过,不追求尽善尽美。其次,由于"吃大锅饭",忽视经济效率的观念影响,使绩效评价缺乏雄厚的物质基础。再次,在绩效评价工作中缺少经验,没有形成科学的指标体系和管理制度。因此,社会保障的绩效评价亟须改革,需要建立科学规范的评价体系,开展严格公正的评估工作,才能促进社会保障制度的发展与完善。

四、构建覆盖城乡的社会保障体系

构建覆盖城乡的社会保障体系,是党中央站在城乡一体化的高度,为适应经济社会发展的要求,适应农业现代化、新型城镇化、更高层次工业化和信息化等的需要,提出的社会保障的新目标。因此,完善覆盖城乡的社会保障体系,是党的二十大精神的重要体现,也是社会保障制度建设和发展的必然结果。

（一）覆盖城乡的保障体系的基本特征

覆盖城乡的社会保障体系,是指消除城乡分割的二元结构,逐步建立起全国统一的基本社会保障制度,即基本养老和基本医疗制度要覆盖城乡全体居民,工伤、失业、生育保险制度要覆盖城镇所有职业群体,实现人人享有基本社会保障的目标。

1. 保障体系的城乡一体化

保障体系城乡一体是指在政府的主导下,对社会保障体系进行整体规划、协调运作。不管是城市还是农村,都要建立和健全养老保险制度、医疗保险制度、失业保险制度、工伤保险制度和生育保险制度,确保全国居民均享有全面的社会保障。要全面建设城市居民最低生活保障和农村居民最低生活保障制度,为城乡居民构建统一的安全网。此外,要建立和健全覆盖城乡的社会福利和社会优抚制度。

2. 保障对象的全面覆盖

现阶段,我国在制度上基本实现了社会保障的全覆盖。在养老保险方面,建立了城镇职工基本养老保险、城镇居民养老保险和新型农村养老保险等。在医疗保险方面,建立了城镇职工基本医疗保险、城镇居民医疗保险和新型农村合作医疗等。但在实际生活中,社会保障的制度盲区还有许多,根源在于人口流动化与制度属地化的矛盾。为此,保障对象不仅要在制度上达到全覆盖,更须在实际享用上达到全覆盖。

3. 保障水平的适度可行

保障水平适度可行是指社会保障要与经济协调发展。社会保障水平既不能落后于城市化和工业化的进程,也不能超越城市化和工业化的发展水平。社会保障体系建设应服从并服务于经济社会的发展,成为经济社会发展的有力保障,而不能成为经济社会发展的不利障碍。社会保障的水平要与经济发展的水平相匹配,这是我国社会保障体系建设的基本原则,也是检验社会保障的发展是否适度的重要标准。

4. 保障方式的公开公平

社会保障的提供方式,包括实物形式、服务形式、货币形式和心理形式等,要实现给付和传递方式的多样化,以满足人们日益增长和不断丰富的保障需求。我国要不断加强和完善社会保障制度建设,按照公共服务均等化的要求,做到社会保障的服务和传递公平、公正、公开,使社会保障在不同群体、不同地区、不同行业之间合理分配和协调发展,逐步消除城乡差别、地区差别和行业差别中存在的不平等现象。

（二）健全社会保障体系的手段与方法

健全覆盖城乡的社会保障体系是一项系统工程,我们要坚持立足当前、着眼长远、统筹城乡、整体设计、分步实施、配套推进,进一步完善社会保障体系,以保障全体国民的根本利益。

1. 城乡社会保障项目的有效衔接

城乡社会保障体系的制度衔接包括以下方面:

（1）在城乡基本养老保险方面,要实现"统账结合"模式的对接,"新农保"的个人缴费和集体补贴形成个人账户,财政补贴形成统筹账户,要与城镇职工基本养老保险形成相同的账户体系,实现养老保险在城乡之间和地区之间的转移和接续。

（2）在城乡医疗保险方面,要探究城镇职工医疗保险、城镇居民医疗保险和新型农村合作医疗,在缴费年限、待遇标准和身份转换、住址变迁时的衔接关系。要提高统筹层次,实现省外就医的有效衔接。

（3）在社会救助方面,对于符合"低保"条件的农民工,要实现由农民工转为城镇户籍,并享受城镇"低保"的转换衔接等。

2. 构建覆盖城乡的管理体制

健全覆盖城乡的社会保障体系,必然要求建设高效的行政管理体制。首先,国家要成立最高层次的社会保障管理机构,统一对全国社会保障进行管理与协调,改变"政出多门"的状态。其次,要加强社会保障管理部门和经办机构的能力建设,实现社会保障部门和经办机构的规范化、信息化和专业化管理,不断提高社会保障部门的服务水平。再次,健全社会保障部门的监督考核机制,构建完善的绩效评价和效果监测制度,特别是要加强对社保金账户的监管,确保社会保障资金的安全运作。

3. 逐步提高社会保障的标准

党的十八大以来,我国各项社会保障标准随着经济持续快速发展而逐步提高,初步实现了让人民群众共享经济社会发展成果的目标。然而,我国人口多、底子薄,各地经济水平差别较大,因此提高社会保障标准必须坚持"保基本"的方针,积极发挥公共财政转移支付作用,缩小各地社会保障水平的差距,建立社会保障标准与物价、宏观经济指标、工资水平等的联动机制。具体来说,当前急需提高的社会保障标准包括:提高企事业单位退休人员养老金水平,实现企事业单位和机关养老金标准之间的平衡;提高职工医疗保险、新农合和居民医疗保险的最高支付限额;提高失业保险待遇,发挥失业保险预防失业、促进就业和保障失业者生活的作用;提高工伤保险待遇标准,建立预防、康复和补偿为一体的工伤保险体系;提高生育保险待遇标准,促进优生优育;提高社会救助标准,保障贫困人群的生活水平等。

复习思考题

1. 按劳分配与按要素分配有何区别和联系?
2. 如何认识价值创造与价值分配的关系?
3. 如何构建三层次的收入分配体系?
4. 如何改革和完善社会保障制度?

第五章　遵循经济规律与促进共同富裕

习近平总书记在党的二十大报告中指出："共同富裕是中国特色社会主义的本质要求，也是一个长期的历史过程。"[①]因此，要实现全体人民的共同富裕，就必须在共产党的正确领导和部署下，深刻认识中国特色社会主义的历史使命和建成现代化强国的艰巨任务，深入理解经济规律与共同富裕的内在联系和相互作用，准确把握实现这一战略目标的正确途径和科学方法。

第一节　正确认识与理解经济规律

要揭示经济规律与共同富裕的内在联系和相互作用，自觉遵循经济规律促进和实现共同富裕，首先要正确了解经济规律的含义，深刻认识经济规律的性质、特点和作用。这就要求我们，深入理解经济规律的构成体系和历史演变，全面把握尊重经济规律的必要性、重要性以及人们的主观能动性。

一、经济规律的深刻含义

所谓客观规律，就是事物内在的、本质的必然联系。这种联系不是偶然、表面和暂时的，而是由客观的物质条件所决定，因而具有不以人的意志为转移的必然性。经济规律就是在经济运行中内在的、本质的必然联系，所谓"内在"的，就是说经济规律也和其他规律一样，看不见、摸不着，不能为人们的感官直接感知。例如，对于商品交换来说，人们看到的是物与物交换的表面现象，但是看不到它们的内在联系，即人与人之间的劳动交换关系。因此，这就需要从实际出发，透过经济运行的表面现象，经过去粗取精、去伪存真、由表及里的加工制作过程，才能从感性上升到理性，正确认识和把握经济运行的内在联系；所谓"本质"的，就是说经济规律不是经济运行的表面联系，而是它的本质联系。例如，资本家与雇佣工人的关系，现象上是资本家支付的工资养活了工人，其实是工人创造的剩余价值养活了资本家。因为表面现象可以掩盖本质、歪曲本质，甚至与本质相反。因此，经

---

① 习近平：《高举中国特色社会主义伟大旗帜　为全面建设社会主义现代化国家而团结奋斗》，人民出版社 2022 年 10 月版，第 22 页。

济科学的任务就是要透过现象,认识和揭示本质,促使人们按照经济规律的要求办事,起到事半功倍的积极效果;所谓"必然"的,就是说经济规律是客观的,它的本质要求是由现有的经济条件决定的,因而是不以人的意志为转移的。例如,在市场经济中供过于求价格下跌,供不应求价格上升,说明供求关系与价格波动具有必然联系,人们只能承认和接受它,而不能随意改变和摆脱它。因此,我们要正确认识、理解和把握经济规律,按照经济规律的客观要求办事,就能取得事半功倍的效果和收益,否则就会遭到经济规律的"惩罚",经受挫折和失败。

二、经济规律的客观性与人的能动性

经济规律最重要的性质就是它的客观必然性,也就是说,经济规律是由客观经济条件决定的,它不会随人的主观意志而改变。在经济规律面前,人们的主观能动性表现为可以认识、揭示、遵循和利用经济规律,但是不能创造、改造、取消或超越经济规律,否则就会受到经济规律的惩罚,造成经济破坏、倒退和危机。苏联"十月革命"胜利以后,人为取消商品交换和市场经济,导致的物资短缺和经济危机,就是违反经济规律的表现。因此,列宁不得不提出"新经济"政策,恢复商品交换和市场经济,从而克服了巨大的经济困难,巩固了新生的苏维埃政权。中国在社会主义革命胜利以后,也经历了削弱商品交换和否定市场经济的过程,企图用"大跃进""人民公社"等激进的方法加快经济发展。结果是适得其反,造成了长期的短缺经济和"三年自然灾害"的极度困难。这些都是违反经济规律带来的不良后果,给人们留下深刻的经验教训。

苏联和新中国在社会主义革命胜利后,为什么都会出现取消商品交换和否定市场经济的错误?这是因为苏联和新中国在成立初期缺乏经验,照搬马克思、恩格斯关于经典社会主义的有关论述,把商品交换和市场经济看成是滋生资本主义的土壤,是发展社会主义经济必须改造的对象和消灭的障碍。具体来讲,就是当时的领导人没有把社会主义初级阶段与社会主义成熟阶段区分开来。马克思、恩格斯关于取消商品交换和否定市场经济的论述是针对社会主义成熟阶段来讲的,因而拿到社会主义初级阶段来推行就是错误的。因为在社会主义初级阶段不但不具备取消商品交换和否定市场经济的客观条件,而且还需要大力发展商品交换和市场经济,充分利用价值规律和价值增殖规律,来促进生产力发展和增加物质财富。因此,我们认识到取消商品交换和否定市场经济的错误,并且经过改革开放,建立起社会主义市场经济,因而取得了经济的持续快速发展。

可见,如果人们认识和把握了经济规律,并且能自觉遵循经济规律,按经济规律的要求办事,就能加快经济发展和促进共同富裕。例如,我国通过改革开放和发展市场经济,不仅大量引进了外资和增加"三资"企业,克服了国内投资不足的瓶颈问题,而且通过发展多种所有制经济和平等竞争,显著提高了各类经济主体的生机和活力。由于坚持了社会主义市场经济的改革方向,按照价值规律和价值增殖规律的要求,大大提高了社会生产力和市场的有效供给,因而克服了长期困扰我们的短缺经济,使国家的综合国力和人民的生活水平显著提高,充分显示出社会主义制度的优越性和共同富裕的可行性。

三、经济规律的发展与演变

一切经济规律都是客观必然的,但是它们又不是静止不变的。经济规律是由客观经济条件决定的,因此经济规律会随着客观经济条件的变化而变化。随着生产社会化程度的提高,小生产经济规律会向大生产经济规律转化;小生产的价值规律会向大生产的价值增殖规律转化,私有制的经济规律会向公有制的经济规律转化;资本主义的价值规律和价值增殖规律会向社会主义的价值规律和价值增殖规律转化等。因此,我们不仅要看到经济规律的必然性,更要认识决定这些必然性的经济条件,还要看到,当经济条件发生变化以后,一种经济规律向另一种经济规律转化的必然性。

马克思在《资本论》中,深刻揭示了商品生产规律如何转化为资本主义占有规律的演变过程及其必然性。马克思首先揭示一般商品经济的规律即价值规律,说明了商品生产和商品交换的实质是劳动者之间等量劳动相交换的生产关系。但是,随着商品经济的发展和生产社会化程度的提高,当社会的两极分化达到一定的高度,以致一部分人可以凭借自己拥有的生产资料和货币,来购买另一部分人的劳动力;同时另一部分人因为丧失了全部生产资料和生活资料,因而不得不出卖自己劳动力的时候,货币就转化为资本了。随着劳动力成为商品和货币转化为资本,原来的商品生产和商品交换的经济规律即价值规律,就会转化为资本主义的占有规律即剩余价值规律。这里,剩余价值规律即价值增殖规律的形成,并不违反商品的价值规律,因而是具有特殊性质和作用的价值规律。但是,剩余价值规律与价值规律又具有完全不同的性质和特点,剩余价值规律不再反映等量劳动相交换的生产关系,而是反映资本对雇佣劳动的剥削关系了。因此,马克思指出:“不论资本主义占有方式好像同最初的商品生产规律如何矛盾,但这种占有方式的产生决不是由于这些规律遭到违反,相反地,是由于这些规律得到应用。”①这里马克思阐明了一种经济规律是如何转化为另一种经济规律的具体过程,帮助我们清楚地认识到,经济规律并不是一成不变的,在一定条件下一种经济规律会向另一种经济规律转变。因此,了解经济规律转变本身的特点和规律,对于我们全面认识社会发展的必然性,认识资本主义经济规律如何向社会主义经济规律转变的特点和规律,具有重要的现实意义。

事实上,在社会主义市场经济条件下,已经出现了私有资本价值增殖规律向公有资本价值增殖规律的转化,使私有资本体现的人剥削人的生产关系,转变为公有资本体现的劳动平等的生产关系。在这里价值增殖规律没有变,但是资本的性质即价值增殖规律发生作用的客观条件改变了,由原来的生产资料私有制变成了生产资料公有制,使原来体现资本剥削劳动的价值增殖规律,转化为国家和集体增加公共财富的手段和方法。因此,在社会主义市场经济中,遵循公有资本的价值增殖规律,成为加快社会主义经济发展和实现共同富裕的重要途径。马克思进一步指出:“从资本主义生产方式产生的资本主义占有方式,从而资本主义私有制,是对个人的、以自己劳动为基础的私有制的第一个否定。但资本主义生产由于自然过程的必然性,造成了自身的否定。这是否定的否定。这种否定不是重新建立私有制,而是在资本主义时代的成就的基础上,也就是说,在协作和对土地及靠劳动本身生产的生产资料的共同占有的基础上,重新建立个人所有制。”②这里,马克思阐明了社会主义生产方式取代资本主义生产方式的历史必然性和否定之否定的规律性,也为正确认识社会主义经济发展和实现共同富裕的必然性,提供了科学的理论依据。

---

① 马克思:《资本论》第 1 卷,人民出版社 2018 年 3 月第 1 版,第 674 页。
② 马克思:《资本论》第 1 卷,人民出版社 2018 年 3 月第 1 版,第 874 页。

四、经济规律是一个有机联系的体系

任何一个经济规律都不是孤立存在和独立发挥作用的,经济规律之间存在着一定的必然联系和制约关系。例如,生产力规律与价值规律就是紧密联系和协调发展的两大经济规律。生产力规律的实质是节约劳动规律,也就是说,为了提高劳动生产力,必须从微观和宏观两个方面入手,充分发挥节约劳动的作用。在微观方面,为了提高劳动生产力,就要节约生产单位产品的劳动时间,其中包括节约产品中包含的过去劳动(生产资料)和活劳动(劳动力)。而价值规律要求的第一种含义的社会必要劳动时间,就是要求劳动者用低于社会必要劳动的时间生产产品,以获得超额利润,因此价值规律成为促进企业提高个别生产力和节约劳动消耗的直接动力。在宏观方面,为了提高社会生产力,就要节约生产社会总产品的劳动时间,使产品的供给量符合社会的需要量,以减少物质资料和劳动力的浪费。而价值规律要求的第二种含义的社会必要劳动时间,就是要求社会生产每一种产品的总量等于社会需要的总量即实现供求平衡,因此价值规律成为促进社会生产,按比例发展和节约社会总劳动的直接原因。可见,价值规律实质是生产力发展的动力和形式,正是价值规律的作用才使生产力规律从微观和宏观两个方面都得到充分的发挥和展现。随着生产社会化程度提高和市场经济发展,价值规律促进生产力发展的作用,又通过价值增殖规律得到更充分的发挥和展现。

因此,把所有经济规律有机结合起来,就会形成一个不断发展变化的运动体系,这也是不断深化经济体制改革和完善社会主义基本经济制度的客观依据。具体来讲,我们已经了解、认识和把握的经济规律有:推动一切社会发展和变化的最根本的基本经济规律,即生产力与生产关系相互作用的经济规律;决定一个社会性质和客观生产目的的主要经济规律,如资本主义社会的剩余价值规律,社会主义社会生产满足需要的规律;一切社会共有的、决定社会发展的根本动力的生产力规律;由生产力发展水平决定的,存在于不同社会、具有不同特点的生产关系规律;与小商品经济相联系的价值规律和与大生产相联系的价值增殖规律;与不同生产资料所有制相联系的消费资料的分配规律;与不同生产力和生产关系相联系的不同生产方式的运行规律,如自给自足的小生产运行规律、大生产的市场经济运行规律、大生产的计划经济运行规律等。这个经济规律的体系是无限可分的,又是一个相互作用和有机联系的整体,因此需要我们通过实践探索和深入研究,才能逐步完善对它们的认识、理解和把握。只有努力遵循经济规律体系的客观要求,不断克服前进道路上的各种困难和障碍,才能有条不紊地加快社会主义现代化建设,促进和实现全体人民的共同富裕。

第二节　正确认识与理解共同富裕

我们不仅要正确认识与理解经济规律的性质、特点和演变过程,而且要深刻认识和理解共同富裕的丰富内涵、本质要求和实现途径。在中国,共同富裕有一个从普遍贫穷到部分先富、再到共同富裕的发展过程。共同富裕不是空洞口号和权宜之计,而是中国特色社会主义的本质要求和全体人民的共同理想,是一个振兴中华和建成现代化强国的奋斗目标和系统工程。

一、从普遍贫穷到部分先富、再到共同富裕

我国从普遍贫穷到部分先富、再到共同富裕是一个必然有序的发展过程。改革开放前，普遍贫穷是客观事实，造成我国贫穷的原因很多，有历史原因，也有现实原因。有帝国主义、反动派封锁和掠夺的原因，也有我们对社会主义经济规律认识不正确和不充分的原因。因此，邓小平指出："贫穷不是社会主义"。[①]也就是说，搞社会主义就必须大力发展生产力，彻底消除贫穷和实现共同富裕。改革开放后，随着生产力发展，贫穷状况逐步改善。邓小平针对普遍贫穷，提出"一部分地区、一部分人可以先富起来，带动和帮助其他地区、其他的人，逐步达到共同富裕。"[②]改革开放后，人民的富裕程度不断提高了，但是部分先富也导致贫富差距扩大，局部出现严重的两极分化。因此，针对这种两极分化的状况，党中央提出促进共同富裕的要求，很有必要，也很及时，受到社会的普遍关注。可见，从普遍贫穷到部分先富、再到共同富裕是一个必然、有序和渐进的过程！而过去的普遍贫穷和部分先富为后来的共同富裕提供了历史经验和实际教训。共同富裕不能搞人为的"大跃进"和行政命令的"一刀切"，也不能搞头痛医头，脚痛医脚的实用主义和形式主义。而是要在党的正确领导和部署下，自觉遵循客观经济规律的要求，依靠全国人民的艰苦奋斗和不懈努力，才能最终实现共同富裕。这里要遵循哪些经济规律呢？其中包括：由生产力与生产关系矛盾决定的基本经济规律；由发展生产满足需要的主要矛盾决定的主要经济规律；公有制为主体，多种经济共同发展的所有制结构规律；按劳分配为主，多种分配方式并存的收入分配规律；社会主义市场经济中的价值规律和价值增殖规律等。此外，在思想方法上要遵循共性与个性、普遍性与特殊性、同一性与矛盾性相结合的辩证规律，以及在社会发展中的对立统一、质量互变和否定之否定的运行规律等。现实表明，只有自觉遵循自然规律、经济规律和社会规律，才能克服和战胜贫穷，促进和实现共同富裕。

二、共同富裕是社会主义与共产主义的共同理想

共同富裕与经济规律的关系，涉及理想信念与共同富裕的关系。共产党的初心就是要消灭剥削，消除两极分化，实现共同富裕。共产党的使命就是要建立和完善社会主义，最终实现共产主义。可见，共同富裕是中国特色社会主义和未来共产主义的共同要求。因此，要实现共同富裕，首先要解决一个理想信念问题，这是追求共同富裕的出发点和归属点。如果没有中国特色社会主义的共同理想和共产主义的远大理想，是不会真正追求和实现共同富裕的。过去的实践表明，当我们忽视理想信念，资产阶级自由化严重时，贫富差距就会扩大，两极分化就会严重。因此，要实现共同富裕，首先要有正确的理想信念和指导思想，要为共同富裕创造良好的舆论环境和思想氛围。可以说，理想信念的提高与共同富裕的实现是形影相随，不可分离的。在对共产主义的认识上，我们既要反对"左"倾的速胜论，又要反对右倾的渺茫论。共产主义是人类社会发展的必然趋势和最高理想，也是人类社会全面发展的必然结果和最高境界，因此是一定会实现的。当然，社会主义共同富裕与共产主义共同富裕是有质的区别的。社会主义社会是从资本主义社会脱胎出来的，不可避免地会带有资本主

---

①　《邓小平文选》第 3 卷，人民出版社 1993 年 10 月第 1 版，第 225 页。

②　《邓小平文选》第 3 卷，人民出版社 1993 年 10 月第 1 版，第 149 页。

义的痕迹和缺陷,还需要充分利用资本主义创造的物质财富和精神财富,利用资本主义的一切积极因素来加快社会主义的发展。社会主义共同富裕还存在时期、地区、程度等方面的差别,还不可能实现共产主义社会中没有阶级对立、没有三大差别、没有市场经济等的共同富裕。因此,需要从中国的国情和当前的实际出发,制定正确的方针、政策和措施,促进中国特色社会主义的共同富裕。但是,社会主义共同富裕与共产主义共同富裕又是紧密联系和不可分离的。可以说,社会主义共同富裕就是通向共产主义共同富裕的桥梁和阶梯,是实现共产主义共同富裕的前提条件和必由之路。

三、中国特色共同富裕的途径与方法选择

在社会主义与资本主义并存时代,实现共同富裕应选择哪种途径和方法? 历史经验表明,社会主义经济要赶上和超过资本主义经济,有两种不同的途径和方法。一种是用与资本主义完全对立的方式,如资本主义搞私有制、按资分配、市场经济;社会主义就搞公有制、按劳分配、计划经济。这是采取社会主义与资本主义完全对立的途径和方法;另一种方式是利用资本主义与社会主义的共性规律和资本主义的一切积极因素,加快社会主义经济发展。如利用社会化大生产、市场经济、股份制、价值增殖等共性规律,以及非公经济、按资分配、市场调节、国际大循环等积极因素加快社会主义经济发展。这是采取社会主义与资本主义不完全对立,而既有区别又有联系的途径和方法。实践表明,第一种方式不利于社会主义经济的持续健康发展,容易形成供不应求的短缺经济,特别是造成平均主义的分配和普遍贫穷的状况。而改革开放后,采取第二种方式,克服了第一种方式的缺陷和不足,取得了经济发展的巨大成就。这一时期,既加快了经济发展,克服了供不应求的短缺经济,又显著提高了人民的生活水平和显示出社会主义制度的优越性。但是,第二种方式也出现了新的缺陷和问题,如导致贫富差距扩大和严重的两极分化等。如何取长补短,把两条途径和两种方法有机结合起来,形成更加全面、更高质量的发展方式,是加快社会主义经济发展和促进共同富裕的现实课题和迫切需要。具体讲,就是要在坚定社会主义共同理想和共产主义远大理想的前提下,在共产党的正确领导和人民政权的有效保护的基础上,自觉遵循资本主义经济与社会主义经济的共性规律,充分利用资本主义的一切积极因素,包括资金、技术、管理和市场等,以加快经济发展和促进共同富裕。

第三节　经济规律与共同富裕的内在联系

现实表明,要实现共同富裕就必须自觉遵循经济规律,因为遵循经济规律与促进共同富裕有着不可分割的内在联系。也就是说,只有自觉遵循经济规律,才能促进国民经济的高质量发展和国民财富的高效率分配,才能形成财富增长与财富分配的有机结合,实现经济发展和共同富裕相互促进的良性循环。

一、遵循基本经济规律促进共同富裕

如何遵循基本经济规律,促进中国特色的共同富裕? 马克思的历史唯物主义认为,推动

社会发展的根本动力,是生产力与生产关系、经济基础与上层建筑这两对基本矛盾,而体现这两对基本矛盾的经济规律就是基本经济规律。遵循基本经济规律,不仅是社会主义取代资本主义的根本要求和内在动力,而且是巩固社会主义制度和促进共同富裕的根本保证和必要条件。

关于基本经济规律,马克思表达过"两个必然"[①]"两个决不会"[②]"两个苦于"[③]的思想,分别说明了在社会主义取代资本主义的过程中,基本经济规律发挥作用的趋势、条件、特征。具体讲,"两个必然"是趋势,说明了资本主义必然灭亡,社会主义必然胜利的最终结果。"两个决不会"是条件,说明生产力达不到一定高度,资本主义决不会灭亡,社会主义也决不会巩固,因此生产力发展具有决定性的作用。"两个苦于"是特征,说明社会主义代替资本主义是一个痛苦而艰难的历史时期。我们既要取消资本主义生产方式,又要利用资本主义生产方式,是一个充满矛盾的阵痛过程。马克思对基本经济规律的论述,对发展社会主义经济和实现共同富裕具有指导意义!

学习马克思关于基本经济规律的论述,有以下三点启发:第一,中国特色社会主义和共同富裕符合"两个必然"的总趋势,共同富裕是社会主义和共产主义的一致目标和共同理想,我们必须充满信心,坚定不移,去争取最后胜利。第二,要深刻理解发展生产力对完善中国特色社会主义和实现共同富裕的决定性作用。要坚持党的基本路线和抓住当前的主要矛盾,加快社会主义现代化建设和促进经济的高质量发展,为共同富裕创造物质条件和奠定经济基础。第三,要充分认识利用资本主义的积极因素,加快社会主义经济发展,不仅具有必要性和重要性,而且具有复杂性和艰巨性。我们不能因为资本主义的积极因素,如非公经济、按资分配、市场调节、国际大循环等,可能带来某些负面影响而不敢积极利用。

历史经验表明,忽视、轻视、背离基本矛盾和基本经济规律,我们就会走到邪路上去,就会遭受历史性惩罚。因此,只有全面、深刻、正确理解基本矛盾,自觉遵循和合理运用基本经济规律,才能经过艰苦努力和接续奋斗,最终建成中国特色社会主义和真正实现共同富裕。

二、遵循主要经济规律促进共同富裕

如何遵循社会主义时期主要矛盾决定的主要经济规律,来促进和实现中国特色的共同富裕?这里涉及以下五个问题需要解决。

第一,基本经济规律与主要经济规律既有区分又有联系。由社会基本矛盾决定的经济规律,称为基本经济规律;而由社会主要矛盾决定的经济规律,称为主要经济规律。二者的区别在于:基本经济规律是在一切社会中都起作用的普遍规律;而主要经济规律则是一个社会在特定时期中起主要作用的特殊规律。但是,二者又不是完全分离的,基本经济规律的要求和作用,常常会通过主要经济规律得到贯彻和体现,因而主要经济规律又是基本经济规律的具体表现和实现形式。可见,主要经济规律与基本经济规律既有区别,又有联系,二者既不能简单割裂,又不能混为一谈。

第二,能否正确认识社会主义时期的主要矛盾和自觉遵循主要经济规律,对加快经济发

---

①　马克思、恩格斯:《共产党宣言》,人民出版社 2017 年 3 月第 1 版,第 40 页。
②　《马克思恩格斯选集》第 2 卷,人民出版社 2012 年 9 月第 3 版,第 3 页。
③　马克思:《资本论》第 1 卷,人民出版社 2018 年 3 月第 1 版,第 9 页。

展和实现共同富裕具有重要作用和直接影响。长期以来,我们对主要矛盾的认识经历了曲折的过程。在1957年,我国完成了生产资料的社会主义改造以后,社会的主要矛盾应该由阶级斗争转向生产斗争。但是,由于种种原因,我们没有顺利实现这一转变。由于主要矛盾没有及时转变,违背了主要经济规律的要求,因而阻碍了经济发展和人民富裕程度的提高,也影响了社会主义制度的巩固及其优越性的发挥,这样的历史教训必须牢记。

第三,在党的十一届三中全会以后,经过拨乱反正,重新确立了党的基本路线,明确提出现阶段的主要矛盾,是人民日益增长的物质文化需要与落后的社会生产之间的矛盾,实现了党的中心工作从"阶级斗争为纲"向"经济建设为中心"的转变,揭示了主要矛盾和主要经济规律的要求,因而在坚持"四项基本原则"的前提下,经过不断地深化改革和扩大开放,发展和完善了基本经济制度以及市场经济体制,因而取得了经济的快速发展,使人民的富裕程度显著提高。这一切充分说明,正确认识主要矛盾和自觉遵循主要经济规律,对加快经济发展和实现共同富裕的必要性和重要性。

第四,社会主要矛盾不是一成不变的,而是随着社会发展而变化的。改革开放后,由于人民的富裕程度显著提高,同时又出现许多新的矛盾和问题。因此,党的十九大明确提出了新时代主要矛盾发生变化的理论,指出:"我国社会主要矛盾已经转化为人民日益增长的美好生活需要和不平衡不充分的发展之间的矛盾。"为我们自觉遵循主要经济规律指明了方向和提供了方法。值得注意的是,虽然新时期的主要矛盾有了新变化,主要经济规律也提出了新要求,但是我国仍然处于社会主义初级阶段,作为最大的发展中国家的性质和地位没有变,因此仍然要坚持党的基本路线不动摇,始终把现代化建设和促进共同富裕作为中心工作来抓。

第五,当前主要矛盾中强调的经济社会发展不平衡不充分问题,表现在收入分配方面就是过大的贫富差距和严重的两极分化。因此,提出实现中国特色的共同富裕,就是要按照主要经济规律的要求,解决好贫富差距和两极分化问题。当前的贫富差距表现在:城乡之间、工农之间、地区之间、行业之间、劳资之间、干群之间等方面,因而具有普遍性。两极分化主要表现在高低收入之间存在成千上万倍的差距,歌星、舞星、影星和体育明星的收入已成天文数字,局部两极分化的严重程度甚至超过发达资本主义国家,已到了非解决不可的地步。因此,当前强调抓住主要矛盾和遵循主要经济规律,与解决贫富差距过大和两极分化严重问题是紧密联系和不可分割的。

现实表明,只有抓住主要矛盾和遵循主要经济规律,才能解决收入分配不公和两极分化严重等问题,才能有效促进经济发展和实现共同富裕。

三、遵循所有制结构规律促进共同富裕

如何遵循公有制为主体,多种经济共同发展的所有制结构规律,来促进和实现共同富裕? 在社会主义初级阶段,要坚持公有制的主体地位和发挥国有经济的主导作用,同时还要大力发挥多种非公经济的积极作用,其中包括外资、合资、私营、个体等多种经济成分和市场主体,才能加快经济发展和实现共同富裕。这里需要紧密联系当前的实际,解决以下几个问题。

第一,公有制为主体,多种经济共同发展的经济结构具有客观必然性。历史和现实表明,中国不能走原有单纯公有制的封闭僵化老路,也不能走单纯私有制的资本主义邪路。改

革开放前,由于实行生产资料的单纯公有制、平均主义的按劳分配和高度集中的计划经济体制,限制了经济发展和生活水平的提高,导致经济波动过大和形成短缺经济。改革开放后,我国经济得到迅速恢复和发展,取得举世瞩目的巨大成就,但是局部出现的私有化和自由化的问题,也阻碍了经济社会的健康发展。因此,中国特色社会主义必须走以公有制为主体,多种经济共同发展的正确道路,这是总结正反两方面经验教训得出的科学结论。

第二,要正确理解公有制为主体的理论来源和现实依据。生产资料公有制对促进和实现共同富裕有决定性作用。但是,有些人认为,现在的非公经济在企业数量、产值、利润、税收、就业人数等方面都超过了公有经济,因此认为我国现在的公有制已不是主体,国有经济也不是主导了,这样的观点是不正确的。因为公有制为主体,是讲公有的生产资料为主体,而最主要的生产资料是土地和固定资产。现在全国的土地都是公有的,城市土地是国有的,农村土地是集体的;而全国的固定资产中大部分是公有的,主要是由国家和集体长期投资形成的。因此,只要这两项生产资料是公有制占大多数,那么公有制的主体地位和国有经济的主导作用就不会改变。

第三,非公经济还需要大力发展。目前,民营经济贡献了50%以上的税收,60%以上的国内生产总值,70%以上的技术创新成果,80%以上的城镇劳动就业,90%以上的企业数量。[①]这些数据说明民营经济贡献很大,不可或缺,还需要大力发展。实践表明,非公经济是社会主义市场经济的重要组成部分,民营企业家是我们的自己人。不可否认,私营企业和外资企业都是有剥削的,但它们是合法的和有益的,对实现共同富裕也有促进作用。这种利用资本主义因素加快社会主义的发展,正是我国经济的复杂性和艰巨性的体现。因此,要制定更加有利于非公经济发展的方针、政策和措施,创造更有利于非公经济发展壮大的社会环境,使它们在促进生产力发展和实现共同富裕中的作用充分发挥出来。

第四,在促进和实现共同富裕中,公有经济和非公经济都具有不可或缺的重要作用,因此它们可以相互促进和有机结合。公有经济为共同富裕指明方向和提供保障,非公经济为共同富裕提供丰富多彩的商品和服务,因而是公有经济的必要补充和协作力量。可见,公有经济和非公经济并不是完全对立和相互消长的零和博弈,它们可以和平共处、取长补短和相辅相成。因此,我们必须坚持社会主义的基本经济制度,坚持"两个毫不动摇"的指导思想和战略措施,保障和促进公有经济与非公经济的平等竞争、有机结合和协调发展。

总而言之,只有自觉遵循公有制为主体,多种经济共同发展的所有制结构规律,才能同时发挥公有经济和非公经济的两重积极性,加快社会生产力发展和提供更加充足和更高质量的产品和服务,满足全体人民日益增长的美好生活需要,顺利实现中国特色的共同富裕。

四、遵循收入分配规律促进共同富裕

如何遵循按劳分配为主,多种分配方式并存的收入分配规律,促进和实现中国特色的共同富裕?实践表明,加快发展生产力,把蛋糕做大,是实现共同富裕的物质基础和前提条件,而改革和完善收入分配制度,就是切割和分配蛋糕,是实现共同富裕的重要途径和必要过程。因此,遵循以按劳分配为主,多种分配方式并存的收入分配规律,是促进和实现共同富

---

① 习近平:《在民营企业座谈会上的讲话》,《光明日报》2018年11月2日。

裕的重要方式和可靠方法。

第一，分配关系是生产关系的反面，它们是紧密联系和相互促进的。中国特色社会主义经济，要求建立以公有制为主体，多种经济共同发展的所有制结构，必然要求建立以按劳分配为主，多种分配方式并存的分配制度，二者是相辅相成和不可分离的。实践表明，单纯的按劳分配不仅容易导致分配上的平均主义，而且不利于发挥其他生产要素促进生产力发展的积极作用。单纯的按资分配不利于调动劳动者的生产积极性，而且容易导致分配不公和形成两极分化。因此，建立和完善以按劳分配为主，多种分配方式并存的分配制度，有利于克服分配上的平均主义和收入上的两极分化，更好地实现公平分配和促进共同富裕。

第二，在社会主义市场经济中，需要通过劳动力商品形式来贯彻按劳分配。过去搞按劳分配，结果搞成平均主义，使按劳分配的积极作用难以发挥。原因是按劳分配的"劳"，没有统一的标准，难以定"质"和定"量"。相反，通过劳动力商品形式，可以由市场来确定劳动力的价值，确定劳动力价值中包含的必要劳动的"质"和"量"。这样，公有企业就可以按照决定劳动力价值的必要劳动进行按劳分配，解决劳动的"质"和"量"无法确定的困难。因此，在社会主义初级阶段，利用劳动力商品形式来实现按劳分配，不仅能克服分配上的平均主义和收入上的两极分化，而且有利于促进生产力发展和实现共同富裕。

第三，在社会主义时期，劳动力成为商品不等于劳动者受剥削。因为劳动者受剥削的根源不是劳动力商品，而是生产资料的私有制。在生产资料私有制的条件下，劳动者剩余劳动创造的价值转化为剩余价值，因而成为受剥削者。但是在生产资料公有制条件下，劳动者剩余劳动创造的价值已转化为公共必要价值，成为公有企业扩大再生产和增加公共福利的来源。在公有制企业中，虽然劳动者仍然需要出卖劳动力，取得劳动力价值即工资等劳动报酬，但是他们已经不再是受剥削者。因此，在公有企业中劳动者不仅要在必要劳动时间为自己谋利益，而且要在剩余劳动时间为国家和集体做贡献。

第四，劳动力成为商品，并不影响劳动者作为生产资料的主人参与企业管理和发挥主人翁作用。在社会主义市场经济中，劳动者作为劳动力的所有者，可以按照等价交换原则，与公有企业签订劳动合同和买卖劳动力。在社会主义初级阶段，公有企业购买劳动力商品，不仅符合价值规律和价值增殖规律，而且符合按劳分配规律和公有资本的积累规律。在社会主义初级阶段，如果人为地和过早地取消劳动力商品的交换关系，就会违背公有资本的价值规律和价值增值规律，结果不仅使社会主义的按劳分配原则难以贯彻，而且容易导致分配上的平均主义和收入上的两极分化，阻碍生产力发展和影响共同富裕的实现。

第五，搞好按生产要素分配，促进共同富裕。在社会主义市场经济中，除了劳动者通过劳动力商品形式实现按劳分配外，其他生产要素所有者也必须按照价值规律和价值增殖规律，取得出卖生产要素如资本、土地、技术、管理、信息等使用权的报酬。否则要素所有者就不会继续提供生产要素，从而导致社会再生产的中断。其实，按劳分配与按生产要素分配不是完全割裂的，而是具有内在联系和相互制约的。在社会主义市场经济中，按劳分配本身就是一种特殊的按要素分配，因此不论是按劳分配还是按要素分配，都必须符合价值规律和价值增殖规律，它们都是促进经济发展和实现共同富裕的必要途径和可靠方法。

总而言之，只有按照价值规律和价值增殖规律的要求，搞好按劳分配和按要素分配，才能促进生产力发展和综合国力提高，并通过合理分配蛋糕，实现中国特色的共同富裕。

五、遵循价值增殖规律促进共同富裕

如何遵循公有资本的价值增殖规律,来促进和实现共同富裕?在社会主义市场经济中,要自觉遵循公有资本的价值增殖规律,促进企业生产发展和利润增加,为实现共同富裕创造物质财富和奠定经济基础,这里要解决以下问题。

第一,正确认识资本及其价值增殖规律的共性与个性。在社会主义市场经济中,既有公有资本又有私有资本,因此要正确认识它们的共性和个性及其区别和联系。公有资本与私有资本都是资本,因而它们的共性是价值增殖,但是它们又有不同的个性。私有资本是能够带来剩余价值的价值,反映剥削劳动的生产关系;公有资本是能够带来公共必要价值的价值,反映劳动平等的生产关系。因此,公有资本与私有资本性质不同,不能简单对立或一概而论。只有正确区分资本及其价值增殖规律的共性和个性,才会自觉遵循公有资本的价值增殖规律,大力发展市场经济和促进共同富裕。

第二,正确认识价值增殖的来源及其作用。公有资本与私有资本都要实现价值增殖,因此价值增殖规律是它们的共性规律。但是公有资本与私有资本又有不同的个性,由于二者的性质不同,因此它们的生产目的和生产手段是相反的。私有资本的生产目的是价值增殖,满足需要只是生产手段;而公有资本的生产目的是满足需要,价值增殖成为生产手段。此外,价值增殖的来源是劳动力商品的运用,是劳动力创造的价值大于劳动力本身价值的余额。私有资本的价值增殖需要劳动力商品,同样,公有资本的价值增殖也需要劳动力商品,这是价值增殖规律的共性要求。因此,在社会主义市场经济中,否定了劳动力商品,也就否定了公有资本的价值增殖规律。

第三,公有资本及其价值增殖规律消除了对劳动者的剥削关系。在私有资本的价值增殖中,资本家获得了劳动者创造的剩余价值,因而使劳动者受到资本的剥削。但是,在公有资本的价值增殖中,劳动者创造的剩余价值转化为公共必要价值,成为公有企业扩大再生产和提供公共福利的来源,因而劳动者已不再受剥削。在公有企业中,劳动者不仅能在必要劳动时间里为自己谋利益,而且能在剩余劳动时间里为社会做贡献。可见,公有资本的价值增殖规律,体现了劳动者的主人地位和奉献精神,有力地促进了经济发展和共同富裕。

第四,国资委要从管理国有资产向管理国有资本的方向转变。过去,认为国家投资只能叫国有资产,不能叫国有资本,把资本看成是资本主义独有的东西,其实是错误的,社会主义也可以有公有资本和国有资本。过去国资委以管理国有资产为主,导致行政干预过多,削弱了企业自主经营的主动性和积极性,影响了企业经济效益的提高。因此现在提出,国资委的管理要从管资产向管资本的方向转变,进一步提高国有企业的经济效益和国资委的管理效率,使国有资本和国有企业在主导经济发展和促进共同富裕中的积极作用得到充分发挥和展现。

总之,只有自觉遵循公有资本的价值增殖规律,才能促使公有资本,特别是其中的国有资本更充分地发挥作用和提高效益,创造出更多的物质财富和提供更全面的社会服务,为促进和实现共同富裕做出更大贡献。

第四节　全面发展与共同富裕的有机结合

共同富裕是一个系统工程,需要加强党的领导和科学部署,坚持以人民为中心的发展理念,在加快经济发展的基础上,不断改革和完善财政、金融、教育、就业、社保、生态文明和精神文明等方面的制度体系,才能使共同富裕不断登上新台阶和取得新成效。

第一,财政制度。积极的财政政策是缩小地区和行业收入差距,防止贫富两极分化和促进共同富裕的重要途径,因此要不断改革和完善其中的转移支付和税收制度等。财政的转移支付是支持贫困地区和产业脱贫解困的有效手段,有利于解决地区之间、行业之间贫富差距过大问题。特别是在所得税上,要逐步提高税基和拉大税率差距,以减少低收入群体的纳税负担和增加高收入的纳税比重,有利于缩小收入差距和抑制两极分化。要充分利用多种减税和退税政策,帮助农业和小微企业解决资金不足的困难,使它们在促进生产,扩大就业,提供产品和增加产值等方面的积极作用充分发挥出来。

第二,金融制度。金融是国民经济的命脉和神经系统,改革和完善金融制度,有利于发挥金融体系在稳定经济发展和避免经济波动过大的关键性作用,避免通货膨胀和经济危机可能造成的损失和破坏。银行等金融机构要采取有力措施,帮助小微企业解决融资难和贷款难等问题,有力地提高它们的竞争力和创造力。不断改革和创新金融产品,为劳动者提供更加丰富的理财和投资产品,使他们也能增加财产性收入和提高富裕程度。在提高金融监管能力和水平的同时,充分发挥股票、债券等金融资本在集资、融资和投资等方面的积极作用,使各类资本都能展开有序竞争,以达到促进生产、满足消费和增加利润的目的,使金融在稳定国民经济和促进共同富裕上的积极作用都能发挥出来。

第三,教育制度。百年大计,教育为本,经济发展和共同富裕的关键是发展教育和培养人才。只有培养出更多高素质的尖端人才,占领高新科技和高新产业的制高点,才能为赶超发达国家和促进共同富裕创造有利条件和提供现实基础。在教育制度方面,要通过深化教育改革和增加教育投入等多条渠道,为全体劳动者及其子女提供平等接受教育的途径和机会,特别要为农村和贫困地区提供更为优越的教育条件,如为贫困学生提供助学金、奖学金和助学贷款等,使那些经济条件差,生活困难的群体也能通过教育改变贫穷落后的状况。总之,要通过提高全体人民的政治思想素养和科学文化素质,使教育在培养人才、加快经济发展和促进共同富裕中的基础性作用充分显示出来。

第四,就业制度。就业是民生之本,是实现全体人民共同富裕的基本前提和可靠保证。中国人口多、底子薄,使就业问题成为难以逾越的障碍,将长期困扰我们的发展进程。解决就业问题的根本出路是坚持社会主义方向,始终以人民的根本利益和长远利益为出发点,加快国民经济发展和完善就业制度,为实现充分就业创造更好的条件和提供更大的空间。这里最重要的是把经济发展和满足就业需要有机结合,不能顾此失彼,使发展高新技术产业与改造传统产业紧密结合。大力发展现代信息产业和高端服务行业,实现大众创业和万众创新,彻底扭转许多人没事干和许多事没人干的状态。从根本上解决经济质量不高和劳动就业困难的问题,以扩大就业为突破口,促进经济的高质量发展和努力实现全体人民的共同富裕。

此外,还要充分发挥社保制度、生态文明、精神文明、对外开放等方面在促进经济发展和实现共同富裕中的积极作用。因此,只有遵循经济规律体系的客观要求,全面促进经济、政治、文化、社会、生态等各种制度的改革和完善,才能达到经济繁荣和分配公平的有机结合和协调发展,真正实现共同富裕的战略目标。

复习思考题

1. 如何全面和深刻认识和理解经济规律?
2. 如何正确认识和全面把握共同富裕?
3. 如何才能遵循经济规律促进共同富裕?
4. 如何通过全面发展来实现共同富裕?

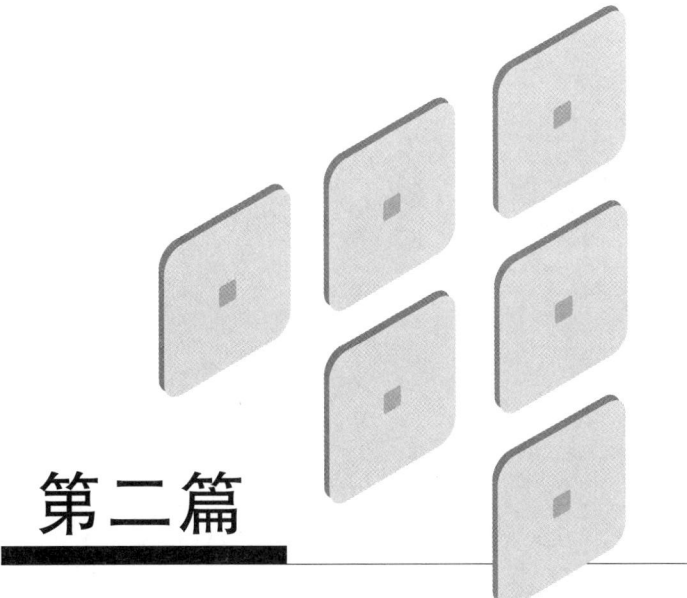

第二篇

经济体制机制

第六章　社会主义与市场经济

中国特色社会主义进入新时代后,社会主义市场经济在理论与实践上均获得了更加深入的发展。习近平总书记在党的二十大报告中指出:"坚持社会主义市场经济改革方向",[①]并提出要"构建高水平社会主义市场经济体制"[②]。因此,探索社会主义市场经济的发展道路,提高驾驭市场经济的能力,实现社会主义与市场经济的深度融合,是加快中国式现代化必须解决的重大历史任务。

第一节　市场在资源配置中的决定性作用

什么是市场经济? 简要地说,市场经济通过市场机制的调节来配置社会资源,是发展生产力的方法和手段,是一种经济运行方式,在经济管理制度上的反映就是市场经济体制,其实质是市场在资源配置中起决定性作用的经济。

一、资源配置的方式:计划与市场

资源配置是指经济资源(包括物质资源、人力资源等)按比例地分配在各种产品的生产上,以满足人们各种不同的需要。在社会化大生产条件下,资源配置有两种方式,即计划与市场。计划和市场作为两种基本的资源配置方式,在促进经济发展,实现社会进步等方面各自扮演着重要角色。

(一)计划

按照马克思、恩格斯的设想,计划是国家计划部门根据社会发展的需要和可能,通过计划配额、行政命令来统管资源和分配资源的方式。按原先的设想,在社会主义社会中,生产资料由全社会占有,商品货币关系不再存在,因而资源配置的方式主要是计划。在苏联和东欧国家中,计划是社会经济资源的主要配置方式。在改革开放前,受制于当时的国际环境和

---

① 习近平:《高举中国特色社会主义伟大旗帜　为全面建设社会主义现代化国家而团结奋斗》,人民出版社2022年10月版,第28页。

② 习近平:《高举中国特色社会主义伟大旗帜　为全面建设社会主义现代化国家而团结奋斗》,人民出版社2022年10月版,第29页。

经济社会条件,计划也成为中国经济发展最主要的资源配置方式。

计划经济的基本特征是:用行政命令的办法,主要依靠指令性计划直接分配社会资源,俗称命令经济、审批经济、统制经济,它排斥市场机制调节,经济运行都由国家计划直接控制,政府成为经济运行的主体。

(二) 市场

市场是在社会化大生产条件下,商品经济发展到市场经济阶段后形成的资源配置方式。市场经济基本特征是:遵循价值规律,由市场机制自行调节社会资源配置。一是通过供求规律和供求机制提供的信息,使生产适应供求关系变化;二是通过价值规律和价格机制的利益驱动,指挥生产者的投资活动和经营方向;三是通过竞争规律和竞争机制形成的压力和动力,实现优胜劣汰,把资源配置到经济效益好的环节中去。概括地讲,就是遵循价值规律,适应供求关系,体现竞争原则,由客观规律和市场机制自动调节经济运行。

上述分析说明,计划和市场是配置社会资源的两种方式,都是发展生产力的方法和手段,其本身并不是区分社会经济制度的本质特征,也不存在姓"社"、姓"资"问题。正如邓小平所指出的:"计划多一点还是市场多一点,不是社会主义与资本主义的本质区别,计划经济不等于社会主义,资本主义也有计划;市场经济不等于资本主义,社会主义也有市场。计划和市场都是经济手段。"①这个论断从根本上解除了长期以来的思想束缚,科学地阐明了市场与计划的关系,奠定了社会主义市场经济理论基础,实现了政治经济学史上一次深刻革命。

二、两种资源配置方式的比较

上述两种资源配置方式各有长处和短处,从资源配置高效率的要求出发,必须进行科学分析,作出合理选择。

(一) 计划经济的长处与短处

采用计划经济手段配置资源的长处在于:一是可以从人民的长远利益和整体利益出发,统筹兼顾,合理安排,制定国民经济和社会发展长期规划和发展战略目标,指引发展方向,鼓舞人民群众为此奋斗。二是可以运用宏观调控,集中人力、物力、财力搞重点建设,发展国民经济的关键部门和领域。三是可以利用综合国力,协调人民内部的各种利益关系,兼顾公平与效率,避免两极分化,实现共同富裕。

采用计划经济手段配置社会资源,其长处的发挥必须具备两个基本条件:一是经济活动必须具备充分的、正确的完全信息,必须及时反映供给和需求的变动,预测的精确和及时,才能确保计划决策的科学性、正确性。二是全社会利益的一致性,不存在相互分离的利益主体和利益差别,保证计划指令得到坚决和完全的贯彻。马克思设想的社会主义社会,已实行全社会统一的社会所有制,商品经济已经消亡,不存在商品和货币关系,全面实现按劳分配,全社会利益高度一致。这样,上述两个基本条件得以满足,可以实行完全的计划经济。在社会主义初级阶段,存在商品经济和多种所有制共同发展的情况下,很难具备上述两个条件。一

---

① 《邓小平文选》第 3 卷,人民出版社 1993 年 10 月版,第 373 页。

方面,供求状况纷繁复杂,很难精确计划,另一方面受利益差别制约的多元经济主体也不可能完全听从指挥。由此,常常出现情况不明而错判误判,错配误配资源,造成了严重的经济损失。1958 年的"大跃进"就是例子。

实践也证明,中国原先实行的计划经济体制,存在明显的短处和缺陷:一是计划经济纵向的信息反馈,层次多、时间长,缺乏灵敏性、准确性,不能适应市场供求瞬息万变的现实,极易延误时机,甚至造成决策失误。二是计划经济体制下,用行政命令管理企业,形成政企不分、政资不分,企业缺乏自主权,失去动力和活力,安于现状,效率低下。三是劳动工资体制实行平均主义"大锅饭","干多干少一个样,干与不干一个样",扼杀职工积极性,影响经济效益。这种高度集中的计划经济体制,束缚了生产力的发展,人民生活得不到应有的改善,必须进行彻底改革。

(二) 市场经济的长处与短处

采用市场经济手段配置资源的长处和优点在于:一是市场对各种经济信号反应比较灵敏和及时,也比较准确,可以引导生产和需求及时协调。二是市场经济的主体是企业,企业有独立的经济利益,自主经营,自负盈亏,外有竞争压力,内有增值动力,充满生机和活力,能有效促进经营效率的提高。三是利用价格、供求和竞争机制的功能优胜劣汰,把资源配置到效益好的环节中去,促进供求平衡,提高社会生产力。这些长处和优点充分说明市场经济配置资源的效率较高。

但是市场经济也有自发性、短视性、滞后性、盲目性和分化性的缺陷和弱点。所以,必需要有政府的宏观调控和计划指导。把计划和市场结合起来,充分发挥计划和市场两方面的长处,避免和克服其短处,既使市场在资源配置中起决定性作用,又使政府更好地发挥宏观调控和计划指导的作用,更好地优化资源配置,促进生产力发展。

邓小平指出:"我们过去一直搞计划经济,但多年的实践证明,在某种意义上说,只搞计划经济会束缚生产力的发展,把计划经济和市场经济结合起来,就更能解放生产力,加速经济发展。"[①]在现阶段,市场是比计划更有效的资源配置方式,这是中国既选择社会主义制度,又选择市场经济体制的原因所在。

三、市场经济的功能与局限

市场经济既有重要功能,又存在一定的局限,对此要坚持两点论,对其作出科学合理的评价。

(一) 市场经济的功能

市场经济的特性,决定了市场具有自动调节资源配置、激励创新、提高劳动生产率、推进公平分配,促进经济发展,改善人民生活等多方面的功能和作用。

1. 资源配置市场化,有助于提高资源的利用效率

市场经济是通过市场化手段即市场机制来配置社会资源的,主要功能就在于实现资源配置高效率。在市场经济中,市场机制通过价格波动,向经济主体提供各种经营信息,推动

---

① 《邓小平文选》第 3 卷,人民出版社 1993 年 10 月版,第 148—149 页。

他们将要素资源向利润较高的部门转移,形成资源在社会各生产部门之间流动。从而实现资源的合理配置,提高资源的利用效率,充分发挥促进社会生产力发展的作用。

2. 市场经济主体独立化,有助于增强企业活力和动力

市场经济的本质是利益经济,它要求企业成为独立的市场经济主体,具有独立的经济利益和充分的自主权,自主经营,自负盈亏,自我发展,自由参与市场竞争,从而充满活力和动力,获得最大经济效益。

3. 技术创新自动化,有助于促进劳动生产率提高

市场经济是竞争型、创新型经济。优胜劣汰是竞争的必然规律,给企业造成巨大的外在压力,利益驱动又使企业增添了内在动力。企业为了在竞争中取胜,必须不断进行技术创新,以名、优、特、新产品在竞争中取胜。这就造就了企业的创新品格,自动地参与创新活动,推动全社会劳动生产率提高。

4. 经济利益公平化,有助于促进利益关系协调

市场经济是天生的平等派,价值规律要求个别劳动时间化为社会必要劳动时间决定价值,商品交换必须按照等价交换原则进行交换。在经济利益关系上,要求明晰产权,保护个人和公共财产权,在分配领域做到起点公平、机会均等,排斥不等价交换,从而实现社会公平。

5. 经济活动全球化,有助于推动对外开放

市场经济本质上是开放型经济。市场把物资、资金、科技、人才带到全球各地,使经济全球化、一体化发展成为不可逆转的潮流。这样,充分利用两种资源、两个市场,相互交流,合作共赢,实现共同发展,构建人类命运共同体是大势所趋。中国实行社会主义市场经济体制,推进对外开放,积极参与全球化,不仅大大促进了国内现代化建设,而且增强了综合国力,为全球经济治理作出了应有的贡献。

(二) 市场经济的局限

在有效配置社会资源,推动经济社会发展的同时,因受个别劳动和社会劳动这一商品经济基本矛盾的影响,市场经济存在着局限。

1. 市场经济难以完全实现个人利益与社会利益的统一

在市场机制作用下,商品生产者和经营者为追求利润最大化,很有可能发生欺诈行为,如生产假冒伪劣产品,哄抬物价等,以致牺牲社会公共利益和消费者利益。

2. 市场经济的运行具有盲目性和波动性

商品价值与使用价值的矛盾表现为商品与货币、价值与价格、供给与需求等一系列矛盾。价格信号的变化必然导致商品生产者对生产作出调整,从而造成供求波动,而供求波动又会造成新的价格波动,形成一个作用与反作用的循环波动。这种波动是市场机制运行的规律,有推动商品经济向前发展的积极作用,但又带有自发性、盲目性和不确定性,会造成对生产力的破坏和资源的浪费。

3. 市场经济导致人们收入差距拉大,甚至会引起阶级分化

市场经济作为一个大舞台,胜利者发财致富,失利者亏本破产,这已经成为市场经济中常见的现象。如果任其发展,极易引起阶级分化和一系列社会矛盾。因此,发展市场经济,需要在保护优胜劣汰机制的前提下,注意运用各种有效手段进行调节,使人们的收入差别不能过分悬殊。

所以,对市场经济的认识也要坚持两点论的辩证思维,充分发挥其配置社会资源的功能,同时也要控制其配置社会资源的局限,加强宏观调控。

第二节 社会主义与市场经济的有机结合

社会主义和市场经济能不能结合、如何结合,是一个世纪性难题。邓小平以极大的理论勇气,创立了社会主义市场经济理论,是科学社会主义史上的伟大创举,实现了社会主义政治经济学的重大革命。党的十九届四中全会报告将社会主义市场经济作为中国特色社会主义基本经济制度的重要组成部分。这是经济理论上的重大突破,进一步丰富和发展了中国特色社会主义政治经济学。

一、社会主义本质是二者结合的理论基础

社会主义和市场经济能不能结合的关键在于如何正确理解社会主义。社会主义经济是生产力与生产关系辩证统一的生产方式,高度发达的生产力是社会主义的基础,是决定性因素。而以公有制为基础的生产关系是社会主义的经济形式,即社会主义经济制度,它是由生产力决定的,这是历史唯物主义的基本原理。传统观念把生产力排除在社会主义之外,把计划经济这类经济手段和方法当作社会主义的特征,进而排斥市场经济。邓小平的重大贡献之一就在于给人们指明了什么是社会主义、什么是市场经济,从而为二者结合奠定了理论基础。

解放生产力,发展生产力是社会主义的根本任务,要坚持社会主义制度,最根本的是要发展社会生产力。只有发展生产力才能达到满足人民美好生活需要,实现共同富裕的目标。

如前所述,市场经济是发展生产力的方法和手段,是经济运行方式,不存在制度属性。计划和市场只要对发展生产力有好处,都可以用。由此,社会主义和市场经济结合,就是社会主义发展生产力的根本任务与更好发展生产力的方法和手段的有机结合。在这里发展生产力是目的,市场经济则是达到目的的手段,二者的结合便是目的和手段的结合,所以社会主义和市场经济不存在根本矛盾。

二、提高资源配置效率是二者结合的必然选择

为了发展生产力,实现社会主义的根本任务,必须提高社会资源的配置效率。衡量社会资源配置方式合理与否和效率高低的主要标准有四条:一是有限的人力物力财力资源能否得到充分利用,促使经济快速增长;二是社会生产和社会需求是否平衡;三是产业结构是否合理,国民经济能否协调发展;四是人民物质文化生活水平能否得到较快提高。如前所述,计划经济和市场经济各有长处和短处。在现阶段,从世界各国实践的效果看,市场经济的突出优点是:信息灵敏,自行协调;企业自主,充满活力;优胜劣汰,优化配置;创新驱动,生机勃勃。因为市场是比计划更有效的资源配置方式,所以我们选择市场经济体制。而从社会制度的角度来看,社会主义比资本主义优越,所以我们必须坚持社会主义。可见社会主义和市场经济的结合是优化资源配置的必由之路。

三、深化改革是社会主义与市场经济结合的关键

市场经济从产生开始都是同私有制结合在一起的,有些学者以此为据,怀疑公有制与市场经济结合的可能性和实际效果。

无可否认,我国计划经济体制下的公有制,特别是国家所有制经济是同市场经济存在较大矛盾的。一是政企不分,企业难以成为市场经济主体;二是计划经济一统天下,市场机制及其调节难以形成;三是市场经济的载体市场体系缺失,等等。但是,这些矛盾的产生并不在于公有制本身,而在于公有制的实现形式和管理体制,其中最关键的是企业制度。因此,要使社会主义公有制与市场经济深度融合,必须深化经济体制改革。从总体上说,我国的经济体制改革正是循着市场化的方向进行的,目标就是适应市场经济要求,建立公有制与市场经济相结合的社会主义市场经济体制。其中,关键是要深化国有企业改革。

首先,要深化企业制度改革,构建市场经济的微观基础。从放权让利开始,到建立现代企业制度,把计划型企业制度改为市场型企业制度,使之达到产权清晰、权责明确、政企分开、管理科学的要求。

其次,要深化企业经营机制改革,构建合格的市场经济主体。企业不再是政府的附属物,而是自主经营、自负盈亏、自我发展、自我约束的市场经济主体,增强活力和动力,提高经济效益。

再次,要推进混合所有制改革,发展股份制经济。让国有企业的资产结构多元化,进一步明晰产权。对经营者实施激励与约束相结合的监管制度,实行年薪制与股权激励相结合的分配制度,增强国有资产经营效率。

最后,还要优化企业,尤其是民营企业的经营环境。要依法保护民营企业产权和企业家权益。完善产权保护、市场准入、公平竞争、社会信用等市场经济基础制度。深化简政放权、放管结合、优化服务改革。构建全国统一大市场,深化要素市场化改革,建设高标准市场体系。弘扬企业家精神,加快建设世界一流企业。

总之,社会主义和市场经济的结合是政治经济学史上伟大的创新,世界上没有现成的经验可以借鉴,只有经过艰巨的经济体制改革,在实践中摸索前进,才能达到真正的融合。以没有二者结合的先例,否定结合的可能性是缺乏根据的;而把这种结合看作是轻而易举的事,也是简单化的想法。经过 40 多年的经济体制改革,中国已经建立起社会主义市场经济体制的基本框架,成功地从计划经济转轨到市场经济,取得了巨大的成功。新体制促进了经济快速发展,大幅度提高了人民的生活水平。经济体制改革的实践把社会主义和市场经济结合的可能性变成了现实性,这就是中国的伟大创举。

第三节　社会主义市场经济的模式

经过长期的发展和改进,西方国家的市场经济出现了多种模式,并且具有不同的特点和演变过程。根据我国的国情和社会主义初级阶段的实际,我们应当探索具有中国特色的社会主义市场经济模式。

一、西方国家市场经济的基本模式

市场经济国家的共同属性是依靠市场机制来配置资源。但其模式的选择则由不同国家的历史、文化、政治、经济的特殊背景所决定的。梳理发达国家的市场经济模式来看,主要包括以下几种:自由主义的市场经济模式、社会市场经济模式、社团市场经济模式、福利型市场经济模式。

(一) 自由主义的市场经济模式

自由主义的市场经济模式又被称为企业自主型市场经济模式,代表性国家为美国。其运行特征如下:①企业享有比较充分的自主权,只需要依法登记、纳税。②市场是经济运行的中心环节,政府宏观调控活动集中在市场上。美国政府比较强调市场的合理性,注重限制垄断,保护竞争,反周期和反通货膨胀。③政府宏观调控手段偏重于财政政策与货币政策。其直接目的是扩大或压缩市场上的有效需求,通过市场上供求总态势的变动,引导企业对市场作出反应的形式进行决策调整。④体制关系的透明度较高。政府的行为,都要以立法为依据。政府的宏观干预和调节,也必须落实到法律上,通过立法来贯彻执行,具有较高的公开性。

(二) 社会市场经济模式

社会市场经济模式(自由＋秩序)代表国家为德国。德国实行的是宏观控制的社会市场经济,即将个人自由创造和社会进步的原则相结合,通过国家的有限干预来达到"社会公正"。其运行特征如下:①政府的主要职责是保证自由竞争,限制垄断。②宏观调控的核心目标是实现稳定与均衡。宏观调控的政策手段主要是制度政策、稳定政策和社会政策。③有比较发达的社会保障制度。④体制关系的透明度很高,通过各种立法建立和维护有序的、合理的和公平的竞争秩序。

(三) 社团市场经济模式

社团市场经济模式,又被称为政府指导型经济模式,以日本为代表。其运行规律有以下特点:①强调政企合作、共同参与决策,在宏观和微观两个层次上具体实施,企业是独立的微观经济主体。②在社会资源的配置中把计划与市场有机结合起来。③基于官民结合的严密而有效的经济管理组织体系。④政府宏观调控的手段侧重于经济计划和产业政策。⑤体制关系的透明度较低。

(四) 福利型市场经济模式

福利型市场经济模式以瑞典最具代表性。这种模式的突出特点是:在维护以私有部门为主的市场机制的基础上,通过国家对经济的干预,通过政府贯彻执行各项经济政策和社会政策,大规模实行社会保险和福利补贴,以实现充分就业、收入均等化及经济的稳定增长等目标。具体来说:①经济增长与社会福利均衡发展。北欧国家的政府用于福利的开支相当于 GDP 的 1/2、财政收入的 1/3 甚至更高,医疗方面全民公费。②竞争与合作相结合。政府有两方面的施政目标,一是坚持市场经济制度,发展混合经济;二是强调社会群体间的合作。

③效率与公平相统一。主要包括建立惠及大众的社会福利制度,实施最低生活保障的措施;对失业人员进行资助和培训,提高就业率;扩建基础设施、缩小地区差距等。④稳定与调整相结合。在保持基本制度和体制稳定的基础上,改造国有企业,减少政府对经济的干预,提高政府和公共机构的透明度、效率和廉洁度。

二、中国社会主义市场经济的三个维度

在现阶段,中国的社会主义市场经济可以从三个维度上进行分析。

第一个维度是社会主义条件下的市场经济。最主要的特点是市场经济一般与社会主义特殊的结合。一是在所有制方面,中国的市场经济是以公有制为主体的社会主义市场经济,多种所有制经济并存,共同发展。众多经济利益主体构成复杂的经济利益关系。同时,多种所有制经济并存也决定了双重运行机制。但是公有制是决定性因素,必须坚持公有制为主体的社会主义基本经济制度。二是在基本分配制度方面,实行以按劳分配为主体、多种分配方式相结合的分配制度,按劳分配是主要的分配方式,同时存在着按资本、劳动力、技术、管理和信息等生产要素参与分配的方式,即市场型分配方式。后者容易造成收入分配差距过大,影响公平分配。三是在宏观调控领域,社会主义市场经济的调控具有众多优势。庞大的国有资产具有较强的调控实力,政府制定长期规划和发展战略,具有实施计划调节的优势,可以集中力量办大事。这是相对于资本主义市场经济的优越性之所在。

第二个维度是社会主义初级阶段的市场经济。现阶段中国的市场经济应该是社会主义初级阶段的市场经济。既要看到市场经济的社会主义特点,又要看到市场经济的初级阶段特点。这就是说,不但社会主义处于初级阶段,而且市场经济也处于初级阶段。我国是在半殖民地半封建社会的基础上过渡到社会主义社会的,生产力不发达,商品经济和市场经济发展程度也比较低,特别是农村长期以来处于半自然经济状态,还要补商品经济和市场经济不足之课,大力发展商品经济和市场经济。从现实情况看,我国国有企业的自主权仍不足,行政干预过多;市场机制不健全,市场形成价格不足;市场体系尚未完全形成,等等。全面深化经济体制改革,仍然需要沿着市场化的方向进行下去。

第三个维度是体制转轨时期的市场经济。当前中国仍处于计划经济体制向市场经济体制转轨时期,体制转轨任务尚未全部完成,新旧体制交叉是一个重要特点。由此,会出现许多矛盾现象,例如,行政审批过多,政府干预过宽,会影响企业自主权和积极性;明显违背市场经济规律等。所以,全面深化改革的任务很重,完成体制转轨任务仍是当务之急。

三、中国特色社会主义市场经济的模式探索

根据现阶段市场经济三个维度的基本国情,探索中国特色社会主义市场经济模式,必须确定三个基本原则:①必须坚持社会主义基本经济制度,必须坚持社会主义方向,巩固和发展社会主义,决不能动摇社会主义的根基。②必须遵循市场经济规律,充分发挥市场机制在资源配置中的决定性作用,坚持市场化改革的方向,同时更好发挥政府宏观调控和计划指导的作用。③要从中国社会主义初级阶段的基本国情出发,符合中国的实际情况,体现中国特色。概括起来,中国特色社会主义市场经济模式的要点是:

(1)在所有制结构方面,坚持以公有制为主体、多种经济成分共同发展。以国有经济为主导,不同所有制平等竞争,但决不能搞私有化。

（2）在分配制度方面，坚持以按劳分配为主体，多种分配方式同时并存的分配制度。把按劳分配和按生产要素分配结合起来，调动多方面积极性，实现共同富裕，限制剥削，消除两极分化，防止收入差距过大。

（3）在培育市场主体方面，要继续深化国有企业改革，构建和健全现代企业制度，让企业真正成为市场经济主体，提高企业经济效益。

（4）在调节机制方面，要培育健全的市场机制，包括价格机制、供求机制、竞争机制、工资机制、利率机制和税率机制等，充分发挥市场在配置资源中的决定性作用。

（5）在市场经济的载体方面，要有健全的市场经济体系，不仅要有消费品市场，还要有金融市场、劳动力市场、生产资料市场、信息市场等，让物资、资金、技术、人才和劳动力自由流动，实现优化配置。

（6）在调节手段方面，要把计划调节和市场调节结合起来，取长补短，在微观领域着重市场调节，在宏观领域多发挥计划指导的作用，做到二者的相互补充。

（7）在国际关系方面，构筑对外开放平台，充分利用两个市场，两种资源，积极参与国际竞争和合作，参与全球经济治理，融入经济全球化。

（8）在宏观调控方面，要处理好政府与市场的关系，加强宏观调控和监管，以弥补市场失灵和市场缺陷，减缓经济波动，保持经济社会持续协调发展。

第四节 社会主义市场经济理论的形成与创新价值

社会主义市场经济理论是在改革开放的实践探索中逐步形成的。邓小平是社会主义市场经济的创新者和实践者，为创立社会主义市场经济理论作出了杰出的贡献。社会主义市场经济理论的创立，是社会主义发展史上伟大的创举，实现了马克思主义政治经济学的重大革命。

一、社会主义市场经济理论的形成与发展

社会主义市场经济理论，是在中国改革开放和现代化建设实践过程中，总结市场化改革的经验和理论探索的重大成果，并借鉴西方国家运用市场经济的方法，解放和发展生产力的历史经验，逐步形成和发展起来的。这一理论的发展大体经历了三个阶段：

第一阶段，是在改革开放的初始阶段肯定社会主义也可以搞市场经济，明确市场经济存在的必然性。

1978年，党的十一届三中全会决定党和国家的工作重点转移到经济建设上来，同时，党中央作出了改革经济体制的重大决策。要求改革与生产力发展不相适应的生产关系和上层建筑，确定具体的经营管理制度和方法。

围绕改革和发展的主题，针对计划经济对企业管得过多过死的弊端，1979年提出扩大企业自主权和大力发展商品经济，开始注意发挥市场机制的调节作用。同时在经济理论界，围绕社会主义和商品经济的关系，就如何发挥价值规律和市场机制的调节作用等问题，展开了热烈讨论。1979年11月，邓小平第一次明确指出："说市场经济只存在于资本主义社会，只

有资本主义的市场经济,这肯定是不正确的。社会主义为什么不可以搞市场经济,这个不能说是资本主义。我们是计划经济为主,也结合市场经济,但这是社会主义的市场经济。"①邓小平第一次提出了社会主义也可以搞市场经济,解除了思想禁锢,对改革起到了促进作用。但还是停留在计划经济为主、市场经济为辅的"主辅论"阶段。

第二阶段,是改革的全面铺开阶段,提出社会主义和市场经济不存在根本矛盾,可以把计划经济和市场经济结合起来。

进入 20 世纪 80 年代,以家庭联产承包责任制为主要内容的农村体制改革蓬勃展开,推动农业生产力迅速发展;1984 年 10 月,中共中央作出了《关于经济体制改革的决定》,城市经济体制改革全面展开,从而正式拉开了从计划经济向市场经济转变的序幕。改革需要理论指导。随后,社会上展开了一场计划与市场关系的大讨论,二者能否结合、如何结合,成为讨论的焦点。无论从理论上还是从实际上,这个问题都迫切需要解决。

1985 年 10 月,邓小平针对美国时代公司总编辑格隆瓦尔德提出的"市场经济和社会主义制度之间的矛盾"问题时,指出:"社会主义和市场经济之间不存在根本矛盾。问题是用什么方法才能更有力地发展社会生产力……只搞计划经济会束缚生产力的发展。把计划经济和市场经济结合起来,就更能解放生产力,加速经济发展。"②这里已经开始把计划和市场看作是发展生产力的方法,与社会基本制度区别开来,为社会主义和市场经济的结合奠定基础。

第三阶段,是在改革的深化阶段,进一步明确计划与市场都是经济手段,确立经济体制改革的目标是建立社会主义市场经济体制。

随着经济体制改革的深入,20 世纪 90 年代初,我国经济的市场化程度迅速提高,指令性计划减少,市场调节的成分大大增加。到 1992 年年底,市场调节的比重,在工业生产中已上升到 84%,在生产资料销售总额中上升到 70%以上,在社会商品零售总额中上升到 90%左右。在市场导向改革的推动下,经济持续高速增长,人民生活水平迅速提高;特别是经济特区、珠江三角洲、长江三角洲等东南沿海地区经济运行 90%以上靠市场调节。实践证明市场经济是提高资源配置效率的必由之路。

但是,在一部分干部和群众中还存在着市场经济姓"社"、姓"资"的疑虑,改革的步子迈不开。在这个背景下,1990—1992 年邓小平连续三次语重心长地谈市场经济与社会主义的关系问题。1992 年春邓小平在视察武昌、深圳、珠海、上海等地过程中,进一步概括和总结了搞市场经济的实践经验,把市场经济和社会基本制度明确区分开来:"计划多一点还是市场多一点,不是社会主义与资本主义的本质区别。计划经济不等于社会主义,资本主义也有计划;市场经济不等于资本主义,社会主义也有市场。计划和市场都是经济手段。"③邓小平的讲话极大地解放了人们的思想,指明了深化改革的方向和目标。

同年 10 月召开的党的十四大,正式确立了我国经济改革的目标是建立社会主义市场经济体制,从此,我国的改革和发展走上了一条科学理论指导下的崭新道路。

二、邓小平创立社会主义市场经济理论的伟大贡献

社会主义市场经济理论具有极其深刻而丰富的内涵,突破了一系列传统观念的束缚,极

---

① 《邓小平文选》第 2 卷,人民出版社 1994 年 10 月版,第 236 页。
② 《邓小平文选》第 3 卷,人民出版社 1993 年 10 月版,第 148—149 页。
③ 《邓小平文选》第 3 卷,人民出版社 1993 年 10 月版,第 373 页。

大地发展了科学社会主义理论。邓小平的突出贡献主要表现在以下几方面：

（1）突破计划与市场是社会制度特征的传统观念，明确计划与市场都是经济手段，不是区分社会主义与资本主义的标志。邓小平指出："我们必须从理论上搞懂，资本主义与社会主义的区分不在于是计划还是市场这样的问题。社会主义也有市场经济，资本主义也有计划控制……不要以为搞点市场经济就是资本主义道路，没有那么回事。计划和市场都得要。不搞市场，连世界上的信息都不知道，是自甘落后。"①得出这个科学结论的立足点是把计划和市场定格为经济手段和发展生产力的方法，这是邓小平对马克思主义政治经济学最杰出的贡献。这一论断，从根本上突破了计划经济等同于社会主义，市场经济等同于资本主义的传统观念，解除了姓"社"姓"资"的思想束缚。

（2）突破计划与市场相互排斥的传统观念，明确计划与市场都得要，二者还必须有机结合。计划与市场的关系问题在理论和实践上都存在许多争论，在 20 世纪 80 年代有"对立论""主辅论""融合论"等多种观点。邓小平科学地分析了计划与市场各自的长处，主张把二者结合起来。他多次讲到计划与市场都是发展生产力的方法和手段，两者都得要，要很好地结合起来。

（3）突破社会主义和市场经济相对立的传统观念，明确二者之间不存在根本矛盾，可以做到有机结合。传统观点认为，市场经济与社会主义是不相容的。不但一些社会主义国家的经济学家把市场经济与社会主义对立起来，而且西方经济学家也认为市场经济与社会主义制度之间存在很难解决的矛盾。以为搞社会主义只能实行计划经济，搞市场经济就必须放弃社会主义，二者只能择其一。针对这一问题，邓小平斩钉截铁地回答："社会主义和市场经济不存在根本矛盾。"他创造性地分析了社会主义和市场经济结合的理论根据，指出问题的症结在于如何正确理解社会主义和市场经济。他多次重申发展生产力是社会主义最根本的任务，市场经济是经济手段，是发展生产力的方法，发展生产力是二者相结合的理论基础。只要坚持公有制为主体，按劳分配为主体，实现共同富裕，就能充分发挥社会主义制度的优越性，建立起具有中国特色的社会主义市场经济体制。正如江泽民所指出的："把社会主义和市场经济结合起来，是一个伟大的创举。"

在邓小平创立社会主义市场经济理论的基础上，后续中央领导集体，又进一步丰富和完善了社会主义市场经济理论。

1992 年 6 月，江泽民在中共中央党校讲话中提出了"社会主义市场经济体制"的提法。党的十四大明确提出了我国经济体制改革的目标是建立社会主义市场经济体制，随后社会主义市场经济理论内容、目标进一步明确化、量化、细化。党的十六大以来，党中央在胡锦涛的领导下，从新世纪的中国实际出发，进一步深化了对我国社会主义市场经济规律的探索，首次提出了要坚持科学发展观，从各个方面深化了我国的市场经济改革。

三、新时代社会主义市场经济理论的发展创新

党的十八大以来，以习近平总书记为核心的党中央，以社会主义市场经济理论为指导，强调全面深化经济体制改革。习近平总书记强调要把处理好政府与市场的关系作为经济体制改革的重点，指出在市场作用和政府作用的问题上，要讲辩证法、两点论，"看不见的手"和

---

① 《邓小平文选》第 3 卷，人民出版社 1993 年 10 月版，第 364 页。

"看得见的手"都要用好,努力形成市场作用与政府作用有机统一、相互补充、相互协调、相互促进的格局,推动经济社会持续健康发展。

党的十八届三中全会审议通过的《中共中央关于全面深化改革若干重大问题的决定》指出,"经济体制改革是全面深化改革的重点,核心问题是处理好政府和市场的关系,使市场在资源配置中起决定性作用和更好发挥政府作用"。这一表述不仅明确了全面深化改革的重点所在,更对市场的地位和作用进行了重新定位,是市场与政府关系认识上的一次重大理论突破,是以习近平同志为核心的党中央对马克思主义政治经济学的重大发展。

2017年,习近平在党的十九大报告中指出"经过长期努力,中国特色社会主义进入了新时代"[①],并提出社会主义和市场经济要深度融合,"着力构建市场机制有效、微观主体有活力、宏观调控有度的经济体制,不断增强我国经济创新力和竞争力。"[②]2017年中央经济工作会议正式确立了"习近平新时代中国特色社会主义经济思想"。习近平强调,要坚持社会主义市场经济改革方向,坚持辩证法、两点论,继续在社会主义基本制度与市场经济的结合上下功夫,把两方面优势都发挥好。要坚持对外开放基本国策,善于统筹国内国际两个大局,利用好国际国内两个市场、两种资源,发展更高层次的开放型经济,积极参与全球经济治理,同时自觉维护我国发展利益,积极防范各种风险,确保国家经济安全。

2022年,党的二十大报告将"社会主义市场经济体制更加完善"列入未来五年经济工作的一项重要任务。报告还提出,构建新发展格局,必须要"坚持社会主义市场经济的改革方向"。最重要的是,报告提出了关于"构建高水平社会主义市场经济体制"的一系列具体思路,包括坚持基本经济制度、深化国企改革、优化民营企业发展环境、构建全国统一大市场、完善市场经济的基础制度、健全宏观经济治理体系、健全现代预算制度、健全资本市场功能,并加强反垄断和反不正当竞争等。[③]这些具体思路旨在进一步完善社会主义市场经济体制,从而助力构建新发展格局,推动高质量发展。

四、社会主义市场经济理论的深远意义

社会主义市场经济理论的确立,是马克思主义发展史上一次伟大的创举,具有极其深远的理论价值和实践意义。

(一) 社会主义市场经济是科学社会主义里程碑式的创新

马克思曾经设想,在未来社会中建立全社会所有制,经济主体之间不再存在利益差别,商品、货币连同市场经济一起消亡,为产品经济所取代,因而可以实行计划经济,不再存在竞争和生产无政府状态。如果这些客观条件具备,这个设想是正确的。然而首先取得革命胜利,建立社会主义制度的国家,都是资本主义商品经济不发达、生产力落后的国家。这些国家存在大量的个体农民小私有制,只能建立以公有制为主体的多种所有制,也必然存在经济

---

① 习近平:《决胜全面建成小康社会　夺取新时代中国特色社会主义伟大胜利》,人民出版社2017年10月版,第10页。

② 习近平:《决胜全面建成小康社会　夺取新时代中国特色社会主义伟大胜利》,人民出版社2017年10月版,第30页。

③ 习近平:《高举中国特色社会主义伟大旗帜　为全面建设社会主义现代化国家而团结奋斗》,人民出版社2022年10月版,第28—30页。

利益差别,所以还要补商品经济不发达的课,这就决定了市场经济存在和发展的必然性。以邓小平为首的中国共产党人适应时代的变化,从中国的具体国情出发,总结实践中正反两个方面的经验教训,突破了传统观念,创立了社会主义市场经济理论,并且在实践中取得了巨大成功,这是对科学社会主义理论的重大贡献,也是对马克思主义的极大丰富和发展。

(二)社会主义市场经济理论是中国特色社会主义理论的基石

社会主义市场经济理论的特点,既反映了以公有制为主体,多种所有制经济共同发展和以按劳分配为主体、多种分配方式相结合,体现了社会主义的基本原则;同时又体现了初级阶段的特点,要利用商品货币关系发展市场经济,利用市场机制的方法调节资源配置,促进生产力发展,提高人民生活水平。社会主义市场经济理论的确立,是中国特色社会主义理论体系形成的重要标志。

(三)社会主义市场经济理论是经济体制改革的指导思想

社会主义市场经济理论创新是在同实践创新互动中形成和发展的。实践是理论的来源,市场经济发展的实践冲破了传统理论的框框,为理论创新提供养料和启迪。邓小平总结改革开放的经验,充分肯定发展市场经济的巨大作用,肯定社会主义也可以搞市场经济,作出市场经济是发展生产力的方法和手段的结论。由实践上升到社会主义市场经济理论,又成为推进经济体制改革的指导思想,指导实践,建立社会主义市场经济体制。而在深化改革开放的实践中,又不断总结新创造的经验,升华到系统的经济理论,丰富和发展了社会主义市场经济理论。正是在不断的实践创新和理论创新互动的过程中,推动中国的社会主义市场经济体制逐步完善,并推动中国的经济突飞猛进发展,创造了"中国奇迹"。在新时代下,更要明确历史使命,清醒深刻地认识到所面临的困难与挑战,开启新征程、续写新篇章。

(四)社会主义市场经济实现了马克思主义政治经济学的变革和发展

在社会主义发展史上,从苏联、东欧到中国,都曾把实行计划经济当作社会主义的重要特征,在政治经济学教科书中把计划经济、公有制和按劳分配当作社会主义经济的三大特征,甚至把有计划发展当作社会主义经济规律。邓小平第一次把计划经济和市场经济从制度特征中解脱出来,明确其为发展生产力的方法和手段,颠覆了一百多年来的传统观念,把社会主义和市场经济结合起来,形成社会主义市场经济理论,既发挥市场配置资源的高效率,又体现社会主义制度的优越性,产生巨大的能量,促进经济发展。这就丰富了社会主义政治经济学的研究对象,从经济范畴,经济规律,微观宏观经济运行方式,到国际经济关系等一系列问题上,都要以社会主义市场经济为中心展开。以社会主义本质为核心,社会主义市场经济为线索,来构筑中国特色社会主义政治经济学的体系结构。从此,社会主义政治经济学便有了主心骨,真正建立起科学的理论体系,实现了一次革命性的大飞跃。

(五)社会主义市场经济是建成中国式现代化的必由之路

中国式现代化是人口规模巨大、全体人民共同富裕、物质文明和精神文明相协调、人与自然和谐共生,以及走和平发展道路的现代化。中国式现代化的实现,乃至社会主义现代化强国的全面建成,必须要以坚实的物质基础为保障。为此,必须坚持包括社会主义市场经济在内的基本经济制度,努力促进社会主义与市场经济的有机统一,推进高质量发展。

复习思考题

1. 为什么说市场经济是发展生产力的方法和手段?
2. 公有制与市场经济结合有哪些难点? 怎样才能解决?
3. 怎样理解社会主义和市场经济结合是伟大的创举?
4. 如何理解社会主义市场经济理论的深远意义?

第七章 社会主义市场经济的运行机制

习近平总书记在党的二十大报告中指出："构建全国统一大市场,深化要素市场改革,建设高标准市场体系。"①为深化社会主义市场经济改革指明了方向。市场经济运行受价值规律、供求规律和竞争规律的支配。因此,唯有遵循市场经济规律,才能实现高质量发展和科学发展。为此要充分发挥市场在资源配置中的决定性作用,更好地发挥政府的作用。同时,要制定市场规则,维护市场秩序,完善社会主义市场经济体制,才能推动国民经济稳定、有序、健康发展。

第一节 市场经济与市场机制

市场机制是市场经济的运行机制,是通过市场价格的波动、市场主体对各自利益的竞争、供求关系的变化调节经济运行的机制,是价值规律、供求规律、竞争规律等市场经济规律发生调节作用的机制。

一、市场机制是经济自发调节的手段

市场作为社会化生产发展、商品生产分工和交换扩大的必然产物,作为商品流通的总体,集中反映了社会经济活动中各种复杂的经济关系,反映了商品流通的横向性、伸缩性、变动性、复杂性等特点。市场机制不是一个纯自然的封闭机制,而是一种开放的社会经济机制。市场调节的作用是要把社会有限资源在国民经济的不同生产部门和企业之间进行合理有效配置,用最小的成本获得最大的经济效益,以满足社会需要。

在商品经济运行中,市场经济活动的主体(生产者、经营者、消费者)受客观规律的制约,通过供求、价格、竞争等要素的变化,为追寻经济利益自动实施不同的市场行为,如自我扩张或收缩,增大或减小生产或经营规模,增加或减少购买数量,甚至中断其市场行为等。在经济利益的推动和诱导下,市场机制制约着市场活动的参与者,及时地调整其经济行为,以实

---

① 习近平:《高举中国特色社会主义伟大旗帜 为全面建设社会主义现代化国家而团结奋斗》,人民出版社2022年10月版,第29页。

现市场活动的自我平衡。

市场机制是通过市场价格的波动、市场主体对利益的追求、市场供求的变化来调节经济运行的机制,是供求、竞争、价格三大基本要素之间的有机联系与相互作用。价值规律、供求规律、竞争规律正是市场经济的基本规律。

二、市场机制是资源配置的基本方式

市场经济是以市场机制为基础,来配置社会资源和调节人们关系的一种经济运行方式和经济调节手段,参与者是进入市场的、分散的单个生产者和消费者,调节手段是市场竞争,产品稀缺度的显示信号是市场价格。市场机制通过分散决策,市场价格的上下波动和供求变化,实现资源的流动和配置,通过市场信号传递,冲破自然经济的“壁垒”,强化众多企业的横向经济发展,便于国家对企业间接控制和纵向调节。

市场经济又被称为“无形之手”或“看不见的手”,其实质是以市场机制为经济运行方式,发挥价值规律、经济杠杆、竞争机制的作用与功能,引导资源由低效益向高效益、由供给过剩向供给不足的部门或领域流动,最终实现资源要素的合理配置。在配置资源要素的同时,自由竞争和利益驱动诱发形成了对市场主体的激励机制,有助于全面调动和发挥各行为主体的积极性与创造性,在生产技术、生产组织和产品结构中创新升级,进而提高社会生产力,促进经济的发展。

三、市场机制的类型

从内容上看,市场机制主要包括价格机制、供求机制、竞争机制、风险机制等。这些机制是互相联系、互相制约、互相作用的。从总体上说,价格机制处在中心,它是价值规律的具体表现形式和作用形式。价格的变动,必然引起供求的变动,同时,引起竞争和导致风险;供求变化反过来引起价格升降,从而引起竞争和导致风险。部门内竞争促使生产要素向劳动生产率高、经济效益好的企业流动,实现资源在微观领域的合理配置;部门之间的竞争,促使生产要素向短缺的生产部门转移,实现资源在宏观领域的合理配置。

从类型上看,市场机制包括一般市场机制和具体市场机制。一般市场机制是指在任何市场都存在并发生作用的市场机制。如在商品市场、金融市场、劳动力市场等起作用的价格机制、供求机制、竞争机制和风险机制。具体市场机制是指各类市场上特有的并起独特作用的市场机制,如金融市场的利率机制、外汇市场的汇率机制、劳动力市场的工资机制。

第二节　市场经济的运行规律与调节机制

市场经济运行存在着三大客观经济规律,即价值规律、供求规律和竞争规律,与此相应又有价格机制、供求机制和竞争机制三大作用机制。市场经济的运行是在发挥价格机制、供求机制、竞争机制的基础上,通过价格、供求、竞争的相互制约和相互联系,调节社会经济的运行,最终实现社会资源的优化配置。

一、价值规律与价格机制

价值规律是市场经济的基本规律,由此产生的价格机制是市场经济的主要调节手段。价值规律要通过价格机制来发挥调节作用,实现资源的优化配置。

(一)价值规律

价值规律是商品按照由社会必要劳动时间所决定的价值量进行交换的规律,它的基本作用就是自发调节生产资料和劳动力在社会各部门之间的分配。按照这一规律的要求,商品生产者的个别劳动时间等于社会必要劳动时间便可以正常经营,如果低于社会必要劳动时间,便可以获得较多的收益,个别劳动时间越低,在竞争中越处于有利地位,收益也越多。相反,如果高于社会必要劳动时间,不仅会降低生产者的竞争能力,甚至会亏损以致破产。价值规律的作用会刺激各类经济主体,在生产中不断改进技术,降低个别劳动时间,加强经营管理,提高劳动生产率,这必然会促进社会生产力的发展。

(二)价格机制

价格是价值规律发生作用的调节机制和表现形式。在正常情况下,价值决定价格,商品价格因供求变动围绕价值波动,由此调节生产和流通。价格机制也是市场经济的信息机制,有信息传递功能。价格波动反映着商品市场供求的变化,体现着市场活动主体之间的利益关系。高效率的资源配置离不开灵敏的信息,而信息是大量分散独立存在的,如何收集整理并处理这些自然状态的信息,使之变成有用的决策依据,就成为资源配置的关键。以市场供求与市场价格为基础的市场信息,灵敏度高、传播快,有利于合理地配置资源。市场经济利用价格机制传递信息便捷且有效。价格的形成和波动使信息以直观的方式得以交流和传播。市场利用价格机制对各种经济信号反应灵敏的特点,快速有效地把分散的、不断增长的信息以专业分工的方式协调起来,经过综合处理,转化成能保持市场机制正常运转的润滑剂。

(三)价值规律与价格机制的关系

价值规律是商品生产和市场交换的基本规律,商品的价值量由生产商品的社会必要劳动时间决定,不同商品间的交换按照价值量相等的原则进行。在货币出现后,商品价值的货币表现是价格。价格水平的高低首先取决于商品价值量的大小。价格由价值决定并受供求关系影响,使其始终围绕价值上下波动,成为价值规律在价值实现中的表现形式。①商品的价格以价值为基础,它的涨落围绕价值这个中心进行,变动的幅度一般不会离开价值太远。②从短暂的、个别的交换过程看,价格经常背离价值,但从整个社会来说,总价格与总价值仍基本一致。

价格机制是价值规律的作用机制。在商品经济条件下,价格围绕商品的价值上下波动,给生产者提供信息,让他们决定生产什么、生产多少以及怎样生产,因而价格是市场的晴雨表。当某种商品价格涨到价值以上,出现供不应求的情况,生产者就把生产资料和劳动力投入这些部门,导致这些部门的生产扩大和供应增加;当某些商品的价格降到价值以下,出现供过于求的情况,生产者就把生产资料和劳动力从这些部门抽出,导致这些部门的生产缩小和供应减少。价值规律就是这样自发地调节社会劳动在各生产部门之间的分配,它像一只"看不见的手"指挥着社会资源按比例合理地配置。

二、供求规律与供求机制

供给和需求是市场经济的两个构成要素,二者之间互相联系,互相促进,又互相制约。供给,从实物形态上看,是社会提供的已经进入市场的商品和劳务总量;从价值形态上看,是指社会提供的已经进入市场的商品和劳务的价值总额。需求,从实物形态上讲,是指以有货币支付能力为条件的社会商品和劳务总量,从价值形态上来看,一定社会购买力条件下的商品和劳务的价值总额。

供求规律实质是社会商品所表现出来的供给与需求相互制约而不断调整变化的规律。在市场的作用下,商品的供给和需求灵活地调节供求关系。需求决定供给,供给创造需求,满足需求。当需求旺盛时,需求刺激供给;当需求不足时,需求抑制供给。

供求机制是指通过商品、劳务和各种社会资源的供给和需求的矛盾运动来影响各种生产要素组合的一种机制。供求机制是供求规律的作用过程和表现形式。供求机制的作用是通过供求关系不平衡状态下形成的各种商品的市场价格、供给量和需求量等市场信号的变动,来调节社会生产和交换,最终实现供求之间的基本平衡。价格上涨,会引起人们竞相增加供给或减少需求;价格下降,则会引起人们竞相减少供给或增加需求。换句话说,供求机制是市场经济的均衡机制,连接着生产、交换、分配、消费等环节,对社会经济的运行具有调节功能,可以调节商品的价格、生产和消费的变动方向和规模。

三、竞争规律与竞争机制

市场竞争是市场经济运行过程中,各市场主体之间围绕经济利益而展开的较量和争斗,优胜劣汰是竞争的主要规律。有市场,必然有竞争,这是市场主体利益体现的必然结果。在市场经济中,使用价值和价值的矛盾以及生产商品的个别劳动时间和社会必要劳动时间的矛盾,是产生市场竞争的内部原因,而商品供给状况及其变化是市场竞争发展的外部原因。在市场经济条件下,竞争存在于各个方面,如商品生产者之间、购买者之间、商品购买者和生产者之间,其参与竞争的主要方式有价格、质量、功能、场所,最终的目的是使自己获得最大的经济利益。

竞争机制是竞争规律的作用机制和表现形式。竞争机制是市场经济外在的压力机制,是市场经济条件下调动经济主体积极性的一种强制驱动机制,通过价格竞争或非价格竞争,按照优胜劣汰的法则来调节市场运行。在市场经济体制下,通过产业和部门之间的竞争,促使各个企业改进技术、降低成本、开发新产品、提高产品质量,形成企业的活力和发展的动力,实现其自身利益的最大化。同时,竞争刺激供应的数量和质量,也促使价格的下降,使消费者获得更大的实惠,实现社会利益的最大化。竞争机制是一种优胜劣汰规律的作用机制,是在市场经济中,各个经济行为主体之间为自身的利益而相互展开竞争的机制。

价格机制、供求机制、竞争机制不是单独起作用,而是相互联系、相互制约,共同引导社会资源的优化配置,推动经济的运行与发展。社会经济发展的最大矛盾是资源的有限性和需求的无限性,这必然带来竞争。有竞争便引起价格和供求的变动,而价格和供求关系的变动,反过来又引起竞争,最终形成了"价格—竞争—供求—价格"三个要素互相制约、互为条件的一种互动过程。总之,市场经济条件下实现资源的优化配置,是通过"看不见的手"这一市场机制的运行规律来进行的。

第三节　市场秩序与法治体系建设

市场经济是一个复杂的经济运行系统,涉及方方面面的经济利益关系,要规范市场,提高市场经济运行的效率就必须构建社会主义市场秩序,加强市场监督和管理,更好发挥法治固根本、稳预期、利长远的作用,把市场运行纳入法治轨道。

一、市场经济是法治经济

无论是哪一种经济体制,要使经济生活正常化,就要有一定的经济秩序。市场经济的一个显著特点在于它的经济秩序是通过法律的保护和规范来形成和维持的,或者说,是一个有序化、制度化过程,是一种法律秩序。

良好的法治环境是市场经济运行的重要保障。在完善的市场经济体制中,发挥着引导和促进作用,保障和制约作用,是市场经济健康运行的必要前提。市场只有具备合理而完备的法治前提,才能发挥有效配置资源的功能。

(一)法治是市场主体自主性的保障

市场经济是自主性的经济。建立现代企业制度是国有企业改革的方向,要按照"产权清晰、权责明确、政企分开、管理科学"的要求,对国有大中型企业实行规范的公司制改革,使企业成为适应市场的法人实体和竞争主体。企业是最基本的市场主体,营商环境是企业生存发展的土壤。要用法律确认市场主体资格、明确产权,充分尊重和平等保护各类市场主体的财产权及其意志自由,规定市场主体行使权利的方法、原则和保障权利的程序,为各类所有制企业营造公平、透明、法治的发展环境,让企业和个人有更多活力和更大空间去发展经济、创造财富。

(二)法治是市场活动契约性的保障

市场经济是契约经济。契约关系得到法律保障,是规定了商品交换双方对等的一组权利和义务的交换关系。在现代市场经济中,契约正成为经济交往的主要形式。契约具有平等、自愿、互利的特点,是市场的法律原型,有助于维护市场交易信用,保障市场交易安全,降低市场交易成本。契约在市场经济中的作用发挥需要以法治为保障。法律手段具有严密性、规范性、公开性,以及国家的强制性和相对稳定性等特点。随着交换关系的复杂化,权利和义务关系也复杂化,契约的有效执行愈加需要法律的保障。更加完善的法律也会对商品经济的发展起到更有力的保障和促进作用。

(三)法治是市场经济竞争性的保障

市场经济是竞争经济。竞争是市场经济发展的基础,市场经济通过竞争达到优胜劣汰,进行资源合理配置。竞争必须是公平、合法的竞争,否则市场机制就可能失灵或扭曲,如产生制造假冒伪劣商品、发布虚假广告、盗取商业秘密等问题。完善公平竞争制度需要依法规范和引导各类资本健康发展,防止资本无序扩张,加快要素价格市场化改革,打破行政性垄断,放宽行业准入限制,深化行业协会、商会和中介机构改革,建立正常的竞争和交易秩序,保证公平交易、平等竞争,保护经营者和消费者的合法权益,必须加强以国家法治体系建设进行规范约束,否则市场经济就不可能有效运转。

(四)法治是市场经济统一开放的保障

市场经济是统一开放的经济。市场体系的发展对建立全国统一的市场制度规则,打破地方保护和市场分割提出了强烈的要求。为此,要建设高效规范、公平竞争、充分开放、经济上相互交流、相互依存、相互渗透的全国统一大市场,打破行业垄断、地区封锁、部门分割,实行地区间、城乡间、产业间相互开放的统一的市场体系,促进商品要素资源在更大范围内畅通流动。同时,在经济全球化的时代,更要充分利用国内外市场资源,立足社会主义市场经济,大力发展开放型经济,学习国际市场经济的经验,实现国内经济与国际经济互接互补、合作共赢,需按照现代法治的要求,完善公开、透明的涉外法律体系,全面深入实施准入前国民待遇加负面清单管理制度,对在中国境内注册的各类企业一视同仁、平等对待,营造国际一流营商环境,提升社会主义市场经济的竞争力与影响力。

二、市场秩序是市场经济运行的必要条件

市场秩序反映市场经济实践的发展,是市场经济成熟程度的标志,其内容随着市场经济的演化而不断健全和完善。

(一)市场秩序与市场规则

市场规则,通常指市场活动当事人共同遵守的行为准则和道德规范。它主要由三部分组成:①根据市场运行特点和管理的需要,所制定的各项规范市场运行和交易者行为政策;②依靠法律手段,根据法定程序制定和颁布各种法律、法令、条例和规定,以及相应的调控市场运行和约束交易者行为的各种制度和章程;③市场主体在长期市场活动中所形成的一系列价值观念、评价标准,以及由此形成的共识的惯例和道德规范。

一般而言,市场规则多表现为一些正式的规则,这些规则大多是由政府颁布出来的,并且需要政府来强制实施,需要一个专门机构来实行有组织的惩罚。而市场秩序主要是一种内生的自发秩序,在很大程度上是靠内在规则维护和调节的,包括习惯、习俗、礼貌和非正式化的规则等内容。

市场经济秩序是经济社会文明进步的标志,是市场运行中必须遵循的一切规则和法律规范的总称,其实质上就是以法律、法规、契约、公约等形式规定下来的,成为所有市场主体经济行为的规范和准则。当然这些规范和准则的确定是一种内生的发展过程,是市场经济运行内在要求的反映,并随着市场交易逐渐形成并且不断演化的,进而保障社会生产、交换、消费、分配等各个环节的顺利实现和市场机制作用的良性发挥。

(二)市场秩序法治化与规范化

市场无序现象会造成市场运行过高的成本,以致市场调节失效。要提高市场调节效果、降低市场运行成本的重要途径是健全市场规范与秩序。市场秩序是在市场经济长期发展过

程中逐步建立起来的,是在市场经济长期发展中不断调整和完善的。

从市场经济的现实情况来看,市场的完善和发展,不仅需要通过完善市场机制和市场体系来促进市场有序运行,而且必须通过构建市场秩序来促进市场经济的规范运行。只有注重市场秩序的建设,才能使市场经济进入有序和成熟的状态,提高市场经济的水平和发展程度。要从市场信用秩序、竞争秩序、法治秩序、政府监管秩序、道德规范等方面加以建设和完善,深化市场改革,继续完善我国市场基础制度,深入推进实施公平竞争政策,使各类企业机会平等、公平进入、有序竞争。政府监管和调控必须以市场经济为基础,必须以市场机制充分发挥作用为前提,不能破坏市场机制。政府干预通过市场的间接调控作用于企业,如根据宏观调控目标,通过统一的财政政策、货币政策、收入政策等,对国民经济活动进行总体管理,通过各种经济变量来使企业面临的经济环境发生变化,从而促使企业改变其行为,并因此使宏观经济状况达到既定的调控目标。

第四节　正确处理政府与市场的相互关系

坚持社会主义市场经济改革方向,核心问题就是处理好政府和市场的关系。党的十八届三中全会通过的《中共中央关于全面深化改革若干重大问题的决定》,提出使市场在资源配置中起决定性作用,更好发挥政府作用。政府与市场的作用是有机统一的,在尊重市场规律的基础上,把宏观调控与市场调节有机结合起来,以政府干预之长弥补市场调节之短,同时又以市场调节之长来克服政府干预之短,形成良性互动,更好发挥中国特色社会主义市场经济的作用。

一、定位政府与市场关系的客观依据

40多年来,中国的改革开放始终是围绕如何处理好政府与市场关系这个核心问题展开的。在加强对宏观调控中,遇到的诸多问题,也总是同如何定位政府和市场的作用相关。在党的十八届三中全会报告《中共中央关于全面深化改革若干重大问题的决定》中,关于“市场在资源配置中起决定性作用”的论断,从理论上阐明了政府与市场关系的客观依据,是对社会主义建设规律认识的一个新突破。

(一)市场决定资源配置的三个基点

市场决定资源配置是市场经济的一般规律,市场经济本质上就是市场决定资源配置的经济。市场决定资源配置立足于三个基点:

1. 市场经济规律是资源配置的决定性因素

市场经济的一般规律,主要包括价值规律、供求规律和竞争规律。价值规律不仅要求商品价格趋向价值,商品交换遵循等价交换原则,而且要求社会资源按比例地分配在各类产品生产上,从而达到合理配置。供求规律通过供给和需求的变动,要求市场供求趋向均衡,使产品的生产符合市场需求,使社会资源的配置与市场所需资源相适应,最大限度地满足人们的需要。竞争规律是各市场主体之间展开的竞赛和争斗。竞争出效率,通过优胜劣汰,把社会资源配置到效率更高的企业和部门中去,从而大大提高资源利用效率。

市场经济的上述三大规律,是由市场经济的客观条件决定的,不以人的意志为转移。市场在资源配置中起决定性作用,从根本上说,就是市场经济三大规律调节市场经济运行,支配资源投向,协调资源供需,合理配置资源,从而达到有效节约资源,充分利用资源,最优配置资源,提高资源配置效率的目的。市场经济配置资源效率高的缘由正在于此。

2. 市场机制是调节资源配置的决定性手段

市场经济规律是通过市场机制作用的发挥来实现的。价格机制反映价值规律的要求。通过价格围绕价值上下波动,调节社会资源投向,以"无形之手"指挥生产者生产什么,生产多少,产品销往哪里去等,促使资源流向合理化。供求机制反映供求规律的要求。通过供给和需求的变动,调节社会资源的供求关系,达到供求平衡,实现资源均衡配置。竞争机制反映竞争规律的要求。通过各市场主体之间的相互竞争,淘汰落后,鼓励先进,把社会资源配置到耗费更少、效率更高的企业和部门中去,从而达到资源的优化配置。可见,价格机制、供求机制和竞争机制这三大市场机制,是调节资源配置的决定性机制。

3. 经济利益是驱动资源配置的决定性动力

市场经济本质上是一种利益经济。社会资源配置的方向以及如何配置,必然受经济利益的制约和驱动。从微观经济考察,企业作为市场经济主体,其配置资源的动力在于获取最大的经济利益。为此目的,在企业内部人力、物力、财力、技术、管理、信息等资源配置,必然精打细算,充分利用,避免浪费,从而达到微观经济效益最优化。从宏观经济考察,市场也具有经济稳定器和发动机的作用。市场机制的内在联系,价格机制、供求机制和竞争机制的交互作用,会产生一种自行调节的功能。例如,某种产品供过于求时,价格便会下跌,促使供给减少,需求增加;而当产品供不应求时,价格上升,引导供给增加,需求下降,从而促使供给和需求趋向均衡,资源配置趋向合理。宏观经济利益也是市场机制作用的动力源。市场机制通过价格变动、供求变动和竞争的展开,调节社会资源在各企业、各部门、各环节中的分配,使产品的生产符合市场需求,使各类产品的生产符合社会对各类产品需求的比例,从而提高宏观经济效率。总的来说,充分发挥市场在资源配置中的决定性作用,有利于激发各类市场主体创业、创新的活力,有利于推动经济更有效率、更加公平和更可持续发展。

(二) 政府在资源配置中的角色

市场在资源配置中起决定性作用,并不是起全部作用。承认市场在社会资源配置中的决定性作用,并非否定和削弱政府的作用,而恰恰是要更好地发挥政府的积极作用。我国实行的是社会主义市场经济体制,仍然要坚持发挥社会主义制度的优越性、发挥党和政府的积极作用。

在这里问题的关键在于要认准政府的地位及其在资源配置中应当扮演的角色。在政府与市场关系的认识上,一定要有辩证思维和互补性理念,坚持辩证法和两点论,不能把二者割裂开来、对立起来。市场经济并不是万能的,市场机制调节也有一定的自发性、盲目性、滞后性和分化性等缺陷。由于市场主体具有趋利性动机,可能为获取自身利益最大化与社会利益、公众利益发生冲突,影响社会公平。

所以,市场在资源配置中起决定性作用并不是说可以把一切都交给市场,所有领域都市场化,更不是政府对市场可以撒手不管。政府应有所为有所不为,深化简政放权、放管结合、优化服务改革,减少对微观事务的管理,把不该由政府管理的事项转移出去,把该由政府管理的事项管住管好。在现代市场经济中,政府的宏观调控和市场监管,都不是要弱化市场的作用,而是要弥补市场失灵,为市场有效配置资源和经济有序运行创造良好环境。

政府作为制定、实施宏观调控政策的主体,对市场的干预必须建立在尊重市场规律的基础上。这就要求加快政府职能转变,以统筹兼顾、间接引导等方式为主,创新行政管理方式,健全宏观调控体系,加强市场活动监管,加强和优化公共服务,促进社会公平正义和社会稳定,推动可持续发展,促进共同富裕,弥补市场失灵,切实提高政府宏观调控的效能。

二、独特的中国模式:有为政府＋有效市场

随着市场改革的不断推进,"有为政府＋有效市场"模式成为中国社会主义市场经济的标识。习近平总书记指出,"看不见的手"和"看得见的手"都要用好,努力形成市场作用和政府作用有机统一、相互补充、相互协调、相互促进的格局,推动经济社会持续健康发展。这是我们科学把握政府与市场关系所应遵循的基本理论思维。

(一)"有为政府"的重要作用

科学的宏观调控,有效的政府治理,是发挥社会主义市场经济体制优势的内在要求。从市场的决定性作用与更好发挥政府作用的角度看,政府与市场在我国并不表现为对立与此消彼长的关系。政府在经济运行中发挥作用并不表示市场范围缩小,相反在一定意义上会促进和加快市场的发育与发展。在确立以市场为导向的改革开放后,中国各类市场得到巨大发展。市场体系不断完善,市场活力不断释放,中国经济实现持续稳定增长,攀升至世界第二大经济体。在这场改革中,"有为政府"的作用十分突出。政府为市场经济体制的建立提供了各方面的制度保障,如建立健全各种市场规则,为各类所有制企业营造公平、透明、法治的发展环境;通过经济政策维护宏观经济的稳定,防范区域性、系统性风险。而在出现了公共物品、垄断、外部性和信息不对称的市场失灵情况时,政府还通过法律、经济和行政等各种手段来弥补市场的缺陷,实现经济持续健康发展。另外,在市场发育不足时,政府要通过提供市场信息,建立市场设施和培育市场组织等措施积极促进市场的发育,促进重大经济结构协调和生产力布局优化。

(二)"有为政府＋有效市场"的发展方向

以新发展理念引领高质量发展,需要以政府和市场关系的重塑为关键。在现阶段,政府对市场的干预存在不少问题,如政府越位现象比较突出、政府缺位问题普遍存在、政府干预的方式存在不合理性,政府的体制机制改革研究成为新热点。

1. 厘清政府与市场的边界

厘清政府与市场边界的实质,是积极改变传统经济的发展方式,科学合理地明确政府职能边界,让市场在资源配置中真正发挥决定性作用。一般而言,对于能够充分发挥市场机制的调节作用,能够实现有效配置资源的领域,政府就应该坚决退出,还资源配置权于市场,积极稳妥从广度和深度上推进市场化改革,减少政府对资源的直接配置,减少政府对微观经济活动的直接干预,把市场机制能有效调节的经济活动交给市场,把政府不该管的事交给市场,让市场在所有能够发挥作用的领域都充分发挥作用,推动资源配置实现效益最大化和效

率最优化。对于市场机制不能有效发挥作用,出现市场失灵的领域,政府则必须积极高效地介入,遵循制度和规则,履行和规范自己的职能,加强市场活动监管,加强和优化公共服务,促进市场公平,综合采取各种经济杠杆调控社会经济运行以弥补市场缺陷。通过政府与市场各司其职、和谐互补,建立切实有效的国家治理路径,最终完成市场经济体制的二次转型。

2. 市场在资源配置中的决定性作用

资源无论在质还是量上都是稀缺的,市场机制在提高资源配置效率方面显示出了巨大的优越性。40多年的改革开放和建设实践表明,中国经济向市场化纵深发展的进程是不可逆转的。必须全面贯彻新发展理念,加快建设高标准市场体系,坚持平等准入、公正监管、开放有序、诚信守法,形成高效规范、公平竞争的全国统一大市场,减少甚至消除垄断,打破条条块块的封锁和割裂,构建良性有序的市场环境,让各个市场主体相互之间开展平等竞争和公平博弈。畅通市场循环,特别是在一些关键领域和重点环节,必须加快市场化改革的步伐,实现资源、资金、产业、要素的充分市场化配置,构建新发展格局。

3. 转变政府职能与提高政府效能

在市场经济体制下,政府的职能主要是经济调节、市场监管、社会管理和公共服务,主要是创造良好发展环境、提供优质公共服务和维护社会公平正义。改革开放以来,我国经济一直处于高速发展的态势,政府职能转变滞后于经济体制改革的步伐。在高质量发展的新阶段,"有为政府"必须以完善社会主义市场经济体制为目标,以国家发展规划为战略导向,以财政政策和货币政策为主要手段,依据相关的法律和制度体系,有针对性地来加快政府机构改革的力度,有效规范政府权力和行为方式,纠正政府的越位、错位、缺位现象,形成定位准确、边界清晰、功能互补、统一衔接的国家规划体系。[①]完善宏观经济政策制定和执行机制,提高调控的科学性,加强国际宏观经济政策协调,搞好跨周期政策设计,提高逆周期调节能力,促进经济总量平衡、结构优化、内外均衡[②]。面向市场,以企业、社会和公众为主体,构建以提供公共服务为特征的政府治理模式,最大限度地释放改革红利。

4. 培育引导社会组织发挥"桥梁"作用

政府与市场边界的明晰、政府职能的转变、市场的有序运行、企业的健康发展等都需要社会组织的建立和完善。发达国家和地区的实践证明,社会组织通过在社会事务中提供的众多服务,实现了政府与市场间的"无缝衔接"。随着市场经济的深入发展,培育和发展具有一定独立性和自治权的社会组织,是我国加快完善社会主义市场经济的有效途径之一。社会组织的发展壮大不仅有利于规范市场行为和维护市场秩序,还可以促进政府职能合理转变,减轻政府的负担,缓和政府与市场、企业之间的矛盾,从而在政府与市场间架起沟通的桥梁。适合由社会组织提供的公共服务和解决的事项,由社会组织依法提供和管理。这样,政府部门或者企业就可以将其承担的部分社会事务让渡给"准政府"或"亚市场"。

三、提高驾驭社会主义市场经济的能力

认识市场经济及其规律的目的是要促进国民经济的持续、健康发展,因此在提高认识的前提下,还要不断提高解决现实问题的能力,在实践中推进市场经济的发展和完善。

---

① 《习近平经济思想学习纲要》,人民出版社2022年6月版,第82页。
② 《习近平经济思想学习纲要》,人民出版社2022年6月版,第83页。

（一）提高对社会主义市场经济运行规律的认识

要驾驭市场经济首先要全面认识社会主义市场经济运行规律，掌握规律，按经济规律办事。社会主义市场经济规律，既包括市场经济本身的规律，如价值规律、供求规律和竞争规律及相应的价格机制、供求机制和竞争机制，也包括社会主义经济规律，如社会主义主要经济规律、按劳分配规律和反映社会主义本质的共同富裕规律、宏观经济运行规律等，而要认识规律必须认真学习当代马克思主义政治经济学，尤其是社会主义市场经济理论，同时要联系实际不断总结实践经验教训，提高对规律的认识，掌握新特点、新规律。要坚持辩证思维，坚持两点论，在市场经济运行中发挥社会主义制度的优越性、发挥党和政府的积极作用。

（二）提高分析问题与解决现实问题的能力

经济运行发展是一个相互关联的复杂系统，要增强问题意识，聚焦实践遇到的新问题、改革发展稳定存在的深层次问题、人民群众急难愁盼问题、国际变局中的重大问题，制定和实施政策都要坚持系统观念和实践标准，遵循经济规律，促成政策合力，以实践效果来检验政策的成败优劣。既要防止出现"合成谬误"，避免局部合理政策叠加起来造成负面效应，也要防止"分解谬误"，避免把整体任务简单一分了之，更不能层层加码，导致基层难以承受。面对这些多重目标和多难选择，要深入实地调查，总结新经验，在解决问题的过程中把社会主义经济建设推向前进。例如，在新常态的形势下，如何调整结构、稳增长，寻求新的经济增长点；在外贸不景气的形势下，如何扩大内需，增加消费，拉动经济增长；面对需求不足，企业经营困难，如何实施"供给侧"改革，化解产能过剩，增强企业活力；面对后疫情时代经济发展的不确定性，如何稳定就业，调节收入分配差距，促进经济复苏等。同时，要到实际工作中，反复实践、实验，从失败中吸取教训，从成功中提炼经验，上升到规律性的认识，把实践探索和理论创新结合起来，驱动社会主义市场经济不断发展完善。

（三）提高宏观调控的能力

市场经济既有长处又有短处，为弥补市场缺陷和克服市场失灵，必须加强宏观调控，促进重大经济结构协调和生产力布局优化，减缓经济周期波动影响，防范区域性、系统性风险，稳定市场预期，实现经济持续健康发展。驾驭市场经济，一要充分发挥社会主义宏观调控的优势，利用强大的国有经济实力，集中人力、物力、财力搞好重点建设；二要把计划调节和市场调节结合起来，科学编制并有效实施国家发展规划，搞好长期规划和制定长期发展战略，保持国家战略连续性、稳定性，集中力量办大事；三要坚持以人民利益为中心，把加强顶层设计和坚持问题导向统一起来，顺应人民意愿，符合人民所思所盼，随经济发展不断提高人民的生活水平，体现社会主义制度优越性。提高宏观调控能力，着力构建市场机制有效、微观主体有活力、宏观调控有度的现代化经济体制，引导国民经济持续稳定增长，实现高质量发展。

社会主义市场经济的良好运转，要使市场在资源配置中起决定性作用、更好发挥政府作用。这是一个重大理论命题，又是一个重大实践命题，二者是有机统一的。要讲辩证法、两点论，在结构变迁、技术进步、收入分配、生活质量提升等诸多领域要努力形成市场作用和政府作用有机统一、相互补充、相互协调、相互促进的格局。在激发市场机制动力方面，主动调整优化政府机构职能,深入推进简政放权,完善市场监管和执法体制;在强化政府宏观调控方面,完善公共服务管理体制,强化事中事后监管,提高行政效率,全面提高政府效能。

复习思考题

1. 市场经济规律和市场机制有何内在关联?
2. 为什么说价值规律是市场经济的基本规律?
3. 规范市场秩序有什么必要性和重要性?
4. 如何定位政府与市场在资源配置中的作用?

第八章 中国经济体制改革

习近平总书记在党的二十大报告中指出："构建高水平社会主义市场经济体制。"[①]由计划经济体制转变为社会主义市场经济体制，经历了探索创新的艰巨卓绝过程，取得了改革开放的伟大成就。党的十八大以后，中国特色社会主义进入新时代，开启了全面建成社会主义现代化国家的新征程。因此，对完善市场经济体制和形成高水平的开放型经济，指明了前进方向和提出了更高要求。

第一节 经济体制改革的理论基础

经济体制是生产关系的实现形式。中国经济体制改革是由社会主义初级阶段的基本矛盾决定的，目的是解放和发展生产力。习近平经济思想，把完善社会主义市场经济和开放型经济新体制提升到新的高度，为新时代新阶段全面深化改革开放，提供了理论指导和战略指引。

一、生产关系与经济体制改革

生产关系是分层次的，主要分为生产关系本质属性和实现形式。经济体制改革是对生产关系实现形式的变革，反映了生产关系本质属性的要求。

（一）生产关系

生产关系本质属性是指一个社会的基本经济制度，体现在生产、交换、分配、消费等社会再生产过程中。中国特色社会主义的基本经济制度，即以公有制为主体、多种所有制经济共同发展的所有制关系，以按劳分配为主体与按生产要素分配相结合的分配关系，由市场在资源配置中起决定性作用和更好发挥政府作用的市场经济体制，体现了社会主义初级阶段人们之间的互利合作、平等竞争的相互关系，因而反映了中国特色社会主义经济的本质特征。

生产关系的实现形式，主要分为经济管理组织调控体制和财产组织管理经营形式，具体包括国民经济各部门的组织管理形式，经济运行方式，经济机制和经济手段的运用，特别是

[①] 习近平：《高举中国特色社会主义伟大旗帜 为全面建设社会主义现代化国家而团结奋斗》，人民出版社 2022 年 10 月版，第 29 页。

调节机制；财产的独资、合伙和股份制等组织管理经营制度等，可以概括为经济运行和管理的具体制度。经济体制改革是对生产关系实现形式的变革，即从计划经济体制改革为市场经济体制。

（二）经济体制改革

我国的经济体制改革是对生产关系实现形式的变革，是对中国特色社会主义经济制度的完善。经济体制具有两重性。一方面，经济体制必须反映基本经济制度的本质要求，受到基本经济制度的制约。另一方面，经济体制又受到生产力发展水平的制约，必须反映社会化大生产和市场经济的客观要求。例如，必须要让企业真正成为自有产权、自主经营、自负盈亏的商品生产经营者，发挥市场对资源配置的决定性调节作用，等等。这些都是任何社会化大生产和市场经济的共有规律。

经济体制改革就是生产关系实现形式的变革，使其更好地适应生产力发展。从中华人民共和国成立初期的"一化三改造"后到改革开放前，中国建立和发展高度集中统一计划经济体制，对推进中国工业化、建立起比较完整国民经济体系发挥了重要作用，但也存在一些的弊端，主要反映在：经济体制不能反映基本经济制度的要求，不符合社会化大生产的需要，束缚了生产力的发展。经济体制改革，就是要冲破传统、封闭、僵化的计划经济体制，建立有中国特色的、充满生机和活力的社会主义市场经济体制，大力发展高度开放的市场经济。经济体制改革就是改革不适应生产力发展的计划经济体制，成为适合全球化经济发展要求的现代市场经济体制。改革不是改变、否定社会主义的基本经济制度，而是坚持和完善社会主义的基本经济制度。

归纳起来，分清社会主义基本经济制度与经济体制的意义在于，既要坚持经济体制改革，继续沿着开放型市场经济的道路，把经济体制改革向前推进，又要在坚持社会主义基本经济制度上进行经济体制改革，保证经济体制朝着中国特色社会主义经济制度的方向前进。

二、社会基本矛盾与经济体制改革

中国经济体制改革的必然性根源于社会主义社会的基本矛盾，就是改革不适应现代社会生产力发展的生产关系和上层建筑。

（一）改革不适应生产力发展的生产关系与上层建筑

从根本上说，生产力是最活跃、最革命的因素。随着生产力的发展，生产关系和上层建筑中的某些方面和环节与生产力不相适应的矛盾是经常发生的。因此，适时地调整生产关系和上层建筑中那些与生产力发展不相适应的方面和环节，进行经济体制改革是生产力发展的必然要求。矛盾不断产生，通过改革又不断解决，由此推动社会前进。这就是历史唯物主义的基本原理。

中国社会主义革命和建设是在经济落后的农业大国的基础上起步的，在逐步实现农业、工业、国防和科技现代化过程中展开，要在百年内赶上和超越发达的西方国家，必须突破传统的高度集中的计划经济模式，融入经济全球化，必须改革与市场经济不相适应的经济体制和机制；而在从"富起来"到"强起来"的民族复兴中，全面深化改革开放。

中国特色社会主义是基于社会主义初级阶段这个最大国情，生产关系和上层建筑本身存在不完善的方面和环节,需要通过改革逐步完善。党的十一届三中全会公报指出:"实现四个现代化,要求大幅度地提高生产力,也就必然要求多方面地改变同生产力发展不适应的生产关系和上层建筑,改变一切不适应的管理方式、活动方式和思想方式,因而是一场广泛、深刻的革命。"[①]

(二)改革是中国特色社会主义制度的自我完善与发展

经济体制改革是要使生产关系适应生产力发展,解决与生产力发展不相适应的矛盾,是非对抗性的。在当代中国,生产关系的实现形式与生产力发展不相适应的矛盾,不仅反映在生产关系落后于生产力方面,而且还反映在某些上层建筑方面,如人为地超越现阶段的实际,追求所有制上的"一公二大三纯"。因而,改革就是要改变生产关系与生产力不相适应的环节和方面,使之更好地促进生产力发展。

自中华人民共和国成立以来,到改革开放前的 30 年中,中国尽管出现了几次重大曲折,尤其是"文化大革命"十年内乱导致人民温饱都成问题。然而,依靠中国共产党的自我革命,纠正了历史性的错误,发挥社会主义制度的优越性,使经济建设仍然取得了巨大成就。以市场化为主线的改革开放,有力地推动中国成为世界"第二大经济体"保持社会长期稳定,达到中等收入国家水平,这些具有世界意义的巨大成就,充分证明社会主义的基本经济制度是与生产力发展基本适应的。针对在经济体制方面的弊端进行的市场化改革,是一场经济体制的根本变革,实现了社会主义经济的伟大飞跃。

三、社会主义市场经济理论与经济体制改革

邓小平是改革的总设计师,他所创立的社会主义市场经济理论,是经济体制改革的基本指导思想。

(一)计划经济的思想渊源与社会主义国家实践

恩格斯在《反杜林论》中说:"当人们按照今天的生产力终于被认识了的本性来对待这种生产力的时候,社会的生产无政府状态就让位于按照全社会和每个成员的需要对生产进行的社会的有计划的调节。"[②]

列宁在《土地问题和争取自由的斗争》中强调:"只要还存在着市场经济,只要还保持着货币权力和资本力量,世界上任何法律都无法消灭不平等和剥削。只有建立起大规模社会化的计划经济,一切土地、工厂、工具都转归工人阶级所有,才可能消灭一切剥削。"[③]斯大林在《苏联社会主义经济问题》一书中指出:"国民经济有计划发展的规律,是作为资本主义制度下竞争和生产无政府状态的规律的对立物而产生的。它是当竞争和生产无政府状态的规律失去效力以后,在生产资料公有化的基础上产生的"。[④]

历史地看,计划经济体制在特殊的时代背景下确实对苏联实现重工业优先发展的经济战略目标发挥了重要作用,但对市场机制的否定,显著减弱了对人的经济行为的有效激励,

---

[①] 《三中全会以来重要文献选编》上,人民出版社 1982 年 8 月版,第 4 页。
[②] 《马克思恩格斯选集》第 3 卷,人民出版社 2012 年 9 月版,第 667 页。
[③] 《列宁全集》第 13 卷,人民出版社 1987 年 3 月版,第 124 页。
[④] 《斯大林文选》(1934—1952)下,人民出版社 1962 年 8 月版,第 576 页。

从而降低了经济运行的效率。就是在计划经济体制实施之日起,如何实现资源配置的可持续优化,如何处理好政府计划与市场机制的关系等问题,逐渐引起了人们的思考,成为亟待破题和解决的焦点和难点。

中华人民共和国成立以来,传统计划体制对我国社会主义经济的发展发挥了重要的促进作用,如工业化体系的初步建立,若干高端科技产业的推进,宏观经济管理体制的形成和运行等。在一定程度上,前三十年的经济建设成就为改革开放提供了经验教训、理论准备和物质基础,使市场化的改革成为必然。

(二) 邓小平对社会主义市场经济理论的创新

社会主义可以搞市场经济,是多年实践和理论探索的伟大成果。经济体制改革是伟大的革命实践,需要新的理论指导。在经济体制改革过程中,遇到许多有争论的问题,核心是如何认识和处理计划与市场的关系。邓小平及时总结实践创新成果,每到关键时刻作出重要指示,逐步形成和创立了社会主义市场经济理论。一是,邓小平突破传统观念,创建市场经济"中性论"。邓小平认为,计划和市场都是经济手段、方法,不是区别社会主义与资本主义的本质和特征。二是明确社会主义也可以搞市场经济。"社会主义和市场经济之间不存在根本矛盾。"三是邓小平强调:把计划经济和市场经济结合起来,就更能解放生产力,加速经济发展。由此形成系统的社会主义市场经济理论。[①]

邓小平创建的社会主义市场经济理论,既是对传统马克思主义政治经济学的革命性创新,也是对现代西方经济学的重大突破,从根本上改变了长期把计划经济等同于社会主义、把市场经济等同于资本主义的传统理论和观念,明确了计划与市场是资源配置方式,计划经济与市场经济是经济运行机制,本身不具有社会根本制度性质。资本主义可以搞计划调节,社会主义可以搞市场调节。

作为中国改革开放的总设计师,邓小平创建社会主义市场经济理论,指导党和国家更新观念和创新理论,改革传统计划经济体制,建立和发展社会主义市场经济体制,取得了巨大的成功。

1992 年年初,邓小平发表著名的"南方谈话",再次重申了"社会主义也可以搞市场经济"的思想,为中国坚定走市场经济改革的道路指明了方向。1992 年 10 月,党的十四大明确提出我国经济体制改革的目标是建立社会主义市场经济体制,党的十四届三中全会通过了《中共中央关于建立社会主义市场经济体制若干问题的决定》,进一步明确了社会主义市场经济体制改革的主要内容,促使中国经济体制改革由新旧两种体制并存到计划经济体制逐步退出和社会主义市场经济体制基本确立。

第二节　经济体制改革的启动与深化

中国经济体制改革是从 1978 年 12 月党的十一届三中全会后启动,针对权力过于集中的

[①] 《邓小平文选》第 3 卷,人民出版社 1993 年版,第 148 页,第 203 页,第 373 页。

计划经济体制,经历了有计划商品经济到社会主义市场经济两个发展阶段。

一、经济体制改革的启动

1978 年年底启动的中国经济体制改革,以实践是检验真理标准的思想大解放为先导,针对权力过于集中的经济管理体制。

(一) 对高度集中的计划经济体制的改革

1978 年 12 月,党的十一届三中全会召开。遵循解放思想、实事求是的思想路线,会议决定把全党工作的重点转移到社会主义现代化建设上来,由此开启了改革开放的历史进程。在党的工作重心转移到经济建设上来以后,还需要解决的关键问题是如何加快社会主义经济发展。这就必须改革权力过于集中的计划经济体制。党的十一届三中全会公报指出,现在我国经济管理体制的一个严重缺点是权力过于集中,应该有领导地大胆下放,让地方和工农业企业在国家统一计划的指导下,有更多的经营管理自主权;应该着手大力精简各级行政机构,把它们的大部分职权转交给企业性的专业公司或联合公司;应该坚决实行按经济规律办事,重视价值规律的作用,注意把思想政治工作和经济手段结合起来,充分调动干部和劳动者的生产积极性;应认真解决党政企不分、以党代政、以政代企的现象。要充分发挥中央部门、地方、企业和劳动者四个方面的主动性、积极性、创造性,使社会主义经济的各个环节蓬蓬勃勃地发展起来。

(二) 思想解放、工作重心转移与经济体制改革

思想解放的实质是用实践的观点来思考和引导社会主义事业的发展,工作重心的转移是对社会主义革命和建设在不同历史时期主要任务的重大调整,而经济体制改革的实施则是对社会主义经济建设的理论创新和道路拓展。这三个方面有着紧密的逻辑联系,没有实践第一的思想解放,就不可能实现党的工作重心的转移;不把经济建设确定为党的工作重心,经济体制改革的任务也就不可能摆上议事日程。因此,实事求是思想路线的恢复是经济体制改革从理论探索走向实际推进的前提。

二、改革的市场化取向逐步明确

经济体制改革是以市场化为取向,采取渐进方式,"摸着石头过河",逐步过渡推进的。

(一) 建立计划经济为主、市场调节为辅的经济管理体制

1982 年 9 月,党的十二大报告提出:"正确贯彻计划经济为主、市场调节为辅的原则,是经济体制改革中的一个根本性问题。我们要正确划分指令性计划、指导性计划和市场调节各自的范围和界限,在保持物价基本稳定的前提下有步骤地改革价格体系和价格管理办法,改革劳动制度和工资制度,建立起符合我国情况的经济管理体制,以保证国民经济的健康发展。"[①]在这里,市场还只是作为一个外部的因素,被容纳进计划经济的体制。

---

① 《十二大以来重要文献选编》上册,人民出版社 2011 年 10 月版,第 23 页。

（二）建立充满生机的社会主义有计划商品经济体制

1984 年 10 月，党的十二届三中全会召开。会议通过了《中共中央关于经济体制改革的决定》，其中提出："商品经济的充分发展，是社会经济发展的不可逾越的阶段，是实现我国经济现代化的必要条件。"[①]

1987 年 10 月，党的十三大报告提出："为了加快和深化改革，必须加深对我国经济体制改革性质的科学理解……社会主义有计划商品经济的体制，应该是计划与市场内在统一的体制。"党的十三大报告提出几个新的观点："社会主义商品经济的发展离不开市场的培育和完善，利用市场调节决不等于搞资本主义……必须把计划工作建立在商品交换和价值规律的基础上。"[②]这是对"计划经济为主、市场调节为辅"提法的调整，在这里计划和市场已经是一种互相补充、有机结合的关系。

三、社会主义市场经济体制的确立

经济体制改革是按照市场化取向推进的，必然走向社会主义市场经济。

（一）确立社会主义市场经济体制的改革目标

根据邓小平关于社会主义也可以搞市场经济的"南方谈话"精神，1992 年 6 月，江泽民在中共中央党校省部级干部进修班发表讲话时指出："加快经济体制改革的根本任务，就是要尽快建立社会主义的新经济体制。而建立新经济体制的一个关键问题，是要正确认识计划和市场问题及其相互关系，就是要在国家宏观调控下，更加重视和发挥市场在资源配置中的作用。"[③]同年 10 月，江泽民在党的十四大报告中宣布："我国经济体制改革的目标是建立社会主义市场经济体制，以利于进一步解放和发展生产力。"[④]

（二）建立社会主义市场经济体制的改革任务

1993 年 11 月，党的十四届三中全会召开，通过了《中共中央关于建立社会主义市场经济体制若干问题的决定》，该文件包括十个部分：中国经济体制改革面临的新形势和新任务；转换国有企业经营机制，建立现代企业制度；培育和发展市场体系；转变政府职能，建立健全宏观经济调控体系；建立合理的个人收入分配和社会保障制度；深化农村经济体制改革；深化对外经济体制改革，进一步扩大对外开放；进一步改革科技体制和教育体制；加强法律制度建设；加强和改善党的领导，为 21 世纪末初步建立社会主义市场经济体制而奋斗。

社会主义市场经济体制的目标确立，标志着我国真正进入了一个市场经济体制改革的新阶段。

四、经济体制改革的核心问题

在社会主义市场经济体制目标确定以后，如何充分发挥市场在资源配置中的作用就成为深化改革的核心问题。

[①] 《十二大以来重要文献选编》中册，人民出版社 1986 年 6 月版，第 568 页。
[②] 《十三大以来重要文献选编》上，人民出版社 1991 年 6 月版，第 27 页。
[③] 《江泽民文选》第 1 卷，人民出版社 2006 年 8 月版，第 198 页。
[④] 《江泽民文选》第 1 卷，人民出版社 2006 年 8 月版，第 226 页。

（一）使市场在资源配置中起基础性作用

党的十四大以后,经济体制改革朝向社会主义市场经济体制目标积极推进。在此后历次党的代表大会上,在表述经济体制改革的核心内涵时,市场的作用不断得到明晰和加强,如党的十五大提出"使市场在国家宏观调控下对资源配置起基础性作用",党的十六大提出"在更大程度上发挥市场在资源配置中的基础性作用",党的十七大提出"从制度上更好发挥市场在资源配置中的基础性作用",党的十八大提出"更大程度更广范围发挥市场在资源配置中的基础性作用"。这既表明在改革进程中人们对政府和市场关系的认识日益深化,也反映出对政府和市场关系作出科学定位,事关经济体制改革的成效。

（二）使市场在资源配置中起决定性作用

2013 年 11 月召开的党的十八届三中全会在《中共中央关于全面深化改革若干重大问题的决定》中提出:"经济体制改革是全面深化改革的重点,核心问题是处理好政府和市场的关系,使市场在资源配置中起决定性作用和更好发挥政府作用。"[1]

在党的重要文献中,把市场在资源配置中的"基础性作用"修改为"决定性作用",是对市场作用的认识深化和理论创新。对此,习近平专门进行了阐述:"作出'使市场在资源配置中起决定性作用'的定位,有利于在全党全社会树立关于政府和市场关系的正确观念,有利于转变经济发展方式,有利于转变政府职能,有利于抑制消极腐败现象。"[2]在市场经济体制中,明确政府和市场的关系,抓住了经济体制改革的核心问题,这就为实现改革目标、遵循改革原则、完成改革任务,提供了清晰的路线图。

第三节　经济体制改革的目标、原则与进程

经过思想解放、理论创新和"摸着石头过河"的改革实践,中国在 20 世纪 90 年代明确了建立和发展社会主义市场经济体制的改革目标。进入新时代以后,又提出了发展和完善社会主义经济体制、推进整个国家治理体系和治理能力现代化的总目标,为进一步深化经济体制改革指明了前进方向。

一、经济体制改革的目标

经济体制改革是当代中国改革开放伟大事业的重要组成部分。进入新时代,中国全面深化改革的总目标是发展和完善社会主义经济体制,推进整个国家治理体系和治理能力现代化,形成与中国特色社会主义"五位一体"总体布局、实现现代化"三步走"目标相适应的更加成熟、更加定型的制度体系,开辟、闯出一条中国特色社会主义制度下东方大国实现现代化道路。

改革开放实践已经证明,改革开放是决定当代中国命运的关键一招,也是实现"两个一

---

① 《十八大以来重要文献选编》上册,中央文献出版社 2014 年 9 月版,第 513 页。
② 《十八大以来重要文献选编》上册,中央文献出版社 2014 年 9 月版,第 499 页。

百年"奋斗目标、实现中华民族伟大复兴的关键一招。我们常说,只有社会主义才能救中国,而改革开放成功历史告诉我们,只有改革开放、走社会主义市场经济道路,才能发展中国。进入新时代新阶段,全面深化高水平改革开放是我国实现由"站起来"到"富起来"、再到"强起来"的必由之路和康庄大道。

二、经济体制改革的原则

中国共产党统一领导人民,推进社会主义市场经济体制改革开放是最大原则。进入新时代新发展阶段,构建高水平社会主义市场经济,对经济体制改革的原则又有了明确的新要求。

第一,坚持社会主义市场经济的改革方向。实行改革开放,就是把社会主义制度的优越性同市场经济的一般规律有机结合起来,形成和增强在国际市场上竞争新优势。改革的实践已经证明,市场机制有助于发展生产力,优化资源配置,提高人民的生活水平。因此,进入新时代新发展阶段,经济体制改革必须鲜明地坚持市场化取向,充分发挥市场促进社会主义经济发展的优越性。

第二,坚持改革开放的互相促进和良性互动。经济体制改革是在开放的历史背景下启动和推进的,进入新时代新发展阶段全面深化改革同样离不开扩大对外开放。一方面,对外开放为经济体制改革提供了宝贵的机遇和借鉴;另一方面,对外开放常常形成对经济体制改革的倒逼,促使经济体制与国际惯例、规则、规制和制度接轨,提高国际竞争能力,分享经济全球化红利。

第三,坚持和完善社会主义的基本经济制度。中国特色社会主义基本经济制度是公有制为主体、多种所有制经济共同发展,按劳分配为主体、多种分配方式并存,大力发展和不断完善社会主义市场经济体制。进入新时代新发展阶段,坚持中国特色社会主义基本经济制度,就要依据市场经济的客观规律,着力推进经济体制改革,构建更加系统完备、更加成熟定型的社会主义市场经济体制。

第四,坚持"以人民为中心"的改革初心和使命。人民的利益是改革的出发点、落脚点和最终目标,也是经济体制改革不可背离的原则。既要在实践探索中尊重人民群众的首创精神,激发他们的劳动积极性,又要使改革的成果更多更公平惠及全体人民。

第五,坚持高质量发展和可持续发展。进入新时代新发展阶段的经济体制改革,必须更加重视高质量发展和生态保障问题,有利于数智化引领现代化,有利于经济绿色发展,有利于促进"双碳"目标实现,有利于人与生态和谐共生。

第六,坚持改革开放的渐进式和系统化。我国改革开放的成功推进得益于渐进式改革开放过程,注重改革、发展与稳定三者关系。必须科学认识全面深化改革开放的本质要求,正确处理好解放思想和实事求是、整体推进和重点突破、顶层设计和摸着石头过河、改革开放与稳定发展的关系。

三、经济体制改革的历史进程

经济体制改革是一个在实践中动态推进的过程,其任务是不断推进改革深化和开放扩大,以建立和健全具有中国特色的社会主义市场经济体制。进入新时代,中国特色社会主义市场经济体制改革由局部探索、破冰突围转向系统集成、全面深化。

(一) 经济体制改革"五位一体"的战略布局

20 世纪 90 年代以来,按照中国特色社会主义市场经济体制改革目标要求,党和国家制定了"五位一体"的战略布局。

第一,加快国有企业改革,使企业成为具有活力的市场主体。传统计划经济的弊端之一,是政企不分,企业成为政府的附庸,缺乏活力和竞争力。现代市场经济的重要特征就是政企分开,政资分开,使国有企业成为自主经营、自负盈亏、自我发展、自我约束的市场主体和法人实体,由此奠定市场经济的微观基础。

第二,培育要素市场,健全和完善市场体系。市场体系是市场经济的构成要素,也是市场经济健康运行的必要条件。要打破地区封锁和垄断,形成全国统一、开放和竞争有序的市场体系,尤其是要培育生产资料、劳动力、信息和多种产权的生产要素市场,使各种生产要素合理配置,提高资源配置效率。

第三,深化所有制结构改革,推动多种经济协调发展。坚持公有制为主体,深化国有企业改革,大力发展股份制和混合所有制,做大做强做优国有经济。同时,要大力发展非公有制经济,充分发挥各类经济主体的积极性和创造性,促进经济增长,使之真正成为社会主义市场经济的重要组成部分。

第四,积极推动分配制度改革,建立健全社会保障制度。改革单一的按劳分配体制,实施按劳分配为主体、多种分配方式并存的分配制度。完善按劳分配和按生产要素分配,正确处理一部分人先富起来、先富带动后富与共同富裕的关系,兼顾公平与效率,防止收入差距过大导致的两极分化。

第五,改善宏观调控,健全宏观调控体系。宏观调控可以弥补市场机制调节的缺陷,从整体上优化资源配置,可以集中力量办大事,增强综合国力,把市场经济配置资源的效率和社会主义制度的优越性结合起来,更好地发展生产力。既要充分发挥市场在调节资源配置中的决定性作用,又要很好地发挥政府宏观调控职能。

（二）新时代深化经济体制改革的战略安排

2013年,党的十八届三中全会通过的《中共中央关于全面深化改革若干重大问题的决定》对经济、政治、文化、社会、生态文明体制改革,国防和军队改革,党的建设制度改革,作出全面部署,实现改革由局部探索、破冰突围到系统集成、全面深化的转变。其中,经济体制改革主要任务有:坚持和完善基本经济制度;加快完善现代市场体系;加快转变政府职能;深化财税体制改革;健全城乡发展一体化体制机制;构建开放型经济新体制等。

2017年,党的十九大提出了加快完善社会主义市场经济体制的具体要求。一是明确经济体制改革重点,就是完善产权制度和要素市场化配置,实现产权有效激励、要素自由流动、价格反应灵活、竞争公平有序、企业优胜劣汰。二是国资国企改革,完善各类国有资产管理体制,改革国有资本授权经营体制,加快国有经济布局优化、结构调整、战略性重组,促进国有资产保值增值,推动国资本做强做优做大,有效防止国有资产流失;深化国有企业改革,发展混合所有制经济,培育具有全球竞争力的世界一流企业。三是深化市场监管体制,全面实施市场准入负面清单制度,清理废除妨碍统一市场和公平竞争的各种规定和做法,支持民营企业发展,激发各类市场主体活力;深化商事制度改革,打破行政性垄断,防止市场垄断,加快要素价格市场化改革,放宽服务业准入限制,完善市场监管体制。四是创新和完善宏观调控,发挥国家发展规划的战略导向作用,健全财政、货币、产业、区域等经济政策协调机制;完善促进消费的体制机制,增强消费对经济发展的基础性作用;深化投融资体制改革,发挥投资对优化供给结构的关键性作用;加快建立现代财政制度,建立权责清晰、财力协调、区域均衡的中央和地方财政关系;建立全面规范透明、标准科学、约束有力的预算制度,全面实施绩效管理;深化税收制度改革,健全地方税体系;深化金融体制改革,增强金融服务实体经济能力,提高直接融资比重,促进多层次资本市场健康发展;健全货币政策和宏观审慎政策双支柱调控框架,深化利率和汇率市场化改革;健全金融监管体系,守住不发生系统性金融风险的底线。

党的十九大提出推动形成全面开放的新格局。一是要以"一带一路"建设为重点,坚持引进来和走出去并重,遵循共商共建共享原则,加强创新能力开放合作,形成陆海内外联动、东西双向互济的开放格局。二是拓展对外贸易,培育贸易新业态新模式,推进贸易强国建设。三是实行高水平的贸易和投资自由化便利化政策,全面实行准入前国民待遇加负面清单管理制度,大幅度放宽市场准入,扩大服务业对外开放,保护外商投资合法权益。四是优化区域开放布局,加大西部开放力度。赋予自由贸易试验区更大改革自主权,探索建设自由贸易港。五是创新对外投资方式,促进国际产能合作,形成面向全球的贸易、投融资、生产、服务网络,加快培育国际经济合作和竞争新优势。

第四节 经济体制改革的成效、问题与任务

在新时代新发展阶段,改革开放面临不少躲不开、绕不过的深层次矛盾,重点领域还有不少硬骨头要啃,必须坚定不移地深化改革开放,着力破解深层次体制机制障碍,彰显社会主义的制度优势。

一、经济体制改革的历史性成效

改革开放 40 多年来,中国的经济体制改革取得了举世瞩目的显著成效,主要体现在以下几方面。

第一,大幅提高国民经济的市场化程度。改革开放以前,中国的经济体制是高度集权、政府主体、所有制单一的计划经济模式。随着市场经济体制改革的启动和推进,市场经济的因素不断增长,商品、技术、人力、资本等要素市场相继建立,国有经济、集体(合作)经济改革按照市场经济的要求不断深化,民营经济快速壮大,外资企业不断增加,国内和国际两大市场的规模持续拓展,相互链接、双向循环日益加深。市场化程度的提高为国民经济注入了强劲活力和动力,有力提升了经济效率,极大地增强了综合国力。

第二,显著加深对市场经济规律的认识。在社会主义市场经济的发展进程中,无论是政府的决策者、经济理论的研究者,还是企业经营者、产品的消费者,都在日常的经济活动中培育起了市场经济的理念,逐渐养成市场经济的行为规范。这种潜移默化的观念转变和有意识的行为强化,既是市场经济体制改革的结果,又对市场经济体制改革的不断深化提供必要的主体支撑,协同健全市场经济的制度。

第三,基本建立宏观经济的调控体系。社会主义市场经济是国家宏观调控下的市场经济,在充分发挥市场配置资源的决定性作用的同时,更好发挥政府宏观调控的职能。市场经济条件下的政府职能是提供公共产品、为市场竞争提供制度保障和环境维护、对经济运行实

施必要的宏观调控。在经济体制改革的过程中,中国宏观经济调控体系基本建立,随着专业知识和实践经验的积累,宏观经济调控的水平和效果不断提高。这在有效应对国际金融危机、处理好国内经济风险等方面得到充分佐证。

第四,形成全方位、高水平的开放经济。40多年来,中国经济体制改革是与实行对外开放相伴而行,沿着"经济特区—沿海开放城市—沿海经济开放区—沿边、沿江及内陆省会城市"的线路逐步推进,由加入世贸组织前政策性、渐进式对外开放到加入世贸组织后制度性、全方位对外开放。党的十八大后,中国进入了引进来与走出去并重、以建设自由贸易试验区、谋划中国特色自由贸易港、举办中国国际进口博览会为标志的更高层次的对外开放阶段,并且由中国提倡和积极推动的共建"一带一路",促进了经济全球化,推进人类命运共同体构建。中国经济已经成为全面融入经济全球化的高度开放型市场经济。

第五,促进经济社会又好又快发展。开放的市场经济体制改革不断深入,为中国经济社会发展增添了巨大动力,为世界经济发展做出了重大贡献。40多年来,中国国内生产总值由1978年的3 679亿元增长到2021年的114万亿元,年均实际增长9.5%,远高于同期世界经济2.9%左右的年均增速。中国国内生产总值占世界生产总值的比重由改革开放之初的1.8%上升到2021年18.5%,稳居世界第二位。人均国内生产总值从1978年385元增加到2021年8.1万元,进入中等收入水平国家行列。中国成为140多个国家和地区的主要贸易伙伴,货物贸易总额居世界第一,吸引外资和对外投资居世界前列。

二、深化改革开放面临的主要问题

改革只有进行时,没有完成时。应当清醒而又深刻地认识到,在新时代迈上全面建设社会主义现代化国家新征程中,中国改革开放还有不少难啃的硬骨头。如发展不平衡不协调不可持续问题以及资源环境约束趋紧、环境污染等问题仍然突出,传统发展模式难以为继,推进高质量发展还有许多卡点瓶颈,科技自主创新能力还不强;维护国家安全制度不完善、应对各种重大风险能力不强,确保粮食、能源、产业链供应链可靠安全和防范金融风险还须解决许多重大问题;一些重点领域改革还有不少硬骨头要啃,利益固化藩篱严重,如何建设全国统一大市场和高标准市场体系,如何解决私人资本发展与共同富裕之间矛盾等,还需攻坚突破,健全相应经济体制机制及采取新的公共政策措施;城乡区域发展和收入分配差距仍然较大;民生保障存在不少薄弱环节,群众在就业、教育、医疗、托育、养老、住房等方面面临不少难题;促进经济社会发展全面绿色、低碳转型等生态环境保护任务依然艰巨;融入和引领经济全球化面对逆全球化思潮、搞脱钩、搞封锁和搞围剿的激烈局势,等等。

三、深化改革开放的主要任务

2022年,党的二十大提出,从现在起,中国共产党的中心任务就是团结带领全国各族人民全面建成社会主义现代化强国、实现第二个百年奋斗目标,以中国式现代化全面推进中华民族伟大复兴。

(一)构建高水平社会主义市场经济体制的重大任务

首先,在所有制结构改革方面,必须坚持"两个毫不动摇"方针,即毫不动摇巩固和发展公有制经济,毫不动摇鼓励、支持、引导非公有制经济发展。具体来说,一是要深化国资国企改革,加快国有经济布局优化和结构调整,推动国有资本和国有企业做强做优做大,提升企业核心竞争力;二是要优化民营企业发展环境,依法保护民营企业产权和企业家权益,促进民营经济发展壮大;三是要完善中国特色现代企业制度,弘扬企业家精神,加快建设世界一流企业;四是要支持中小微企业发展。

其次,在经济运行体制与调节机制改革方面,必须充分发挥市场在资源配置中的决定性作用,更好发挥政府作用。具体来说,一是要构建全国统一大市场,深化要素市场化改革,建设高标准市场体系;二是完善产权保护、市场准入、公平竞争、社会信用等市场经济基础制度,优化营商环境;三是深化简政放权、放管结合、优化服务改革;四是完善产权保护、市场准入、公平竞争、社会信用等市场经济基础制度,优化营商环境;五是健全宏观经济治理体系,发挥国家发展规划的战略导向作用;六是健全现代预算制度,优化税制结构,完善财政转移支付体系;七是深化金融体制改革,建设现代中央银行制度,加强和完善现代金融监管;八是健全资本市场功能,提高直接融资比重;九是加强反垄断和反不正当竞争,破除地方保护和行政性垄断,依法规范和引导资本健康发展。

(二)推进高水平对外开放的重大任务

进入新时代新发展阶段,中国要加快构建以国内大循环为主体、国内国际双循环相互促进的新发展格局,促进高质量发展。为此,党的二十大提出,推进高水平对外开放的重大任务。

首先,在提升贸易投资合作方面,新近突出强调要依托我国超大规模市场优势,以国内大循环吸引全球资源要素,增强国内国际两个市场两种资源联动效应,提升贸易投资合作质量和水平。一是稳步扩大规则、规制、管理、标准等制度型开放;二是推动货物贸易优化升级,创新服务贸易发展机制,发展数字贸易,加快建设贸易强国;三是合理缩减外资准入负面清单,依法保护外商投资权益,营造市场化、法治化、国际化一流营商环境;四是有序推进人民币国际化。

其次,在优化国内外开放布局方面。一是要巩固东部沿海地区开放先导地位,提高中西部和东北地区开放水平,加快建设西部陆海新通道;二是加快建设海南自由贸易港,实施自由贸易试验区提升战略,扩大面向全球的高标准自由贸易区网络;三是推动共建"一带一路"高质量发展;四是深度参与全球产业分工和合作,维护多元稳定的国际经济格局和经贸关系。

复习思考题

1. 经济体制改革的理论基础和指导思想是什么?
2. 市场化经济体制改革是如何启动和深化的?
3. 如何理解经济体制改革的目标和原则?
4. 新时代改革开放的主要任务有哪些?

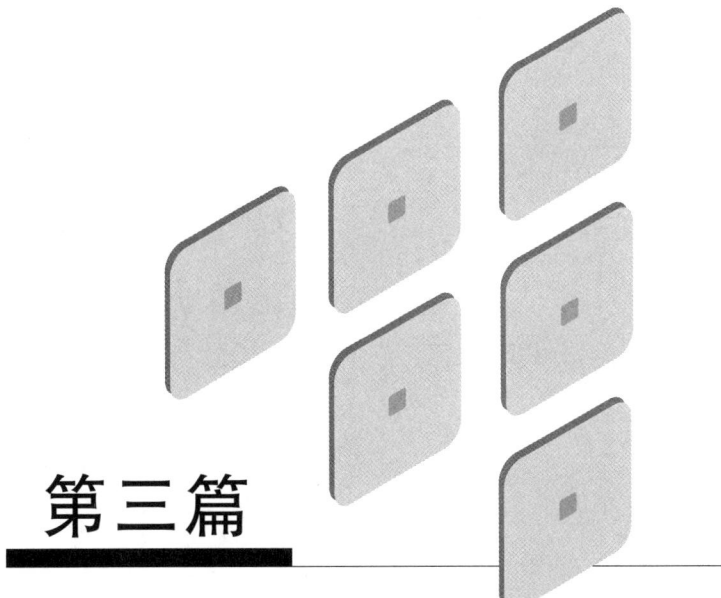

第三篇

根 本 任 务

第九章　发展生产力与
以经济建设为中心

社会主义本质决定了其根本任务是发展生产力。社会主义经济制度的建立和完善、市场经济体制的确立和发展、改革开放的扩大和深化，都是为了解放和发展生产力。贯彻以经济建设为中心的基本国策，对于确立党的基本路线、坚持生产力标准、加深改革和扩大开放、实现"三步走"和"两个一百年"目标具有重大意义。新时代开启了全面建设社会主义现代化强国、实现中华民族伟大复兴的新征程。

第一节　社会主义的根本任务

解放生产力和发展生产力是社会主义的根本任务。这是继承和发展马克思主义关于社会发展规律的产物，也是联系当代中国经济发展实际得出的科学结论。因此，这一论断不仅成为中国特色社会主义经济发展的指导思想，而且反映了对社会主义本质的正确认识，也是社会主义制度优越性的重要体现。

一、解放生产力与发展生产力

生产力是人们改造自然、取得物质资料的能力，主要由劳动者、劳动工具和劳动对象三个要素构成。生产力不仅为人类的生存发展提供物质财富，而且是人类社会发展的根本动力。邓小平反复强调："社会主义的首要任务是发展生产力"[①]，并说"应该把解放生产力和发展生产力两个讲全了"[②]。

（一）解放生产力与发展生产力的内涵

解放生产力有两重意思。一是指根本制度革命。当生产关系阻碍生产力发展时，通过社会革命，摧毁旧的生产关系，打破束缚生产力发展的制度桎梏，建立起新的生产关系，从而使生产力获得解放和发展。邓小平说："推翻帝国主义、封建主义、官僚资本主义的反动统

---

① 《邓小平文选》第3卷，人民出版社1993年10月版，第116页。
② 《邓小平文选》第3卷，人民出版社1993年10月版，第370页。

治,使中国人民的生产力获得解放,这是革命……"①中华人民共和国成立后,人民翻身解放,当家作主,建设新中国热情空前高涨,中国进行了社会主义改造,基本建立了社会主义制度,更是极大地激发了人民建设祖国、过上美好生活的冲天干劲,大大解放了生产力。二是指经济体制改革。邓小平指出:"多年的经验表明,要发展生产力,靠过去的经济体制不能解决问题。"②所以,在社会主义基本制度确立以后,还必须从根本上改变束缚生产力发展的计划经济体制,建立起充满生机和活力的社会主义市场经济体制,从而促进社会生产力发展。

发展生产力就是有效配置和充分利用各种经济资源,包括自然、人力、资本、技术和管理,提高劳动生产率,增加供给和满足需求。潜在经济增长率是指一国(或地区)在各种资源得到最优配置和充分利用条件下,所能生产的最大产品和服务总量的增长率。提高劳动生产率是提高经济增长率的重要基础。一是通过改进技术、加强管理、完善组织等,降低单位产品的物化劳动和活劳动,以提高企业的劳动生产力;二是通过提高质量、扩大营销、改善服务等,使企业产品和劳务的生产量符合社会的需求量,由此提高整个社会的总劳动生产力。

(二) 解放生产力与发展生产力的关系

按照马克思主义唯物史观和辩证法,解放生产力与发展生产力是辩证统一关系。

当生产关系不适应生产力发展时,必须对旧的生产关系进行革命,通过解放生产力来发展生产力。此时,变革生产关系具有决定性作用,成为发展生产力的前提,而发展生产力则成了解放生产力的结果。换句话说,解放生产力是为了促进生产力发展,因此解放生产力是手段,发展生产力才是目的,解放生产力的出发点和归宿点是发展生产力。

二、全面理解社会主义的根本任务

社会主义的根本任务是解放和发展生产力,是马克思主义关于社会发展规律的基本原理在中国社会主义革命和建设中的科学运用,是邓小平关于社会主义本质论的核心内容,也是社会主义制度优越性的根本所在。

(一) 历史唯物主义的本质要求

马克思主义的唯物史观认为,生产力是最活跃、最革命的因素,生产力是决定整个人类社会发展的最终力量,是社会进步的最高标准。当生产力的性质和状况发生变化,相应的生产关系和经济基础,以及上层建筑也要随之发生变革。从而解放生产力和发展生产力,进而推动人类社会从低级向高级发展。这是历史发展的普遍规律。

马克思、恩格斯指出,无产阶级夺取政权后首要任务是把生产力从资本主义的束缚下解放出来,进行最大限度发展,以"保证一切社会成员有富足的和一天比一天充裕的物质生活"。③邓小平说:"我们讲社会主义是共产主义的初级阶段,共产主义的高级阶段要实行各尽所能、按需分配,这就要求社会生产力高度发展,社会物质财富极大丰富。"④

①　《邓小平文选》第 3 卷,人民出版社 1993 年 10 月版,第 370 页。

②　《邓小平文选》第 3 卷,人民出版社 1993 年 10 月版,第 149 页。

③　《马克思恩格斯选集》第 3 卷,人民出版社 2012 年 9 月版,第 670 页。

④　《邓小平文选》第 3 卷,人民出版社 1993 年 10 月版,第 63 页。

（二）邓小平关于社会主义本质的核心内容

社会主义本质是什么？邓小平明确指出："社会主义的本质，是解放生产力，发展生产力，消灭剥削，消除两极分化，最终达到共同富裕。"[①]邓小平的这一论述，表明了社会主义生产关系与生产力相统一的思想。

无论马克思、恩格斯从社会主义理论上，还是列宁、毛泽东从社会主义实践中，都讲社会主义要大力发展生产力。邓小平继承和发展了马克思主义关于社会主义发展理论，认为在社会主义制度下，不仅仅是保护和发展生产力，也有解放生产力的任务，即存在经济体制改革问题。随着社会主义革命和建设推进，过去的经济体制会产生不相适应生产力发展问题，需要通过体制改革，才能促进生产力发展。由此可见，邓小平把解放生产力和发展生产力放在同等地位。

（三）社会主义最终目的实现取决于解放与发展生产力

社会主义的生产目的，就是要在生产不断发展的基础上，最大限度地满足人民日益增长的物质和文化需要，并在高度物质文明的基础上建设社会主义精神文明。邓小平认为，贫穷不是社会主义。社会主义最终目的是消除两极分化，达到共同富裕。

实现社会主义生产目的以及最终目标，是要求非常高远、需要巨大努力的根本任务，其根本途径就是不断解放和发展生产力。通过体制改革和科技创新，激发广大人民的积极性、主动性和创造性，增加劳动量和提高劳动生产率，降低成本和改善环境，增加社会产品和服务总量。

（四）社会主义制度优越性的根本所在

一种社会制度是否具有优越性，从根本上说，就是看其能否促进生产力发展，能否使人民的生活水平逐步提高，实现共同富裕。进行社会主义革命和建立社会主义制度，目的就是要把受旧制度束缚的生产力解放出来，促进生产力的新发展，并且通过不断改革和完善体制机制，将人类社会创造的一切文明成果为我所用，创造出比旧制度、旧体制更高的劳动生产率。

改革开放40多年来，中国创造了世界经济发展史上的奇迹，用几十年时间走完了发达国家几百年的工业化道路，社会主义制度的优越性越来越充分体现出来。改革开放的巨大成功无可辩驳地告诉国人和世人，只有改革开放、走社会主义市场经济道路，才能发展中国，才能发展社会主义，并为世界和平发展做出贡献。

第二节　以经济建设为中心的基本国策

解放和发展生产力，实现社会主义的根本任务，必须实行以经济建设为中心的基本国

---

① 《邓小平文选》第3卷，人民出版社1993年10月版，第373页。

策。这一决策对于确立党的基本路线、坚持生产力标准、加深改革和扩大开放、实现"三步走"和"两个一百年"战略目标,加快建成社会主义现代化强国具有重大意义。

一、以经济建设为中心的战略决策

以经济建设为中心是改革开放以来党中央作出的重大战略决策。这一战略决策是对中华人民共和国成立以来经验教训的正确总结,是解决社会主义初级阶段主要矛盾的根本途径,顺应了"和平、发展、合作、共赢"的时代主流。

（一）中华人民共和国成立以来经验教训的正确总结

1956 年党的"八大"曾对社会主义社会的主要矛盾和党的工作重心做出过正确的判断,指出无产阶级同资产阶级的矛盾已经基本解决,主要矛盾是人民群众不断增长的物质文化需要同生产力不能满足这种需要的矛盾,明确提出要建设一个具有现代工业、现代农业、现代交通运输和现代国防的强大国家的宏伟目标。随后不久,党的"八大"关于主要矛盾的正确判断被抛弃了,重提两个阶级、两条道路的矛盾是当前的主要矛盾,并在"四清"和"文化大革命"等运动中,坚持"以阶级斗争为纲",结果给现代化建设造成重大损失。

事实证明,唯有以经济建设为中心,集中力量把经济工作搞上去,才能在生产力落后的国家加快现代化建设。邓小平站在历史唯物主义的高度,一再强调经济工作是当前最大的政治,经济问题是压倒一切的政治问题。这就从巩固和发展社会主义制度的战略高度,确立了经济建设的中心地位。

（二）解决初级阶段主要矛盾的根本途径

中国特色社会主义进入新时代,"我国社会主要矛盾是人民日益增长的美好生活需要和不平衡不充分的发展之间的矛盾。"[①]经过 40 多年来的改革开放,我国的生产力水平迅速提高,人民的收入显著增加,生活水平大幅度提高。从全局看,我国已经成为中等收入国家,社会主要矛盾发生全局的历史性的变化。在这对主要矛盾中,人民日益增长的美好生活的需要、实现共同富裕和人的全面发展是目的,而解决发展不平衡和不充分的问题则是实现目的的手段。矛盾的主要方面是经济发展不平衡、不充分。

解决新时代我国经济发展不平衡、不充分的问题,必须坚持发展是第一要务,从发展是硬道理,到科学发展,再到高质量发展。推进新时代经济高质量发展,必须立足新发展阶段,贯彻新发展理念,构建新发展格局,实施科技创新驱动新战略,促使创新成为第一动力、协调成为内生特点、绿色成为普遍形态、开放成为必由之路、共享成为根本目的。推进新时代经济高质量发展,必须坚持质量第一、效益优先,以供给侧结构性改革为主线,建设现代化经济体系,推进质量变革、效率变革、动力变革,提高全要素生产率,不断增强我国经济创新力和竞争力,满足人民日益增长的美好生活的需要,实现全体人民的共同富裕和人的全面发展。

（三）"和平、发展、合作、共赢"的时代主流

中华人民共和国成立之初,我国处于东西方对立的"冷战时期",受到西方国家包围和封

---

① 习近平:《决胜全面建成小康社会　夺取新时代中国特色社会主义伟大胜利》,人民出版社 2017 年 10 月版,第 11 页。

锁,面临第三次世界大战爆发的危险。所以,一方面,中国在经济建设时都要考虑战备需要,加强国防建设;另一方面,受到党内"左"倾路线干扰和"以阶级斗争为纲"的影响,把抓经济建设"上纲上线",批判为走资本主义道路。所以,"冷战世界"和"左"倾路线是中华人民共和国成立以来,直到"文化大革命"结束时期,阻碍党和国家工作中心转移到经济建设上来的两个主要原因。

十年"文化大革命"结束,苏联、东欧等社会主义阵营解体,东西方对立"冷战"趋于缓和,中国与美国等西方发达国家广泛建交,世界经济一体化趋势形成,"和平、发展、合作、共赢"成为时代主流。这给中国确立和坚持以经济建设为中心、解决社会生产落后问题、尽快缩短与西方发达国家的差距、重新自立于世界民族之林,提供了极其难得和宝贵的历史性机遇。

中国特色社会主义进入新时代,世界总体上仍然处于和平、发展、合作、共赢时代,但是,又面临着"百年未有之大变局",并在世纪性新冠肺炎疫情全球大流行冲击下加速演进。中国经济高质量发展、实现中华民族伟大复兴仍然拥有战略性机遇,同时,面临挑战和风险也是严峻的,史无前例的。在这种时代大格局下,中国推进高质量发展、追求高品质生活,必须统筹国内外"两个大局",努力构建新发展格局。以国内大循环为主体、国内国际双循环相互促进,共商共建共享"一带一路",建设人类命运共同体。

二、以经济建设为中心的重大意义

党的十一届三中全会作出以经济建设为中心的战略决策,对于建设中国特色社会主义、实现中华民族伟大复兴具有重大意义。正是在以经济建设为中心的战略决策基础上,形成了党在社会主义初级阶段的基本路线,强调以生产力为标准来衡量执政党是非功过,制定和实施"三步走"和"两个一百年"发展战略目标,有力地促进了这一战略决策的贯彻和落实。

(一)党在社会主义初级阶段的基本路线

党在作出以经济建设为中心的战略决策后,又形成了"一个中心、两个基本点"的基本路线,保证了以经济建设为中心的实现。以经济建设为中心是兴国之要,是国家兴旺发达和长治久安的根本要求;四项基本原则是立国之本,是国家生存发展的政治基石;改革开放是强国之路,是国家发展进步的活力源泉。要把以经济建设为中心同四项基本原则、改革开放这两个基本点统一于发展中国特色社会主义的伟大实践。

改革开放40多年的成功实践启示我们:必须把以经济建设为中心同坚持四项基本原则、坚持改革开放这两个基本点统一于新时代中国特色社会主义伟大实践,长期坚持,决不动摇。必须以经济建设为中心,坚持四项基本原则,坚持改革开放,自力更生,艰苦创业,努力把我国建设成为富强民主文明和谐美丽的社会主义现代化强国。

(二)以生产力为标准衡量执政党的是非功过

以经济建设为中心,就是以发展生产力为根本任务,必须以是否有利于生产力的发展作为衡量一个执政党的是非功过的标准,纠正长期以来对生产力的重要意义认识不清、对社会主义的认识更多地放在生产关系上的错误观点和做法。邓小平说:"按照历史唯物主义的观点来讲,正确的政治领导的成果,归根结底要表现在社会生产力的发展上,人民物质文化生活的改善上"。①因此,在衡量一个执政党的是非功过的标准上变化,特别是确立了是否有利于生产力发展的评价标准,对于中国的经济发展和现代化建设产生积极和深远的影响。

改革开放40多年的实践启示我们:必须坚持以发展为第一要务,不断增强我国综合国力,推进实现现代化强国。这是社会主义的本质要求和根本任务。只有牢牢抓住经济建设这个中心,毫不动摇坚持发展是硬道理、发展应该是科学发展和高质量发展的战略思想,推动经济社会持续稳定健康发展,才能全面增强我国经济实力、科技实力、国防实力、综合国力,才能为坚持和发展中国特色社会主义、实现中华民族伟大复兴奠定雄厚物质基础。

(三)制定"三步走"战略和"两个一百年"目标

以经济建设为中心,就是以发展生产力为根本任务,而其具体化的实现目标就是邓小平阐述的"三步走"战略步骤。1987年8月29日,在党的十三大召开前夕,邓小平在会见意大利共产党领导人时阐述了"三步走"战略步骤:中国经济发展分三步走,20世纪走两步,达到温饱和小康,21世纪用30到50年时间再走一步,达到中等发达国家水平。到那时,人民生活比较富裕,基本实现现代化。

改革开放40多年来,解决人民温饱问题、人民生活总体上达到小康水平这两个目标已提前实现。在这个基础上,再奋斗30年,到中华人民共和国成立一百年时,基本实现现代化,把我国建成社会主义现代化强国。

(四)分两个阶段向第二个百年奋斗目标进军

党的二十大报告从全面建成社会主义现代化强国角度,重申分两步走的总的战略安排:从二〇二〇年到二〇三五年基本实现社会主义现代化;从二〇三五年到本世纪中叶把我国建成富强民主文明和谐美丽的社会主义现代化强国,并对到二〇三五年我国发展的总体目标做了重新表述。

第一个阶段,从2020年到2035年,在全面建成小康社会的基础上,再奋斗十五年,基本实现社会主义现代化。"到二〇三五年,我国发展的总体目标是:经济实力、科技实力、综合国力大幅跃升,人均国内生产总值迈上新的大台阶,达到中等发达国家水平;实现高水平科技自立自强,进入创新型国家前列;建成现代化经济体系,形成新发展格局,基本实现新型工业化、信息化、城镇化、农业现代化"。②

第二个阶段,从2035年到21世纪中叶,在基本实现现代化的基础上,再奋斗十五年,把我国建成富强民主文明和谐美丽的社会主义现代化强国。到那时,我国物质文明、政治文明、精神文明、社会文明、生态文明将全面提升,实现国家治理体系和治理能力现代化,成为综合国力和国际影响力领先的国家,全体人民共同富裕基本实现,我国人民将享有更加幸福安康的生活,中华民族将以更加昂扬的姿态屹立于世界民族之林。

---

① 《邓小平文选》第2卷,人民出版社1994年10月版,第128页。
② 习近平:《高举中国特色社会主义伟大旗帜 为全面建设社会主义现代化国家而团结奋斗》,人民出版社2022年10月版,第24页。

第三节 科技、人才与创新的关键作用

科技是第一生产力,人才是第一资源,创新是第一动力。加快中国经济转型升级、实现高质量发展,关键是依靠自立自主、国际协作的科技创新和广聚天下、高端引领的人才支撑。

一、科学技术在生产力发展中的决定性作用

科学技术是第一生产力。科技创新是当今世界各国经济发展取得国际领先优势和实现可持续发展的决定性因素。

(一)科学技术是第一生产力

1988 年 9 月,邓小平根据当代科学技术发展的趋势,在马克思主义发展史上第一次提出了"科学技术是第一生产力"①的论断。邓小平的这一论断,是对马克思主义生产力理论的坚持、发展和创新。马克思曾指出:"生产力中也包括科学",②"社会劳动生产力,首先是科学的力量",科学技术"是一种在历史上起推动作用的、革命的力量",③"劳动生产力是随着科学和技术的不断进步而不断发展的"。④马克思的这些论述,为邓小平提出"科学技术是第一生产力"的论断,奠定了思想理论基础。

生产力是人们利用自然并取得物质财富的能力,作为人类认识自然、改造自然的科学技术,必然包括在生产力之中。科技被劳动者掌握,便成为劳动生产力;科技物化为劳动工具和劳动对象,就成为物质生产力。管理也是生产力,数智更是全新生产力,现代科学和信息技术为全生命周期与万物智联管理提供了崭新的理论、方法和手段,使生产力诸要素空前有效地组成一个有机整体,最大限度地发挥其能动作用。科技一旦渗透到生产过程中,便成为现实的、直接的生产力。当代科技在国民经济和社会发展中具有主导地位和第一推动力作用。

(二)科技创新是决定性因素

当今世界,以信息科学、信息技术为主要标志的第三次科技革命已向纵深发展,数字技术加新能源的第三次产业革命已经展开,以人工智能为主要标志的第四次科技革命和产业革命加速到来,人类文明已从"工业经济"进入"知识经济",并由"数字经济"向"智能经济"进发,科学——包括自然科学和社会科学给社会生产和生活方式带来新的划时代的革命性变化和历史性影响。新的科技创新能力更成为衡量各国综合国力、国际竞争力的重要标志。

改革开放以来,特别是近十年来,中国实施科教兴国战略、创新型国家建设成效显著,基础研究和原始创新不断加强,一些关键核心技术实现突破,战略性新兴产业发展壮大。然

---

① 《邓小平文选》第 3 卷,人民出版社 1993 年 10 月版,第 274 页。
② 《马克思恩格斯全集》第 31 卷,人民出版社 1998 年 12 月版,第 94 页。
③ 《马克思恩格斯全集》第 46 卷,下册,人民出版社 1980 年版,第 359 页、第 369 页。
④ 《马克思恩格斯全集》第 23 卷,人民出版社 1972 年 9 月版,第 664 页。

而,面对发达国家在经济与科技总体上占据领先优势与对中国高科技发展实施封锁、脱钩的压力,面对国家科技自主创新能力不强、经济和社会发展中的结构性问题,中国必须不断推进以科技创新为主的全面创新,显著增强自主创新能力。实现科技创新从"跟跑""并跑"到"领跑",取得一批具有世界重大影响的领先科学技术成果,使科技进步对经济增长的贡献率大幅上升,进入创新型强国行列。

（三）实施科技创新驱动发展战略

实施科技创新驱动发展战略,坚持走自主自立创新道路。要以全球视野谋划和推动创新,提高原始创新、集成创新和再创新的能力,更加注重协同创新。深化科技体制改革,推动科技和经济紧密结合,加快建设国家创新体系,着力构建以企业为主体、人才为基础、市场为导向、产学研用相结合的技术创新体系。完善知识创新体系,强化基础研究、前沿技术研究、社会公益技术研究,提高科学研究水平和成果转化能力,抢占科技发展战略的制高点。实施知识产权战略,加强知识产权保护。促进创新资源高效配置和综合集成,把全社会智慧和力量凝聚到创新发展上来。

进入新时代新发展阶段,我国要加快实施创新驱动发展战略。优化"政产学研金用"模式,强化创新链与产业链、金融链、价值链融合发展。坚持面向世界科技前沿、经济主战场、国家重大需求和人民生命健康,加快实现高水平科技自立自强。以国家战略需求为导向,集聚力量攻关原创性引领性科技,攻克关键核心技术卡口。加快实施一批具有战略性全局性前瞻性的国家重大科技项目,增强自主自立创新能力。加强基础研究,突出原创,鼓励自由探索。提升科技投入效能,深化财政科技经费分配使用机制改革,激发创新活力。加强企业主导的产学研深度融合,强化目标导向,提高科技成果转化和产业化水平。强化企业科技创新主体地位,发挥科技型骨干企业引领支撑作用,营造有利于科技型中小微企业成长的良好环境。

二、高质量发展的关键是科技创新驱动

经过改革开放 40 多年来的高速发展,中国经济已经到了由主要依靠资源等要素投入推动和规模扩张的粗放型、外延型发展方式转向主要依靠创新驱动的集约型、内生型发展方式的阶段。

（一）推进科技创新驱动的高质量发展

改革开放以来,中国经济社会发展取得了举世瞩目的成就,经济总量跃居世界第二,众多主要经济指标名列世界前列。同时,必须清醒地看到,中国经济规模很大,但依然大而不强,经济增速很快,但依然快而不优。资源过度消耗浪费,环境污染严重,劳务成本快速上升,人口红利明显削弱等,使得中国经济发展主要依靠资源等要素投入推动和规模扩张的粗放型、外延型发展方式到了难以持续的地步。同时,应当看到,现在世界发达国家人口全部加起来是 10 亿人左右,而中国有 14 多亿人。通过中国式现代化全部进入世界发达水平行列,那就意味着世界发达国家人口要翻一番多。如果中国要以现有发达国家人口消耗资源的方式进行生产生活,那么,中国将要用掉"几个"地球资源。那是绝对不可能的! 出路何在?

从世界范围来看,在知识经济时代走向数字经济和智能经济时代中,一国经济增长主要

是依靠知识资源、数字资源和智能资源的开发、保护与创新来实现。在《收益递增经济增长模型》等论文中，以 P.M.罗默（1986）为主要代表的一些著名经济学家提出了新经济增长理论，即内生经济增长理论。该理论认为专业知识、创新技术和人力资本是推动经济持续增长的主要的内生变量。它们不仅能形成自身递增的收益，而且能使资本和劳动等要素投入产生收益递增，从而使整个经济的规模收益递增。因此，中国经济要实现中高速的稳定增长、可持续的绿色发展，出路就在于必须从要素驱动的粗放型、外延型发展方式，转向主要依靠创新驱动的集约型、内生型发展方式，着力推进高质量发展。要依靠科技创新，推进碳排放达峰后稳中有降，开发可持续利用的、绿色的新资源，尤其是知识资源、数字资源和智能资源，提高资源利用效率，降低自然资源能耗和环境污染。还要推进互联网＋、大数据、云计算和人工智能创造等，提高投资和劳动效率，化解劳务成本快速上升压力，提高企业的核心竞争力和市场占有率，从而提高国家综合实力和国际竞争力。

（二）依靠科技创新提高全要素生产率

推动经济提质增效、转型升级高质量发展的关键是科技创新，必须稳步提高主要反映科技进步的全要素生产率（total factor productivity，TFP）在经济发展中的比重。所谓全要素生产率，是指产出增长率超出要素投入（主要是资本和劳动）增长率的部分，即视为科技进步带来全部投入要素使用效率增加部分，来源于包括技术进步、组织创新、专业化和生产创新等。

自 1978 年改革开放到 2008 年国际金融危机发生，中国经济经历了 30 年高速增长。为摆脱国际金融危机对中国经济的影响，中国政府启动了大规模投资刺激政策，又保持了 5 年经济高速增长势头。但也出现了产业能力严重过剩、产业结构难以调整等问题，面临较大经济下行压力。其中，造成这种经济发展矛盾状况的两大原因，就是投资效率和全要素劳动生产率双双大幅度下降。据估算，在九五、十五期间，我国固定资产投资占当年国内生产总值的比率为 1/5，但到了 2014 年，我国固定资产投资占当年国内生产总值的比率下降为 1/11。[①] 然而，影响全要素生产率及其对经济增长贡献率的主要因素是技术进步和制度改进。因而，提高我国科技自立自主、国际协作的创新能力，通过新型举国体制集中力量创新、发动万众创新和加强集成创新等途径，促进科技成果转化为现实生产力。与此同时，要进一步改革和完善社会主义市场经济体制和科技创新体系，提高科技创新资源等经济社会资源的配置和利用效率，由此提高全要素劳动生产率。在未来能够提升到 4%～5%，必能推动中国经济从规模高速度发展转向可持续高质量发展。

（三）改革与健全科技创新体系

科技创新不仅是科学技术领域的创新，而且是以制度创新为核心的全方位的系统创新。中国需要进一步解放思想，针对束缚创新驱动发展的观念和体制机制障碍，加快科技体制改革步伐，健全科技创新体系。完善党中央对科技工作统一领导的体制，更好发挥政府引导、规划、支持和协调国家创新体系中的积极作用，健全新型举国体制，强化国家战略科技力量，优化配置创新资源，优化国家科研机构、高水平研究型大学、科技领军企业定位和布局，形成

---

① 周子章：《以提升全要素生产率实现转型再平衡》，《上海证券报》2015 年 7 月 30 日。

国家实验室体系,统筹推进国际科技创新中心、区域科技创新中心建设,加强科技基础能力建设,强化科技战略咨询,提升国家创新体系整体效能。要充分发挥市场在配置创新资源中的决定性作用,让科研院所、高校、企业和"草根"大众真正成为技术创新的主体。

通过事业驱动和财富驱动激发全社会科技创新的积极性、主动性和创造性。深化科技体制和科技评价改革,加大多元化科技投入,加强知识产权法治保障,形成支持全面创新的基础制度。培育创新文化,弘扬科学家精神,涵养优良学风,营造创新氛围。扩大科技创新的国际交流合作,加强国际化科研环境建设,形成具有全球竞争力的开放创新生态,充分利用全球创新资源,加快国际一流的科技创新成果及其转化应用。

三、创新驱动的核心是人才开发使用

推动经济提质增效、转型升级高质量发展的关键是科技创新,核心是人才开发使用,基础是教育培养。中国必须全面实施创新人才强国战略,加强人才教育培养和开发使用,推动科技人力大国走向科技人力强国。

(一)深入实施创新人才强国战略

当今中国已成为世界科技人力资源大国。中国科技人力资源总量和从事研究与发展的人数均已居世界第一。但是,中国人均科技创新产出效率远落后于发达国家,高端的专业创新型人才仍显不足,"草根"创新型人才脱颖而出的生态环境还不完善,大众创业、万众创新的局面还有待拓展等,导致中国科技人才发展的结构和水平还存在许多与经济社会科技发展不相适应问题,与国际上发达国家的科技创新能力相比还存在着某些方面的差距。从世界科技人力资源大国走向世界科技人力资源强国,中国必须全面实施创新人才强国战略。

进入新时代新发展阶段,必须坚持党管人才原则,坚持尊重劳动、尊重知识、尊重人才、尊重创造,实施更加积极、更加开放、更加有效的人才政策,引导广大人才爱党报国、敬业奉献、服务人民。完善人才战略布局,坚持齐抓共管各方面人才,建设规模宏大、结构合理、素质优良的人才队伍。加快建设国家战略人才力量,努力培养造就更多大师、战略科学家、一流科技领军人才和创新团队、青年科技人才、卓越工程师、大国工匠、高技能人才。建立更为灵活的人才开发、流动、使用和管理机制,最大限度支持和帮助科技人员、高校师生的创新创业。深化人才发展体制机制改革,加强人才国际交流,广聚天下各方各类优秀人才,服务科技创新驱动的高质量发展。

(二)发挥教育培养创新人才的基础作用

培养与全球化、知识化、信息化、智能化时代发展和国际竞争要求相适应的、数以亿计的高素质劳动者和数以千万计的专门人才,将中国巨大的人力资源优势转化为人力资本优势,进而转化为人才创新优势,直接关系到在新发展阶段按照新发展理念构建新发展格局、推进高质量发展、全面建成社会主义现代化强国和实现民族复兴的伟大事业的实现。

中国必须坚持以人民为中心发展教育,深化国家教育综合改革,改革办学体制和教育管理体制,加快建设高质量教育体系,适应国家和社会发展需要,遵循教育规律和人才成长规律,深化创新人才的教育教学改革,统筹高等教育、职业教育、继续教育与国际教育协同创新,加强基础学科、应用学科、新兴学科和交叉学科建设,使教育与科技、经济、社会发展紧密结合起来,推进教育数智化转型和应用,努力造就世界一流科学家和科技领军人才,注重培养创新转发应用一线的人才,努力提高全民族的科学文化素质,使全社会创新智慧竞相迸发、各方面的创新人才大量涌现。

第四节　新发展理念与增强综合国力

当今世界各国的竞争,集中表现为综合国力的竞争。在当代中国,以经济建设为中心,必须坚持发展是硬道理,坚持科学发展,坚持新发展理念下的高质量发展。这是中国40多年改革开放的经验总结,是世界经济发展格局和国内外环境变化的迫切要求。

一、以新发展理念指导新时代高质量发展

以经济建设为中心是兴国之要,发展仍是解决中国所有问题的关键。新发展理念对新时代怎样发展、发展成果由谁共享等重大问题作出了新的科学回答,对于新时代把握发展规律、创新发展理念、破解发展难题,推动经济社会实现高质量发展具有重要指导意义。

(一)新发展理念是高质量发展的指导思想

2003年10月,中国共产党十六届三中全会通过的《中共中央关于完善社会主义市场经济体制若干问题的决定》明确提出"坚持以人为本,树立全面、协调、可持续的发展观,促进经济社会和人的全面发展"。科学发展观的第一要义是发展,核心是以人为本,基本要求是全面协调和可持续性,根本方法是统筹兼顾,包括统筹城乡发展、统筹区域发展、统筹经济社会发展、统筹人与自然和谐发展、统筹国内发展和对外开放,也包括统筹个人利益和集体利益、局部利益和整体利益、当前利益和长远利益,充分调动各方面积极性,实现又好又快发展。

习近平在总结科学发展新经验的基础上,提炼上升到五大新发展理念。习近平在党的十九大报告中指出:"发展必须是科学发展,必须坚定不移贯彻创新、协调、绿色、开放、共享的发展理念。"[①]五大新发展理念突破了片面追求经济增长速度的发展观,把经济发展的质量和效益提升到一个新高度,要求树立涵盖经济、社会、生态、国内、国际方方面面的全面发展的新理念。五大新发展理念深刻反映了经济社会发展规律。创新发展是经济发展的原动力,注重的是解决发展动力问题,反映了生产力发展的客观规律。协调发展,不但包括三大产业之间,也包括地区之间、部门之间、经济社会之间的协调,注重的是解决发展不平衡的问题,反映了按比例协调发展规律的要求。绿色发展要求注重生态环境建设,解决人与自然和谐问题,实现可持续发展,反映了人和自然和谐发展规律的要求。开放发展是经济全球化的必然产物,注重的是解决发展内外联动问题,反映了国与国之间和平发展、合作共赢的规律性要求。共享发展是公平性发展,发展成果惠及全体人民,注重的是解决社会公平正义问题,反映社会发展规律。新发展理念是对经济社会发展规律的新认识、新概括,是中国进入

---

①　习近平:《决胜全国建成小康社会　夺取新时代中国特色社会主义伟大胜利——在中国共产党第十九次全国代表大会的报告》,人民出版社2017年10月版,第21页。

新时代经济社会改革和发展的指导思想,将贯穿于现代化建设的各方面和全过程。

（二）贯彻新发展理念取得举世瞩目的成就

应当看到,中国曾在改革开放初期出现片面追求国内生产总值,不顾资源、环境约束,不注重科学发展,在经济发展中存在高投入、高消耗、高污染与低产出、低效益、低环保的不可持续问题,存在投资与消费关系不平衡、经济结构不合理、科技创新能力不强、城乡发展不协调、收入分配差距较大等问题。解决这些问题必须以新发展理念为指导,否则将无法应对世界经济转型的新挑战,难以保持经济中高速增长和迈向中高端水平,进入新时代高质量发展,实现全面建成社会主义现代化强国和中华民族伟大复兴的战略目标。

改革开放以来,尤其是党的十八大以来,正是由于坚持了以经济建设为中心这个兴国之要,坚持了发展是硬道理和科学发展观的战略思想,贯彻了新发展理念这个新时代的指导思想,中国经济建设取得举世瞩目的成就,综合实力由弱变强,现代化建设取得巨大成就,人民生活从解决温饱达到全面小康,标志着马克思主义与中国改革、开放和发展相结合达到了新的高度,上升到新的境界。

二、以新发展理念为指导增强综合国力

进入新时代,中国统筹"百年未有之大变局"与中华民族伟大复兴大局,开启了全面建设社会主义现代化强国的新征程。必须完整、准确、全面贯彻新发展理念,为建成富强民主文明和谐美丽的社会主义现代化国家、实现中华民族伟大复兴的"中国梦"打下坚实的思想基础。

（一）各国的竞争表现为综合国力竞争

随着以美苏为首的东西方对垒时代的结束,冷战时期各国凭借军事实力决定世界地位的格局已发生改变。世界经济全球化和多极化并驾齐驱,和平、发展、合作、共赢成为时代的主流,但是,逆全球化思潮抬头,局部冲突和动荡频发,全球性问题加剧,世界进入新的动荡变革期。而这背后主因是各国综合国力竞争强弱格局博弈结果和表现。全球化综合国力竞争成为各国竞争的普遍现象。所谓综合国力,是指一个国家所拥有的生存、发展,以及对外影响的各种力量和条件的总和,是衡量一个国家经济、政治、军事、文化、技术实力的综合性指标。综合国力竞争能力的大小强弱,反映着国家的发展水平,决定着它满足国民需求、解决国内问题的能力,同时也决定着它在国际上的地位和作用。综合国力竞争的中心内容是经济技术竞争。综合国力竞争战略强调不同时空范畴内竞争与协作的有机统一。在全球经济一体化、区域经济集团化、各国经济网络化、经济发展智能化迅猛发展的今天,除了竞争,还需要合作;竞争中的合作、合作中的竞争。

（二）从改革开放到综合国力大幅提升

改革开放以来,尤其是进入新时代中国经济从高速增长转向高质量发展,比同期世界平均增速快得多、好得多,综合国力由弱变强,对世界经济的贡献和国际社会的影响越来越大。1979—2017年,中国国内生产总值年均实际增长9.5%,远高于同期世界经济2.9%左右的年均增速。1978年,中国经济总量仅位居世界第十位;2008年超过德国,居世界第三位;2010

年超过日本,居世界第二位,成为仅次于美国的世界第二大经济体。2021年我国国内生产总值达到114万亿元,人均国内生产总值超过1万美元。我国国内生产总值占世界生产总值的比重由改革开放之初的1.8%提高到2012年的11.5%,2017年上升到15.2%,2021年达到18.5%。2008年下半年国际金融危机爆发以来,中国成为带动世界经济复苏的重要引擎。2008—2012年,中国经济对世界经济增长的年均贡献率超过20%。[1]而自2017年以来,中国经济对世界经济增长贡献率多年超过30%[2],成为推动世界经济增长的重要动力源。

(三)高质量发展全面增强综合国力

发展是党执政兴国的第一要务。进入新时代新发展阶段,高质量发展是全面建设社会主义现代化国家的首要任务。没有坚实的物质技术基础,就不可能全面建成社会主义现代化强国。必须完整、准确、全面贯彻新发展理念,以推动高质量发展为主题,推动经济实现质的有效提升和量的合理增长。

实现高质量发展,必须深化高水平市场经济体制改革和扩大开放。着力增强改革系统性、整体性、协同性,着力抓好重大制度创新,坚持"两个毫不动摇",充分发挥市场配置资源的决定性作用,更好发挥政府作用,重点深化要素市场改革,加快构建高校规范、公平竞争、充分开放的全国统一大市场,努力形成有利于高质量发展的体制机制。主动参与和推动经济全球化进程,稳步扩大规则、规制、管理、标准等制度型开放,依托我国的超大规模市场优势,以国内大循环吸引全球资源要素,增强国内国际两个市场两种资源联动效应。扩大面向全球的高标准自由贸易区网络,深度参与全球产业分工和合作,推动"一带一路"高质量共建,构建互利共赢、多元平衡、安全高效的开放型经济体系。

实现高质量发展,必须把深化供给侧结构性改革与实施扩大内需战略有机结合起来。加快培育完整内需体系,充分发挥超大规模内需市场优势,增强消费对经济高质量发展的基础性作用和投资对优化供给结构的关键作用,着力增强产业链、供应链韧性,增强国内大循环内生动力和可靠性,提升国际循环质量和水平,以利于提高供给体系质量和效率,加快实体经济特别是制造业数字化转型发展,扩大优质产能的供给量,显著增强我国经济质量优势,实现高水平的供需动态平衡。

实现高质量发展,必须加快建设现代化经济体系。坚持把发展经济的着力点放在实体经济上,推进新型工业化,加快建设制造强国、质量强国、航天强国、交通强国、网络强国、数字中国。推动制造业高端化、智能化、绿色化发展,巩固优势产业领先地位,推动战略性新兴产业融合集群发展,构建优质高效的服务业新体系。加快发展物联网和数字经济。优化基础设施布局、结构、功能和系统集成,构建现代化基础设施体系。

实现高质量发展,必须全面推进乡村振兴,着力推进城乡融合和区域协调发展。坚持农业农村优先发展,加快建设农业强国,扎实推动乡村产业、人才、文化、生态、组织振兴。深入实施区域协调发展战略、区域重大战略、主体功能区战略、新型城镇化战略,优化重大生产力布局,构建优势互补、高质量发展的区域经济布局和国土空间体系。推进以人为核心的新型

---

①　国家统计局:《改革开放铸辉煌　经济发展谱新篇——1978年以来我国经济社会发展的巨大变化》,人民日报,2013年11月6日。

②　《习近平在庆祝改革开放40周年大会上的讲话》,新华网,2018-12-18。

城镇化,加快农业转移人口市民化,优化城镇化的空间布局,进一步完善城乡融合发展体制机制,畅通城乡要素流动。

实现经济高质量发展,必须依靠创新驱动发展战略。深入建设创新型强国,推动创新链、产业链、资金链、人才链深度融合,加快实施一批具有战略性全局性前瞻性的国家重大科技项目,增强自主自立创新能力。集中国内力量,加强国际合作,开展原创性引领性科技攻关,打赢关键核心技术攻坚战。加快建设人才强国,实行更加积极、更加开放、更加有效的人才政策,打造具有国际竞争力的人才新高地和新高峰,聚天下英才而用之。持续优化生产要素配置,着力依靠创新提高全要素生产率。

实现经济高质量发展,必须推进生态文明建设,健全生态文明制度体系,促进人与自然和谐共生。坚持山水林田湖草沙一体化保护和系统治理,统筹产业结构调整、污染治理、生态保护、应对气候变化,协同推进降碳、减污、扩绿、增长,推进生态优先、节约集约、绿色低碳发展,形成节约资源和保护环境的空间格局、产业结构、生产方式、生活方式,建设美丽中国,促使中国人民的家园更加美丽宜人!

实现经济高质量发展,必须坚持高质量发展与高品质生活相协调,着力保障和改善民生,不断实现人民对美好生活的向往。完善分配制度,坚持按劳分配为主体、多种分配方式并存,构建初次分配、再分配、第三次分配协调配套的制度体系。实施就业优先战略,健全就业促进机制,促进高质量充分就业。健全覆盖全民、统筹城乡、公平统一、安全规范、可持续的多层次社会保障体系。把保障人民健康放在优先发展的战略位置,完善人民健康促进政策。

复习思考题

1. 为什么说社会主义的根本任务是发展生产力?
2. 以经济建设为中心的战略决策有何重大意义?
3. 新时代实施创新驱动发展战略有哪些主要内容?
4. 怎样以新发展理念指导我国经济的高质量发展?

第十章 全面推进中国式现代化建设

习近平总书记在党的二十大报告中指出："从现在起,中国共产党的中心任务就是团结带领全国各族人民全面建成社会主义现代化强国、实现第二个百年奋斗目标,以中国式现代化全面推进中华民族伟大复兴。"[①]党的十八大以来,以习近平同志为核心的党中央带领全国各民族人民团结一致,艰苦奋斗,使社会主义现代化事业取得历史性胜利。党的二十大报告首次系统阐述了"中国式现代化"的内涵和特征,为社会主义现代化建设提出了更具体的目标和要求。

第一节 现代化的一般含义

现代化是人类文明与社会进步的发展趋势。正确认识现代化的特定内涵和基本形式并随着社会发展不断补充完善,是推动人类现代化事业发展的基本规律,形成符合本国实际的现代化发展模式,激发现代化社会动力和活力的重要根源。

一、现代化的阶段性进展与全球化拓展

世界现代化萌发于资本主义国家,从 18 世纪至 21 世纪现代化经历了三个阶段:第一次工业革命,第二次工业革命,第三次工业(信息)革命。当前世界处于第四次工业(科技)革命阶段,这是迄今为止人类历史上规模最大、影响最深远的科技革命。资本主义的现代化虽然是最早的现代化形式,但本质上还是以资本为本的现代化,是少数人获得财富和全面发展的现代化。因此,资本主义现代化并非人类现代化的最高追求,更不是人类现代化的最终模式。而中国开辟了有别于资本主义的现代化道路,致力于建设以民为本、促进全体人民共同富裕和全面发展的现代化,打破了现代化只有西方资本主义"唯一"路径的片面思维,标志着世界现代化的进程开始加速转变。

资本主义的发展推进了世界现代化的阶段性进展和空间性拓展。第一,政治秩序的全球化。资本主义竭尽全力推行资本主义制度在世界范围内的建立、传播和巩固。全球政治

---

① 习近平:《高举中国特色社会主义伟大旗帜 为全面建设社会主义现代化国家而团结奋斗》,人民出版社 2022 年10 月版,第 21 页。

依存关系不断加强，霸权体系逐渐形成，国际组织新型关系、世界格局与世界体系日益复杂化。第二，在全球化的经济维度方面，金融全球化、贸易自由化、投资便利化是国际社会的共同期待，但是却出现金融霸权、互联网霸权、资本之上、资源短缺等全球化问题。当然，也出现了世界经济版图持续扩大，形成国际贸易自由化、国际结算方式多元化、国际金融一体化的全球经济的现代化格局。第三，文化维度的全球化也发生了深刻变化。各民族文化借助经济政治全球化与互联网发展的机遇，通过国际科教文卫体组织、各类国际赛事、跨文化合作项目等多形式多途径传播至世界各地，促进不同文化之间的友好交流与融合，推动文化全球化现代化通俗化发展，推动人类文明达到新发展新高度。

但世界现代化的进展并非一帆风顺，在 21 世纪仍面临着许多问题。一方面，西方国家力图把他们的现代化模式上升为人类社会的唯一模版，但是这与世界各国寻找各自现代化的道路和方案相背离。另一方面，现代化建设和全球化拓展总是与传统发展模式、国家相关利益、民族宗教信仰等产生矛盾。现代化与全球化为人类社会发展带来前所未有的积极影响，同样在一定程度上存在着消极影响。例如，国际冲突影响范围扩大、国际经济形势变动范围扩大、全球贫富差距继续扩大，"三股势力"抬头[1]，政治对立、经济壁垒和意识形态冲突等，"逆"现代化、"逆"全球化现象出现。可见，现代化成就与现代化矛盾日渐突出。

二、现代化引发工业化与生产方式变革

18 世纪 60 年代的英国拉开了现代化的序幕，转动了人类现代化发展的轮轴，发端于英国的工业革命打开了世界现代化的大门。在工业革命中，农业社会向工业社会转变，主要表现在机器代替手工，大机器成为工业生产的主要方式，生产技术的变革推动经济领域、政治领域、社会关系、思想文化、生活习惯等整体性变革，具有工业化、城市化、民主化、理性化、福利化等典型特征。从第一次工业革命、第二次工业革命到第三次工业革命，人类社会已发生翻天覆地的变化。深刻表现为工业社会向信息社会转变，工业文明向知识文明转变，不断把人类文明推向发展新高度。

现代化进程仍在动态发展中，21 世纪世界已进入现代化的一个新阶段：第四次工业革命[2]。学界认为，第四次工业革命的核心技术与核心驱动力，是人工智能和先进制造技术深度融合，使制造系统具备认知和学习能力的智能制造技术，[3]更深层次地推动人类社会生产力和生产关系进一步变革。第四次工业革命的本质是人的范式转变，是人的现代化深层次发展，从整体上看包括以下方面的特征：第一，进一步深化科学技术发展。马克思、恩格斯揭示了科学技术在人类社会发展中的重要作用：生产力是社会发展的最终决定力量，而科学技术是推动生产力发展的关键驱动力。第二，现代化革命范畴持续扩大。前几次工业革命主要围绕农业、制造业和工业的机械化生产，现阶段工业革命将扩展至智能制造、生物技术、虚拟现实、清洁能源等范畴，跨领域多技术的融合促进产业变革。第三，绿色低碳环保为发展主题。从第一次工业革命开始，人类所需生产生活资料的数量、种类、频率都大幅度增长，大规模开发利用不可再生资源与能源。如今生态环境污染问题、水土流失问题、资源和能源危

---

[1]　"三股势力"是指宗教极端势力、民族分裂势力、暴力恐怖势力。

[2]　［德］克劳斯·施瓦布、［澳］尼古拉斯·戴维斯：《第四次工业革命：行动路线图——打造创新型社会》，中信出版集团 2018 年版。

[3]　周济：《智能制造是第四次工业革命的核心技术》，《智能制造》2021 年第 3 期，第 25—26 页。

机问题、全球气候变暖等问题使我们清晰认识到:保护环境才能保护现代化成果,坚持低碳绿色发展才能保证现代化持续发展。

与此同时,现阶段西方工业化与东方工业化的进程差异较大,现代化发展过程中发达国家与发展中国家有着不同的条件、标准、制度、体系、道路、理念、模式和方法。当前发展仍面临着许多问题和挑战,包括全球不信任、信息不对称、资源不平衡、法制不健全、技术不成熟、标准不统一、科技伦理问题、数字世界黑暗面[①]等问题。

总之,面对世界潮流、时代变局与历史变迁的机遇和挑战,人类现代化发展需要依赖国际社会的广泛支持。

三、现代化促进城市化与生存环境重塑

马克思认为,城市化的历史发展进程是资本积累与阶级斗争的互动过程,是资产阶级迫使农村屈服于城市的统治,资本主义的城市化是资本的城市化,是工业资本利润无情驱动和支配的结果。城市化发展表现为自然区域城市化、人口城市化、人类文明城市化、基础设施城市化等多方面,社会的主要产业结构从第一产业逐渐向第二产业与第三产业转变,资本、资源不断向城市群、城市带、中心城市等空间范围集中,总体上从农村地区、半密集地区、城镇到城市逐渐过渡,形成以非农业产业为主的现代城市型社会,这是当前人类社会城市化发展的主要趋势。

西方发达国家城市化是现代化的主要形式。但是,以英国为代表的西方城市化也存在许多问题。其一,西方城市化对农业农村的空间挤占与耕地的摧毁。城市用地面积和空间扩张导致农村用地面积与自然区域面积大幅度缩减。

其二,西方城市化过程中的社会问题严重。西方国家的城市化不可避免地衍生出了"城市病"。环境污染、两极分化、人口拥挤、城市犯罪及各种社会问题接踵而至。城市人口密度增长导致城市运作压力加大,体现在城市人口问题、老龄化问题、生态问题、失业问题、犯罪问题等各方面矛盾加剧。

其三,在民生领域,城市居民的生产生活质量下降,人与人之间交往的矛盾增多,社会各阶级阶层的矛盾激增,城市居民物质生产生活与精神文化生活不协调不均衡。城市与自然资源、自然环境的矛盾加剧,表现在热岛效应[②]、城市水资源与电力资源缺乏、地表下沉、大气污染、疫情蔓延等问题,严重威胁人民的生命财产安全,并严重破坏城市空间结构,导致现代化的倒退。

面对西方城市化带来的矛盾,尤其是人与环境的矛盾,世界各国开始了城乡生存空间的重塑。第一,合理规划城市化发展路径与综合体系,加大改革力度与资金扶持,完善城市服务与管理制度,建立健全城市治理体系。第二,调整产业结构,发展重心转移至中城市与小城市,减缓中心城市的环境压力与人口压力。第三,多领域多环节多层次合力修复城市环境,鼓励市民、社会各组织与企事业单位加入城市环境保护计划。第四,提高人口素质。人作为城市化发展的参与者与建设者,城市化关键是人的现代化,人的现代化归根结底是要提

[①]　数字世界黑暗面是科技网络时代阴暗面,指网络世界的黑客入侵、信息数据泄露、非法监控、大数据滥用和以非法货币为中心的交易市场等高科技违法犯罪现象。

[②]　热岛效应是人为原因,改变了城市地表的局部温度、湿度、空气对流等因素,进而引起的城市小气候变化现象。该现象属于城市化气候变化明显的特征。

高人的科学文化素质与思想道德素质,实现人的全面发展。

因此,只有找寻正确的城市化发展道路和方式,从长远的发展利益出发,才能将人口和环境等因素转化为现代化的动力和优势。

第二节 马克思主义现代化理论的发展

马克思从唯物史观出发,对资本主义现代化进行分析、研究和总结,揭示了资本主义现代化的发展进程与最终演变。我们学习马克思、列宁、毛泽东的现代化理论,研究中国特色社会主义现代化的脉络、内容与意义,有助于深刻把握现代化的规律及其发展趋势。

一、马克思与列宁的现代化理论

马克思的现代化理论是从十九世纪现代社会转型开始的,他从历史唯物主义立场出发,对最早的资本主义现代化进行总结与反思,辩证分析资产阶级现代化的来龙去脉,深入剖析其在历史中的革命作用、内在矛盾、剥削实质以及前途命运。马克思认为:"现在的社会不是坚实的结晶体,而是一个能够变化并且经常处于变化过程中的机体。"[①]资本主义必然灭亡,社会主义必然胜利,这是不以人的意志为转移的客观规律,为世界各民族的现代化建设和人类社会的文明发展提供了理论指导。

马克思主义的现代化理论包括以下几个方面:第一,现代化的实质是生产力的变革。资本主义现代化发展,主要是因为工业革命和技术革命极大地变革了生产力与生产关系,导致社会性质的深刻变革,推动了人类文明的发展。第二,现代化发展是动力系统交互作用的结果。主要动力因素包括人的主体动力与科学技术力,生产力与生产关系矛盾等的社会动力,阶级斗争与社会革命的直接动力。第三,现代化的发展道路多样,并非只有资本主义现代化这唯一的道路。马克思从科学的、历史意义的高度出发,认为各国现代化道路应是适合本国国情的、顺应客观规律的道路。第四,现代化发展的趋势是更高社会形态的现代化,即资本主义现代化将迈向共产主义现代化,在这个过程中世界将从局部互动转变为整体互动。

列宁继承了马克思的现代化理论,发展和创造了自己的现代化思想。其内容包括:第一,以重工业为首的工业是发展社会主义现代化的物质基础。巩固物质技术基础是巩固社会主义制度的基本要求,也是社会主义现代化超越资本主义现代化的前提条件。第二,农业是国家的命脉,农业现代化是社会主义现代化的保障。列宁不仅重视城市与重工业的发展水平,还注意到农业在经济发展中的重要地位,在实践中列宁提出新经济政策、农业合作社发展方案、加大农村教育投资等,形成"新经济与农民经济结合"的社会主义现代化。第三,在列宁的晚年,提出了通过合作社引导小农走向社会主义,实现工业化和电气化,要学习和利用现代文明一切有价值的东西等思想,标志着列宁社会主义现代化思想的成熟。

总之,马克思主义的现代化理论,揭示了西方的现代化是资本主义生产关系与资产阶级所有制的产物,现代化只是资本主义产生、发展的过程和手段。换句话说,西方现代化迸发

---

① 马克思:《资本论》第1卷,人民出版社1975年6月版,第12页。

了资本主义的生命力,也孕育了埋葬资本主义的所有因素。同时,列宁在马克思的现代化理论指导下,创新了社会主义现代化建设的思路、方案和道路,通过战时共产主义和新经济政策大大提高了俄国的现代化进程,为更多发展中国家探索现代化道路提供了借鉴。

二、毛泽东的现代化建设理论

毛泽东的现代化建设理论是在探索中逐渐形成和完善的,他开启了中国的社会主义现代化征程与中华民族伟大复兴的道路,为中国特色社会主义现代化建设奠定理论基础和提供实践经验。

早在中华人民共和国成立以前,毛泽东在党的七大会议上作《论联合政府》报告时就提出:"为着中国的工业化和农业近代化而斗争"[①]。在党的七届二中全会中又提出:"使中国稳步地由农业国转变为工业国,把中国建设成为一个伟大的社会主义国家"[②],初步形成了建设社会主义工业国的设想。

中华人民共和国成立以后,他吸收借鉴马克思与列宁的现代化理论,逐渐形成毛泽东现代化战略思想,包括独立自主选择现代化道路、"一化三改"战略方针、建设社会主义现代化强国的战略目标、"两步走"实现现代化的战略步骤等。

在社会主义革命和建设中,确立了社会主义的现代化发展道路。坚持了"社会主义革命的目的是解放生产力"[③]的原则要求,经过发展社会主义工业化,以及对农业、手工业和资本主义工商业的社会主义"三大改造"后,初步建立起完整的工业、国民经济体系和社会主义生产组织形式,使社会生产力得到进一步发展。为了进一步发展工业化,毛泽东提出更具体的优先发展重工业的"一五计划",并提出:在几个五年计划之内,把我国从经济文化落后的国家建设成为一个工业化的具有高度现代文化程度的国家的目标。另外,要求对资本主义进行扬长避短,辩证地吸收借鉴"资本主义国家的先进的科学技术和企业管理方法中合乎科学的方面"[④],正是这种积极开放、虚心学习和吸收人类一切优秀成果来武装自己的态度,才能推动中国更稳固地发展社会主义现代化。

在1959年年底至1960年年初,毛泽东总结社会主义现代化建设与探索中的经验教训,首次明确"四个现代化"建设的具体内涵和战略思想,指出:"建设社会主义,原来要求是工业现代化,农业现代化,科学文化现代化,现在要加上国防现代化。"[⑤]后来在"四个现代化"的基础上,又提出了"百年强国"的目标构想:即从二十世纪中叶到二十一世纪中叶,用一百年的时间把中国建设好。在党的八大召开前,毛泽东进一步提出我国需要分"两步走"的现代化发展构想:第一步,用三个五年计划时间初步实现社会主义工业化;第二步,再用几十年的时间接近或赶上世界上最发达的资本主义国家。这为今后中国特色社会主义现代化建设与"两个百年目标"分阶段进行奠定了基础。

总之,以毛泽东为首的中国共产党人吸收借鉴马克思和列宁的现代化思想,并根据中国的国情,不断进行理论创新和实践创新,实事求是制定社会主义现代化发展的目标和路径,

---

① 《毛泽东选集》第3卷,人民出版社1991年6月版,第1081页。
② 《毛泽东选集》第4卷,人民出版社1991年6月版,第1437页。
③ 《毛泽东文集》第7卷,人民出版社1999年6月版,第1页。
④ 《毛泽东文集》第7卷,人民出版社1999年6月版,第43页。
⑤ 《毛泽东文集》第8卷,人民出版社1999年6月版,第116页。

逐渐完善的毛泽东现代化建设理论指导我国有目标、有步骤、分阶段地建设新中国的社会主义现代化，走出了不同于西方发达国家的社会主义现代化道路，朝着社会主义现代化强国的宏伟目标迈出坚实的第一步。

三、中国特色社会主义的现代化理论

党的二十大报告指出："我们坚持以马克思主义为指导，是要运用其科学的世界观和方法论解决中国的问题"[①]。因此，总结中国现代化建设的历史进程、理论发展与实践逻辑，有助于指导全面建设社会主义现代化国家，实现现代化强国的战略目标。

从改革开放开始，中国特色社会主义现代化建设进入新阶段。邓小平深化现代化建设的战略目标，对现代化做了更具体的阐述，认为"四个现代化，关键是科学技术的现代化。"[②]1979 年，邓小平在会见外国官员时创造性地用"中国式"与"小康之家"来表述中国的现代化，勾勒出与西方发达国家不同的发展模式、标准和指标，也是最早将"中国式"和"现代化"结合起来的思想理论。1980 年，邓小平强调当前"三件大事"[③]中的核心就是现代化建设，并提出了现代化建设"三步走"战略。这是结合我国的发展阶段与根本任务制定的战略部署，符合循序渐进的基本规律。1982 年，邓小平在党的十二大中强调："加紧社会主义现代化建设，争取实现包括台湾在内的祖国统一，反对霸权主义、维护世界和平，是我国人民在八十年代的三大任务。这三大任务中，核心是经济建设"[④]。之后，江泽民提出"三个代表"重要思想、胡锦涛提出科学发展观，中国共产党人不断总结经验提高理论自觉性，具有现实指导意义的现代化理论体系逐渐成形。

党的十八大以来，中国特色社会主义进入新时代，国内国际形势的变化对我国现代化发展提出更高的要求。党的十八届三中全会首次提出"国家治理体系与治理能力"与"现代化"相结合的论述，把国家治理与治理能力纳入现代化发展的指标体系。2021 年 7 月 1 日，习近平总书记在庆祝中国共产党成立 100 周年讲话中正式提出了"中国式现代化"，强调了"我们坚持和发展中国特色社会主义……创造了中国式现代化新道路，创造了人类文明新形态。"[⑤]重申现代化没有固定的唯一的模式，中国的现代化是符合国情的社会主义现代化。2021 年 11 月 11 日，在《中共中央关于党的百年奋斗重大成就和历史经验的决议》中，再次重申"以中国式现代化推进中华民族伟大复兴"。[⑥]2022 年 10 月 16 日，习近平总书记在党的二十大报告中指出："从现在起，中国共产党的中心任务就是团结带领全国各族人民全面建成社会主义现代化强国、实现第二个百年奋斗目标，以中国式现代化全面推进中华民族伟大复兴。"[⑦]首次系统地阐述了中国式现代化的五大基本特征与基本要求，强调了全面建成社会主义现代化强国"两步走"的战略安排。

①　习近平：《高举中国特色社会主义伟大旗帜　为全面建设社会主义现代化国家而团结奋斗》，人民出版社 2022 年 10 月版，第 17 页。

②　《邓小平文选》第 2 卷，人民出版社 1994 年 10 月版，第 86 页。

③　《邓小平文选》第 2 卷，人民出版社 1994 年 10 月版，第 239—240 页。

④　《邓小平文选》第 3 卷，人民出版社 1993 年版，第 3 页。

⑤　习近平：《在庆祝中国共产党成立 100 周年大会上的讲话》，《人民日报》第 2 版，2021 年 7 月 2 日。

⑥　习近平：《中共中央关于党的百年奋斗重大成就和历史经验的决议》，《人民日报》第 1 版，2021 年 11 月 17 日。

⑦　习近平：《高举中国特色社会主义伟大旗帜　为全面建设社会主义现代化国家而团结奋斗》，人民出版社 2022 年 10 月版，第 21 页。

总的来说,中国共产党人深刻认识到,要发展新时代中国特色社会主义现代化事业,就必须把握好马克思与列宁的现代化理论、毛泽东的现代化建设理论、新时代中国特色社会主义现代化的发展脉络和基本内容,结合中国式现代化的内在逻辑、实际情况和客观规律,着眼于理论创新与实践创新,构建起中国特色社会主义现代化的理论体系,丰富和发展中国化时代化的马克思主义,为全面建设社会主义现代化国家、推进中华民族伟大复兴提供坚实的理论基础。

第三节　中国式现代化的五大特征

人类文明发展具有历史性、多元性和创造性。因此,不同国家的现代化道路和模式具有各自的特殊性。对于中国而言,这种特殊性在党的二十大报告中表述为中国式现代化,而且具有五大特征。中国式现代化既涵盖了发展中国家的普遍性,又具有中国的特殊性。正因为中国式现代化同时具有普遍性和特殊性,因而才为其他社会主义国家与发展中国家的现代化提供了新思路、新方案。

一、人口规模巨大的现代化

中华人民共和国成立以前,中国久经战乱和屈辱,百年来人均寿命较短,人口数量增长缓慢。在中华人民共和国成立后,社会经济与政治趋于稳定,国民的温饱问题、居住环境、医疗健康等生活条件有了很大的改观。1953年至2020年历次人口普查数据显示(表10-1),我国人口总数大幅度增长,而人口的增长既是我国现代化的条件,又是推动现代化前进的动力。

表 10-1　1953—2020 年历次人口普查中国人口规模的变化

普查年份	1953 年	1964 年	1982 年	1990 年	2000 年	2010 年	2020 年
总人口/万人	58 260	69 458	100 818	113 368	126 583	133 972	141 178
年增长率/%	—	1.61	2.09	1.48	1.17	0.57	0.53

数据来源:1953—2020 年历次全国人口普查公报。

党的二十大报告中指出:"中国式现代化是人口规模巨大的现代化。我国十四亿多人口整体迈进现代化社会,规模超过现有发达国家人口的总和"[①]。一方面,人口规模庞大是中国式现代化的巨大优势。人口多,意味着劳动力也会多,从而大规模劳动力释放的人力、物力和财力等资源活力也大,支撑我国建立独立自主的农业、工业和服务业体系的能力也会强大。但另一方面,人口庞大同时也是中国式现代化面临的重大难题。我国幅员辽阔,虽然人口总数规模大,但是沿海与内陆的人口密度不均,乡村与城市的人口密度也不均,城乡人均收入不平衡。民族众多,各少数民族的人口数量较小,各年龄层次人口结构不平衡,性别的比例不协调,老龄化趋势越来越明显,社会矛盾增加等问题都是现代化的挑战。

---

①　习近平:《高举中国特色社会主义伟大旗帜　为全面建设社会主义现代化国家而团结奋斗》,人民出版社 2022 年10 月版,第 22 页。

尽管如此,在建设人口规模巨大的现代化国家过程中,中国仍能保持历史耐心,脚踏实地、稳中求进,发挥中华民族的聪明才智,解决更多复杂性、挑战性与艰巨性的问题。一方面,坚持马克思主义人口理论的指导,促进人口理论的中国化与现代化发展,汲取中国传统思想与社会治理的精髓,丰富和发展中国特色社会主义的人口理论。另一方面,在实践中遵循人口发展规律,坚持以人民为中心的原则,积极解决各项民生问题,推动社会公平正义。其次,发扬脱贫攻坚精神,发挥人口资源优势,坚持现代化建设为了人民、依靠人民、成果由人民共享的理念。

中国现代化是大国样本的现代化。一是人口众多的现代化。同其他小国家相比较,中国是世界第一人口大国。截至 2022 年 11 月 28 日,全球 238 个国家人口总数为 7 898 236 143 人,其中,中国以 1 447 301 400 人位居第一,是世界上人口最多的国家;印度、美国、印度尼西亚、巴基斯坦、尼日利亚、巴西、孟加拉国、俄罗斯、墨西哥、日本分列第二至第十一。在这 238 个国家中,超过一亿人口的国家就达到 14 个。[①]在这些人口超过一亿的国家中只有美国、日本实现了现代化,而发展中国家还没有一个实现现代化。很多人口较少的国家倒是有不少已经实现了现代化,法国、德国、意大利、西班牙、葡萄牙、新加坡、新西兰、挪威、瑞典、芬兰、瑞士、卢森堡、冰岛等,但是他们都是小样本人口国家的现代化。

可见,大国现代化同小国现代化比较有自身的特殊性。一方面,人口众多式现代化的时间要比小国漫长。第二方面,大国幅员辽阔、人口众多,经济发展综合程度参差不齐,现代化的难度加大。要全面实现现代化需要各个方面的协调,对不同地区进行抽肥补瘦和统筹兼顾。第三方面,人口大国的领域众多,政治、经济、文化、社会、生态等领域都要进行现代化,否则会出现发展差距问题。为此,解决各个领域现代化进程的一致性问题难度非常大。反观,人口较少国家的现代化,各部门之间、各个地区之间、各个民族之间比较好协调与沟通,因此,现代化的难度要小、时间要短,实现现代化之后,不容易出现倒退现象。

总之,中国式的现代化是人的现代化,是 14 亿多人共建共享的现代化,这不仅是对西方现代化特征、模式与道路的超越,还充分体现出中国特色社会主义制度的优越性。只有坚定共产党的领导,坚持走符合国情的中国特色社会主义的现代化道路,才能建成人口规模巨大的现代化。

二、全体人民共同富裕的现代化

二十大报告明确指出:"共同富裕是中国特色社会主义的本质要求,也是一个长期的历史过程。"[②]"共同富裕"这个概念最早由毛泽东在 1955 年《关于农业合作化问题》报告中提出,但"共同富裕"这个概念形成以前,其中蕴含的思想一直是中国人关心的基本问题和美好追求。例如,《论语》中的"富民是根本"与《礼记·礼运》中的"天下大同"思想有着同样的追求,体现古人对社会公平正义、人民富足美满的向往。太平天国运动中《天朝田亩制度》提出的"耕者有其田""等贵贱、均贫富""均田免粮"等思想和口号,凝聚了中国农民追求平等、公平和正义的愿望。在新民主主义革命时期,毛泽东发动土地改革运动,使得穷苦百姓翻身做

---

① 联合国及各国统计局 2022 年 11 月 28 日数据更新的结果。
② 习近平:《高举中国特色社会主义伟大旗帜 为全面建设社会主义现代化国家而团结奋斗》,人民出版社 2022 年 10 月版,第 22 页。

主人,帮助农民从"有其田"为起点,逐渐提高生活水平。在社会主义革命时期,"一化三改"为共同富裕奠定了经济基础。在改革开放时期,邓小平强调:"一个公有制占主体,一个共同富裕,这是我们所必须坚持的社会主义的根本原则。"①可见,党的二十大提出的中国式现代化是共同富裕的现代化,有着悠久的思想渊源和民族共识。

我国共同富裕的现代化有别于西方两极分化的现代化。共同富裕的理想追求贯穿中华民族的发展史,不仅具有深厚的历史渊源,更"是社会主义的本质要求,是人民群众的共同期盼。"②只有以"共同"为前提的"富裕",全体人民一起参与和共享的富裕,才是真正意义上的、促进人类文明进步的共同富裕。

为实现千百年以来的目标,必须科学把握共同富裕的基本规律和基本要求。一是坚持社会主义公有制推进共同富裕的基本方略。二是消除对共同富裕的片面认识。三是正确处理公平与效率的关系,坚持公平与效率协调的原则。四是落实好初次分配、二次分配和再次分配制度建设内容。坚决"着力维护和促进社会公平正义,着力促进全体人民共同富裕,坚决防止两极分化。"③五是坚持以人民为中心的人本思想,坚持发展成果与全体人民共享。六是把参与共同富裕的全体人民外延至全人类,超越资本主义"少数人富裕"的发展逻辑,为世界各国现代化发展贡献中国智慧与中国方案。

总之,当前我国已经完成了脱贫攻坚任务、实现了全面建成小康社会,有了更牢固的经济基础、更稳定的政治局面和更充沛的社会力量,共同富裕的目标将在中国共产党的带领下持续深化。只有帮助全体人民实现共同富裕,才能建成人民满意的社会主义现代化强国,让现代化成为实现共同富裕的根本途径。

三、物质文明与精神文明相协调的现代化

党的二十大报告强调,中国式现代化发展是物质文明与精神文明协调的发展,这是对马克思恩格斯现代文明思想的深化拓展。马克思主义认为,物质文明与精神文明都是人类认识世界改造世界的实践产物,二者相互依存、相互制约,辩证统一于生产力与生产关系的发展。虽然马克思、恩格斯那里并没有"精神文明"这一概念,但马克思和恩格斯有精神文明的思想。马克思在《184 年经济学哲学手稿》中明确提出"精神富有"的概念,指出:"通过私有财产及其富有和贫困——或物质的和精神的富有和贫困——的运动,正在生成的社会发现这种形成所需的全部材料"④。在这里,"精神富有"就是精神文明的原生态存在形式。恩格斯在《家庭、私有制和国家的起源》中进一步指出:"文明时代是学会对天然产物进一步加工的时期,是真正的工业和艺术的时期。"⑤在这里,恩格斯把工业看成是物质文明,把艺术看成是文明形式。可见,物质生产与精神生产、物质文明与精神文明的发展,是人类社会现代化和文明进步的基本特征,同时也是必然要求。马克思、恩格斯阐明了西方现代化是物质文明的

①　《邓小平文选》第 3 卷,人民出版社 1993 年版,第 111 页。
②　习近平:关于《中共中央关于制定国民经济和社会发展第十四个五年规划和二〇三五年远景目标的建议》的说明,《人民日报》第 2 版,2020 年 11 月 4 日。
③　习近平:《高举中国特色社会主义伟大旗帜　为全面建设社会主义现代化国家而团结奋斗》,人民出版社 2022 年10 月版,第 22 页。
④　《马克思恩格斯文集》第 1 卷,人民出版社 2009 年 12 月版,第 192 页。
⑤　《马克思恩格斯选集》第 4 卷,人民出版社 2012 年 9 月版,第 35 页。

现代化,是资本至上的现代化,是制造贫困与两极分化的现代化。

高度重视精神文明是中国现代化的重要特征之一。改革开放初期,邓小平就对社会主义精神文明建设提出系统深刻的阐述,明确表示物质文明与精神文明两手都要抓两手都要硬,要把社会主义精神文明建设提高到新水平。党的十八大提出,以"三个倡导"为基本内容的社会主义核心价值观,提高社会主义精神文明的建设。自党的十九大以来,在习近平总书记的重要讲话精神的指引下,协调物质文明与精神文明工作,贯彻落实于现代化建设的全过程。一方面,积极推动物质技术创新。推动国民经济的高质量发展,坚持供给侧结构性改革,满足人民对美好生活的需求,不断提高对外开放的水平。另一方面,持续推进国民精神文明建设。引导全社会树立新文明新观念新风尚,用中华民族优秀传统文化滋养生活,弘扬爱国精神、民族精神,提高全国各民族的自尊心、自信心与自豪感,增强国民的文化自信、历史自信与理想信念。总之,"没有社会主义文化繁荣发展,就没有社会主义现代化"[1],"物质贫困不是社会主义,精神贫乏也不是社会主义。"[2]促进物质文明与精神文明协调发展,不仅是提高社会主义社会的文明程度与中国式现代化发展程度的基本条件,还是全面推进中华民族伟大复兴的必然要求。

与西方单纯的物质文明现代化相比较,中国式现代化是物质文明与精神文明相协调的现代化。首先,物质文明发展是精神文明发展的基础和前提,精神文明发展是物质文明发展的巩固和拓展。精神文明高度发展的社会,对物质文明建设起积极的推动作用。物质文明与精神文明协调发展是现代化社会的重要指标,也是实现共同富裕的本质要求。物质贫困不是现代化,精神贫乏也不是现代化。全体人民的共同富裕不仅是人的物质共同富裕,更是精神层面的共同富裕。

其次,物质世界与精神世界的极大满足,是实现人的自由全面发展的内在要求。社会的现代化根本在于人的现代化,而人的现代化不仅包括物质需求、综合能力与社会关系的现代化,还包括科学文化、精神文明与道德修养的现代化。个体意义上人的素质提升和整体意义上全民族素养的提升,是人的现代化的最基本内容和要求。

最后,物质文明和精神文明是政治、经济、文化、生态、治理等多领域的全面现代化。全过程民主是中国政治现代化的标志性成果,全国人民代表大会制度是中国政治制度现代化的根本实现形式。以工业化和城市化为核心的经济现代化支撑着整个现代化的"两翼",工业现代化奠定了中国物质文明的根基,城镇化创造了中国人民的文明生活方式。生产意义上的现代化与生活意义上的现代化,成为经济现代化的基本内容。文化现代化是中华民族文化、红色文化、社会主义文化共同发展的结果,是包容西方文化、融合世界各国文化的结果。

四、人与自然和谐共生的现代化

人与自然和谐共生,是马克思主义生态观中国化的表现形式。马克思与恩格斯的生态思想,建立在"自然——人——社会"三维度一体的基础上。一方面认为,人是一种具有能动性的自然存在物,具有自然属性与社会属性,通过实践活动能动地改造自然和社会;另一方

---

① 习近平:《在教育文化卫生体育领域专家代表座谈会上的讲话》,人民出版社 2020 年 9 月版,第 4 页。
② 习近平:《高举中国特色社会主义伟大旗帜　为全面建设社会主义现代化国家而团结奋斗》,人民出版社 2022 年 10 月版,第 22~23 页。

面认为，人、社会与自然存在"生存依赖"与"因果依赖"的交互关系。马克思主义生态观认为，自在自然是人化自然的基础和条件，人化自然是自在自然的目的和归宿。人化自然是人类通过生产实践创造的现实的自然，人的劳动使得自然界不断被人化和社会化。同时，自然以某种方式对人的实践与社会发展起反作用，人与社会不断被自然化。总之，"人化自然""自然人化""自然社会化"与"社会自然化"，反映了人的实践活动、社会发展与生态自然是互相融合的关系，人与自然和谐共关乎人类的命运。

与马克思的生态文明思想一致，中华民族的传统自然观也涵盖了人、社会与自然作为生命共同体的价值理念。例如，儒家学派提出"天人合一"的思想，主张人与自然万物浑然一体，植物、动物、土地、河流等也包括其中，要求人的索取、改造行为必须尊重自然客观规律，实现人与自然和谐统一。张载在《正蒙·乾称》中明确指出："儒者则因明致诚，因诚致明，故天人合一"；老子在《道德经》中提到："人法地，地法天，天法道，道法自然"，传达了万物皆为一体，人与物息息相通，要求实现人与自然的内外统一的思想。

西方国家的现代化既违背了马克思主义生态观，也违背了自然发展规律，还同中国古代"天人合一"思想背道而驰。在人类社会的发展进程中，西方不是从尊重自然、敬畏自然、合乎自然的理念出发，而是从掠夺自然、践踏自然、征服自然的理念出发，违背了"人、社会与自然共命运"的理念。为了发展资本主义现代化不断牺牲自然环境和破坏自然资源，只关注眼前的经济利益而不惜打破生态平衡，以至于出现干旱、洪涝、瘟疫蔓延、全球气候变暖、全球气体污染、全球生物多样化减少等等灾害，阻碍了人类社会现代化的发展。

因此，习近平总书记强调："我们要建设的现代化是人与自然和谐共生的现代化"[1]。必须坚持马克思生态思想与中华民族优秀传统文化的指导，突出人与自然和谐共生的重要思想。第一，坚持社会主义生态文明观，重视社会效益与生态效益，提高生态文明建设在现代化发展中的战略地位，积极推进经济增长与环境保护协调发展的生态亲和型现代化社会。第二，良好生态环境是人民美好生活的重要组成部分，也是我们发展要实现的重要目标！一方面，要积极弘扬社会主义绿色环保精神与保护生态的先进事迹，促进社会形成绿色环保的新风尚；另一方面，要"坚持节约优先、保护优先、自然恢复为主的方针"[2]，鼓励民众树立勤俭节约的环保意识，积极参与植树种草、退耕还林、保护湿地、合理捕捞等环保行动。第三，各领域各行业发展要关注经济效益，更要关注社会效益，维护子孙后代的利益。绿水青山就是金山银山，只有加强绿色、环保、节能的生态意识，促进人要自然和谐发展，才能全面建成可持续发展的社会主义现代化。总之，在中国式现代化建设中要加快发展方式绿色转型，细致深入地推动环境污染防治，整体提升生态系统地多样性，稳定性与持续性，积极推进碳达峰碳中和，兼顾国内外绿色环保事业。

五、走和平发展道路的现代化

西方的现代化是在战争和掠夺中实现的现代化，而中国自古以来就是热爱和平、文明友善的优秀民族。中国是世界四大文明古国中，唯一没有中断文明的国家。华夏文明丰富多

---

[1]　习近平：《决胜全面建成小康社会　夺取新时代中国特色社会主义伟大胜利》，人民出版社 2017 年 10 月版，第 50 页。

[2]　习近平：《高举中国特色社会主义伟大旗帜　为全面建设社会主义现代化国家而团结奋斗》，人民出版社 2022 年 10 月版，第 23 页。

彩,"有朋自远方来,不亦乐乎""修身齐家治国平天下""德不孤,必有邻"等思想源远流长。《论语》《礼记》《左传》《淮南子》《易经》《道德经》等著作不仅有丰富的有关个人修养、人与人、人与家庭、人与自然、人与社会的哲学思想,更富有历史深远的国与国之间和平共处的思想。

中国自古至今一直崇尚和平。《墨子·兼爱》中就有"天下兼相爱则治,交相恶则乱"的思想,主张"兼爱、非攻、止战"。中国奉行独立自主的和平外交政策,坚定维护我国主权与安全利益。中国从《孔子·颜渊》中"四海之内皆兄弟也",秉承"与邻为善,与邻为伴"的友好理念出发,主张"始终坚持维护世界和平、促进共同发展的外交政策宗旨,致力于推动构建人类命运共同体。"①这是中国对古代和平发展思想的创新和发展。中国通过《论语·子路》从"居处恭,执事敬,与人忠。虽之夷狄,不可弃也"的思想出发,诚心诚意与各政党和政治组织交流合作,"坚定维护以联合国为核心的国际体系、以国际法为基础的国际秩序、以联合国宪章宗旨和原则为基础的国际关系基本准则"②,这是对国际政治关系走势的正义性建构。

总之,中国式现代化必然是走和平发展道路的现代化,是与世界人民合作发展、合作共赢的现代化,是人类历史文明中前所未有的最为宏伟的现代化工程,是人类开创社会主义这个最新的现代化形态,是至今人类最大规模的人的现代化国家,人类世界格局与文明进步程度将随着中国式现代化的发展迈向新纪元。

第四节 中国式现代化的战略安排

党的二十大报告明确指出:"未来五年是全面建设社会主义现代化国家开局起步的关键时期"③,推进和深化中国式现代化的发展,本质上要求坚持中国共产党的坚强领导,坚持中国特色社会主义道路、制度、理论、文化不动摇。一方面,要深入剖析时代问题、深化时代认知,统筹社会主义现代化战略规划。另一方面,在百年未有之大变局中,把握中国特色社会主义现代化发展的规律和路径。

一、中国式现代化的战略部署

在实现第二个百年奋斗目标的过程中,党和国家独立自主走中国特色社会主义发展道路,坚持以人民为中心,从基本国情出发,坚持全面深化改革,统揽伟大斗争、伟大工程、伟大事业、伟大梦想,对新时代中国式现代化发展做出科学完整的战略部署。

第一,建构以高质量经济发展为中心的新发展格局。习近平总书记在党的二十大报告中指出:"高质量发展是全面建设社会主义现代化国家的首要任务。"④因此,必须全面贯彻新

---

① 习近平:《高举中国特色社会主义伟大旗帜 为全面建设社会主义现代化国家而团结奋斗》,人民出版社 2022 年 10 月版,第 60 页。

② 习近平:《高举中国特色社会主义伟大旗帜 为全面建设社会主义现代化国家而团结奋斗》,人民出版社 2022 年 10 月版,第 62 页。

③ 习近平:《高举中国特色社会主义伟大旗帜 为全面建设社会主义现代化国家而团结奋斗》,人民出版社 2022 年 10 月版,第 25 页。

④ 习近平:《高举中国特色社会主义伟大旗帜 为全面建设社会主义现代化国家而团结奋斗》,人民出版社 2022 年 10 月版,第 28 页。

发展理念,明确"五位一体"总体布局和"四个全面"战略布局。构建高水平现代化经济体制、高水平现代化产业体系、高质量现代化科创体系、区域协调发展体系与绿色发展体系。继续全面推进乡村振兴与高水平对外开放,实施科教兴国战略,强化现代化建设人才支撑。"必须坚持科技是第一生产力、人才是第一资源、创新是第一动力,深入实施科教兴国战略、人才强国战略、创新驱动发展战略"①,构建高质量教育体系与科技创新体系,办好人民满意的教育,培育高水平人才队伍与创新队伍。

第二,以国家安全为核心的保障体系建设。推进国家安全体系和能力现代化,坚决维护国家安全和社会稳定。坚持总体国家安全观,健全国家安全体系,巩固战略科技力量,提高社会治理与公共安全治理水平。贯彻新时代党的强军思想,贯彻新时代军事战略方针,实现建军一百年奋斗目标,开创国防和军队现代化新局面。通过军队和国防现代化建设,建设国际一流军队,实现解决台湾和推进祖国统一。军队和国防建设是国家安全的最根本保障体系,这是中国现代化建设的硬条件;中国特色大国外交是确保中国有着良好的国际发展环境,这是中国现代化的软环境。促进世界和平与发展,推动构建人类命运共同体,为推动建设一个普遍安全的世界贡献中国智慧与中国方案。

第三,中国式现代化建设必须在党的领导下全面推进。中国共产党的领导决定了中国式现代化的发展方向和发展道路,决定我们举什么旗帜,决定我们为什么人服务,因而,党的领导至关重要。也只有从严治党才能确保党的伟大、光荣和正确。坚定不移全面从严治党,深入推进新时代党的建设的伟大工程。坚持和加强党中央集中统一领导,完善党的自我革命制度规范体系,建设"一支政治过硬、适应新时代要求、具备领导现代化建设能力的干部队伍"②,增强党组织政治功能与组织功能,坚持党风廉政建设和反腐败斗争。

二、中国式现代化的战略目标

在党的十八大召开后的十年内,在中国共产党成立100年时,我们完成了脱贫攻坚、全面建成小康社会的历史任务,已经实现了第一个百年奋斗目标。2022年10月党的二十大隆重举行,号召全党全国各族人民继续团结奋斗,以全面建成社会主义现代化强国为总体目标,以中国式现代化全面推进中华民族伟大复兴,在新中国成立100年时,实现民族复兴的伟大梦想,实现第二个百年奋斗目标。

党的二十大提出:"全面建成社会主义现代化强国,总的战略安排是分两步走:从二〇二〇年到二〇三五年基本实现社会主义现代化;从二〇三五年到本世纪中叶把我国建成富强民主文明和谐美丽的社会主义现代化强国。"③在迈向第二个百年奋斗目标的新征程中,"全党必须坚定信心、锐意进取,主动识变应变求变,主动防范化解风险,不断夺取全面建设社会主义现代化国家新胜利!"④

---

① 习近平:《高举中国特色社会主义伟大旗帜　为全面建设社会主义现代化国家而团结奋斗》,人民出版社2022年10月版,第33页。

② 习近平:《高举中国特色社会主义伟大旗帜　为全面建设社会主义现代化国家而团结奋斗》,人民出版社2022年10月版,第66页。

③ 习近平:《高举中国特色社会主义伟大旗帜　为全面建设社会主义现代化国家而团结奋斗》,人民出版社2022年10月版,第24页。

④ 习近平:《高举中国特色社会主义伟大旗帜　为全面建设社会主义现代化国家而团结奋斗》,人民出版社2022年10月版,第28页。

千里之行,始于足下。实现第二个百年奋斗目标基于实现第一个百年奋斗目标,以及基本实现社会主义现代化。因此,党的二十大报告提出,到二〇三五年我国发展的总体战略目标:一是以综合国力提升为总体目标。经济实力、科技实力与综合国力水平大幅跃升,人均国内生产总值达到中等发达国家水平,居民人均可支配收入再上新台阶,中等收入群体比重明显提高。实现高水平科技自立自强,进入创新型国家前列,建成现代化经济体系,形成新发展格局,基本实现新型工业化、信息化、城镇化与农业现代化。二是以国家治理能力现代化为具体战略目标。基本实现国家治理体系和治理能力现代化,全过程人民民主制度更加健全,基本建成法治国家、法治政府、法治社会。基本建成教育强国、科技强国、人才强国、文化强国、体育强国、健康中国。国家文化软实力显著增强,人民生活更加幸福美好,基本公共服务实现均等化。农村基本具备现代生活条件,社会保持长期稳定,人的全面发展、全体人民共同富裕取得更为明显的实质性进展。广泛形成绿色生产生活方式,碳排放达峰后稳中有降,生态环境根本好转,美丽中国目标基本实现。

总之,当前中国式现代化的战略目标是在基本实现社会主义现代化的基础上,继续努力奋斗,到本世纪中叶把我国建设成为综合国力和国际影响力领先的社会主义现代化强国。

三、中国式现代化的战略实施

党中央统筹规划中华民族伟大复兴战略全局与统筹应对世界百年未有之大变局,未来继续保持战略定力,在战略实施过程中坚持中国特色社会主义道路,坚持以人民为中心的发展思想,坚持深化改革开放,坚持发扬斗争精神。

第一,在政治方面,不断提高全党全国的政治判断力、政治领悟力与政治执行力,不断完善中国特色社会主义政治制度、国家治理体系与治理能力。坚持国家利益为重,坚持国内政治优先,提高政治监督力度,落实全面从严治党政治责任,以整风精神不断推进党的政治生态建设、人民军队的政治整训,维护国家政治安全稳定。

第二,在经济方面,继续构建新发展格局,完善社会主义市场经济体制与现代化经济体系,毫不动摇巩固发展公有制经济,毫不动摇鼓励、支持、引导非公有制经济,促进数字经济与实体经济融合发展,建设社会效益与经济效益相统一,推动经济社会绿色可持续高质量发展,坚持更高水平的对外开放,维护国际经济格局与经贸关系。

第三,在意识形态方面,坚持马克思主义的根本指导地位,坚持党对意识形态的领导地位,全面落实意识形态工作责任制,完善思想政治工作体系,打破意识形态教条,维护意识形态安全,坚持科学文化素质与思想道德素质协调发展,不断发展中华民族优秀传统文化与社会主义先进文化,推动社会主义主旋律教育。

第四,在社会与自然方面,完善自然保护地体系建设,促进社会发展与生态环境和谐统一,提高社会应对一系列重大自然灾害的能力,提高国民绿色发展与环境保护观念,推动绿色低碳的生产方式和养成保护生态环境的生活习惯。

第五,在国际关系方面,反对一切形式的霸权主义与强权政治,推动建设开放型世界经济,推动中华文化的国际影响力、传播力与感召力,坚定维护国际公平正义,提出更多促进人类和平发展的新理念新思路新方法,推动构建新型国际关系。

复习思考题

1. 如何全面认识现代化的一般含义?
2. 如何理解马克思主义的现代化理论?
3. 中国式现代化有哪些主要特征?
4. 实现中国式现代化有哪些战略安排?

第十一章　新型工业化与数字化

目前,以数字技术加速创新与渗透融合为突出特征的新一轮工业革命,正在全球范围内孕育兴起,数字经济成为全球经济增长的重要驱动力。党的二十大擘画了以中国式现代化为途径,全面推进中华民族伟大复兴的宏伟蓝图,作出了加快构建新发展格局的战略部署。习近平总书记指出:"加快发展数字经济,促进数字经济和实体经济深度融合,打造具有国际竞争力的数字产业集群。"[①]这就为中国的新型工业化与数字化协调发展指明了前进方向。

第一节　工业化与数字化的关系

工业化与数字化是相互促进、相互融合的。就其合作机制而言,工业化需要社会协作模式的支持,数字化则需要社会合作模式的支持。由于协作发生在某特定组织的边界之内,因此工业化的协作范围是有限度的合作。而支持数字化的合作是不同组织间,以及组织内部的共同行动模式,这就产生了更大范围的协同,需要调动更大范围的要素整合。在数字化、网络化和集成化作用下,工业化向新型工业化转变成为历史的必然。

一、工业化的概念

从生产力发展的角度考察,工业化就是在工业革命中,现代机器大工业发展成为主导产业部门的过程,也是运用现代先进工业技术改造或装备农业和整个国民经济的过程。

工业化其实是生产力发展过程和产业结构演变过程的结合,从工业化阶段和三次产业增长的关系看,可以把一个国家的工业化进程分成工业化前期、中期和后期三个大的阶段,不同时期各大产业的增长具有不同的特征。在工业化前期,工业开始出现加速增长,第二产业增长明显快于第一和第三产业;在工业化中期,第二产业仍然保持领先增长,工业制造业成长为国民经济主导产业,第二产业增长要求第三产业更多支持,第三产业的增长率会加快,与第二产业增长率的差别将明显缩小;工业化后期,由于专业化分工的发展和最终消费对服务需求的提升,第三产业的发展将会超过第二产业,成为国民经济的主导部门。

---

① 习近平:《高举中国特色社会主义伟大旗帜　为全面建设社会主义现代化国家而团结奋斗》,人民出版社 2022 年10 月版,第 30 页。

二、数字化的概念

数字化,就是通过数字技术,借助一定的设备将各种信息转化为电子计算机能识别的二进制数字"0"和"1"后,进行运算、加工、存储、传送、传播、还原的技术。数字化的核心是数字向数据的转化,并作为新型生产要素,以其高创新性、强渗透性、广覆盖性改造提升传统产业的支点,推动了产业发展模式向创新驱动转变。数据要素作为一种新生产要素投入生产,并不断渗透到劳动、资本、原材料和能源等其他要素中去,使这些生产要素及其组合方式发生本质的变化。

三、工业化与数字化融合

工业化与数字化的融合是一个由数字革命引发的、创造性破坏的动态变革过程,它通过产品和服务的数字化、企业的数字化和多产业数字融合的过程,逐步形成新产业属性或新型产业形态,进而推进产业变革与社会生产的过程。工业化与数字化融合主要表现在技术和需求两个层面:

(一) 技术层面

数字化,是基于新一代数字与智能技术,通过数据处理协议而产生的网络协同与数据智能,推进企业在研发、生产、营销、服务等方面的业务创新。数字化是引起管理模式、组织与人才、管理决策等方面的变革,从而转变生产经营与管理方式,实现更强竞争优势、更高经营绩效、更可持续发展的进步过程。

数字技术产业发展的主要驱动力来自数字技术的进步与创新。数字技术是多种数字化技术的集称,主要包括计算机技术、通信与网络技术、半导体技术、信息存储与显示技术等。数字技术打破过去企业和企业之间、个人和个人之间、人和物之间的平面连接,建立起立体的、折叠的、交互式的架构,从而构建一个更加直接高效的网络。通过数字化技术,实现点对点、端对端的交互式连接将更直接,省去中间节点,从而大幅度提高整体效率。此外,叠加以区块链为基础的数学算法建立数字信任,将使得经济运行实现更低成本、更高效率,带动社会迅速发展。

进入 21 世纪以来,数字技术发展迅速,计算与通信领域的技术突破,为产业化提供了强力的技术支撑。比如,5G 技术、人工智能、数字孪生等新兴融合型技术,还包括区块链、大数据、云计算等。超级计算机是世界高新技术领域的战略制高点,中国首台千万亿次超级计算机"天河一号"目前已是全球最快超级计算机。近年来,国外在网络技术、基础计算环境、智能技术和智能终端、智能标签、全球定位系统(GPS)、地理信息系统(GIS)等方面出现了许多新的进展,正成为产业拓展的方向和新的综合支撑平台。比如,各种各样的服务智能终端技术日新月异,各种新型网络终端包括个人移动终端、智能化数字家电等将会快速发展,成为无所不在的服务载体。

(二) 需求层面

数字产业的发展可以得到消费需求与投资需求的强力支撑,有利于平衡现有的消费投资比例失衡问题。从国际经验来看,人均 GDP 达到 3 000 美元后,居民消费将进入加速转型升级的阶段。2022 年上半年,我国人均 GDP 接近 6 143 美元,全年接近 1.3 万美元,居民消费处于实现美好生活的快速转型、加速释放阶段,居民消费结构升级和消费倾向转型的态势日益增强。未来,我们将进入智能化时代,智能生产、智慧生活将是经济生活的重要特征。智能化时代的生产生活有着与"吃、穿、住、用、行"等物质性消费方式截然不同的特征与要求。

第二节　中国特色新型工业化道路

中华人民共和国成立以来,中国工业化道路走过了艰辛历程,工业化战略几经调整。立足人类发展的基本轨迹,立足进入新时代的基本国情,确立了"新型工业化"推进中国式现代化的发展道路,明确提出"实施产业基础再造工程和重大技术装备攻关工程"①等重大举措。只有坚持工业化和数字化融合,才能走出一条"科技含量高、经济效益好、资源消耗低、环境污染少、人力资源优势得到充分发挥的新型工业化路子"②。

一、中国工业化的发展阶段

从长期发展来看,中国的工业化经历了一般市场经济国家工业化的过程。但中国的工业化又有其特殊性,它是伴随着由计划经济向市场经济转轨而发生的,产业结构的形成也经历了由集中性、指令性向均衡化、市场化转变的过程。这也是一个在起步较晚,时间较短,工业化与全球化、信息化几乎同步发展的过程。这就决定了中国式工业化路径是一个在人类工业文明高点开启的,具有较大包容性,对世界工业化道路进行借鉴又与中国国情、中国特色社会主义道路相符合的工业化。

(一)改革开放之前的工业化(1949—1978 年)

中华人民共和国成立以后,一直到改革开放之前,我国并没有沿用其他国家一般走过的轻纺工业起步的工业化道路,而是实行"优先发展重工业"的战略,选择了重化工业起步的"赶超道路"。1952 年至 1965 年期间,重工业总产值年均增长 15.5%,高于轻工业年均增长率 5.5 个百分点,重工业在工业总产值的比重也迅速由 35.5% 提高至 48.4%。从 1953 年到1980 年,全国基本建设投资中,工业投资占 54%,而工业投资中重工业投资所占比重高达89%,主要投资于冶金、电力、煤炭、化学、机械等行业。在这一时期,中国初步构造起了独立、相对完整的工业体系,工业化进程也由起步阶段逐步进入了工业化的初级阶段。

(二)工业化战略调整时期(1979—1992 年)

优先发展重化工业战略到 20 世纪 70 年代末,导致中国经济出现严重的产业结构失衡,于是开始工业化战略的重大调整,放弃优先发展重化工业,开始注重市场需求,采取消费导

---

① 习近平:《高举中国特色社会主义伟大旗帜　为全面建设社会主义现代化国家而团结奋斗》,人民出版社 2022 年10 月版,第 30 页。

② 《中国共产党第十六次全国代表大会文件汇编》,人民出版社 2002 年 11 月版,第 21 页。

向型的工业化发展战略,以纠正扭曲的产业结构。自 1980 年起,开始对轻工业实行"六个优先"的政策,即原材料、燃料、电力供应优先;挖潜、革新、改造的措施优先;基本建设投资优先;银行贷款优先;外汇和引进技术优先;交通运输优先。此后,工业内部重工业自我循环的结构被初步打破,长期压抑的消费需求被释放出来,成为工业化的巨大牵引力。从 20 世纪80 年代中期开始,在中国广大农村兴起了农村工业化浪潮,乡镇企业"异军突起",这是中国工业化进程中的一大创举。20 世纪 90 年代初,乡镇企业年就业人口一度超过国有企业的年就业人口,乡镇企业的产值曾达到工业总产值的一半,使占人口总数绝大比例的农民逐渐融入工业化,从而极大地加速了工业化和城市化的进程,也推动了第三产业的发展。

(三) 产业结构调整升级时期(1993—2012 年)

从 20 世纪 90 年代中期开始,中国工业化过程发生了一系列深刻的变化。20 世纪 80—90 年代,中国完成了初步工业化过程,进入工业化中期阶段的上半期,出现了成熟经济的各种现象。其主要标志是:一般的工业生产技术特别是加工工艺广泛扩散,产量迅速增长并接近最大化均衡状态,利润率降低,产业集中化加快并出现生产能力过剩现象。从 20 世纪90 年代后期开始,制约中国工业增长的因素已从过去的供应能力不足,历史性地转变为有效需求的制约,迫使经济发展必须走技术集约和制度创新之路,追求产品的差异性和高附加值,增加农民收入,启动农村市场。其在国际市场上的竞争也将由传统的比较优势竞争和追求产品的互补性,转变为注重竞争优势和产品的替代性。推进经济结构的战略性调整与拓展新的经济增长空间,成为中国经济尤其是工业经济进一步发展的关键问题。

(四) 新型工业化发展阶段(2012 年以来)

所谓新型工业化,就是坚持以数字化带动工业化,以工业化夯实数字化,就是科技含量高、经济效益好、资源消耗低、环境污染少、人力资源优势得到充分发挥的工业化。这里的科技含量高,是指主要依靠科技进步、创新驱动推动经济发展,使科技对经济增长的贡献率不断提升。所谓的经济效益好,主要是围绕提升资源要素的投入产出,优化配置各种要素资源,提高资金使用效率和效益。所谓的资源消耗低,主要是要通过技术创新、工艺改进,提高各种能源及原材料的使用效益和利用效率。所谓环境污染少,主要是指立足自然生态环境保护,通过淘汰污染环境的落后产能,全面推行清洁化生产、文明式生产,促使经济建设同社会发展、生态环境协调发展。所谓人力资源丰富优势得以充分发挥,主要是指要使我国劳动力的比较优势得以发挥,通过教育、职业培训等多种方式,不断提升劳动生产者的职业素质和能力。

二、工业化面临的主要矛盾与问题

传统工业化以"高开采、高生产、高消费、高排放"等为特征的弊病,使中国工业化的进程充满了矛盾,同时也表现出传统工业化模式与国情和经济社会可持续发展之间的冲突和失衡。

就传统工业化模式与国情和经济社会的发展情况而言,还存在诸多不足,主要表现在:

一是,基于工业互联网的融合发展不断加速,但生态构建尚未完善。通过实施工业互联网创新发展战略,持续升级网络基础设施,基本建成标识解析体系,平台赋能作用不断提升,资源配置能力显著增强,数字化管理、平台化设计等新模式新业态蓬勃发展。

二是,两化融合发展基础不断夯实,但由于底子薄,发展水平低、发展态势不均衡。我们虽然已经建成全球规模最大的信息通信网络,在关键领域核心技术、高端装备和重大短板攻关取得新进展,但大部分企业仍以信息化手段单项应用为主,面临集成应用跨越困难、智能装备不足、组织结构僵化、流程管理缺失等挑战,以及国产研发设计工具、制造执行系统、工业控制系统、大型管理软件缺失等一系列问题。

三是,产业基础薄弱,产业结构升级压力大。无论是新一代信息技术还是智能制造关键装备,都面临标准和知识产权缺失、关键器件依赖进口、集成服务能力差、核心技术受制于人等问题,跨学科、跨领域政产学研协同、以企业为主体的制造业创新体系尚不健全。

四是,法律体系滞后,跟不上企业创新发展。新一代信息技术发展和应用带来新业态、新模式和新产业,促进电子商务、数据开放、信息安全、个人隐私、互联网金融等新业务健康发展,亟待更加完善的法律环境。

五是,政策缺乏合力。新一代信息技术与制造业融合发展过程中的技术、产品、安全、应用协同互动机制尚未建立,政府采购政策对国内新产品新服务发展支持不足,技术资本密集型产业融资体系不健全,支持融合发展的财政、税收、金融等政策仍需进一步协调配合。

三、新型工业化道路与"再工业化"战略

新型工业化道路是进入 21 世纪以来,我国提出的工业化发展路径;"再工业化"战略是在国际金融背景下,世界各国新兴起的一股"再工业化"浪潮。二者的有机结合,显著加快了中国特色工业化的进程和中国式现代化的实现。

(一)新型工业化道路

中国新型工业化道路是在经济全球化和科技快速发展的时代背景下提出来的,从我国的资源禀赋和环境约束出发,有利于将我国现实的和潜在的比较优势、后发优势,转化为竞争优势的一条有中国特色的工业化道路。

第一,新型工业化应充分利用后发优势实现跨越式发展。工业化的跨越式发展是指落后国家直接吸收发达国家的科学技术、管理经验、制度等人类先进文明成果,超越一些发展阶段和发展过程,快速提升工业化水平,使国家在经济、科技、文化等领域实现跃进的一种工业化方式。跨越式工业化打破了以往经济发展缓慢、渐进、稳步的常规顺序,以快速、突进的特征出现,在较短时间内完成由较低生产形态向高级生产形态转变,使生产力水平迅速提高,进而实现社会经济整体跨越式发展。

第二,新型工业化应在政府引导下,以市场化方式推进。在工业化的推进机制上,新型工业化道路有别于传统工业化道路。世界经济史表明,现代化的市场经济体制是一个国家或地区经济长期、快速、健康发展的制度基础,这也是 20 世纪后半期世界经济高速发展的原动力。但是要是想成功实施"跨越式"发展战略,政府的引导作用同样重要。政府导向、市场推动型的工业化道路,既能够发挥市场机制的巨大作用,又可以通过政府导向弥补市场的不足,缓解经济的周期波动,避免经济的大起大落。

第三,新型工业化必须融入全球经济,走开放型工业化道路。新型工业化是在全球化飞速发展、我国已加入 WTO 和全面实现对外开放的新背景下进行的,虽然我国仍然具有大国

的一些优势,比如人口多,市场大,区域经济具有一定的互补性等,但已不可能再不顾国际市场需求和自身的优劣势,建立国内完整的产业体系和产品体系。而必须以全球市场为舞台,以各国跨国公司为竞争对手,以国际统一规则为约束,以发挥自身比较优势为策略,以培育核心竞争力为手段,以占领国际市场为目标,积极主动参与国际分工,走开放型工业化道路。

第四,新型工业化应坚持部门、城乡均衡发展。工业化是产业部门发展和产业结构变动的过程,工业、农业与服务业之间的比例根据市场需求、竞争和技术条件变化,各个产业的发展和地位也发生有规律的变化,一二三次产业之间,产业内部之间,都会发生更替和变动。同时,还要把工业化与城市化有机结合起来。因为,在依靠市场来推动工业化的先行工业化国家,是没有城市工业化和农村工业化之分的,包括劳动力在内的各种生产要素可以在城乡之间自由流动,具有区位优势和产业发展优势的农村,可以依据经济规律演化为新兴城市。遵循工业化和城市化内在发展机制促进其良性发展,在推进工业化进程中推进城市化。

第五,新型工业化要实现工业化与数字化的深度融合。首先,以数字技术为传统产业赋能。无论是农业、工业、还是服务业,都离不开信息技术的提升和数字化改造。其次,建立支撑数字化的新产业体系。建立我国自己的信息技术产业,并使信息产业成为国民经济的战略性支柱产业和先导产业,从而为制造业信息化提供强大后盾,同时还要建立新的适应信息化需求的教育体系。第三,以企业为主体,将信息化广泛应用于企业重组、技术开发、市场开拓和产业调整中,使企业数据通信网络化、经营管理电子化、生产流程自动化、产品设计智能化、信息服务社会化。

(二)"再工业化"战略

实行"再工业化"战略,并非只是一个简单的政策转变就能够完成,将面临很多问题,很多制造企业难以消化高额的成本和技术创新的巨大投资花费。为了保障"再工业化"战略的顺利实施,各国已推出了一些相互配合的政策和措施,如大力发展新兴产业、鼓励科技创新、支持中小企业发展等,力图加快传统产业的更新换代和科技进步,以推动经济走向复苏。以美国"再工业化"战略为例,其内容主要包括:

1. 加强实体经济与虚拟经济的协调发展

过度依赖以金融业、房地产业为代表的虚拟经济,使美国在 2008 年金融危机中受到了沉重打击,社会各界纷纷反思当前发展模式,于是以先进制造业为代表的实体经济的作用被重新重视。美国为了重塑制造业的优势地位,向实体经济转型,采取了诸多措施:加强振兴制造业的有关立法工作;鼓励制造业研发创新及产业化;大力培育新兴先进制造业;为制造业提供积极的金融支持等。先进制造业包含了清洁生产、柔性制造、敏捷制造、计算机集成制造、虚拟制造、绿色制造等众多先进模式,不仅能推动产业结构转型升级和产业发展,更重要的是能带来一场生产方式的深刻变革,提高经济抵抗金融风险的能力,从而扭转虚拟经济与实体经济倒挂现象。

2. 大力发展战略性新兴产业

自 2008 年全球金融危机爆发以来,美国政府不断加大对战略性新兴产业的支持力度,以其抢占未来科技发展和产业发展的制高点。2010 年,美国在清洁能源技术和产业、医疗卫生领域、环境与气候变化、信息通信领域和材料与先进制造领域出台了一系列新的计划与政策措施。

3. 鼓励推动民间投资参与科技创新

金融危机发生后,美国并没有因此而大幅度减少研发投入,在某些重点领域反而加大了科技投入,借助于税收补贴等手段,对具有国家战略价值的新兴产业投入了巨资,利用杠杆效应撬动社会资本进入这些领域。比如,美国国会公布的《2009 年美国恢复和再投资法案》的草案包含增加 133 亿美元科技投入,其中研究和开发 99 亿美元,研究和开发设施设备 34 亿美元。

4. 扶持中小企业发展

美国把中小企业视为实施"再工业化"战略的主体力量,相继出台了一系列鼓励和支持中小企业发展的政策和措施。2009 年 12 月 11 日,奥巴马政府计划将 7 000 亿美元问题资产救助计划(TARP)的剩余资金用于扶持小企业,旨在遏制失业率高企带来的政治和经济不良后果。美国政府还多次敦促美国银行为那些可能增加就业机会的小企业提供更多贷款。

5. 重视"政产学研"协同机制

随着信息技术的发展和创新形态的演变,政府在开放创新平台搭建和政策引导中的作用以及用户在创新进程中的主体地位进一步凸显。原来的"产学研"三维创新网络,演变为"政产学研"的四维创新网络。2011 年,奥巴马总统推出了"高端制造合作伙伴"计划。该计划主要致力于四方面的工作:建设国家安全关键产业的国内制造能力;缩短先进材料从开发到推广应用的时间;投资新一代机器人;开发创新型的节能制造工艺。可见,这是美国政产学研协同作战振兴制造业的一项重大举措。

第三节　工业化与数字化的融合发展

拓展阅读

《"十四五"信息化和工业化深度融合发展规划》解读

工业化与数字化的融合是中国特色新型工业化道路的集中体现,是新发展阶段制造业数字化、网络化、智能化的必由之路,也是数字经济时代建设制造强国、网络强国和数字中国的契合点。数字化与信息化又是紧密联系和不可分割的,数字化是实现信息化的重要途径和有效手段,它使信息化达到一个崭新的高度和水平。因此,工业化与数字化的融合,实质是工业化与信息化在更高技术上和更深程度上的融合。

一、以信息化带动工业化

党的二十大报告指出:"推进新型工业化,加快建设制造强国、质量强国、航天强国、交通强国、网络强国、数字中国。"[①]以信息化带动工业化,就是要充分利用信息装备和信息技术更新改造国民经济各个产业,从而推动工业化发展。2021 年 11 月 17 日,工业和信息化部印发了《"十四五"信息化和工业化深度融合发展规划》,就持续深化信息化与工业化融合发展作出部署,以此促进制造业数字化、网络化、智能化发展。

---

① 习近平:《高举中国特色社会主义伟大旗帜　为全面建设社会主义现代化国家而团结奋斗》,人民出版社 2022 年 10 月版,第 30 页。

（一）信息产业对传统工业产生影响

信息作为一种特殊的生产要素进入生产环节以后，其传输、交换、处理方式对传统工业产生了深刻影响。如通过电子计算机集成制造系统（CIMS）实现对传统制造业的信息化改造，把计算机辅助设计、计算机辅助制造、管理信息系统和客户需求系统串联为一个系统，建立起从市场出发，包含企业内部子系统和供货商的局域信息网络，实现信息的高度集成化，从而引导企业的生产经营。对传统制造业的这种信息化改造，能够实现生产流程的协同作业，并对生产环节实时跟踪，消除错误隐患，从而降低生产成本，提高生产效率。

（二）信息化对企业的经营管理进行改造

现代信息化为企业提供了便利的管理方式。在信息化的管理模式下，消费者很容易实现与供给方的直接对话，产品销售可用以销定产的方式实现，比如通过信息网络，产品制造者与最终用户可以直接联系，每当最终用户购买货物时，信息能够实时发送到制造商的信息终端，转换为订货指令和生产清单，便于制造者分析用户需求和产量。诸如 ERP（企业资源计划）、DSS（决策支持系统）、CRM（客户关系管理）、SCM（供应链管理）等信息系统对传统管理方式的改造，实现了企业过程管理、物流和资金管理、客户管理等管理方式的重构，有利于实现企业人、财、物和技术的优化配置，从而改善了企业成本结构，降低了企业的管理成本。

（三）信息化引起企业组织结构与工作机制的变革

在传统的制造企业中，其组织结构一般采取垂直一体化或金字塔式的结构，其缺陷在于上下级之间的沟通存在一定障碍，层级之间的监督管理成本较高。而信息化则使得企业向组织结构扁平化矩阵式管理发展，组织结构偏向于网络型结构转变。在这种新的结构下，不同部门、专业结构的员工可以组成灵活机动的工作组，每一个成员既可以看作独立贡献者，也可以看作团队的组成。这种网络型组织结构能有效实现知识的交流，有利于员工才能的发挥，并且团队自身形成监督机制，降低了监督成本。

二、以工业化促进信息化

以工业化促进信息化，就是要通过工业化水平的提升，为信息化提供物质、资本、技术、经济等全方位的支持。工业化促进信息化，一般通过技术供给和市场需求两个层面来实现。

（一）传统产业是信息化的产业基础

以现代信息技术为代表的高科技产业，不仅不能摆脱传统工业而独立实现，反而必须以传统工业作为基础，特别是要以第三产业的发达作为基础。按照通常的产业分类法，科技产业本身就是第三产业中的一个分支。而已有的科技产业的发展状况及地位，势必对以现代信息技术为代表的高科技的发展起到积极的或消极的作用。比如，很多高科技企业的诞生和成长，需要"孵化器"或"高科技创业服务中心"的扶助，这类创新创业服务机构，本身就是为使创业者减轻早期风险和负担、培育能经受高科技激烈竞争的成熟企业而设立的组织机构，其功能主要就是为高科技企业的创办和成长提供必要的指导性管理、政策咨询等其他综合服务。

（二）传统产业为信息化开拓市场

在市场经济条件下，信息化的实现要以现代信息科技成果的商品化作为前提，如果信息商品不能形成一定规模的市场，也是难以形成产业的。所以信息化除了具有技术变革作为供给端的推力之外，还要有消费升级作为需求端的拉力。促进信息化发展，必须同时着眼于国际国内两个市场，尤其是充分挖掘具有 14 亿人口的国内市场的潜力。一方面，消费升级会对信息通信产品和服务的需求增加，从而带动信息产业本身的发展；另一方面，信息技术向传统产业渗透，导致机器设备、集成电路、网络服务等新兴要素投资需求增加，也为信息化开拓了生产资料的市场。

三、全面实施制造强国战略

当前，全球制造业发展格局和我国经济发展环境发生重大变化，必须紧紧抓住当前难得的战略机遇，以供给侧结构性改革为主线，突出创新驱动，优化政策环境，发挥制度优势，建设形成实体经济、科技创新、现代金融、人力资源协调发展的产业体系，实现中国制造向中国创造转变。

（一）制造强国的战略目标

坚持"创新驱动、质量为先、绿色发展、结构优化、人才为本"的基本方针，坚持"市场主导、政府引导，立足当前、着眼长远，整体推进、重点突破，自主发展、开放合作"的基本原则，通过"三步走"实现制造强国的战略目标：第一步，到 2025 年迈入制造强国行列；第二步，到 2035 年我国制造业整体达到世界制造强国阵营中等水平；第三步，到中华人民共和国成立一百年时，制造业大国地位更加巩固，综合实力进入世界制造强国前列。

（二）制造强国的战略举措

实现制造强国的战略目标，要深入贯彻新发展理念，坚持质量第一、效益优先，推动发展质量变革、效率变革、动力变革，提高全要素生产率，实现高质量发展。把发展经济的着力点放在实体经济上，牢牢把握发展先进制造业这个重点。培育壮大新兴产业，推动重点领域率先突破，要密切跟踪国际科技、产业发展的最新变化，超前谋划、超前部署、超前行动。统筹科技研发及产业化、标准制定和应用示范，推动互联网、大数据、人工智能和实体经济深度融合。在中高端消费、创新引领、绿色低碳、共享经济、现代供应链、人力资本服务等领域培育新增长点和新动能。加大投入支持传统产业优化升级，促进全产业链整体跃升。加快发展现代服务业，促进制造与服务协同发展。加快形成一批新兴产业集群和龙头企业，促进大中小企业相互借力、共生共荣、融通发展。优化制造业发展环境，切实降低实体经济的企业成本，着力构建国家制造业创新体系，强化财税金融支持制造业发展，推动政策、资金、技术、人才等要素汇聚到制造业的大潮中来。

第四节　加快信息化发展

20 世纪 90 年代以来，以微电子技术、空间技术和现代通信技术组合为特征、以多媒体和因特网为载体的信息化潮流席卷整个世界,空前深刻地影响和改变着人类经济发展和社会生活的各个领域。世界各国都纷纷推出各种"信息化"战略,以获得新世纪的竞争优势和先行优势。

一、信息网络化是科技革命的核心

虽然关于新一轮科技革命的划分和界定还没有统一的认识,但以移动互联网、大数据、云计算、3D打印等为标志的信息技术,成为新一轮科技革命核心的观点基本达成共识。

(一) 移动互联网

移动互联网是通过无线接入设备访问互联网,能够实现移动终端之间的数据交换,是计算机领域继大型机、小型机、个人电脑之后最新的技术。作为移动通信与传统互联网技术的有机融合体,移动互联网被视为未来网络发展的核心和最重要的趋势之一。移动互联网涉及传统蜂窝通信、互联网、无线通信网、传感器网络、物联网、云计算等诸多领域,能广泛应用于个人即时通信、家庭互联、战场通信、现代化物流、城市信息化、应急通信网络等多个场景,是目前炙手可热的概念和IT领域极富应用前景的领域。统计数据显示,近年来,移动网络基础建设蓬勃发展,建成全球最大5G网络,终端用户占全球80%以上。截至2022年4月,我国已建成5G基站161.5万个,成为全球首个基于独立组网模式规模建设5G网络的国家;移动互联网用户和流量持续增长,截至2021年12月底,中国手机网民规模达10.29亿人,全年增加了4373万人;互联网收入利润与投融资规模增长,2021年我国无线经济规模约为4.4万亿元,5G直接带动经济总产出1.3万亿元,相比2020年增长33%。

(二) 大数据

大数据产业链贯穿数据生成、采集、存储、应用的整个生命周期。借助生态学的观点,大数据产业链可由基础层、应用层构成。其中,基础层涉及数据采集、数据预处理、数据存储与管理、大数据处理平台、数据安全等;应用层涉及基础算法、商业算法、共性工具、共性平台、行业应用等。伴随着市场的逐步成熟与发展,大数据因其巨大的市场需求和商业价值,正在成为撬动信息产业乃至整个经济社会变革的新引擎。目前,大数据在电子商务、金融、电信、社交等行业领域已出现规模化应用,大规模应用的普及即将来临。"十三五"时期我国大数据产业年均复合增长率超过30%,大数据产业链初步形成;大数据应用从互联网、金融、电信等领域逐步向智能制造、数字社会、数字政府等领域拓展,极大丰富了我国数据资源,催生一批新场景新模式新业态。大数据技术在疫情防控和复工复产中发挥了重要作用。

(三) 云计算

云计算是一种信息技术资源的交付和使用模式,指通过网络获得硬件、平台、软件及服务等所需的资源,其中提供资源的网络被称为"云",而云计算产业则是指专门提供各种"云"服务的产业。云计算被视为信息技术(IT)产业的未来发展方向和革命性变革之一。云计算在我国的应用还没有真正普及,目前主要是个人用户比较多,企业用户相对较少,而地方政府对云计算表现出了高度的热情。2010年工信部和国家发改委联合发布了《关于做好云计算服务创新发展试点示范工作的通知》,确定在北京、上海、深圳、杭州、无锡等五个城市先行开展云计算服务创新发展试点示范工作。2021 年中国云计算总体处于快速发展阶段,市场规模达 3 229 亿元,较 2020 年增加了 1 138 亿元,同比增长 54.42％。[①]

（四）3D 打印

3D 打印技术是制造业领域正在迅速发展的一项新兴技术,被称为"具有工业革命意义的制造技术"。英国《经济学人》杂志在《第三次工业革命》一文中,将 3D 打印技术作为第三次工业革命的重要标志之一,引发了广泛关注。3D 打印技术是"增材制造"的主要实现形式,与传统的"去除型"制造(使用切割、磨削、腐蚀、熔融等办法,去除多余部分,得到零部件,再以拼装、焊接等方法组合成最终产品)不同,无需原胚和模具,就能直接根据计算机图形数据,通过增加材料的方法生成任何形状的物体,从而简化产品的制造程序,缩短产品的研制周期,提高效率并降低成本。

二、数字化是新型工业化的重要动力

在新型工业的转型大潮中,通过运用人工智能、云计算、区块链等技术,为工业的数字化、智能化提供创新产品和服务,成为提升数字化转型效率的利器。数字化转型的红利不仅给工业带来了新生业态,也给传统企业带来了更高的生产运营效率、更快的市场反应和更大的价值创造。

（一）"移动互联网＋工业"

汽车、家电、穿戴配饰等传统制造厂商借助移动互联网技术,在工业产品上增加网络软硬件模块,实现用户远程操控、数据自动采集分析等功能,从而改善工业产品的使用体验。比如,智能血压计、智能体重仪、智能手环等健康设备对用户的健康指标可以实现实时监测,自动分析并给出建议。

（二）"云计算＋工业"

互联网企业利用云计算技术,打造统一的智能产品软件服务平台,为不同厂商生产的智能硬件设备提供统一的软件服务和技术支持,从而优化用户的使用体验,并实现各产品的互联互通,产生协同价值。比如,京东推出了"JD＋"计划和京东智能云,开放了云服务和其他数据处理技术,同时推出一款超级 App,用户使用一个账号就能控制多款智能硬件产品。

（三）"物联网＋工业"

工业企业运用物联网技术将机器等生产设施接入互联网,构建网络化物理设备系统(CPS),进而使各生产设备能够自动交换信息、触发动作和实施控制。物联网技术有助于加快生产制造实时数据信息的感知、传送和分析,加快生产资源的优化配置。比如,华为为中亚天然气管道提供的"数字化油气管道"集成通信解决方案,有效地将管道与压缩机站、计量站、主控中心实时链接,管理人员在北京就能实时了解千里之外的管道现场情况,有助于合

[①]　数据来源:智研咨询发布的《2022—2028 年中国云计算行业市场竞争态势及发展趋向分析报告》。

理制订检修计划,大幅节约运维资金。

(四)"网络众包＋工业"

企业通过自建或借助现有的"众包"网络平台,发布研发创意需求,广泛收集客户和外部人员的想法与智慧,大大扩展了创意来源。比如,工业和信息化部信息中心搭建了"创客中国"创新创业服务平台,链接创客的创新能力与工业企业的创新需求,为企业开展网络众包提供了可靠的第三方平台。再比如,小米、美的、海尔等企业也各自构建了不同类型的互联网众包平台,对接用户需求与全球研发资源,征集产品创意和技术解决方案。

(五)"互联网商业模式＋工业"

互联网给传统产业带来的变革,不仅在新技术应用层面,还引发了商业模式的大变革。生产企业可以依托互联网平台提供服务,企业的收入来源也将从销售产品转向"销售产品＋提供服务",获取持续收入。比如,三一重工已经在设备上增加了通信功能,企业控制中心可以运用5G网络、视频远程故障诊断等信息服务系统,远程监控设备的运转情况,并基于工业大数据实现故障预警,有针对性地提供维修等服务,实现了"服务型制造"。

三、以"智能制造"主动适应新常态

"智能制造"整合了物联网、云计算、大数据等新一代信息技术,由集中式控制转向分散式增强型控制,并通过物联网与互联网的融合,实现智能化、社会化生产的最新形态。

(一)"智能制造"是技术创新的新形态

20世纪中期以后,科学技术的发展也进入了一个日新月异的时代,电子信息技术和自动化技术发展迅猛,以互联网为代表的信息技术革命为制造业注入了新的生命力,计算机集成制造、敏捷制造、虚拟制造等技术系统应运而生。"智能制造"是制造业依据其内在发展逻辑,经过长时间的演变和整合逐步形成的,是随着市场需求的变化,集成了技术创新、模式创新和组织方式创新的先进制造系统,是集成制造、精益生产、敏捷制造、虚拟制造、网络化制造等多种先进制造系统和模式的综合。"智能制造"已获得制造业内众多专业人士的广泛响应,正在成为中国制造业转型升级的新方向、新趋势。

(二)"智能制造"是组织创新的新形式

美国的福特发明了流水线,颠覆了传统欧洲作坊式的生产组织方式,使生产率大幅度提高,是一种典型的制造组织方式创新。19世纪中叶到20世纪中叶的工业社会阶段,制造系统和模式是刚性的大批量生产,流水线和泰勒工作制得到广泛的应用。到了20世纪后半叶,市场需求的多样化迫使工业制造向多品种、小批量、缩短生产周期方向演进,刚性制造模式逐渐被柔性制造模式所替代,与之对应的生产组织也由金字塔式的科层管理向扁平化、矩阵式管理的方向演变。比如,一些大企业实施的敏捷制造,为了快速满足消费者高质量、高性能产品和服务的要求,采取快速响应的组织方式,利用企业网实现企业内部工作小组之间的交流和并行工作,利用互联网实现异地设计和制造,及时建立最优动态联盟。

（三）"智能制造"是模式创新的集中体现

制造模式的创新主要是围绕对消费者需求的响应程度来演进的。随着生产效率的大幅度提高和产品的极大丰富，工业制成品的市场竞争越来越激烈，而消费者的话语权却越来越大，如何更好更快地满足消费者的个性化需求成为制造模式创新的重要因素。比如，美国波音、通用电气等企业采取的并行工程，强调并行地进行产品及其相关过程的协同设计开发，缩短产品开发周期。

四、抢占数字经济的主动权和话语权

大数据是信息化发展的新阶段。随着全球信息化的飞速发展，互联网快速普及，全球数据呈现爆发增长、海量集聚的特点，对经济发展、社会治理、国家管理、人民生活都产生了重大影响，数字经济占国民经济中的比重不断增加，重要性越来越突出。数字经济引领未来全球经济发展，也是全球竞争的新领域及制高点。

（一）数字经济的内涵

数字经济是继农业经济、工业经济之后的一种新的经济社会发展形态。人们对数字经济的认识是一个不断深化的过程。在众多关于数字经济的定义中，以 2016 年 G20 杭州峰会发布的《二十国集团数字经济发展与合作倡议》最具代表性。该倡议认为，数字经济是指以使用数字化的知识和信息作为关键生产要素、以现代信息网络作为重要载体、以信息通信技术（ICT）的有效使用作为效率提升和经济结构优化的重要推动力的一系列经济活动。

1995 年，加拿大商业策略大师唐泰普斯科特出版了名为《数字经济》的著作，详细论述了互联网对经济社会的影响，他被认为是最早提出"数字经济"概念的人之一。进入 21 世纪，尤其是 2008 年国际金融危机爆发以来，世界各国开始纷纷制定数字经济战略，期望通过发展数字经济来拉动经济复苏。我国也十分重视信息通信技术对经济社会的促进作用，2017 年"数字经济"一词首次出现在政府工作报告中。

（二）数字经济的特征

作为一种新的经济形态，数字经济呈现出有别于传统工业经济的独有特征。数据成为驱动经济发展的关键生产要素。随着移动互联网和物联网的蓬勃发展，人与人、人与物、物与物的互联互通得以实现，数据量呈爆发式增长，数据日益成为重要的战略资产。数据资源将是企业的核心实力，谁掌握了数据，谁就具备了优势。美国政府认为，大数据是"未来的新石油"、数字经济中的"货币"，是"陆权、海权、空权之外的另一种国家核心资产"。如同农业时代的土地和劳动力、工业时代的技术和资本一样，数据已成为数字经济时代的生产要素，而且是最为关键的生产要素。随着数字经济的发展，数字经济基础设施成为新的基础设施。工业时代经济活动架构在以"铁公机"（铁路、公路和机场）为代表的"砖和水泥"物理基础设施之上。数字经济时代基础设施转向以"光和芯片"为代表的数字基础设施，既包括宽带、无线网络等信息基础设施，也包括对传统物理基础设施的数字化改造，如安装了传感器的自来水总管、数字化停车系统、数字化交通系统等。同时，在数字经济条件下，数字素养成为劳动者和消费者都应具备的重要能力。

（三）数字经济发展成为国家战略

2015年12月,习近平总书记在第二届世界互联网大会上发表主旨演讲,指出中国将推进"数字中国"建设,发展分享经济,支持基于互联网的各类创新,通过发展跨境电子商务、建设信息经济示范区等,促进世界范围内投资和贸易发展,推动全球数字经济发展。这是继我国提出"互联网＋"行动方案以来,习近平总书记首次在世界范围内,对数字经济发展发表重要论述。2017年"数字经济"首次出现在政府工作报告,2019年至2022年连续四年写入国务院政府工作报告,相继提出"壮大数字经济""打造数字经济新优势""加快数字化发展,建设数字中国""促进数字经济发展,加强数字中国建设整体布局"。2022年国务院政府工作报告提升数字经济战略高度,首次以"单独成段"的方式对数字经济做出表述。目前,中国数字经济的生力军仍然集中在互联网行业,包括工业互联网在内的一系列深度融合的业态。如何推动实体经济与虚拟经济的深度融合、制造业与互联网的深度融合,是具有现实意义的重大挑战。随着全球数字经济的发展,开展国际合作,构建数字经济时代的国际规则成为各国关注的焦点。未来几年,将是国际数字经济发展和规则形成的时期,也是我国要发挥主动引领作用的关键时期。

复习思考题

1. 工业化与数字化为何要深度融合?
2. 中国特色新型工业化道路新在何处?
3. 如何正确评价现代制造业的地位和作用?
4. 数字化对经济社会将带来哪些深远影响?

第十二章　农业现代化与城乡融合发展

习近平总书记在党的二十大报告中指出："全面建设社会主义现代化国家,最艰巨最繁重的任务仍然在农村。"①实现农业现代化是发展农业生产力的根本途径,也是解决"三农"问题,使农民富裕起来的必然要求。要树立和落实创新、协调、绿色、开放、共享发展理念,实施乡村振兴战略和区域协调发展战略,把中国特色社会主义农业现代化与积极发展新型城镇化结合起来,破除城乡二元结构,大力推进城乡融合发展。

第一节　加快实现农业现代化

由传统农业向现代农业转变,实现中国特色新型农业现代化,是实现新时代中国特色社会主义现代化的基础和支撑。我们应该充分利用工业化、城镇化、信息化和城乡发展一体化的新机遇,加快转变农业发展方式,发展多种形式适度规模经营,积极推进和加快实现新时代中国特色社会主义农业现代化。

一、全面认识农业现代化的内涵

农业现代化的内涵是随着经济社会历史发展逐渐丰富、逐步深化的。一方面,随着农业装备水平提高、农业科技进步,农业劳动生产率获得极大提升;另一方面,农业经营管理水平提高、资源环境条件改善等,促使农业经营效率提高,从而使农业现代化的内涵不断丰富多元。

农业现代化的内涵不仅包括农业生产过程的机械化、水利化、化学化和电气化等,而且要拓展到生产条件、生产技术、生产标准、生产组织和管理制度等方面。农业现代化的过程是完善农业产业体系、基本设施体系、经营管理体系、质量保障体系和资源保护体系的过程,也是推进制度创新和技术创新,突破技术制约、化解自然风险、减轻资源压力和消除环境污染的过程。加快推进中国特色社会主义农业现代化,要提高农业综合生产力水平,借鉴农业发达国家的有益经验,努力形成多学科、多产业联合支撑的系统化综合体;要推进农业生产、

---

① 习近平:《高举中国特色社会主义伟大旗帜　为全面建设社会主义现代化国家而团结奋斗》,人民出版社 2022 年 10 月版,第 30—31 页。

工业制造、商业流通、金融服务、货物运输诸多产业部门形成合力支撑。

简要地说，农业现代化就是由传统农业向现代农业转变的过程。现代农业，是指建立在现代科学技术、现代物质条件、现代产业体系、现代经营管理、现代信息技术和现代职业农民等新型要素基础上的农业形态，体现了传统农业的革命。它是第三次科技革命、新的工业革命和产业革命所带动，并渗透到农业的结果。农业现代化同一切现代化一样反映的是一个过程，呈现出一定的阶段性。

二、农业现代化面临的主要问题

中华人民共和国成立以来，农业发展取得了很大成就，也有经历曲折的教训。目前面临的主要问题是：农业的总体发展水平不高，单位产量不高，发展也不平衡；农产品的品质较差，与农业发达国家相比有明显差距；农业劳动生产力低，经营规模较小；农业生产中科技贡献率明显低于发达国家，农业科技投资低于世界平均水平；农业专业化、市场化、社会化的程度较低；农业组织化程度较低，农村市场经济体制不健全；农业资源配置不够优化，资源利用效率和效益不高；农民收益增长不快，城乡差距较大。在工业化、信息化、城镇化和农业现代化"四化同步"发展中农业成为"短腿"。

2014年以来，中国经济发展进入新常态，正从高速增长转向中高速增长。与此同时，在之前发展基础上，我国的农业现代化也面临一些新的问题。比如，生产成本攀升与供需结构失衡并存。一方面，农产品生产成本的不断攀升挤压了农民增收空间，对农民增收的可持续性和稳定性构成了现实挑战；另一方面，随着城乡居民生活水平的不断提高，农产品消费需求也逐步向优质化、个性化和多元化发展转变。[1]但就目前而言，我国中低端农产品供给相对过剩，而优质、绿色农产品供给不足，由此形成农产品供需错配，难以满足消费者对农产品多元化的需求。又比如，农村产业深度融合发展面临不少问题和挑战：一是农村产业融合发展存在不确定性。家庭农场尤其是普通农户在同企业开展联合与合作时往往处于劣势地位，这对农村产业融合发展的稳定性造成较大压力与挑战。二是农村产业融合的深度仍显不足。农村产业融合发展还停留在产品初加工阶段，农产品深加工程度不足且农产品在农业全产业链中增值收益小。[2]除此之外，生态与资源环境面临双重压力，新兴农业经营主体发展质量不高也是需着力破解的挑战与难题。

总体来看，在高质量发展背景下，要继续强化农业基础产业地位，促进农民持续增收，在资源环境硬约束的条件下，保障农产品有效供给和质量安全、提高农业可持续发展能力，加快推进农业现代化和新农村建设具有紧迫性。

三、推进农业现代化的基本原则

中国的农业现代化应根据世情、国情、农情，既借鉴国际经验，更注重中国特色、自主创新，不断地探索新型农业现代化道路。这是推进新型农业现代化道路的基本原则。实现中国式农业现代化，必须牢牢把握"中国特色"和"新型道路"这两个基本要求，在实践中不断探索、在认识上逐步深化。

---

① 姜长云、杜志雄：《关于推进农业供给侧结构性改革的思考》，《南京农业大学学报》(社会科学版)2017年第1期。
② 葛新权、和龙：《促进我国农村产业融合发展的政策取向》，《经济纵横》2017年第5期。

从"中国特色"方面考察,其内涵就是始终把改革作为根本动力,把握好以下方面:一是立足世情、国情、农情,遵循客观规律,顺应时代要求;二是坚持家庭经营的基础,与发展多种经营共同发展;三是传统的精耕细作要与现代技术装备的运用相辅相成;四是实现高产高效和安全生产,与生态保护和资源永续利用相协调;五是加强政府支持保护,与发挥市场配置资源决定作用的功能互补;六是以解决好地怎么种为导向,加快构建新型农业经济体系;七是以解决地少水缺的资源环境约束为导向,深入推进农业发展方式的转变;八是以满足吃得好、吃得安全为导向,大力发展优质安全农产品。概括地说,要按照中国特色的基本要求,努力走出一条生产技术先进、经营规模适度、市场竞争力强、粮经饲统筹、农林牧渔结合、"种养加"一体、一二三产业融合发展,产出高效、产品安全、资源节约、环境友好的中国特色农业现代化道路。

从"新型道路"方面考察,其内涵就是遵循世界农业发展的一般规律和紧密结合中国农业的实际,实现农业生产力发展,主要把握以下方面:一是要用现代化物质条件装备农业;二是要用现代科学技术改造农业;三是要用现代化产业体系提升农业;四是要用现代经营形式推进农业;五是要用现代发展理念引领农业;六是要用培养新型农民发展农业。概括地说,要按照世界农业发展规律新的基本要求,提高农业水利化、机械化和信息化水平;提高土地产出率、资源利用率和农业劳动生产率;提高农民素质、农业的效益和市场竞争力,走中国特色新型农业现代化道路。

把握"中国特色"和"新型道路"两个基本要求,走中国特色新型农业现代化的道路,就是建设现代农业,改造传统农业,不断发展农业生产力的过程,也是转变农业增长方式、促进农业又好又快发展的过程。同时,要把建设现代农业作为主线贯穿新农村建设、城乡融合发展的全过程,把现代农业建设、新农村建设、现代文化建设的全过程统一起来,用辩证唯物主义的发展观,来解决中国特色新型农业的现代化问题。

四、新发展阶段农业现代化的主攻方向

农业是立国之本,强国之基。中国要强,农业必须要强。纵观世界强国发展史,一个国家要真正强大,必须有强大农业作支撑。党的二十大报告明确提出"加快建设农业强国",为我国农业现代化指明了方向和目标。加快建设农业强国,是农业发展方式的创新,也是农业发展进程的提速,既体现农业发展量的突破和质的跃升,又彰显打破常规的后发优势和赶超态势。建设农业强国是一项长期而艰巨的历史任务,将伴随全面建设社会主义现代化国家的全过程。加快建设农业强国,有六大着力点与重要任务:

一是以保障国家粮食安全为主线,推进耕地保护建设全方面加强。统筹发展与安全是新时代构建新发展格局、实现高质量发展所必须遵循的一项重要原则。耕地是粮食生产的命根子,目前我国居民食物消费升级,生活水平提高,农产品供求结构发生变化,国内产需缺口不断扩大,进口越来越多,最根本的原因还是耕地不足。未来中国搞现代化建设,还需要占用耕地。党的二十大报告明确提出,牢牢守住18亿亩耕地红线,实施高标准农田建设工程,逐步把永久基本农田全部建成高标准农田。实现人均一亩高标准农田、人均占有粮食600公斤。

二是以设施和装备升级为重点,推进农业科技装备全领域突破。在有限的资源禀赋条件下,要满足老百姓生活水平提高,保障国家粮食安全,根本出路还是在科技。加强农业战

略科技力量建设,推进农业关键核心技术攻关,在基因编辑、生物工厂、人工智能等领域实现突围突破。构建多元互补、高效协同农技推广体系,促进产学研用深度融合,在整体上推动农业发展由追求速度规模向注重质量效益竞争力转变,由依靠传统要素驱动向注重科技创新和提高劳动者素质转变。

三是以体制机制创新为动力,推进农业社会化服务全环节覆盖。坚持和完善家庭承包经营为基础、统分结合的双层经营体制和农村基本经营制度,培育新型农业经营主体,创新农业经营主体加社会化服务模式,即扶持多种形式的农业适度规模经营,又加快培育农业经营性服务组织,以服务的规模化带动生产的规模化,促进小农户和现代农业发展有机衔接。

四是由产业链相对单一向集聚融合转变,推进农业产业全链条升级。以市场为导向,推进农业的生产、加工、销售、运输、服务等产业,以及农村的休闲、观光、度假、体验、娱乐等环节联结为完整的产业链经营。以拓展农业多种功能、发掘乡村多元价值为方向,融合农文旅、贯通产加销,推进农村一二三产业融合发展。发展乡村特色产业。立足乡村特有的物质和非物质文化资源,开发具有鲜明地域特点、民族特色、乡土特征的产品产业,发掘传统工艺,培育乡村工匠,提升"土字号"乡村特色品牌。

五是由追求产量为目标向发展生产与生态保护并重转变,推进农业绿色发展全过程转型。坚持绿色发展理念,加强农业资源保护,强化退化耕地治理,提高农业用水效率,保护农业生物资源,降低农业资源利用强度。针对东北黑土地"变薄、变瘦、变硬"等十分突出的退化问题,2022年6月24日第十三届全国人民代表大会常务委员会第三十五次会议通过了《中华人民共和国黑土地保护法》,成为当今世界唯一一部从国家层面立法保护黑土地的法律。

六是坚持开放共享,推进农业对外合作全方位展开。优化农产品贸易布局,实施农产品进口多元化战略,促进优势特色农产品出口,创新发展农业服务贸易。培育国际大粮商和跨国农业企业集团,推进生产、加工、仓储物流等全产业链协同布局。围绕粮食安全、气候变化、绿色发展等领域,加强全球农业科技合作。积极参与全球粮农治理,共同制定国际标准规则,增强我国农业国际影响力。

第二节　积极发展新型城镇化

习近平总书记在党的二十大报告中指出:"推进以人为核心的新型城镇化,加快农业转移人口市民化。"[①]城镇化是伴随工业化发展,非农产业在城镇集聚、农村人口向城镇集中的自然历史过程,是国家现代化的重要标志。按照"五位一体"的总体布局与新时代高质量发展的要求,全面实施新型城镇化的战略部署。顺应发展规律,立足基本国情,走中国特色社会主义的新型城镇化道路。

---

① 习近平:《高举中国特色社会主义伟大旗帜　为全面建设社会主义现代化国家而团结奋斗》,人民出版社2022年10月版,第32页。

一、新型城镇化与农业现代化

新型城镇化的概念最早是在党的十六大提出的,是在传统城镇化概念基础上发展而来的,是对传统城镇化的扬弃。目前,学界对新型城镇化尚未达成一致意见,但综合来看,新型城镇化可概括为以新发展理念为统领,追求经济、社会、政治、文化与生态的全方位提升,实现产业升级、绿色可持续、体制创新以及人民生活水平的提升,同时进行城乡统筹,实现城乡融合发展。

党的十八大报告首次提出促进工业化、信息化、城镇化、农业现代化同步发展的"四化"战略,指出"工业化和城镇化良性互动、城镇化和农业现代化相互协调,促进工业化、信息化、城镇化、农业现代化同步发展"。[①]其中,城镇化被放在"四化"发展的优先位置,普遍认为城镇化是拉动经济社会发展的引擎。在需求管理为重点的发展思路之下,这一认识得到不少人的认同。但随着实践的深入,习近平总书记提出以人为核心的新型城镇化道路以后,极大地深化了我们对新型城镇化的认识。

从"四化"发展的角度来看,城镇化与工业化、信息化、农业现代化均具有密切的互动关联。按照产业发展的一般规律,工业化是城镇化的先导,工业化是人口向城镇集中的过程。从产业发展的顺序来看,城镇化的发展是以工业化为基础的。现代社会的最大特征就是信息化的充分发展,现代化一定是信息化。其他产业因为与信息化结合不断提高质量和效率:工业化和信息化相联系,就是新型工业化;农业与信息化相联系,就是现代农业;城镇化与信息化相联系,就是新型城镇化。新型城镇化还包含了人和信息化结合的人的现代化,是以人为核心的城镇化。

新型城镇化与农业现代化相互影响、相互促进。一方面,新型城镇化能够加快农业现代化。在新型城镇化推进过程中,现代信息技术在农民的日常生活与生产经营活动中能够得到更为广泛的普及和应用。相应地,农业生产的基础设施及技术水平,农民的文化素质、创新与环保意识都得到显著改善与提升,这些新变化不仅极大改善了农民的生活水平,还极大提升了农业生产的科技化、优质化、绿色化、市场化水平。

另一方面,农业现代化是新型城镇化加速发展的重要基础。首先,农业现代化水平越高,其生产经营效率越高,所需的人力与物质资源则越少,越能够释放出剩余劳动力与生产资料,从而为第二、三产业的发展提供更为丰裕的劳动力与物质资源,从而加快新型城镇化的推进。其次,农业现代化水平的提升意味着更多闲置土地资源可以服务于非农业用途,从而实现第二、三产业规模的扩张,优化城镇的产业结构,促进经济发展方式的转变。除此之外,农业现代化还意味着农民的现代化转变,其文化素质、民主意识与主体精神得到显著提升,能够更为主动地利用现代技术手段与管理方式进行农业生产,也有利于农民更为主动、高效地参与新型城镇化的基层治理、工业生产与新兴产业的经营管理。

二、中国城镇化的现状与深层次问题

为了科学地理解新型城镇化发展方向和采取切实有效的举措,需要搞清楚中国城镇化

---

① 胡锦涛:《坚定不移沿着中国特色社会主义道路前进　为全民建成小康社会而奋斗》,人民出版社 2012 年版,第20 页。

的现状和存在的深层次问题,有针对性地予以解决。

(一)中国城镇化发展的现状

改革开放以来,随着工业化进程加速,我国城镇化经历了一个起点低、速度快的发展过程,从发展现状来看,到 2020 年,我国常住人口城镇化率达到 60.6％,城镇常住人口 84 843 万人,比 2018 年增加了 1 706 万人,乡村常住人口 55 162 万人,减少了 1 239 万人。分区域看,东部、中部、西部和东北地区常住人口城镇化率分别比 2018 年提高 0.72、1.20、1.16 和 0.47 个百分点。城镇化发展呈现出中西部快于东部和东北地区的态势。京津冀、长江三角洲、珠江三角洲三大城市群,以 2.8％的国土面积集聚了 18％的人口,创造了 36％的国内生产总值,成为带动我国经济快速增长和参与国际经济合作与竞争的主要平台。

(二)中国城镇化发展的深层次问题

我国人口城镇化率超过 50％,甚至达到 60％后,城镇化面临着新的问题:

1. 城乡之间的差距有扩大的趋势

新时代社会主要矛盾转变为人民群众美好生活需要与不平衡不充分发展的矛盾,城乡差距是其重要表现:一方面是乡村在大量人力资本流失后,落后状况没有根本改观甚至更为严重;另一方面进入城镇的农业就业人口及其随迁家属,由于受城乡分割的户籍制度影响,未能在教育、就业、医疗、养老、保障性住房等方面享受城镇居民的基本公共服务。

2. 城市化的农业劳动力供给减缓

有数据显示,2012 年中国常住人口城镇化率达到 57％以后,外出农民工增长速度明显放缓。这也说明常住人口城镇化率趋向稳定。农业部门当前是老人、妇女为主的劳动力,以及过少的资金与技术要素结合的低效率结构。这种状况意味着我国的二元结构正在进入发展经济学界所说的"刘易斯拐点"阶段,[①]这时农业中劳动力剩余问题不再突出。

3. "土地城镇化"快于"人口城镇化"

2000—2011 年,城镇建成区面积增长 76.4％,高于城镇人口 50.5％的增长速度。21 世纪第一个十年,我国农村人口减少 1.33 亿人。2020 年我国乡村常住人口 55 162 万人,比 2013 年又减少 7 799 万人,但是农村居民点用地却增加 3 045 万亩,相当于现有城镇用地规模的四分之一。部分城市贪大求洋,脱离实际建设所谓的国际大都市,城市的自然历史文化遗产遭到"建设性"破坏。一些农村地区大拆大建,简单地用城市元素与风格取代农村传统田园风光,导致乡土特色和民俗文化流失。

4. 城镇空间分布的规模结构不合理

东部一些城镇密集地区资源环境约束趋紧,中西部资源环境承载能力较强地区城镇化的潜力较大;城市群布局不合理,部分特大城市主城区人口压力偏大,与综合承载能力之间矛盾加剧;中小城市集聚产业和人口不足,潜力没有充分发挥;小城镇数量多、布局散、规模小、服务功能弱,增加了经济社会和生态环境成本。

5. 城市管理服务水平有待提高

一些城市空间无序开发,人口过度密集,重经济发展、轻环境保护,重城市建设、轻管理

---

① 洪银兴等:《城镇化新阶段:农业转移人口和农民市民化》,《经济理论与经济管理》2021年第1期。

服务,交通拥堵问题严重,公共安全事件频发,城市污水、垃圾处理能力不足。

上述问题必须通过加大改革力度,才能为发展新型城镇化扫除障碍,走出一条中国特色社会主义新型城镇化道路。

三、走新型城镇化的基本原则

中国发展城镇化,必须从中国社会主义初级阶段的实际出发。中国的主要国情是人口众多,资源相对短缺,生态环境比较脆弱、城乡发展不平衡。在此背景下,应该立足国情,遵循城镇化发展规律,探索和坚持走中国特色社会主义的新型城镇化道路。

在这一过程中必须遵循以下几项原则:

(一)以人为本,公平共享

实行以人的城镇化为核心,合理引导人口流动,有序推进农业转移人口市民化。稳步推进城镇基本公共服务的全覆盖,不断提高人口素质,促进全面发展和社会公平、正义,使全体居民共享现代化建设成果。

(二)四化同步,统筹城乡

推动工业化和城镇化良性互动、城镇化和农业现代化相互协调,促进城镇发展与产业支撑、就业转移和人口集聚相统一,促进城乡要素平等交换和公共资源均衡配置,形成以工促农、以城带乡、工农互惠、城乡一体的新型工农、城乡关系。

(三)优化布局,集约高效

根据资源环境承载能力构建科学合理的城镇化宏观布局,以综合交通网络和信息网络为依托,科学地规划建设城市群,严格控制城镇建设用地规模,严格划定永久基本农田,合理控制城镇开发边界,优化城市内部结构,促进城市紧凑发展,提高国土空间利用效率。

(四)绿色发展、生态文明

把绿色发展理念全面融入城镇化进程,着力推进绿色发展、循环发展、低碳发展,节约利用土地、水、能源等资源,强化环境保护和生态修复,减少对自然的干扰和损害,推动以绿色发展理念为指导的生态文明和城市建设运营模式。

(五)文化传承,彰显特色

根据不同地区的自然历史文化禀赋,体现区域差异性,提倡形态多样性,防止千城一面,发展有历史记忆、文化脉络、地域风貌、民族特点的美丽城镇,形成符合实际、各具特色的城镇化发展模式。

在推进新型城镇化发展过程中,要正确处理政府和市场的关系,尊重市场规律,发挥好政府作用。同时,使城镇化成为政府引导、科学发展的过程。要处理好统筹规划和分类指导的关系,要尊重基层和群众的首创精神,鼓励探索创新和试点先行,总结推广经验,做到积极稳妥、扎实有序的发展。

四、深入实施新型城镇化的战略举措

2013 年习近平总书记在党的十八届三中全会上指出,坚持走中国特色新型城镇化道路,推进以人为核心的城镇化,推动大中小城市和小城镇协调发展。党的二十大报告重申:"推进以人为核心的新型城镇化,加快农业转移人口市民化。"①如果把人口转移意义的城镇化称为城镇化的 1.0 阶段,现在则进入城镇化的 2.0 阶段,也就是市民化意义的城镇化阶段。

(一)有序推进农业转移人口市民化

至 2019 年虽然转移人口城镇化率已达 60.6％,但户籍人口城镇化率还只有 44.38％,相差 16.22 个百分点,有 2.27 亿人口进城了但没有城镇户籍。两者的差距表明了城镇化的新要求:一方面积极推进符合条件的农业转移人口落户城镇,实行差别化落户政策;建立健全农业转移人口市民化推进机制;另一方面需要推动基本公共服务覆盖尚未入籍的常住人口。

(二)优化城镇化布局和形态

优化提升东部地区城市群,建立城市群发展协调机制;增强中心城市辐射带动功能,完善城市交通、网络通信、基础公共设施建设,完善城市功能,加强城市绿化建设,增强与城市群内其他城市的沟通与交流。加快发展布局合理的中小城市,推进以县城为重要载体的城镇化建设,形成高效合理的城镇体系,进一步增强对周边乡村的辐射带动作用。

(三)提高城市可持续发展能力

优化城市产业结构,发挥产业聚集效应,鼓励支持高新技术产业、新兴产业的发展,增强城市创新能力,提高经济附加值高的产业的比重;营造良好的就业创业环境,改造提升中心城区功能;严格规范新城区建设,改善城乡接合部环境;提升城市基本公共服务水平;推动新型城市建设,包括绿色城市、智慧城市、人文城市等;加强和创新城市社会治理。

(四)推动城乡发展一体化

推进城乡统一要素市场建设,实行城乡规划、基础设施和公共服务一体化。加快农业农村现代化进程,改革完善城镇化与新农村建设良性互动机制。在城乡规划、公共服务建设方面进行公平合理管控,将财政资金、劳动力、技术等资源在城镇与乡村之间进行合理分配。

实施以上举措是促进城镇化转变发展方式和健康发展的方向性问题,必须高度重视。

第三节　全面推进乡村振兴

党的十九大首次提出实施乡村振兴战略,受到国内外的广泛关注,以及广大农民群众和

---

①　习近平:《高举中国特色社会主义伟大旗帜　为全面建设社会主义现代化国家而团结奋斗》,人民出版社 2022 年 10 月版,第 32 页。

"三农"工作者的衷心拥护。党的二十大继续提出"全面推进乡村振兴",强调"建设宜居宜业和美乡村"。这是党中央统筹国际国内两个大局、坚持以中国式现代化全面推进中华民族伟大复兴,对正确处理好工农城乡关系作出的重大战略部署,为新时代新征程全面推进乡村振兴、加快农业农村现代化指明前进方向。

一、全面推进乡村振兴的重大意义

发展农村、振兴乡村始终是党和国家关注的焦点。党的十九大提出:"产业兴旺、生态宜居、乡风文明、治理有效、生活富裕",是实施乡村振兴战略的总要求,把乡村振兴摆在现代化建设的重要位置。立足新时代新征程,党的二十大对全面推进乡村振兴作出全面谋划与部署,因而具有重大现实意义和深远历史意义。

（一）乡村振兴是破解城乡不平衡的客观要求

习近平总书记指出:"全面建设社会主义现代化国家,实现中华民族伟大复兴,最艰巨最繁重的任务依然在农村,最广泛最深厚的基础依然在农村。"[①]当前,与快速推进的工业化、城镇化相比,农业农村发展步伐还跟不上,城乡发展不平衡、乡村发展不充分仍是社会主要矛盾的集中体现。实施乡村振兴战略,是关系全面建设社会主义现代化国家的全局性、历史性任务。新发展阶段,在全面建成小康社会的基础上,做好全面推进乡村振兴这篇大文章,补上"三农"短板,夯实"三农"基础,建设宜居宜业和美乡村。这是农业农村发展新的历史方位,也是"三农"工作新的历史使命。

（二）乡村振兴是让农民过上好日子的迫切需要

在城镇化过程中,受城市本位主义影响,不少观点认为只要通过城市发展,然后带动乡村发展就足够了。随着这种错误思维的不断演变和激化,实践中就变成了以牺牲乡村发展来博取城市扩张的单极发展模式,最终不仅导致了乡村衰落、沦陷,也导致了城市发展后劲不足。但是随着科技进步、产业结构的调整以及"城市病"问题的突出,城市对农业转移人口的需求在下降。另外,市民化不仅应指进入城市的农业转移人口。如果只有农民进城才成为市民,现有的城市也难以消化数量庞大的进城农民。2021年,我国农村户籍人口7.6亿人、常住人口4.98亿人,未来即便是城镇化率达到70%以上,还将有数亿人生活在农村。他们与城镇居民一样,也向往在居住地过上现代生活。因此,城镇化要发展,新农村也要发展,同步发展才能相得益彰。

（三）乡村振兴是焕发乡村文明新气象的内在要求

中华文明,根在农村,乡土文化亦是民族精神家园的守望。在城镇化和市场经济的冲击下,一些优秀传统乡土文化逐渐衰落凋零,一些各具特色的传统村落正在加速消失,农村高价彩礼、人情攀比、封建迷信、厚葬薄养、铺张浪费等陈规陋习亟待纠正治理。党的二十大报告对中国式现代化的重要特征作了高度概括,指出中国式现代化不仅是全体人民共同富裕的现代化,还是物质文明和精神文明相协调的现代化。物质富足、精神富有是社会主义现代

---

① 《习近平经济思想学习纲要》,人民出版社、学习出版社2022年6月版,第88页。

化的本质要求。全面推进乡村振兴,必须坚持物质文明和精神文明一起抓,进一步改善农民精神风貌,提高乡村社会文明程度。

总而言之,中国要强,农业必须强;中国要美,农村必须美;中国要富,农民必须富。如果说市民化意义的城镇化是城镇化的 2.0 阶段,那么中国的城镇化将进入 3.0 阶段,即在城乡融合中创造农民市民化新模式。这也正是乡村振兴战略的根本用意所在。

二、全面推进乡村振兴的主要任务

乡村振兴是全面的振兴,这就必然涉及经济、文化、社会、政治诸方面。结合乡村振兴的科学内涵与乡村发展现实,当前的主要任务可以概括为"四个振兴",即振兴乡村产业、振兴乡村文化、振兴乡村风貌、振兴乡村治理(图 12-1)。

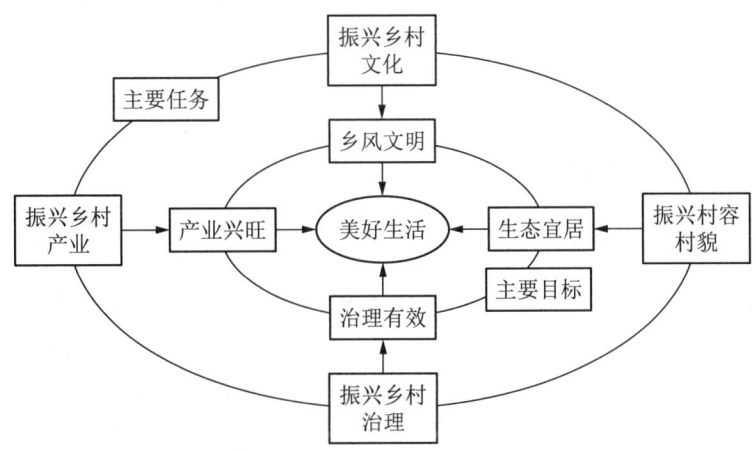

图 12-1　中国乡村振兴的主要任务

(一) 振兴乡村产业

乡村产业是指乡村范围内以农业为根本的各行各业的总称。产业是发展的根基,产业振兴的目标是乡村产业兴旺。只有产业兴旺了,才能让农业经营有效益、成为有奔头的产业,才能让农民增收致富、成为有吸引力的职业,才能让农村留得住人、成为安居乐业的美丽家园。

(二) 振兴乡村文化

乡村文化是乡民们在长期的生产和生活中逐步形成并发展起来的风俗习惯、道德情操、理想追求等。在工业化、现代化浪潮中,"重经济、轻文化"的思想一度甚嚣尘上,乡村在一些人的眼中成为贫穷落后的代名词,地方政府与乡民的目标片面集中于发展经济、摆脱贫困,无暇顾及乡村文化的传承与创新。然而,一个没有文化根基的民族是难以立足于世界民族之林的,乡村文化是中国乡村振兴的"软实力"。因此,促进乡村传统文化与现代文明相融合,促成文明乡风,也就成为乡村振兴的内在要求。

(三) 振兴村容村貌

村容村貌是指乡村所呈现出来的整体面貌,如村庄建筑布局、生产生活环境等。在法国、瑞士等发达国家,乡村多呈现洁净美丽的村容村貌,是享受田园风光的好去处。然而,因建设无序、环境污染等原因,中国乡村的村容村貌确实到了亟须整治的时候。可以说,乡村宜居环境建设是中国乡民共享社会发展成果的具体体现。因此,振兴村容村貌、实现生态宜居,必然是中国乡村振兴的任务所在。

(四)振兴乡村治理

乡村基层治理是指基层政府组织、乡村集体组织、乡民等主体为达到发展乡村社会和增进乡民福利为目标,在民主基础上所进行的参与、协调、监督等活动的总和。[①]"基础不牢,地动山摇"。在中国现代化推进过程中,乡村基层出现了种种乱象:个别地方基层党组织功能弱化、虚化、边缘化,换届选举拉票贿选,干群关系紧张,党群一体的凝聚力难以形成,甚至宗族宗教和黑恶势力渗透蔓延。因而,有必要通过完善乡村治理机制,推动基层管理的现代化。

三、全面推进乡村振兴的战略重点

全面推进乡村振兴是一项复杂的系统工程,涉及乡村经济、文化、社会、生态等方方面面,需要遵循精准靶向原则,重点突破。

(一)构建乡村现代产业体系,促进乡村产业振兴

根据现代产业发展趋势与内在规律,构建乡村现代产业体系关键是要促进农村"一产""二产""三产"融合发展。依托农业农村资源,发展乡村"二产""三产",延长产业链、提升价值链,推动乡村产业发展向深度和广度进军,提高质量效益和市场竞争力。充分发挥各类产业园区带动作用,科学布局生产、加工、销售、消费等环节,把产业增值环节更多留在农村、增值收益更多留给农民。进一步发展农村职业教育,以家庭农场主、合作社带头人等为重点,培育一批新型职业农民,并制定优惠政策支持科研人员、大学毕业生到农业龙头企业、合作社任职,夯实产业融合发展的人才基础。建立健全农村综合信息服务平台,支持农村信息化、创业孵化、科技成果转化,夯实产业融合发展的技术基础。

(二)加强精神文明建设,促进乡村文化繁荣

大力弘扬和践行社会主义核心价值观,加强农民思想教育和引导,有效发挥村规民约、家教家风作用。深入推动农村移风易俗,旗帜鲜明地反对天价彩礼、反对铺张浪费、反对婚丧大操大办、抵制封建迷信。加强农村公共文化阵地建设。结合农村受众和对象,增加更多具有农耕农趣农味、充满正能量、形式多样接地气、深受农民欢迎的文化产品供给。积极推进城乡精神文明融合的具体方式,拓展农村精神文明建设的路径渠道。

(三)实施乡村建设行动,促进村容村貌升级

继续把公共基础设施建设的重点放在农村。按照"科学规划、合理布局、适度超前、逐步到位"的准则,因村制宜,编制本地乡村中长期建设规范,确保村民住房和各类设施建设有序。坚持不懈改善农村人居环境。因地制宜推进农村改厕、生活垃圾处理和生活污水治理,

---

① 江维国等:《中国乡村振兴的科学内涵、主要任务与战略重点》,《社会政策研究》2018 年第 2 期。

深入推进村庄绿化美化亮化。注重保护传统村落和特色民居，传承好历史记忆，把挖掘原生态村居风貌和引入现代元素结合起来，防止机械照搬城镇建设那一套，搞得城不像城、村不像村，打造各具特色的现代版"富春山居图"。

（四）改进乡村治理，促进有序发展

树立系统治理、依法治理、综合治理、源头治理理念，不断提高乡村治理体系和治理能力现代化水平。旗帜鲜明地坚持和加强基层党组织对各类乡村组织的领导，强化乡村基层党组织的自主性和创造性，全面提升农村基层党组织的组织力、凝聚力、战斗力。创新乡村治理方式方法。综合运用传统治理资源和现代治理手段，推广应用积分制、清单制、数字化等治理方式，推行乡村网格化管理、数字化赋能、精细化服务。

第四节　农业现代化与城乡融合发展的良性互动

农业现代化与城乡融合发展是解决"三农"问题的基本途径，实行城乡统筹协调，推动农业现代化和城乡融合发展，并实现二者相互促进、良性互动是建设中国特色社会主义的重大战略举措。

一、农业现代化和城乡融合发展相互促进

加快农业现代化发展步伐，将有力地推进城乡融合发展；城乡融合发展将从农用装备工业、农业科技文化、农业经营管理、培育新型农民等方面带动现代农业，实现农业现代化和城乡融合发展的相互促进。

（一）农业现代化对城乡融合发展的促进作用

1. 实行农业产业化经营，是推动城乡融合发展的"加速器"和有效途径

农业产业化经营实行"一产""二产""三产"结合，把农业生产的产前、产中和产后的加工、运输、销售、综合利用联结为产业链经营，能加快农村与城市接轨，促进城乡融合发展。

2. 农业现代化有利于实行农业产业结构的调整

在确保国家粮食安全的前提下，延伸农业产业链，实行农业"一产"接上加工业的"二产"，也连接农业的"三产"，这种接"二"连"三"的农业结构，与适度规模经营相结合，有利于大批农业劳动力向非农产业转移，为城乡融合发展创造条件。

3. 城乡统筹发展，推进农业现代化和新农村建设

加强对传统农业、农村的改造，逐步缩小城乡差距，实现生产方式、生活方式的转变，为加快城乡融合发展奠定良好基础。

（二）城乡融合发展对农业现代化的带动作用

加快城乡融合发展，促进生产要素和经济资源在城乡之间的均衡分配和优化配置，对于促进农业装备现代化、农业技术科学化、农业劳动职业化、农村经济管理水平提高发挥带动作用。

（1）城乡融合发展把城市与乡村紧密联系,用先进技术、先进装备改造传统农业,带动现代化农业,提高农业生产效率和土地产出率,为农村的物质文明和精神文明提供必要条件。

（2）城乡融合发展对转移农村的剩余劳动力提供空间,有利于发展适度规模经营的现代农业,为城市建设提供大批新增的劳动力,使二者相互促进、相辅相成。

（3）城乡融合发展为农业现代化提供科技保障。城镇现代科技教育为农村培养新型职业农民,掌握先进文化科技知识,提高经营管理的水平和能力,更好地发展农业的规模经济和产业化经营。

（三）农业现代化和城乡融合发展的良性互动

通过全面深化改革,彻底改变城乡二元结构造成的危害和障碍的现象,建立城乡统筹的互动机制,实现农业现代化和城乡融合发展的良性互动。

（1）着力转变观念,加强统筹规划,推进城乡融合发展。要转变长期存在的城乡分割、条块分割、各自为政的旧观念,树立城乡融合发展的新观念,确保相关政策措施的贯彻落实。

（2）按照统筹规划要求,修订原有城乡分割的相关规划、改革不适应的体制机制。通过调整相关政策,确保农业现代化和城乡融合发展的相互促进和良性互动。

（3）创新农业现代化和城乡融合发展的互动机制,更多地向农业现代化、新农村建设、培育规模化和产业化经营等方面实行政策倾斜,要以工促农、以城带乡,促进城乡融合、均衡发展。

二、乡村振兴与新农村建设

乡村振兴是新农村建设的客观要求。乡村振兴有助于解决“三农”问题。乡村振兴的内涵是实现农业农村优先发展,实行产业兴旺、生态宜居、乡风文明、治理有效、生活富裕。为了推进城乡融合发展要建立相应的体制机制和政策体系,推进农业农村现代化,实现农民增收和共同富裕。实施乡村振兴,推进城乡融合发展既要发展以人为核心的城镇化,也要建设以人为核心的新农村,使二者协调发展,相辅相成。

党中央提出“人的城镇化”之后又提出“人的新农村”,对新农村建设提出了更新更高的要求,这是我国现代化总体战略的有机组成部分,也是新时期解决农民问题的两大抓手。对于进城务工的农民来说,建设“人的城镇化”是要着力提高农民工融入城镇的素质和能力;对于依然生活在农村的农民来说,建设“人的新农村”是要全面提升农民幸福指数。让农民无论生活在城镇还是农村,都能平等享受到改革的红利和现代化的成果。

针对农民外出打工导致农村“空心化”,农村老人、妇女、儿童“三留守”的突出问题,“人的新农村”建设要解决好以下问题:①要发展好农村公共事业,逐步实现城乡公共服务均等化;②要提升农村人口整体素质和文明程度,逐步缩小城乡之间差距;③要建设农村生态文明,逐步实现城乡融合和环境优美的田园风光。

三、让农业更强、农村更美、农民更富

“三农”工作是一切工作的重要之基,要以历史眼光和战略智慧对“三农”工作定位,始终坚持,决不放松,抓紧抓好。一定要看到,农业还是“四化同步”的“短腿”。实现中国梦,基础在“三农”,“三农”问题仍然是关系全局的根本性问题。

　　坚持把解决"三农"问题作为全党工作的重中之重。要加快发展农业现代化,解决"四化同步"中的农业"短腿"问题,健全和完善对农业支持保护体系,把农业从弱势产业转变为强势产业。要坚持城乡统筹发展,解决农村"短板"问题,实现约1亿农业转移人口落户城镇,完成约1亿人口的城镇棚户区和城中村改造,引导约1亿人口在中西部地区的城镇化。推进新型城镇化要与农业现代化、新农村建设相辅相成。新时代必将实现农业更强、农村更美、农民更富,推动中国特色社会主义取得新的伟大成就。

复习思考题

1. 怎样全面认识农业现代化和中国特色新型农业现代化?
2. 加快建设农业强国的重要任务是什么?
3. 如何认识乡村振兴战略的深远历史意义和重大现实意义?
4. 新发展阶段全面推进乡村振兴的战略重点有哪些?

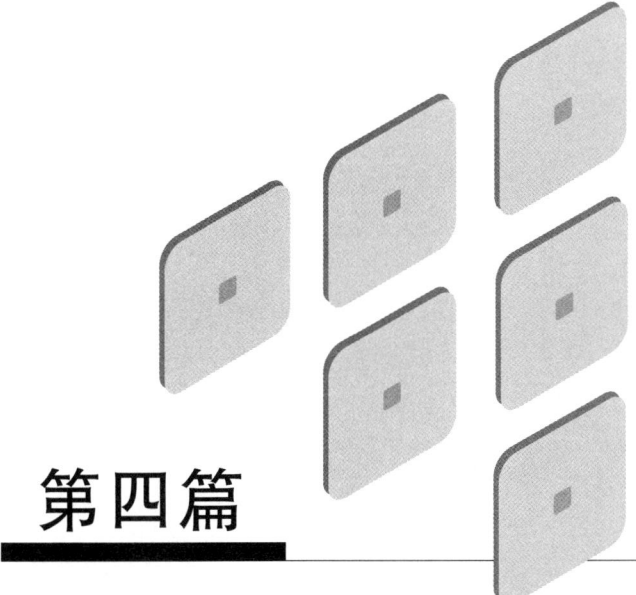

第四篇

微观经济运行

第十三章　市场供求与市场价格

习近平总书记在党的二十大报告中再次强调："充分发挥市场在资源配置中的决定性作用，更好发挥政府作用。"①价格机制是市场经济的最重要的调节机制。供求关系与价格机制相互作用，调节市场运行，优化资源配置，提高经济效益。中国特色社会主义市场经济既要充分发挥市场形成价格机制的作用，又要更好发挥政府对价格的调控作用，为此，必须深化供给侧结构性改革和价格管理体制改革。

第一节　市场供给与市场需求的关系

市场供给和市场需求是社会主义市场经济运行中两个最基本的构成要素，因此，微观经济研究要从这里开始。在价值规律、供求规律和竞争规律的交互作用下，市场供求关系调节商品价格，而价格的高低又调节市场供求，供求关系和价格机制相互作用，调节着社会资源的合理配置。

一、需求的含义与弹性

对市场需求及其弹性的准确理解，是认识价值规律和供求规律的基础，也是了解价格形成机制的重要前提。

（一）需求的含义

需求是消费者在特定时期内，在不同的价格水平上愿意并且能够购买的商品量。在经济学中，需求与需要有不同的含义：一方面，需求与需要是不同的经济变量，需要是人们基于生理活动和心理活动而产生的消费某种物品的欲望。但是，对某种物品有需要的人却不一定能提供市场需求，因为需求是有支付能力的，从而可以实现的需要，是人们在一定时期内愿意并能够购买的某种商品和劳务的数量。另一方面，需要和需求是相互依存的。需求的产生必须具备两个条件：第一，需要或购买欲望。如果没有需要或者购买欲望，即使具有支

① 习近平：《高举中国特色社会主义伟大旗帜　为全面建设社会主义现代化国家而团结奋斗》，人民出版社 2022 年 10 月版，第 29 页。

付能力,也不会形成需求,储蓄就是有支付能力而没有需要的结果。第二,现实的可支配的货币。没有支付能力的需要,只是主观的欲望,是不能转化为对商品和劳务的现实需求。

（二）需求的弹性

不同的商品,其需求受各种因素影响的强度是不同的,有的大些,有的则小些,"这种需要具有很大的弹性和变动性"[1],即人们通常所说的需求弹性。需求弹性表示影响需求的各种因素对需求量的影响程度,或者需求量对其影响因素变动的反应程度。最主要的需求弹性有价格弹性、收入弹性和交叉弹性三种。商品需求的价格弹性一般用于区分商品类型并作为市场预测和经营决策的根据。根据需求弹性的大小,可以将商品区分为富有弹性和缺乏弹性等类型。对于弹性较大的商品,企业可以通过价格调整明显地影响销售量,实行薄利多销的策略;而对于弹性较小的商品来说,企业不能通过降价而明显地扩大销售量,而应确定稳定和合适的市场价格。根据商品需求的收入弹性大小,可以将商品区分为奢侈品、必需品和劣等品三大类,在实践中可以据此预测商品需求的变动趋势,进行经济决策,包括企业的生产和销售决策,制定宏观产业政策。根据价格交叉弹性的大小,可以判断相关产品之间是竞争性的还是非竞争性的,为反不正当竞争提供科学依据。

二、供给的含义与弹性

在认识了市场需求及其弹性后,相对应的,市场供给及其弹性也有不同的影响因素。

（一）供给的含义

供给是指生产者在特定时期内,在不同的价格水平上愿意并且能够出售的商品量。在经济学中,构成某种商品现实的市场供给,需要具备两个条件:第一,生产者有出售的欲望;第二,生产者具有供应的能力。

（二）供给的弹性

要揭示影响商品供给的各种因素对供给影响的强度,可以计算商品的供给弹性。供给弹性比较重要的有价格弹性、成本弹性和交叉弹性三种。影响供给价格弹性的因素主要有三个方面:

（1）生产周期的长短。一般地说,某种商品的生产周期越长,供给的价格弹性就越小;生产周期越短,供给的价格弹性就越大;

（2）生产的技术条件。如果商品采用劳动密集型技术,则供给的价格弹性就较大;如果采用资本密集型技术,则供给的价格弹性就较小;

（3）生产的规模限制。商品生产所需要的规模大,其供给的价格弹性就小,如果商品生产的规模要求小,其供给的价格弹性就比较大。

总之,生产技术难度大、规模限制严、生产周期长,供给的弹性就小,反之,供给的弹性就大。

三、市场有效需求与有效供给及其相互关系

市场供给与市场需求并不直接决定商品价格,因为有些需求和供给是无效的,只有真正

---

① 马克思:《资本论》第 3 卷,人民出版社 2004 年 1 月版,第 209 页。

具有购买能力和生产能力的需求和供给才是有效的,并最终影响商品价格。

(一) 有效需求

市场有效需求是相对于无效需求或潜在需求而言的。马克思指出:"市场上出现的对商品的需要,即需求,和实际的社会需要之间存在着数量上的差别,这种差别的界限,对不同的商品说来当然是极不相同的"[①]。所谓市场有效需求,要把握两个要点:一是从微观的角度看,是指有支付能力或具有货币购买力的需求;从宏观经济角度看,是指市场商品的总供给和总需求达到均衡状态下的总需求。只有市场有效需求才会对商品价格发生调节作用。

(二) 有效供给

有效供给是指与消费需求和消费能力相适应的供给,即产品的供需平衡下的供给。

有效供给的内容有两方面,即产品的品种品质与产品的成本价格。一方面是指产品的数量、品种、质量要符合市场需求,在供给量上要与市场需求量平衡。在品种结构上要与需求结构平衡,即有效供给是供求总量平衡和结构平衡前提下的供给。生产过剩或产能过剩都是无效供给。正如马克思所说,只有当产品实现消费的时候,才能成为真正的产品。另一方面,是指产品的价格符合消费者支付能力的供给,才是有效供给。例如,一方面,大量的居民买不起房,另一方面,又积压了大量的空置房,关键在于房价过高,不符合居民的支付能力,空置房成为无效供给。将产品成本价格降低,也是有效供给的表现,因为价格下降可促进需求。好产品但价格太高,也会发生"过剩",反之,坏产品但价格低,同样会发生过剩,这都是没有需求的表现,也是无效供给的表现。

显然,这两方面的有效供给可以并且必须结合起来,即供给产品既好又廉,就是人们平常说的"价廉物美"。

(三) 有效供给和有效需求之间相互关系

经济学上讲的供给和需求一般是指有效供给和有效需求。市场供给和市场需求是市场构成中的两个基本要素。市场就是供给和需求的矛盾统一体。双方都要以对方的存在为条件,既互相影响又相互促进。

有效供给可以促进有效需求,如新产品的推出可以吸引消费者购买;而有效需求也可以促进供给增加,如住房需求增加,拉动住宅建设发展。认识供求关系的规律性,可以利用其互相促进的作用推动经济发展。

第二节　市场供求的变动与均衡

市场供求并不总处于均衡状态,而是动态的,在不断调整。市场会自动进行调节,政府

---

① 马克思:《资本论》第3卷,人民出版社2004年1月版,第210页。

也会采取手段适当干预,以保证市场供求的合理稳定。

一、市场供求变动的影响因素

市场需求和市场供给会受到经济的和非经济的多种因素影响,从而造成市场供求的不断变化。

(一)需求的影响因素

1. 消费者的客观需要

需要是需求产生的基础,消费者对各种商品的需要强度是不同的,一般生活必需品对任何消费者都是必要的,有些商品则只对某些消费者是需要的,不同的消费者对不同的商品有不同的需要。

2. 购买者的货币收入或可支配的资产

在商品价格既定的条件下,可支配的资产与收入数量决定了可购买的商品或劳务的最大数量,这既适合个人也适合于整个市场。

3. 特定商品或劳务的市场价格

无论是个人需求还是市场需求,都是在某种价格水平下实现的。商品价格不同,需求就不同,商品价格是影响需求的基本因素,也是最重要的因素。

4. 相关商品或劳务的价格

市场上可供消费者购买的商品有很多,它们之间有的可以相互替代,例如,不同款式的西装等,叫作替代品;有些商品可能相互补充,如汽车与汽油等,称为互补品。无论是替代品还是互补品,一种商品的价格变动对相应的商品需求都有影响。一般地说,一种商品或劳务的价格变动,会引起其替代品的需求同方向变动,并使互补品的需求按反方向变动。

5. 收入分配的状况

收入分配的状况主要是指收入分配的集中程度。如果社会收入分配集中程度比较高,少数人在社会收入分配中占有较大比例,就可能将较多的社会收入用于购买奢侈品。同时,低收入阶层用于购买基本生活资料的社会收入就较少,从而基本生活资料的市场需求就会受到限制;相反,如果收入分配的集中程度较低,收入分配范围较大,低收入阶层得到较多的社会收入,基本生活必需品的需求就会较大。因此,收入分配的状况会影响到这种商品或劳务的市场总需求。

6. 对价格变动的预期

预期至少从两个方面影响市场需求:首先,消费者对特定品的价格预期明显地影响需求。例如,在消费者预期价格将上升时会迅速购买,增加当前的需求,预期价格将下降时会延迟购买减少当前的需求;在企业预期原料价格将上升时会增加当前的购买,预期原料价格将下降时会延迟购买,减少需求。其次,对某种特定商品特别是耐用消费品而言,消费者对该商品市场前景的评价对该商品的需求具有显著影响。例如,如果消费者断定某耐用消费品将被新产品替代,势必延期购买,以等待购买新产品。

7. 广告宣传与消费示范

消费者只能对已经认识、信任和喜爱的商品产生需求,因此,对于新产品和具有替代性的商品而言,广告宣传和消费示范对市场需求具有巨大的影响。

(二) 供给的影响因素

1. 短期因素

从短期来看,影响供给的因素主要有:第一,该商品的价格。第二,其他商品的价格。当商品本身的价格不发生变动时,与其有关的其他商品价格发生变动,也会影响到这种商品的供给量。例如,当某种商品的替代品价格上涨时,这种商品的供应商就会转向其他替代品的生产,从而减少这种商品的供应量;当某种商品的互补品价格上涨时,这种商品也会随之涨价,厂商将会增加这种商品的供应量。在供给方面的互补与替代关系和需求中的互补与替代关系正好相反。在供给中,生产商品的资源是否易于转移,也会影响到商品的供给。例如,当鸡肉或以鸡为原料的熟食品价格上涨时,农民就会大量杀鸡或出售活鸡,这样,如果按照原来的鸡蛋价格销售,鸡蛋的供应量就会减少。第三,生产要素的价格。第四,自然因素引起的变化。在供给方面,受自然因素的影响比较大,例如,气候、洪水、干旱、虫灾等,或由于意外情况,如战争、政治突变等,都会对商品生产产生影响,从而导致社会产品供给量发生变化。第五,政府的供给政策,例如,政府对某种产品增税或者增加工人的保险金,都会造成按原来价格出售的商品供应量减少。

2. 长期因素

从长期来看,影响供给的因素主要有:第一,技术变化。第二,新旧材料的交替。第三,厂商的预期。第四,新厂商的进入,即市场的竞争程度等。

二、市场供求非均衡的原因与调整

市场总供求不一致时会导致市场非均衡,对市场供求非均衡的调节有利于市场经济的健康稳定发展。

(一) 总供给与总需求的变动

影响总供给和总需求的因素不是固定不变的,而是处于经常的变化中。因此,总供给与总需求也不是固定不变的,而是不断变动的。总供给与总需求的变动大体上包括两类:一是数量上的变动;二是结构上的变动。数量上的变动有两种结果:总供给数量与总需求数量大体相等;总供给数量大于或小于总需求数量。结构上的变动也有两种结果:总供给品种与总需求品种大体一致;总供给品种与总需求品种不相一致。

通常情况下,总供给与总需求在数量上的大体相等被称为总量平衡,总供给与总需求在结构上的大体一致被称为结构平衡;总供给与总需求的总量平衡和结构平衡并称总供给与总需求平衡或宏观经济均衡,否则,即为总供给与总需求不平衡或宏观经济非均衡(或失衡)。

(二) 市场供求非均衡的原因

结构失衡大致有三种类型:一是各部门的供给均大于需求的"同向过剩"性的失衡;二是各部门供给均小于需求的"同向短缺"性的失衡;三是有些部门供过于求、有些部门供小于求的短缺与过剩并存的"异向结构"性的失衡。

1. 供给与需求失衡源于商品经济的基本矛盾

商品生产交换,在货币作为一般等价物成为流通的媒介之后,商品生产者不再为使用价值生产,而是为价值生产,商品必须转化为货币,才能实现其价值。但商品转化为货币,货币往往不能立即转化为商品,卖出商品的货币持有者并不立刻购进商品。于是,便会发生买与卖在时间和空间的分离,供给与需求的分离,生产与流通的分离,供给大于需求或需求大于供给的失衡就具备了可能性。如果社会只存在简单商品生产,这种供求失衡的可能性只会在局部的范围内表现。当商品生产发展到社会化大生产阶段,随着生产规模和市场规模的扩大,商品生产的基本矛盾将随之扩大,则可能会演变成社会总供给与社会总需求的失衡。

2.社会总供求失衡的可能性变为现实性

实现社会总供求的平衡,要求经济主体的行为与国民经济的运行目标相适应,货币流通量与流通中需要的货币量相适应。在市场经济条件下,市场对资源配置起决定性作用。在经济主体行为上,企业和个人的经济活动是分散的,决策是各自独立进行的,不可能同国民经济运行的整体目标完全一致。在纸币流通的情况下,货币发行量同实际需要量很难完全适应。同时,由于市场调节的盲目性和自发性,造成信息的不完全性和不及时性以及国民经济运行的不确定性,社会总供给与社会总需求完全平衡是不可能的。如果不能有效地宏观调控,出现总供给与总需求失衡,包括总量失衡和结构失衡,是难以避免的。

(三)市场供求非均衡的调整

市场商品的供求状态,是经济结构是否协调的反映,是国民经济的比例关系是否适应的标志。当市场供求非均衡时需要进行调整。

首先,要安排并组织实现国民经济主要比例的综合平衡。国家通过加强宏观规划与对市场进行有效的宏观调控,搞好国民经济中的主要比例的综合平衡是实现市场商品供求平衡的基础。

其次,合理调整产业结构,按需组织社会生产。产业结构是否合理,农轻重的比例关系是否协调,对能否实现供求平衡至关重要。

最后,合理组织商品流通,科学搞好商品购销。科学组织流通也是缓和商品供求矛盾的一个重要方面,政府可通过限制价格、支持价格等调控手段对市场非均衡状态进行调整。

三、扩大内需与供给侧改革有机结合

(一)供需结构失衡

我国经济发展进入新常态后,除了经济增速下降外,工业品价格下降、实体企业盈利困难、金融风险抬头等成为经济运行中的突出问题。究其原因,在于市场供给与需求不匹配、不协调、不平衡,而矛盾的主要方面在供给侧,主要表现为供给不能适应需求的重大变化,产能过剩与有效供给不足并存。一方面,钢铁、水泥等传统产业产能过剩,工业价格指标 PPI已连续四年多负增长。另一方面,集成电路等高端产能不足,百姓对高品质产品、服务的需求和国内有效供给之间差距明显,爆买全球热度不减。这反映了我国供给体系和产品品质明显不适应市场需求变化,不适应居民消费结构从"有没有"向"优不优"升级的要求,必须通过供给侧结构性改革,提高供给的适应性和灵活性,提升有效供给能力。

(二)扩大内需与供给侧改革

党的二十大报告提出:"把实施扩大内需战略同深化供给侧结构性改革有机结合起来"。[1]

---

[1]　习近平:《高举中国特色社会主义伟大旗帜　为全面建设社会主义现代化国家而团结奋斗》,人民出版社 2022 年10 月版,第 28 页。

从经济学基本原理看,供过于求,会造成产能过剩,供不应求会导致市场短缺,供求基本均衡才是比较理想的状态。在总体买方市场的形势下,一方面要解放新消费,另一方面要创造新供给,从而形成经济增长的新动力,这是化解供需结构失衡的根本方法。

实施扩大内需战略,就要充分发挥超大规模市场优势,增强内需对经济增长的拉动力,通过推动消费持续恢复,充分发挥投资的积极作用,为畅通国内大循环和国内国际双循环筑牢市场基础。

优化供给,持续提升供给质量,则应当进一步深化供给侧结构性改革。当前和今后一个时期,供给结构不能适应需求结构变化的问题依然存在。因此,必须充分发挥创新作为第一动力的作用,持续推动科技创新、制度创新,着力突破供给约束堵点,用自主可控、优质有效的供给来满足和创造需求。特别是要通过技术创新来促进实体经济转型升级,提高实体经济供给质量,以适应消费升级、投资结构升级、生产方式升级的需要。

把扩大内需战略与推进供给侧结构性改革有机结合,是以习近平同志为核心的党中央科学认识发展大势、深刻把握发展规律、主动引领经济发展新常态的重大战略部署,对于解决长期积累的结构性矛盾、促进经济持续健康发展具有重大意义。实现供需良性循环更加通畅,就要找准实施扩大内需战略同深化供给侧结构性改革的有机结合点。只有系统谋划、精准施策,持续提升供给质量,积极扩大有效投资,做大做强国内市场,全力做好扩大内需这篇大文章,才能加快构建新发展格局,推动中国经济拾级而上、行稳致远。

第三节　市场价格形成的基础与机制

市场价格是以价值为基础,在供求关系的变化和调节下形成的。市场价格依据产品和消费性质不同具有不同的形成机制。

一、价值与价格

价值是价格的基础,价格是价值的货币表现。主要表现在以下四个方面:

(一) 价格的确定与变动取决于价值的确定与变动

价值不是一成不变的,它会随着生产商品的劳动生产率的变化呈反比例变化。在其他条件不变的情况下,劳动生产率的提高,单位商品的价值就会下降,价格也会随之下降;反之,劳动生产率下降,价格就会随着单位商品价值的上升而上升。

(二) 价格是商品的相对价值形式

作为相对的价值形式,价格只能把包含在商品中的价值相对地而不是绝对地表现出来。在现实经济生活中,价格表现价值,可以等于价值,也可以大于或者小于商品价值。马克思指出:"商品的价值量表现着一种必然的、商品形成过程内在的同社会劳动时间的关系。随着价值量转化为价格,这种必然的关系就表现为商品同在它之外存在的货币商品的交换比例。这种交换比例即可以表现商品的价值量,也可以表现比它大或小的量,在一定条件下,商品就是按这种较大或较小的量来让渡的。可见,价格和价值之间的量的不一致的可能性,或者价格偏离价值量的可能性,已经包含在价格形式本身中。"[1]

（三）价格的变动,既取决于商品价值和供求关系的变动,也取决于货币价值的变动

价格体现的是商品价值与货币价值的对比关系,因此商品价格的变动,不仅取决于商品本身价值的变动,也取决于货币价值的变动。在商品价值不变的情况下,商品价格与币值呈反比例变化。

（四）价格的构成取决于价值的构成

价值可以分割成三个部分:一是已经消耗并转移到新产品中去的生产资料价值 C;二是工人必要劳动创造的价值 V;三是工人剩余劳动创造的剩余价值 m。在价格构成中,$C+V$ 部分表现为成本价格 K,是企业用于生产资料和劳动力等生产要素的资金消耗,m 表现为利润 P。作为价值的货币表现,价格构成 $K+P$ 是价值构成 $C+V+m$ 的货币表现。其中,成本价格 K 对企业生产经营活动具有重要意义。

二、市场需求对价格的影响

市场营销学理论认为,决定价格下限的是成本,决定价格上限的是产品的市场需求,需求是企业定价最主要的影响因素。一般情况下,商品的成本影响商品的价格,而商品的价格影响市场需求。经济学原理告诉我们,如果其他因素保持不变,消费者对某一商品需求量的变化与这一商品价格变化的方向相反。如果商品的价格下跌,需求量就上升,如果商品的价格上涨,需求量就相应下降,这就是商品的内在规律——需求规律。需求规律反映了商品需求量变化与商品价格变化之间的一般关系,是企业决定自己的市场行为,特别是制定价格时必须考虑的一个重要因素。

三、市场供给对价格的影响

供给规律是指,如果其他条件不变,某种商品的价格越高,该商品的供给量就越大;相反,价格越低,供给量越少,价格与供给量是同方向变动的。其原因解释为:

一方面,当市场上的生产规模超过某一特定的产量水平后,每增加一个单位产品的投入,成本就会快速提高。这意味着更多的产出将伴随更大的成本,所以只有产品的价格也随之提高,厂商才愿意增加产量。

另一方面,在其他条件不变的情况下,商品价格的提高,意味着生产者得到的利润提高了,所以生产的积极性就会提升,从而提供更多的产品。

四、市场价格的形成机制

市场价格的形成,按照产品性质不同也有所差异,公共产品与私人产品在产品属性与作用方面差别很大,因此价格形成机制也不同。

---

[1]　马克思:《资本论》第 1 卷,人民出版社 1975 年 6 月版,第 120 页。

（一）公共产品与私人产品的区分

依据消费是否具有排他性和竞争性，可以将产品区分为公共产品与私人产品两大类。私人产品是在消费上具有竞争性和排他性的产品，而公共产品则是在消费上具有非竞争性和非排他性的产品。所谓非竞争性，是指任一给定的公共产品，额外增加一个人消费该产品，不会引起产品成本的任何增加。例如，航标灯是典型的公共产品，当其建起后，增加过往船只并不会增加维持成本。所谓非排他性，是指只要某一社会存在公共产品，就不能排斥任何人消费该种产品。由于公共产品具有非竞争性和非排他性，使其不能像私人产品一样生产和供给，一般只能无偿提供。

（二）公共产品价格的形成

由于公共产品具有非市场性和公益性，不能通过一般的市场形成价格，其价格形成过程表现为政府根据社会经济发展的需要和消费者的承受能力确定公共产品的供给数量和价格。尽管公共产品价格不是在市场中形成的，但它需要考虑市场供求关系和成本收益关系。

（三）私人产品市场价格的形成

私人产品的价格是在市场竞争中形成的。价格的涨跌主要取决于供求关系以及由供求变动所引起的竞争。当商品供过于求时，卖方之间的竞争迫使价格低于价值，使价值少实现，其结果将导致供给量减少和需求量增加，推动供给与需求在一定的价格水平上趋于平衡。当商品供不应求时，买方之间的竞争迫使价格高于价值，使价值多实现，将导致需求量减少和供给量增加，进而推动供给与需求在一定的价格水平上趋于平衡。价格在供求关系和竞争的作用下围绕价值上下波动实现了价值规律的要求。恩格斯明确指出：只有通过企业的竞争，价格的波动，商品生产的价值规律才能得到贯彻，社会必要劳动时间决定商品价值这一点才能成为现实。

第四节　价格体系及其管理体制

市场的价格体系具有自身的弱点，适当的干预与协调，是政府维护市场正常秩序、促进经济健康发展的重要手段，随着我国经济的发展和改革的深化，对市场经济的价格体系管理也在不断完善。

一、市场的局限性

市场中的各个要素（价格、竞争、供求、利润、利息、工资等）之间会相互制约且互为因果，但也存在以下局限性。

（一）自发性

在市场经济中，商品生产者和经营者都是在价值规律的自发调节下追求利益的，实际上就是根据价格的涨落决定自己的生产和经营活动,因此,价值规律的第一个作用是自发调节生产资料和劳动在各部门的分配、对资源合理配置起积极作用。同时,也使一些个人或企业由于对利益的过分追求而产生不正当的行为,比如生产和销售伪劣产品;欺行霸市,扰乱市场秩序;一切向钱看,不讲职业道德等。而且价值规律的自发调节还容易引起社会各阶层的两极分化,由此而产生的矛盾将不利于经济和社会的健康发展。

(二) 盲目性

在市场经济条件下,经济活动的参加者都是分散在各自的领域,单个生产者和经营者不可能掌握社会各方面的信息,也无法控制经济变化的趋势,因此,在进行经营决策时,也就是仅仅观察市场上什么商品或服务价格高、有利可图,并据此决定生产、经营什么,这显然有一定的盲目性。这种盲目性会使全社会的经济活动处于无政府状态,必然会造成经济波动和资源浪费。

(三) 滞后性

在市场经济中,市场调节是一种事后调节,即经济活动参加者是在某种商品供求不平衡,导致价格上涨或下跌后,才作出扩大或减少这种商品供应的决定的。这样,从供求不平衡—价格变化—作出决定—供求平衡,必然需要一个长短不同的过程,有一定的时间差。也就是说,市场虽有及时、灵敏的特点,但它不能反映出供需的长期趋势。当人们为追求市场上的高价而生产某一产品时,该商品的社会需求可能已经达到饱和,而商品生产者却还在继续大量生产,只是到了滞销引起价格下跌后,才恍然大悟。

二、价格体系的形成及其合理化

价格机制对生产、经营和消费有广泛的调节功能,商品差价反映着商品生产和流通过程中各方面的经济关系,政府实行价格干预政策,目的是辅助市场更好的发挥价格的作用。

(一) 价格的分类及价格机制的功能

根据标的物的不同,一般可分为资源价格和消费品价格。资源价格包括能源价格(如柴油、汽油、煤的价格)和金属价格(如锌、铜、镍、铝的价格)等,消费品价格包括农产品价格(如小麦、玉米、蔬菜、水果的价格)、耐用消费品价格(如房地产、汽车、家电、家具的价格)和快速消费品价格(如食品、日用品的价格)等。

价格之所以对生产、经营和消费具有广泛的调节作用,根源在于价格本身所具有的经济功能。

1. 传递生产和消费等经济信息

在市场经济中,商品和要素的价格水平及其升降,是各种经济变量作用的结果。如果商品的价格水平偏高,意味着供给相对于需求较少;如果价格水平趋升,则意味着需求相对于供给来说增加。如果价格水平的高低升降不是单纯的供求量的变动引起的,则可能是商品生产条件变化的结果。

2. 调节经济利益关系

在商品经济社会,商品经营者的利益关系外化为他们之间的商品交换关系,并最终通过相互交换的商品价格来实现。价格成为价值实现多少(商品经营者获利多少)的体现。任何价格的变动,都会引起不同部门、地区、单位、个人之间经济利益的重新分配和组合。合理的价格有利于各种利益关系协调一致,调动各方面的积极性。

3. 核算和比较经济效益

经济活动必须具有效益,要求产出大于投入。在商品经济中,价值的形成为效益的核算和比较提供了可能。在实际经济运行中,价值是通过价格来表现的,由于通过货币将商品和要素的价值转化为价格,投入与产出可以进行精确的记录和计算,并在各种可能的经济活动之间进行比较,使资源得到有效的配置和使用。因此,价格是效益核算和效益比较的有效工具。

(二)价格体系的内涵

价格机制的自身调节作用是通过同种商品价格的差价关系和不同商品价格的比价关系展开的。前者形成同种商品价格之间的纵向联系,后者形成不同种商品不同价格之间的横向关系,二者构成价格体系,即商品价格关系的总和。

商品差价是指同种商品由于流通环节、季节时间和质量差别的不同所形成的价格差价,主要有购销差价、地区差价、批零差价、季节差价以及质量差价等。商品的差价关系反映着商品生产和流通过程中各方面的经济关系,关系到生产者、经营者和消费者之间的经济利益。保持合理的差价,对于促进生产,改善经营,疏通流通渠道,调节供求,指导消费,都具有重要的作用与意义。

商品比价是指同一时期同一市场上不同类商品价格之间的比例关系,主要有工农业产品比价、农产品比价和工业品比价等。其中,工农业产品比价是指在同一时期同一市场上农民购买工业品的价格与国家和工业企业收购农副食品的价格之间的比例关系。如果农产品价格低于其价值,工业品价格高于其价值,二者就会在交换中形成剪刀状的比价,这就是人们通常所说的工农业产品价格"剪刀差"。工农业产品"剪刀差"是工农业产品比价不合理,以及工农业比较利益不合理的突出表现。

"剪刀差"本身具有自动从农业向其他产业转移资金的功能,所以,前苏联和不少其他发展中国家都曾采取通过"剪刀差"政策积聚资金来加速工业化进程。我国采用"剪刀差"政策有着深刻的历史背景。中华人民共和国在成立之初,不但处于经济贫穷落后的状态,而且面临以美国为首的西方国家的经济封锁和朝鲜战争,以及台海局势的压力。严峻的形势使我国的领导人意识到,迅速发展经济增强国家的实力是关乎国家生死存亡的头等大事。而在当时看来,实现国家的工业化,几乎是发展经济、摆脱贫穷的代名词。由于重工业比重高标志着国家较强的经济实力,而且鉴于当时的国内外形势,我国领导人确定了优先发展重工业的战略。重工业优先发展要求国家具有相当高的资本积累,然而当时我国工业资本来源渠道很少。在确立了主要依靠自己的力量,高速实现工业化之方针的前提下,国家收入分配由农业向工业、由农村向城市倾斜,让农业为重工业优先发展提供积累,也就成了必然的选择。通过"剪刀差"政策对农业剩余的过度抽取,在一定时期内加速了工业化进程,使我国在较低的国民收入上实现了较高的工业化。由于中华人民共和国成立后工农业产品"剪刀差"幅度过大、时间过长,从根本上违背了价值规律,从而给我国农业乃至整个国民经济的发展带来了严重后果,导致农业自我积累能力差,农民对农用工业品有支付能力的需求不旺,从而极大地限制重工业产品的市场扩大。如果说为了工业化的起步和迅速推进，"剪刀差"政策是一个无可奈何的必然选择的话，那么当工业化已经达到中后期阶段时，正确的政策取向应为尽可能快地缩小"剪刀差"乃至消除"剪刀差"，统筹城乡经济社会全面发展。改革开放以来，我国向缩小"剪刀差"和城乡差距迈出了坚实的步伐。

农产品比价是指同一时期同一市场上不同农产品价格之间的比例关系。它既包括农产品、牧产品、林产品、副业产品、渔业产品之间的比价关系，也包括粮食与经济作物的比价关系。

工业品比价是指同一时期同一市场上各种不同工业品价格之间的比例关系。其包括轻、重工业产品比价关系，原材料工业产品与加工工业产品的比价关系，也包括高新技术产业产品与传统产业产品的比价关系。比价关系的调整，不仅影响有关生产者的经济利益关系，而且影响资源在不同部门的配置，进而影响产业布局和结构优化。

（三）价格体系的干预与协调

由于价格具有许多重要的经济功能和调节作用，政府在对社会经济进行管理和调控中必须重视价格管理。一般说来，政府实行的价格政策主要有两种。一种是价格干预政策。对政府选定的特定商品实行价格干预，主要是制定支持价格和限制价格。支持价格是政府为了支持某一行业的发展而规定的该行业的最低价格。限制价格主要是为了防止通货膨胀而对一些基础产品实行的限价政策。有时，限制价格也作为限制某个行业发展的政策手段使用。另一种是价格管制政策。这是对部分商品实行的由政府定价的政策。在市场经济中，政府有时也对某些商品实行有限的价格管制，其目的是稳定经济运行或应付自然灾害、战争等特殊情况。

我国在价格形成过程中，市场调节与政府调节二者均在发挥作用。为与"主要由市场形成价格的机制"这一基本经济制度相适应，按照定价主体和形成途径不同，《价格法》规定我国实行市场调节价、政府指导价、政府定价三种定价形式，其中市场调节价在市场价格机制中占主导地位。

市场调节价是经营者自主制定，通过市场竞争形成的价格，企业自主定价，并非可以任意定价、随意定价。在这里，企业自主定价是市场形成价格的前提，而市场对价格的最终形成起了决定性作用。政府指导价是由政府价格主管部门或者其他有关部门，按照定价权限和范围规定基准价及其浮动幅度，指导经营者制定的价格。这是一种具有双重定价主体的价格形式，政府通过制定基准价和浮动幅度，达到控制价格水平的目的，经营者可以在政府规定的基准价和浮动幅度内灵活地制定调整价格。政府指导价既体现了国家行政定价强制性的一面，又体现了经营者定价相对灵活性的一面。政府定价是由政府价格主管部门或者其他有关部门，按照定价权限和范围制定的价格。政府定价具有强制性，属于行政定价性质。凡实行政府定价的商品价格和服务价格，不经价格主管部门批准，任何单位和个人都无权变动。

目前在我国，对于不适宜在市场竞争中形成价格或者尚未形成竞争的极少数商品和服务项目，实行政府指导价或政府定价，比如，与国民经济发展和人民生活关系重大的极少数商品价格、资源稀缺的少数商品价格、自然垄断经营的商品价格、重要的公用事业价格、重要的公益性服务价格；而对适宜于市场竞争的绝大多数商品和服务项目，实行市场调节价，由经营者依法自主定价。同时,我国的政府定价、政府指导价,是依据有关商品或者服务的社会平均成本和市场供求状况、国民经济与社会发展要求以及社会承受能力,制定的购销差价、批零差价、地区差价和季节差价,政府价格主管部门和其他有关部门制定政府定价和政府指导价时也通过开展成本、价格调查,听取了消费者、经营者和有关方面的意见。因此,政府实行的价格干预政策和价格管制政策是适应市场经济运行的需要的,既体现市场调节价在市场价格机制中占主导地位,又发挥了政府在价格管理中的调节和辅助职能,减少生产者在价格制定时的盲目性与滞后性,使价格的功能和调节作用得到充分而有效的实现。

三、社会主义市场经济中的价格决定

中国改革高度集中的价格管理体制和不合理的价格体系主要经历了三个阶段:一是初始阶段(1979—1984 年 10 月),以国家调整价格为主,逐步放开一些商品价格的管理权限。二是展开阶段(1984 年 10 月—1988 年 9 月),以放开价格管理权限为主,同时继续对由国家管理的价格进行若干调整。三是深化阶段(1988 年 9 月以后)在国民经济治理整顿和深化改革的过程中,通货膨胀受到明显抑制,物价上涨幅度回缩,市场销售疲软,改革进入深化阶段。经过价格改革,我国价格管理体制发生根本转变,已形成较为灵活的、多种价格形式并存的格局。国家定价部分显著缩小,国家指导价和市场调节价部分相应扩大。在社会商品零售总额中,1978 年,国家定价占 97%,市场价格占 3%;到 1990 年,国家定价占 30%,国家指导价占 25%,市场调节价占 45%,明显地改变了过分集中的价格管理体制格局,扩大了市场在价格形成中的作用。

当前,我国绝大部分市场上的商品价格已经实现了由市场决定,但一些在国家垄断性领域市场中的商品价格,仍然由政府进行管控。目前,我国对尚未完全放开定价的领域所采取的价格管控主要通过四种方式实现,一是供给管制,一般采取要素市场要素所有权控制(包括土地交易市场等)和限制供给者自由供给权利(如出口配额的管制等)等形式;二是直接价格管制,一般采取政府定价、政府限价和政府补贴等形式(包括水电煤气油、交通、电信、公用事业、公益性服务、网络型自然垄断环节和最低工资限制等);三是需求管制,即政府限制消费者自由购买的权利(如进口配额管制等);四是金融市场的利率和汇率管制。其中,土地交易市场是以政府作为供给方直接参与到与需求方的交易行为中,而在其他市场中,政府更多的是通过价格控制完成既定目标。

在党的十八届三中全会通过的《中共中央关于全面深化改革若干重大问题的决定》中,国家对于市场决定价格机制给予了高度重视,不仅强调了市场决定价格在经济体制改革进程中的重要性,而且为了充分发挥价格在调节市场供求、引导生产消费方面的作用,进一步放开了市场决定价格的推行范围,并削弱政府对于价格管控的权力。

2015 年 10 月 12 日发布的《中共中央国务院关于推进价格机制改革的若干意见》中,再次强调价格机制是市场机制的核心,市场决定价格是市场在资源配置中起决定性作用的关键,对于极少数保留的政府定价项目,要推进定价项目清单化,规范定价程序,加强成本监审,推进成本公开,坚决管细管好管到位,最大限度减少自由裁量权,推进政府定价公开透明。

2022 年《中共中央国务院关于加快建设全国统一大市场的意见》的出台,也意味着一个高效规范、公平竞争、充分开放的全国统一大市场正在加快形成,区域间市场壁垒的打破和各类要素的自由流动,将更好提升市场的调节能力和水平,从而更好发挥市场对价格的决定作用。

拓展阅读

中共中央国务院关于加快建设全国统一大市场的意见

四、深化价格管理体制改革

我国经济的快速增长,曾经是通过大量的要素资本投入与资源能源消耗型的生产方式进行的。这种发展方式不仅导致我国资源的日益稀缺和产品竞争力的下降,而且使自然环境不断恶化,人民生活质量不升反降,严重违背了可持续和以人为本的原则。造成这一发展方式的主要原因之一就在于要素和资源能源价格形成机制的不合理。虽然我国国有资产的比重自改革开放以来呈不断下降的趋势,市场决定价格机制也已经引入大部分市场,但对于土地等领域的控制却没有丝毫放松,导致这些关乎国计民生的资源型产品价格弹性极小,无法灵敏地反映资源稀缺性和市场供求状况。反观行业内部,垄断与寡头型企业仍然可以以较低的价格获得生产要素,以政府补贴弥补成本亏损从事生产活动,使得价格不能有效发挥促进节能减排、技术创新的作用。这种价格决定机制,很大程度上抑制了市场机制优化配置资源等决定性作用的有效发挥,对经济发展方式的转变和产业结构的优化升级起到了阻碍作用。

在市场经济中,由供求决定的价格所具有的调节能力比政府直接配置资源,能够更加及时有效地促进市场供求动态平衡,促进资源向更有效率的领域集中。从价格决定与管理机制的现状来看,我国的市场经济体制仍在逐步完善之中。价格机制的市场化,应当是市场经济改革下一步的重要目标和任务,也是关系到我国市场经济能否最终建立和完善的决定性条件。

党的十八大以来,各级价格主管部门紧紧围绕党中央、国务院决策部署,蹄疾步稳、攻坚克难,推进价格改革取得突破性进展,政府定价范围大幅缩减,以“准许成本＋合理收益”为核心的科学定价制度稳步推进,价格杠杆作用进一步发挥,公平竞争审查制度逐步推行,市场价格监管和反垄断执法力度持续加强,对激发市场活力、增强发展动力、保障改善民生发挥了积极作用。但是,制约资源要素自由流动的价格机制障碍还没有完全消除,资源环境成本在价格形成中还没有充分体现,公平竞争的市场价格环境还不够完善,企业反映突出的税外收费问题还需要着力有效解决,民生价格稳定的长效机制还不够健全,损害群众利益的价格违法行为还时有发生。

党的十九大提出“加快要素价格市场化改革”。2017年年底,国家发改委出台了《国家发展改革委关于全面深化价格机制改革的意见》,在坚持市场规律、问题导向、改革创新、保障民生、统筹推进的基本原则下,提出到2020年,市场决定价格机制基本完善,以“准许成本＋合理收益”为核心的政府定价制度基本建立,促进绿色发展的价格政策体系基本确立,低收入群体价格保障机制更加健全,市场价格监管和反垄断执法体系更加完善,要素自由流动、价格反应灵活、竞争公平有序、企业优胜劣汰的市场价格环境基本形成。并从进一步深化垄断行业价格改革、加快完善公用事业和公共服务价格机制、创新和完善生态环保价格机制、稳步推进农业用水和农产品价格改革、着力清理规范涉企收费、有效促进市场竞争公平有序、切实兜住民生底线等方面进行了具体部署。

党的二十大报告指出:“构建全国统一大市场,深化要素市场化改革,建设高标准市场体系。”[①]

[①]　习近平:《高举中国特色社会主义伟大旗帜　为全面建设社会主义现代化国家而团结奋斗》,人民出版社2022年10月版,第29页。

因此,我国下一步市场经济改革的目标应该是在稳定市场秩序和完善市场环境的前提下,突出市场决定价格机制的重要性,进一步完善价格机制改革,逐步弱化政府对于价格的监管,让市场供求真正决定市场价格。当然,对于可能出现的市场失灵情况,仍然要依法依规进行有效、有力的价格监管与调控。

复习思考题

1. 需求与有效需求、供给与有效供给的联系和区别是什么?
2. 市场供求出现非均衡时如何进行调整?
3. 中国特色社会主义市场经济条件下的价格决定机制是什么?
4. 政府为何要加强对价格的管理和调节?

第十四章　市场竞争与垄断

习近平总书记在党的二十大报告中指出："加强反垄断和反不正当竞争，破除地方保护和行政性垄断，依法规范和引导资本健康发展。"[①]这就为我们深化市场经济体制改革和正确处理垄断与竞争关系指明了前进方向。在新时代社会主义市场经济的发展过程中，竞争与垄断在不同的阶段表现出不同的特征，两者相互影响、相互制约，形成矛盾的统一体。

第一节　市场竞争的作用与局限性

竞争是市场在配置资源中发挥决定性作用的主要方式和途径。要使市场竞争发挥出积极作用，必须具备一定的基本条件。同时，市场竞争又具有与生俱来的缺陷，并在市场经济中表现出失灵现象。

一、市场竞争的积极效应

竞争是市场经济的必然产物，哪里有商品生产和交换，哪里就必然有市场竞争。市场竞争激发市场主体的活力和动力，促使社会资源配置实现高效率。市场竞争之所以在资源配置方面发挥了积极作用，主要有三个方面的原因：

一是激发市场经济主体活力。市场竞争为市场参与者提供了一个公平获取财富的方式，因为在市场竞争中，没有任何特殊的权力能改变游戏规则，市场参与者只能根据价格信号调整市场行为，以确保市场参与者的产品或者服务能够实现价值最大化。劳动者的潜能在参与市场竞争的过程中也得到最大限度的发挥，实现了"人尽其才"。实践证明，作为分散的市场参与者，只能按照市场价格来调整行动，这就在"冥冥之中"遵循了"无形之手"所体现出的经济规律。

二是通过优胜劣汰优化资源配置。市场竞争的主要机制是优胜劣汰，促使所有的资源要素在市场竞争中实现自身价值的最大化。在市场经济条件下，所有的资源要素都被卷入到激烈的市场竞争中来，不同的资源和要素会根据自身的特点和优势被竞争机制自动分配

---

① 习近平：《高举中国特色社会主义伟大旗帜　为全面建设社会主义现代化国家而团结奋斗》，人民出版社 2022 年 10 月版，第 30 页。

到合理的、具体的细分市场中去，在这些领域，资源和要素本身的价值将得以充分体现出来，从而实现了"物尽其能"。

三是极大地降低了社会交易成本。市场竞争内生性地创造出大量的知识、信息等社会交易所需要的宝贵资源，从而大大降低了社会交易成本。为了在市场竞争中取得竞争优势，市场参与者将不得不加大对科研投入力度，不得不提高人力资本投入。市场参与者在竞争中"干中学""学中干"，不断提高了自身竞争优势。同时，知识外溢导致的扩散效应也提高了市场竞争效率。这些都极大地降低了市场交易成本。

二、市场竞争机制发挥作用的条件

在市场竞争环境中，各种资源和要素都能够被配置到合适的产业和用途上来，从而最大限度地发挥出自身价值。但是，市场竞争机制的正常运行是有前提条件的，否则无法获得最大化的竞争收益。

（一）价格信号的正常传导

在市场经济中，作为微观主体的市场供求双方将根据价格信号变化来调整自己的市场行为，以实现自身收益的最大化。在中观领域，不同的资源随着价格信号的变化在不同产业之间重新配置，这种资源的重新配置具体表现为产业结构调整和升级、主导产业的更迭以及战略产业兴起等持续变化。在宏观领域，供求关系的变化将带动不同资源在生产、分配、流通和交换、消费四个环节持续调整，以实现宏观经济的动态平衡。通过价格信号的"指示灯"作用，资源在不同层次的经济领域重新配置，旧的市场供求平衡被打破，形成新的市场供求平衡，这种变化周而复始，不断地实现市场资源配置的最优化。反之，如果价格信号无法正常传导，将会引发资源配置机制被扭曲，不同领域的资源使用效率将大大降低。

（二）市场体系的丰富与完善

市场体系是随着社会化大生产的日益复杂化而逐步衍生出来的各类市场有机构成的市场系统。一般来说，市场体系包括了资本市场、技术市场、劳动力市场、消费品市场、生产资料市场、信息市场、产权市场等丰富的市场类型。同时，市场体系必须要统一、开放、竞争、有序。各种类型的市场应该在国内是一个整体，不应该因为地域限制、行政限制、部门限制而被分割与封闭。同时，经济全球化要求市场体系不仅要向国内开放，而且要向国际开放，通过资源配置的全球化来提高国家竞争力。在市场体系中，平等参与、公平竞争都应该被鼓励，任何不合理的竞争行为都会损害市场效率。实践证明，一个有序的市场体系会明显地降低社会交易成本，反之则导致市场效率的损失。总之，市场体系的丰富和完善可以实现价格信号顺利传导，从而有助于不同类型的资源流动，以实现资源优化配置。

（三）市场微观主体地位的确定

市场微观主体一般指的是以盈利性为主要目标、依法享有法律法规规定的权利和承担相应义务的独立的个人和组织。市场微观主体是市场竞争的积极参与者，是资源优化配置的实施者。首先，市场微观主体的地位应该得到明确。市场微观主体是市场发展的根本主体，主要根据市场价格信号来进行市场活动，而不是根据政府行政指令来进行经营活动。其次，市场微观主体的独立性应该明确。现代市场微观主体根据价格信号来进行独立性的市场活动，不受包括行政机构在内的其他机构、组织的影响。最后，市场微观主体的各项权利应该明确并给予充分保障。市场微观主体根据法律法规开展经营活动，这是市场竞争的内生性要求，是对激烈的市场竞争的正常调整。因此，保障市场微观主体的各项权利的落实是发展市场经济的应有之义。

（四）市场经济法律体系的完善

完善的市场经济法律体系是建设社会主义市场经济的必然要求。一个完善的市场经济法律体系将会对公私产权的保护、对市场竞争秩序的维护以及市场竞争主体依法开展经营活动等都将起到较为有效、全面和权威的保障。一般来说，市场经济所需要的法律体系包括：一是与市场主体有关的法律，如《公司法》等；二是规范市场主体行为的法律，如《证券法》《保险法》等；三是与市场管理秩序有关的法律，如《反不正当竞争法》《反垄断法》等；四是与政府调控市场经济有关的法律，如《预算法》《审计法》等；五是与劳动及社会保障有关的法律，如《劳动法》《工会法》等；六是调节政府与市场关系的法律，如《行政诉讼法》等。市场经济是法制经济，没有完善的法律体系作为强有力的保障，不可能把市场经济的巨大活力释放出来。

三、市场失灵与市场缺陷

在一般情况下，市场失灵被认为是市场缺陷，或者市场缺陷被等同于市场失灵。但是，严格来说，市场失灵和市场缺陷却是两种不同的经济现象，其产生的根源、具体的表现方式都不尽然相同。

（一）市场失灵

市场失灵，指的是市场无法有效率地配置资源的情况。这里需要明确的是，市场失灵并不等于市场机制没有发挥作用，而是在市场机制依然发挥作用的前提下，价格信号失去了应有的作用，市场配置资源的能力受到不同程度的影响。可以说，市场失灵发生的条件外生于市场，是市场竞争不充分所引发的。一般来说，市场失灵在实践中具体表现为垄断、外部性、公共产品供给失灵、信息不充分等经济现象。一是垄断。垄断是一种经济范畴，由于垄断的存在，商品或者服务的供求关系不能正常地调整，价格不能正常地反映市场供求双方的意愿，从而造成资源配置效率的降低。二是外部性。当市场经济的参与者的行为和结果不能通过市场价格体系来反映的时候，或者说市场参与者的行为并没有反映在自己因市场活动所产生全部的市场成本—收益中来，这种成本和收益的不对称导致了资源效率降低和资源使用的扭曲。三是公共产品供给失灵。公共产品的消费者可能付费较少或者不付费用就可以使用这些商品，同时，其他的消费者也可以免费地使用这些商品，从而造成许多物品和服务的供应不足。这也是我们经常在日常生活中感受到公共产品比较缺乏的根源。四是信息不充分。这种信息不充分具体表现为，一方面，对信息收集、整理和加工都需要花费大量的成本，要想获得尽可能多的信息，就需要付出更多的人、财、物；另一方面，由于市场参与者掌握的信息不同，造成市场信息的分布并不是均匀的，造成市场竞争效率低下等问题。

（二）市场缺陷

市场竞争自身存在着难以克服的缺陷，这种缺陷是与市场机制本身相伴而生，是市场机制本身所无法克服的。经济学家萨缪尔森曾说过，"即使在市场体系完美地起作用时，它仍然可能导致一个有缺陷的后果，其突出表现是社会收入分配不公。"萨缪尔森进一步指出，"发生这种情况，是因为市场失灵吗？根本不是，市场机制正在完成它的工作"！这正是市场缺陷。[①]从对市场缺陷概念的理解来看，主要有以下方面的认识，一是市场缺陷不等同于市场失灵。市场缺陷是市场机制与生俱来的伴生物，只要市场机制存在，市场缺陷就会存在，不可能被消灭掉。这就意味着依靠市场本身试图来解决市场缺陷问题是徒劳的，需要借助外部力量来克服市场缺陷问题。二是市场机制本身出了问题，即市场缺陷是内生于市场机制本身的。与市场失灵发生时市场机制依然在发挥作用不同的是，市场缺陷产生的根源在于市场机制本身出现问题。即使市场达到了理想的完全竞争状态，依然会存在种种的市场缺陷。三是市场缺陷更多地表现在宏观领域。与市场失灵更多产生在微观经济领域不同的是，市场缺陷更多产生在宏观领域，例如，收入分配不公平的问题，宏观经济失衡以及经济波动等。四是从时间上看，市场缺陷的出现需要相对较长时间。相比之下，不管市场竞争结构是否理想，市场失灵现象都可能随时发生。五是市场缺陷根源于市场主体的逐利性，表现为"损人利己"的自发性，违反经济规律的盲目性，分配不公的分化性等，从而导致资源浪费和配置失误。

第二节　垄断的类型与表现

不结合中国国情简单地就"垄断"谈"垄断"，则不能全面理解这一经济范畴的内在特性和外在发展的规律性，因此，需要在对垄断进行分类的基础上分别进行阐述，才能够真正理解"垄断"。

一、市场垄断

市场垄断通常指的是市场参与者主要通过竞争的方式所取得的对价格有影响力的地位这一行为。我们通常所说的垄断往往指的就是这种通过市场竞争而形成的垄断。在市场经济的发展进程中，根据市场竞争的激烈程度逐步出现了完全垄断、寡头垄断和垄断竞争三种主要的市场垄断形式。

（一）完全垄断

这种垄断形式的主要特征是在市场上只有一个参与者，该市场参与者可能提供了该行业所需要的全部产品，或者接受了某个行业提供的全部产品或者服务，即不管是在买方的位置或卖方的位置，该垄断者都具有对价格的完全影响力，能够对相关的商品和服务的价格产

---

① ［美］萨缪尔森：《经济学》（第 14 版），北京经济学院出版社 1996 年版，第 80—81 页。

生决定性作用。同时,由于进入该行业的壁垒非常高,造成了新进入者的成本非常高,以至于几乎不可能进入该行业。完全垄断市场的垄断程度最高。但是,一般来说,这种垄断形式在现实中很难长期存在,因为一个市场参与者很难做到百分之百的市场占有率,或者就算拥有完全的垄断地位,也可能会因为较高的利润率而引发新的市场进入者,从而打破单一垄断市场的局面。

(二)寡头垄断

这种垄断形式的主要特征是市场上有少数的竞争者,各自占有的市场份额不是相差很大,该行业的产业集中度比较高,少数竞争者提供了该行业的大部分产品。也没有新的进入者,竞争只是在现有的垄断者之间展开,从而形成了既竞争又垄断的局面。由于存在竞争,在寡头垄断的市场中的价格比完全垄断的市场要低。由于该行业中的市场竞争者实力相差不大,谁也吃不掉谁,如果采用"硬碰硬"的策略,可能会造成两败俱伤,因此,这些竞争者可能非常在意对方的市场经营行为,从而形成了相互影响、相互依存的局面。

(三)垄断竞争

在垄断竞争市场中,竞争者的数量比寡头垄断的数量多,同时,价格也比寡头垄断的要低,销售的产品有一定的近似度,但是并不完全相同。在垄断竞争市场中,有着若干家竞争力比较强、市场占有率比较大的竞争者,这几家的市场占有率总和比较大。与此同时,市场上还存在一些规模相对小的参与者,他们可能通过给大企业做产业配套等方式与大企业共生,从而形成企业生态系统。例如,当前的航空业就是一个比较典型的垄断竞争市场,在这个市场中既有大的央企,也有许多地方民营航空公司。由于垄断竞争者的规模可以很大,因此通过规模经济也可以获得收益。

二、行政性垄断

在中国,垄断这一概念从其渊源来看,更多的是与国家行政权力联系在一起的。改革开放以来,由于计划经济的制度惯性,以及对市场经济规律认识的长期性和艰巨性,造成行政性垄断成为当前存在的主要垄断形式。

(一)行政性垄断的特点

行政性垄断是通过行政机构及其附属机构的授权而拥有的一种市场地位。这种地位不是通过市场竞争行为获取的,而是行政权力超过行政边界在市场体系中的一种运用。由于这种垄断的根源来源于行政权力,因此,行政性垄断具有相对的权威性、稳定性和超经济性。一般来说,行政性垄断具有以下特点:首先,行政性垄断的实施者是政府及其附属机构,不是市场竞争者。通常来说,行政性垄断分为政府直接实施行政性垄断,如烟、酒专卖等;以及将垄断经营权授予某一个企业来间接实施。其次,由于行政性垄断者并不完全按照价格信号来进行资源配置,而是按照行政权力的要求或者专门的法律法规来配置资源。因此,这类经营主体可能并不一定就达到了规模经济的要求,或者也并不具备市场垄断所应该具备的条件。例如,具有很强的技术创新能力,成本优势明显等,但却形成了与市场垄断类似的市场地位。再次,行政性垄断行业提供的产品质量或者服务水平无法通过一个共识性的标准来衡量,从而造成被行政垄断的行业的产品质量和服务水平都无法满足消费者的需求。

(二) 行政性垄断的表现

当前,行政性垄断行为普遍存在,具体表现为:一是行政性垄断在空间上具体表现为追求地方利益最大化的地区性垄断,从而造成大量传统产业产能过剩。地方政府出于自身利益最大化而展开的政绩竞赛,忽略了地区比较优势、资源环境承载能力、产业基础、防灾避险能力等因素,带来了大量低层次重复建设和过度同质竞争,导致了大量产业的产能过剩,最终造成资源极大的浪费。[1]地区性垄断所形成的恶性循环也引发了生态环境等一系列问题,最终造成经济社会发展水平无法有效提升。

二是从行政性垄断形成的利益归属上看,更多地表现为部门利益最大化。长期以来,政府行政机构习惯于通过行政审批的方式来管理经济,大量的行政机构内嵌着许多从事市场行为的事业单位,随着市场经济的深入发展,许多事业单位完全可以推向市场,但考虑到本部门的利益,行政部门迟迟不愿意放弃这些部门所获取的利益,从而延缓了行政体制改革步伐。

三是从行政垄断干预经济的具体方式来看,主要是滥用行政权力排除、限制竞争。包括通过行政权力限定单位或者个人经营、购买、使用指定的商品和服务;对外地商品在价格、流通、交易以及生产等环节设置许多不合理的要求,阻碍商品在地区之间的自由流通。同时,对于市场的进入者则通过地区自行发行的负面清单等形式,在资质要求、招投标活动、经营投入等方面采用不合理的措施来限制进入。

三、自然垄断

从字面理解看,自然垄断就是自然形成的垄断,马克思说:"利用瀑布而产生的超额利润,不是产生于资本,而是产生于资本对一种能够被人垄断并且已经被人垄断的自然力的利用。"[2]随着市场经济的发展,人们逐步从技术经济角度来认识自然垄断。

(一) 自然垄断的本质特征

从目前的研究来看,所谓自然垄断的产业都具有很强的效率性、资产的沉淀性和专用性,并表现出显著的网络特征来。自然垄断之所以成为一种特殊的垄断类型,主要就是因为表现出显著的经济效率,或者从成本的角度来看,自然垄断具有显著的成本优势。在一个行业中,一家企业生产的总成本要比多家分散经营的成本之和要小,或者说,在行业中由一家经营比多家经营更加表现出成本优势,经济效率显著提高。同时,具有自然垄断特征的一些产业可能需要在前期大量投入资金、物力等进行基础性建设活动,一旦这些经营活动结束,则形成大量的固定资本,这些资本的折旧时间比较长,变现能力差,从而形成专用性特征。从世界各国如何认定一个产业是否具有自然垄断性的实践来看,逐步形成一种共识,即具有网络特征的产业往往被认为是自然垄断产业。这种网络不是指互联网,而是更多地表现为

---

① 中国政府网:《中共中央　国务院关于加快建设全国统一大市场的意见》http://www.gov.cn/zhengce/2022-04/10/content_5684385.htm。

② 马克思:《资本论》第 3 卷,人民出版社 2004 年版,第 727 页。

物理网络,例如,供水网、电网、煤气网、电信网、铁路网等,具有这些网络的产业则被认为是自然垄断产业。

(二)自然垄断的边界具有动态性

从自然垄断的内涵来看,正是因为具有的效率性、资产沉淀性和专用性以及网络型才使得一个产业成为自然垄断产业,一个企业被称为自然垄断企业。但是,自然垄断的边界并不是一成不变的,而是具有动态性。一方面,从驱动经济发展的动力看,构成自然垄断特征的要素是变化的。不管是农业社会的劳动力为主的驱动、工业社会的资本驱动,产品的知识含量相对比较低。到了知识经济时代,驱动经济增长的主要因素是知识、信息以及创新,从而引发了自然垄断产业的动态变化。另一方面,外部的市场竞争压力也会导致自然垄断产业或者企业的边界发生变化。经济全球化下的企业经营范围的全球化导致了原有的自然垄断产业或者企业的边界发生巨大的变化。市场边界的扩展导致了原有的市场结构可能从完全垄断或者寡头垄断向完全竞争或者垄断竞争转变,市场竞争的有效性得以提高。消费需求的升级变化会带来更多的、丰富多彩的产品,从而构成了与自然垄断产业一定程度的替代性。这种相近替代品的出现既符合市场需求演化升级的一般趋势,也能满足自然垄断产业所涉及的市场需求,从而对自然垄断产业造成巨大的竞争压力导致了自然垄断边界的变化。

第三节　市场竞争与垄断的关系

在发展社会主义市场经济过程中,始终无法回避竞争和垄断这对矛盾,因为竞争和垄断大量存在于经济发展的全过程,其产生的效应也表现出复杂性,对经济和社会产生重大影响,这就迫切需要对两者的关系进行深入研究。

一、竞争与垄断关系的演变

现代经济学的发展在某种程度上就是一部竞争与垄断关系演变的历史。由于竞争和垄断的发展与市场经济的发展完全密不可分,而市场经济的发展经历了一个从无到有、从弱到强的过程,因此,对于竞争和垄断的认识也分别从竞争和垄断这两个角度来研究。

(一)竞争的发展及演变

在封建残余依然制约着经济发展、而资本主义处于上升时期的背景下,英国古典经济学家亚当·斯密提出:市场竞争的所谓的"无形的手"将会导致资源配置达到最优,从而开启了推崇自由竞争之先河。随后的大卫·李嘉图、阿弗里德·马歇尔都对竞争持积极的态度。虽然在此期间,资本主义经济发展屡次受到经济危机的影响甚至重创,但对于竞争的主导作用还是持有积极的认识。正如萨缪尔森所言:"竞争制度是一架精巧的机构,通过一系列的价格和市场,发生无意识的协调作用……它经受了任何社会组织的最基本的考验。"[①]另一些

---

① 　萨缪尔森:《经济学》上册,商务印书馆 2012 年版,第 34 页。

经济学家对于竞争带来的负面效应则看得非常清楚。著名法国空想主义者沙利·傅立叶一针见血地指出:"商业处于欺诈竞争之中,处于欺骗和混乱的无政府状态之中。"①应该指出的是,傅立叶的时代刚好是法国第一次大革命胜利之时,自由竞争的弊端在实践中开始逐步暴露。因此,一些经济学家则开始寻找新的研究方向。正如约瑟夫·熊彼特所言:"完全竞争不仅是不可能的,而且是低劣的,它没有权利被树为理想效率的模范。"②特别是 20 世纪 20 年代末 30 年代初席卷资本主义世界的大危机对资本主义经济发展造成巨大打击之后,人们发现自由竞争理论并不能解释现实。

(二)垄断的发展及演变

在竞争发展的同时,垄断性的要素也开始逐步出现在经济生活中,并演变成资本主义的最主要特征,即资本主义从自由竞争进入垄断阶段。在这个过程中,一直伴随着对垄断的批评之声。古典经济学奠基者、重农学派的创始人,法国人弗朗索瓦·魁奈(Francois Quesnay)则认为垄断扭曲了自然秩序,他说:"国家的各个制造业在取得垄断的特权中相互破坏……为了求得特殊的利益,而颠倒了自然秩序。"③倡导自由竞争的经济学家亚当·斯密对于垄断的负面效应看得十分清楚,他说:"世人对囤积与垄断的恐惧好比他们对妖术的恐惧与疑忌。"④"垄断者使市场存货经常不足,从而使有效需求永远得不到充分的供给"。垄断价格"是向买者榨取的最高价格。"⑤在这里,垄断将会引发供给不足,推高价格,继而引发市场混乱。虽然阿弗里德·马歇尔早年对垄断存在缺陷进行猛烈抨击,但在晚年却遗憾英国没有像美国和德国那样强大的垄断组织来提高竞争力。对于垄断所带来的正反两方面的认识,约瑟夫·熊彼特则一针见血指出了垄断所具有的两面性。随后的经济学家根据实践研究了垄断和技术创新、规模经济、社会福利损失等的关系,并通过实证的分析得出了许多自相矛盾的结论。在马克思的著作中,垄断这一经济范畴的论述,一般是与揭示自由竞争资本主义发展规律联系的。马克思深刻地指出:"资本主义生产方式本身造成的垄断。"⑥

二、竞争与垄断的对立统一

在分析竞争和垄断的关系时,出于研究目的,可能更多地侧重于某一方面的研究,但实际上,竞争和垄断其实是一对"孪生兄弟",从诞生之日起,就相互制约,彼此作用,这种对立统一的关系始终贯穿在竞争和垄断的发展中。

不同的经济学家对竞争和垄断的关系都进行了很好的阐述,但能够深刻阐述两者对立统一关系的,当属马克思。马克思并不赞同把垄断和竞争的关系割裂开来。而是认为两者关系始终是对立统一的。首先,两者相互转化。马克思在 1847 年的著作《哲学的贫困》中,对比·约·普鲁东的形而上学的观点进行批判的同时,对某些观点给予肯定。普鲁东说:"垄断是竞争的必然结局,竞争在不断的自我否定中产生出垄断;垄断的这种起源就证明垄断的

---

①　沙利·傅立叶:《傅立叶选集》,商务印书馆 1982 年版,第 124、240 页。

②　约瑟夫·熊彼特:《资本主义、社会主义和民主》,商务印书馆 1979 年版,第 134 页。

③　《魁奈经济著作选集》,商务印书馆 1997 年版,第 325 页。

④　亚当·斯密:《国民财富的性质和原因的研究》下卷,商务印书馆 2013 年版,第 105 页。

⑤　亚当·斯密:《国民财富的性质和原因的研究》上卷,商务印书馆 2013 年版,第 56 页。

⑥　《马克思恩格斯全集》第 25 卷,人民出版社 1974 年 11 月版,第 219 页。

正当……既然竞争不可避免,那么它本身就含有垄断的思想,因为垄断好像是每一个竞争的个体的屏障"。马克思肯定了这段话的意思,他指出:"我们和蒲鲁东先生一同感到高兴的是,他总算有一次把他的正题和反题的公式运用成功了。谁都知道,现代的垄断就是由竞争产生的。"①正如马克思所言:"垄断产生着竞争,竞争产生着垄断。垄断资本家彼此竞争着,竞争者逐渐变成垄断资本家"。②其次,两者始终相互制约。竞争的边界在某种程度上是垄断,竞争无法超越垄断,最终转变为垄断的某种形式。垄断的边界在很大程度上又是竞争,毕竟完全竞争的情况不可能存在,现实中寡头垄断和垄断竞争都是以竞争为边界,不可能超越竞争而转变为完全垄断。只有当竞争和垄断相连的时候,竞争才能达到高效率,垄断的消极面才能够降低到社会可以接受的水平。竞争和垄断都为对方提供了动力,设定了发展方向,同时也相互制约、相互限制。最后,两者融合发展。对此,马克思精辟地概括道:"在实际生活中,我们不仅可以找到竞争、垄断和它们的对抗,而且可以找到它们的合题,这个合题并不是公式,而是运动。垄断产生着竞争,竞争产生着垄断……垄断只有不断投入竞争的斗争才能维持自己。"③

三、社会主义初级阶段的竞争与垄断关系

由于中国发展社会主义市场经济发展的历史还不很长,既要面临消除旧体制遗留下来的弊端,也要面向未来建立现代市场经济国家,因此,社会主义初级阶段的竞争与垄断的关系表现出以下基本特征。

(一) 市场中竞争和垄断的共生状态

市场配置资源主体地位的确定必然引起竞争并导致垄断现象的出现,这种共生状态具体表现为:

一是竞争和垄断共同存在于同一个企业内。一些国有企业业务众多,既有存在着竞争程度较高的业务,同时在某一细分市场中又是该行业的垄断者,因此,形成了竞争性和垄断性业务集中在一个企业内部的局面。

二是竞争和垄断共同存在于同一市场中。在市场结构方面,在一些市场化程度比较高的市场中,多种经济成分的存在导致了竞争的普遍存在,同时,一些企业实力突出又形成相对垄断地位。④社会主义市场经济中,大量的竞争和垄断共同存在一个市场中的现象也将是市场经济的一个常态。

三是竞争和垄断共同存在于一个产业链上。随着社会化程度越来越高,专业化分工日益复杂,不同企业将根据产业链的具体情况采用竞争或者垄断的方式来实现价值最大化。竞争和垄断共同存在于一个产业链的现象将伴随着市场经济的发展而不断变化具体的方式,但共生的格局不会发生变化。

(二) 行政垄断、自然垄断与市场垄断

受到改革的特殊路径和制度惯性的影响,三种垄断方式以不同的结合形式存在,具体表

---

① 《马克思恩格斯全集》第 4 卷,人民出版社 1958 年 8 月版,第 177 页。
② 《马克思恩格斯全集》第 4 卷,人民出版社 1958 年 8 月版,第 178 页。
③ 《马克思恩格斯全集》第 4 卷,人民出版社 1958 年 8 月版,第 178—179 页。
④ 哈耶克:《自由宪章》,中国社会科学出版社 2012 年 5 月版,第 78 页。

现为:一是行政垄断和自然垄断的结合所形成的产业。这类产业可能与国计民生有着重要的关系,但同时,产业中的某个环节具有典型的网络特征,如铁路行业。由于这类产业兼具行政性垄断的权威性和自然垄断的技术经济特征,从而造成这类产业改革难度比较大。二是行政性垄断和竞争的结合所形成的产业。一般来说,目前的烟草、食盐等行业都属于这类产业。考虑到这些行业所提供的产品的特殊性,例如,高利润,或者与国计民生有着重大联系,或者受到历史文化的影响,政府往往通过特许经营、专营专卖等方式来展开市场活动。三是市场垄断和自然垄断结合所形成的产业。例如,电信、电力等行业。这类产业中,自然垄断环节被嵌入到竞争业务中来,从整体来看产业属于竞争性的,但从维护市场竞争秩序的角度看,必须要对自然垄断环节进行监管,防止市场竞争主体利用自身的自然垄断环节来形成不正当的市场竞争。

(三)竞争和垄断的边界动态变化

社会主义市场经济发展的内生性动力和经济全球化带来的外部市场竞争压力会共同推动竞争和垄断始终处于一种动态变化的过程中。这种变化具体表现在以下方面:一是从经济成分的结构变化看,随着多种经济成分共同发展,附着在其上的竞争和垄断逐步形成"你中有我、我中有你"的共生格局,相互竞争、相互促进成为众多行业的典型特征。二是经济全球化推动了企业的竞争和垄断边界的变化。企业边界随着国内竞争国际化、国内市场国际化的发展则从一国之内延伸到世界市场,企业的竞争和垄断地位随着竞争对象选取的不同则出现相对变化,这就直接导致了竞争和垄断的边界发生巨大变化。三是技术创新发展推动了竞争和垄断的边界不断发生变化。比较有代表性的行业就是电信市场。技术创新改变了原有市场竞争和垄断格局,导致了相应的边界的调整,从而将竞争和垄断的变化推向了新的高度。

第四节　社会主义市场经济的竞争与反垄断

进入新时代,社会主义市场经济条件下的竞争和垄断这一经济范畴依然在经济发展中产生重要影响,并将会长期存在,两者的关系将更加复杂,需要通过市场经济的发展和政府职能的改革来加以规范,在实现有效竞争的同时,推动反垄断,从而确保市场机制有效、微观主体有活力和宏观调控有度。

一、关于社会主义市场经济竞争的基本认识

社会主义市场经济条件下的竞争不但具有市场经济条件下竞争的一般特点,同时在中国特色社会主义市场经济发展过程中表现出若干突出特点,这些特点的存在推动了随后的市场有效竞争的深化发展。

(一)社会主义市场经济竞争的基本特点

中国特色社会主义市场竞争兼具市场竞争的一般性特征,同时,由于受社会主义基本经

济制度的制约,又呈现出一些特点,突出表现为以下几个方面:

一是社会主义市场经济竞争的目标是促进社会主义条件下的资源配置更加有效,从而有利于生产力水平的提高。由于中国的市场经济脱胎于传统的计划经济体制,虽然市场经济体制已经建立,市场竞争的作用不断拓展,但一些领域竞争依然不充分,特别是要素市场的竞争机制有待进一步完善。现有的市场竞争秩序需要进一步规范;同时,一些领域存在过度竞争,价格并没有体现出生产的实际成本,导致了资源的大量浪费和严重的环境污染。这些都是市场经济条件下竞争不成熟的表现,从而导致了资源配置效率有待进一步提高。当前,我国经济已由高速增长阶段转向高质量发展阶段,正处在转变发展方式、优化经济结构、转换增长动力的攻关期,这一阶段"发展不平衡不充分问题仍然突出,推进高质量发展还有许多卡点瓶颈,科技创新能力还不强。"[①]这就更加需要进一步发挥市场竞争作用,不断提高资源配置的有效率,实现物尽其能,从而有力地促进生产力水平的提高。

二是社会主义市场经济竞争不会导致两极严重分化。众所周知,在资本主义市场经济条件下,生产资料的私人占有和社会化大生产之间无法调和的矛盾导致了竞争的无序性,不可避免地导致了严重的两极分化。在社会主义市场经济条件下,由于生产资料公有制,虽然在微观领域中市场竞争导致了一定的两极分化,但从宏观层面来看,国家通过宏观调控等各种方式对两极分化进行强有力的干预,确保两极分化控制在人民可接受的程度和社会可承受的范围内;同时,通过不断提高收入、完善社会保障等方式来提高改革成果的共享度,从而极大地降低了由于竞争带来的两极分化的后果。

三是社会主义市场经济竞争始终服务和服从于社会主义本质要求。社会主义本质要求解放和发展生产力,消灭剥削,消除两极分化,最终达到共同富裕。这就决定了社会主义竞争必须服务和服从于这个本质规定。当前,中国经济社会发展进入新时代,社会主义竞争是以人民为中心的竞争,而不是以"资本"为中心的竞争;是为了满足人民对美好生活向往的竞争,而不是追求"剩余价值最大化"的竞争;是为了实现共同富裕的竞争,而不是追求两极分化的竞争。在社会主义发展的进程中,竞争的方向将始终受到社会主义本质属性的制约。

(二)推进市场有效竞争结构的形成

当前,根据社会主义市场竞争发育的现实程度,在坚持公平竞争的方向不动摇的基础上,并考虑到市场失灵和市场缺陷的差别,对于在形成有效竞争结构的时候,有两个思考方向,一个方向是既然市场机制失灵了,需要增加市场参与者来重新塑造市场竞争;另一个方向是既然市场缺陷存在,因此通过借助外部的力量来提高资源配置效率。因此,在构建有效竞争结构方面应该从以下方面入手:

一是加强价格的"信号灯"作用。"凡是能由市场形成价格的都交给市场,政府不进行不当干预,对微观领域的资源配置避免直接干预。推进水、石油、天然气、电力、交通等领域价格改革,放开竞争性环节价格。政府定价范围主要限定在重要公用事业、公益性服务、网络型自然垄断环节,提高透明度,接受社会监督。"只有这样,才能够逐步发挥出市场配置资源的决定性作用。

---

① 习近平:《高举中国特色社会主义伟大旗帜　为全面建设社会主义现代化国家而团结奋斗》,人民出版社 2022 年 10 月版,第 14 页。

二是在更大范围内发挥供求调节机制。一个正常的市场竞争机制的基本条件是有价格和供求双方。众所周知,现在的基础设施、公用事业等行业的前期投入比较大,特别是网络部门的建设需要大量的投入,从而形成较高的进入壁垒。因此,可以考虑将这部分"网络基础设施"分割出来,委托第三方来管理,从而非网络部分则向社会开放,这样就降低了进入门槛,增强了竞争。当然,可以将垄断部分的产权进行分散化处理,让更多的市场参与者拥有这部分的产权,从而也可以提高竞争性。

三是内部形成模拟的市场机制。不管是特许经营权的委托、标尺竞赛,都是在一定程度上模拟了市场机制。因此,对于诸如专营专卖的行业、可以在终端采用模拟市场机制来倒逼相关企业提高运营效率。

四是要加大《反垄断法》和《反不正当竞争法》的执法力度,维护公平竞争的市场环境。

二、社会主义市场经济中的反垄断

当前,随着社会主义市场经济的发展,一些问题也逐渐开始暴露出来,例如,政府职能转变滞后于市场经济发展的需求,导致了行政性垄断行为不断发生;一些企业的垄断行为愈演愈烈,已经影响到了市场经济发展的正常秩序;一些行业的竞争性格局还没有形成,科学有效的监管体系还没有完全建立起来等,这些都表明了推动反垄断工作的极端重要性。

(一) 当前中国垄断发展的现状

由于我国市场经济发展的国情不同于西方国家,因此,在反垄断的方式上看,还是略有不同。

一是当前的社会主义市场发展中的反垄断的重点之一是反行政性垄断。行政性垄断的具体表现方式及其所带来的消极后果,由于特殊国情造成了现有的行政性垄断普遍存在。究其根本的原因还是政府与市场的边界没有理清楚,造成了政府经常"越界"干预市场经济,从而导致了市场经济畸形发展,并成为市场经济改革、政府职能转变的主要障碍。

二是对于市场垄断而言,随着外资和民营数量的增加,分布的领域和影响力日益提高,越来越多的市场垄断出现在公众的视野中。近年来,有关市场垄断的案例呈上升趋势,有关部门对于这些市场垄断案例的处罚表明了中国开展反垄断执法的根本目的是保护市场公平竞争,提高经济运行效率。

三是对于自然垄断而言,由于其主要存在于基础设施、公用事业等领域,与国计民生有着重要的关系,特别是自然垄断和行政性垄断交织在一起,使改革的难度加大。

(二) 反垄断的对策

维护市场公平竞争对社会主义市场经济发展非常重要。因为任何有违公平竞争原则的市场行为都将扭曲市场竞争秩序,导致资源配置效率降低,并引发其他问题。

一是正确界定政府和市场的边界是消除行政性垄断负面影响的关键。

从对行政性垄断的具体分析来看,首先是需要明确政府职能。按照《中共中央关于全面深化改革若干重大问题的决定》(以下简称决定)所明确的,"政府要加强发展战略、规划、政策、标准等制定和实施,加强市场活动监管,加强各类公共服务提供。加强中央政府宏观调控职责和能力,加强地方政府公共服务、市场监管、社会管理、生态环境保护等职责。推广政府购买服务,凡属事务性管理服务,原则上都要引入竞争机制,通过合同、委托等方式向社会购买。"《决定》明确了政府的五大职能:宏观调控、市场监管、社会管理、公共服务、环境保护,除此之外的事情,政府都不能干预。

二是进一步完善《反垄断法》。

首先要正确理解《反垄断法》的价值取向。《反垄断法》的根本目标是维护公平的市场竞争,其他所涉及的问题可能并不是一部法律所能够解决的。同时,一些问题将随着改革的深入而逐步解决,因此,牢牢把握住法律的价值方向,有助于更好地维护市场公平竞争。

其次要增强《反垄断法》的可操作性。由于法律制定的原则性比较强,这就造成在实际中由于自由裁量权过大而引发争议。

最后要进一步完善相关条款。例如,根据《反垄断法》,当经营者属于一些特殊情形时,可获得法律豁免,但这些规定只是一种描述性的说明,并没有明确的标准。例如,《反垄断法》第二十条第五项为"因经济不景气,为缓解销售量严重下降或者生产明显过剩的"情形,但对"经济不景气"的认识,各方的标准不统一。[1]因此,加大法律的可操作性有助于正确判定实践中出现的各种问题。

三、构建与市场经济相适应的监管体系

党的十九大以来,政府机构改革力度不断增大。2018 年 3 月国家市场监督管理总局成立。通过该机构履行对市场实行统一监管的职能,从而有助于建立统一开放竞争有序的现代市场体系。同时,国内外市场监管的经验和教训告诉我们,市场经济越发达,越需要市场监管机构积极进行监管。从建设现代化经济体系的要求看,需要构建与此相适应的监管体系,因此,在改革和完善社会主义市场监管机构的过程中,需要明确以下问题:

一是确定市场监管机构遵循的目标。一般而言,市场监管机构追求的是公共利益目标,例如,公共秩序、公共福利,纠正各种市场失灵现象等。但由于监管机构是由众多微观利益主体组成的组织,因此,微观个体在既定的许可范围内也追求薪酬、福利和职务升迁等自利目标的平衡发展。

二是建立监管机构遵循的基本原则。政府监管机构的建立应遵循以下原则:依法设立的原则、可问责性的原则、透明性原则、成本收益的原则、专业化原则。

三是市场监管机构中的权责分配。在对监管机构进行权责配置的过程中,必须将权力和责任进行有效对等配置;同时,按照岗位要求对监管机构的人员能力和素质进行合理设置,真正做到因岗设人、人尽其才。

四是市场监管机构的定位。从中国的国情来看,现有的市场监管机构可以放在行政机构内部,但需要保持一定的独立性。同时市场监管机构还需要与其他的监管机构协调合作,与来自社会公众监督、社会舆论监督和社会组织的监督相结合,以防止监管机构的公共利益目标发生偏离,确保监管机构的公信力和权威性始终保持较高水平。

不管是竞争还是垄断,都是事物的两个方面,两者对立统一。既然两者都是市场经济的产物,因此,对于两者的关系必须放到市场经济中来理解。社会主义市场经济发展将始终面

---

① 国家市场监督管理总局:《中华人民共和国反垄断法》https://gkml.samr.gov.cn/nsjg/fgs/202211/t20221102_351257.html。

临如何处理"竞争和垄断两者关系"这一重要命题。伴随着社会主义市场经济深入发展，竞争和垄断必将通过新的形式表现出来。

复习思考题

1. 中国目前的垄断有哪些类型和具体表现？
2. 我国市场经济中的垄断与西方有什么异同？
3. 如何辩证地认识竞争和垄断的关系？
4. 在社会主义市场经济中如何反垄断？

第十五章 现代企业制度
与国有企业改革

习近平总书记在党的二十大报告中指出："深化国资国企改革……推动国有资本和国有企业做强做优做大,提升企业核心竞争力。"[①]在社会主义市场经济条件下,包括国有企业在内的各类企业是市场经济的主体,是微观经济运行的主要基础。因此,要推动国资国企做强做优做大,围绕管资本为主加快转变国有资产监管机构职能,改革国有资本授权经营体制,使其成为最高效的市场主体,更好地发挥国民经济的主导作用。

第一节 现代企业制度的特征与效率

党的二十大报告指出："完善中国特色现代企业制度,弘扬企业家精神,加快建设世界一流企业。"[②]现代企业制度的出现是社会化大生产发展到一定阶段的必然产物,是配置资源的一种有效组织方式。现代企业制度有效提高了资源使用效率,极大地促进了生产力的发展,从而迅速被市场经济参与者普遍接受。

一、企业制度的演进

严格来说,企业是伴随资本主义社会产生而产生,并在资本主义社会的土壤里不断发展的。一般来说,企业制度经过了业主制,合伙制和公司制这三个发展阶段。

工业革命以前,生产力水平不高,商品经济欠发达,企业生产规模小,销售渠道单一。企业主要表现为业主制,以家庭作坊为主要形式。业主在家中或租赁一个场所,雇佣少量失去生产资料和土地的人进行手工作坊式生产,业主既是出资人,也是日常生产经营管理者。为了进一步扩大生产,获得规模效益,满足增长的需求,个人与个人之间基于彼此信任,便共同出资成立合伙制企业。

工业革命极大地促进了欧洲主要国家生产力的发展,加上盛行的重商主义,催生了大量海外市场扩张运动。业主制企业和合伙制企业难以满足庞大的海外市场需求,而海外销售

---

①② 习近平:《高举中国特色社会主义伟大旗帜 为全面建设社会主义现代化国家而团结奋斗》,人民出版社2022年10月版,第29页。

使得投资者承担着很大的投资风险,为了克服上述相关问题,公司制企业的设立便被提上了企业制度演进的议事日程。公司制企业通过发行股份筹集社会资金,因此资金来源广、生产规模大,而所有权和经营权的逐渐分离,使管理人员治理公司逐步走上专业化道路,进而大大提高生产经营管理效率。受到当时生产力发展水平的制约,公司制企业主要还是以有限责任公司为主要形式。随着科学技术的进步和运用,经济社会不断发展,社会需求迅速膨胀,股份有限公司顺应时代呼唤应运而生。股份有限公司是指将全部资本划分为等额股份,股东以其认购的股份为限对公司承担责任,公司是以全部财产对公司债务承担责任的法人。股份有限公司是现代企业制度的重要形式。当前,在世界经济体内,很多大型跨国企业都是股份有限公司,如微软、苹果、阿里巴巴、美孚等。

二、现代企业制度的基本特征

现代企业制度是适应社会化大生产和市场经济要求而出现的资源配置方式,是以公司制度为主体的企业制度,其基本内容包括三个方面:现代企业产权制度、现代企业组织制度和现代企业管理制度。现代企业制度的基本特征主要表现为:一是产权清晰;二是权责明确;三是政企分开;四是科学管理。

(一)产权清晰

产权清晰,是指企业的财产归属必须明确。现代企业制度最基本特征就是产权清晰。只有把企业的产权界定清晰,才能做到权责明确,政企分开,科学管理。产权清晰主要体现在两个方面:一是出资人(或股东)对公司的财产所有权;二是公司所拥有的,包括出资人投资和公司留存收益在内的全部法人财产权。在现代企业制度中,所有权和经营权是相分离的,但法人财产权是完整的,不可分割的。

(二)权责明确

权责明确,是指企业相关利益方的权利和责任要明确。现代企业制度的权力架构是"三权分立"的形式,即股东大会,董事会和经理层。全体出资人组成股东大会,出资人以所投资份额对公司承担有限责任,享受与权利相当的公司重大生产经营目标和方向的决策权和利益分享权,并持有对公司经营者的任免权。董事会由少量股东成员组成,对公司日常经营活动进行管理和决策。经理层享有公司法人财产的使用权和自主经营权,任何人不得对经营者的日常生产经营活动进行干预。

(三)政企分开

政企分开,是指企业的经营管理职能与政府社会经济管理和行政管理职能分开。现代企业制度要求企业独立开展经营活动,企业在市场竞争中优胜劣汰,长期亏损、资不抵债的应依法破产。政府除了法定职能之外,不得直接干预企业的生产经营活动。

(四)管理科学

管理科学,是指企业按照社会主义市场经济的要求和规律,科学地运用管理理论管理企业。建立科学的企业领导体制和组织管理制度,调节所有者、经营者和职工之间的关系,形成激励和约束相结合的经营机制。在市场经济和社会化大生产条件下,科学管理是企业生存发展的必经之路。

三、现代企业制度的核心是实现高效率

效率的高低决定一个企业寿命的长短,现代企业制度的核心就是实现高效率。改革开放以来,国有企业改革的最终目标就是与市场经济相融合,从而提高国有企业的效率。在建立现代企业制度的过程中,要从根本上解决国有企业的效率问题,必须抓住以下几个基本点。

(一)明确企业经营目标

具体表现在两个方面:一是企业的经营目标只能由出资者决定。出资者之所以投入资本,目的是带来更多的价值,即增殖价值,出资者的经营目标必然是追求收益最大化。这种收益最大化对于商业类国有企业而言是利润最大化,对于公益类国有企业而言则是公共利益最大化。二是经理层必须代表出资者利益。按公司型现代企业制度的要求,经理层是由董事会任命的经营者,受托处理企业的日常经营事务,必须对出资者及其代表董事会负责。他们的经营目标应与出资者保持一致,追求相应类型的国有企业收益最大化。

(二)盘活国有资产存量

我国现有国有资产存量十分庞大,但遗憾的是资产运营效率低。究其原因,主要是许多国企不能适应市场需求的变化而未主动调整经营策略。相当大的一部分固定资产长期闲置或处于低效率运行状态,没有充分发挥效能。虽然经过十九大以来的改革发展,国有资产存量盘活工作有了很大的推进,但考虑到现实依然存在数量较大的存量资产需要盘活,因此,要按照党的十九大的要求,"要完善各类国有资产管理体制,改革国有资本授权经营体制,加快国有经济布局优化、结构调整、战略性重组,促进国有资产保值增值,推动国有资本做强做优做大,有效防止国有资产流失。"[①]

(三)推行严格的科学管理制度

实践表明,经济效益高的企业,无一例外都有着科学的管理制度。从目前的实际情况看,虽然很多国有企业建立了现代企业制度,但在实际经营管理的过程中,现代企业制度所要求的产权清晰、权责明确、政企分开没有得到落实,以至于管理科学成了一句空话。

第二节　国有企业改革的目标与发展战略

国有企业在中国特色社会主义市场经济发展中的地位非常重要,发挥着独特的作用。因此,做强做优做大国有经济具有重要而深远的意义。习近平总书记指出:"使国有企业成

---

① 习近平:《决胜全面建成小康社会　夺取新时代中国特色社会主义伟大胜利——在中国共产党第十九次全国代表大会上的报告》,人民出版社 2017 年 10 月版,第 33 页。

为党和国家最可信赖的依靠力量,成为坚决贯彻执行党中央决策部署的重要力量,成为贯彻新发展理念、全面深化改革的重要力量,成为实施'走出去'战略、'一带一路'建设等重大战略的重要力量,成为壮大综合国力、促进经济社会发展、保障和改善民生的重要力量,成为我们党赢得具有许多新的历史特点的伟大斗争胜利的重要力量。"国有企业如此重要,需要不断深化改革,才能够确保国有企业能够担当重任。

一、国有企业改革的路径演变

结合社会主义市场经济体制的建立、发展过程,国有企业改革大致经历了如下阶段:

第一阶段:经营权改革(1979—1984 年)。由于 1979 年、1980 年连续两年出现财政赤字,为了增加财政收入、减少财政赤字,国家出台了《关于实行工业企业经济责任制若干问题的意见》,随后的两次"利改税"、扩大企业自主权改革都推动了国有企业改革深入发展。1984 年,中共十二届三中全会确定了国有企业改革的目标模式:要使企业真正成为相对独立的经济实体,成为自主经营、自负盈亏的社会主义商品生产者和经营者,具有自我改造和自我发展能力,成为具有一定权利和义务的法人。

第二阶段:"两权分离"(1985—1992 年)。随着国有企业改革开始向所有权领域延伸,所有权和经营权分离则成为改革重点。改革最初的途径是承包租赁:小企业搞租赁,大中企业搞承包。进入 20 世纪 90 年代以来,国有企业改革从以往单纯的"放权让利"向转换企业经营机制转变。1992 年 5 月,制定了《股份制企业试点办法》,同年 7 月出台了《全民所有制工业企业转换经营机制条例》,特别是中共十四大明确提出:经济体制的改革目标是建立社会主义市场经济体制,这为下一阶段的国有企业改革指明了方向。

第三阶段:建立、完善现代企业制度(1993—2002 年)。这一阶段的国有企业改革进入快车道,特别是现代企业制度的目标和内涵的确定为较长时期内国有企业改革提供了具体方向。1995 年的"抓大放小"、1997 年的"债转股"以及"三年脱困"都在一定程度上把国有企业改革推向深入。1999 年,党的十五届四中全会通过了《关于国有企业改革和发展的若干重大问题》,对国有企业改革进行了全面部署。从 2001 年开始,对国有资产管理体制进行改革。

第四阶段:进一步深化国有企业改革(2003—2011 年)。2003 年,《国有资产监督管理委员会》(简称国资委)宣告成立。具体改革过程中,先后实施了组织结构的布局调整、主辅分离、辅业改制、企业破产、债务重组、分离企业办社会职能、资产经营公司、大企业股权多元化的改制、企业上市等措施。国有大型企业逐步建立了现代企业制度、现代产权制度、不断完善公司法人治理结构以及推动国企布局和结构调整,这些都为国有企业下一步的改革打下了坚实的基础。

第五个阶段:国有企业改革进入"新时代"(2012 年至今)。党的十八大以来,随着 2015 年 9 月 13 日《中共中央、国务院关于深化国有企业改革的指导意见》的颁布以及后续有关改革政策的出台,逐步形成了"1+N"系列指导性文件。2016 年 10 月召开了全国国有企业党的建设工作会议,对国有企业的党的建设进行了重要部署。党的十九大进一步强调了国有企业改革的整体思路,党的二十大则继续强调了"加快国有经济布局优化和结构调整,推动国有资本和国有企业做强做优做大,提升企业核心竞争力",[①]以及"推进国有企业、金融企业在

---

① 习近平:《高举中国特色社会主义伟大旗帜 为全面建设社会主义现代化国家而团结奋斗》,人民出版社 2022 年 10 月版,第 29 页。

完善公司治理中加强党的领导"等重要改革思路。①

二、国有企业改革的指导思想和基本原则

《中共中央、国务院关于深化国有企业改革的指导意见》明确规定了国企改革的指导思想、原则和目标。

（一）指导思想

高举中国特色社会主义伟大旗帜，坚持和完善基本经济制度，坚持社会主义市场经济改革方向，适应市场化、现代化、国际化新形势，以解放和发展社会生产力为标准，以提高国有资本效率、增强国有企业活力为中心，完善产权清晰、权责明确、政企分开、管理科学的现代企业制度，完善国有资产监管体制，防止国有资产流失，全面推进依法治企，加强和改进党对国有企业的领导，做强做优做大国有企业，不断增强国有经济活力、控制力、影响力、抗风险能力，主动适应和引领经济发展新常态，为促进经济社会持续健康发展、实现中华民族伟大复兴中国梦作出积极贡献。

（二）基本原则

《中共中央、国务院关于深化国有企业改革的指导意见》中对于新一轮国有企业改革提出了如下的基本原则：一是坚持和完善基本经济制度。这是深化国有企业改革必须把握的根本要求。二是坚持社会主义市场经济改革的方向。这是深化国有企业改革必须遵循的基本规律。三是坚持增强活力和强化监管相结合。这是深化国有企业改革必须把握的重要关系。四是坚持党对国有企业的领导。这是深化国有企业改革必须坚守的政治方向、政治原则。五是坚持积极稳妥统筹推进。这是深化国有企业改革必须采用的科学方法。上述五项原则形成了新一轮国有企业改革必须遵循的前提条件，保障了国有企业改革能够沿着既定的路线深入推进。

三、国有企业改革的目标要求

中国社会主义市场经济中的国有企业改革的目标要求将按照机制平衡、边界清晰、属性突出、监管有效依次进行转换。

（一）机制平衡

从国企早期涉及的与企业所有权、经营权有关的改革，以及随后的建立现代企业制度改革、现代产权制度的改革等制度创新，都是试图纠正长期以来在国有企业和外部影响因素之间存在的不平衡状态，试图建立一种外部力量和国有企业之间，以及国有企业内部诸要素之间的平衡机制。从目前改革目标的实现效果来看，初步实现了国有企业与外部影响因素、国有企业内部各因素之间的机制平衡。今后的改革重点将是不断完善国有企业内部、国有企业和外部环境这两种平衡机制。

---

① 习近平：《高举中国特色社会主义伟大旗帜　为全面建设社会主义现代化国家而团结奋斗》，人民出版社 2022 年 10 月版，第 68 页。

（二）边界清晰

随着国有企业改革的深入，一个基本共识就是国有企业不可能在所有领域都存在，即国有企业是有边界的。考虑到中国所具有的三重身份：发展的转型国家、市场经济国家和社会主义国家，这种多重身份必然决定了国有企业的边界与一般市场经济国家下的国有企业有着不同的分布范围，相应的职能也不仅仅局限于弥补市场失灵，而是分布范围要广，并兼具多种职能。这种功能多样性就决定了国有企业在产业分布上具有相对分散性。当然，随着市场经济体制的完善和成熟，转型时期的结束，国有企业的边界必定会表现出收缩和扩展这两种运动的并存。

（三）属性突出

国有企业本身存在着国有属性和企业属性这两种相互矛盾的属性[①]，国有企业改革的过程在一定程度上就是解决这两种属性相互矛盾的过程。2015 年 9 月 13 日正式公布的《中共中央、国务院关于深化国有企业改革的指导意见》则将国有企业分为公益性和商业性两类，从而明确了今后一段时间国有企业改革的任务重点。这种分类改革杜绝了以往国有企业因为兼具公共利益和市场利益而发生相互"搭便车"的行为，清晰界定了两种属性的差别，从而使不同国有企业各自按照自身的发展规律来推进改革。

（四）监管有效

2003 年国资委的成立标志着国企监管体制的初步建立。虽然 2015 年出台的《中共中央、国务院关于深化国有企业改革的指导意见》提出以"管资本"为主，但由于国资委本身具有行政、监管和所有者三种属性，从而造成了国资委角色的混乱。因此，党的十九大报告明确提出要完善各类国有资产管理体制，改革国有资本授权经营体制。在 2017 年 12 月召开的中央经济工作会议上，再次强调要推动国有资本做强做优做大，完善国企国资改革方案，围绕管资本为主加快转变国有资产监管机构职能，改革国有资本授权经营体制。2019 年 10 月召开的十九届四中全会继续强调要形成以管资本为主的国有资产监管体制，有效发挥国有资本投资、运营公司功能作用。紧随其后，国资委于 2019 年 11 月 7 日印发的《国务院国资委关于以管资本为主加快国有资产监管职能转变的实施意见》，紧紧围绕"管资本"这条主线，从总体要求、重点措施、主要路径、支撑保障四个维度，以管资本为主加快推进了国有资产监管职能转变。国资监管机构监管重点的转变必然要求相应监管功能进行有效的制度安排，以提高监管效率。

四、国有企业的发展战略

国有企业的发展战略随着市场经济的发展而不断调整，以便更好地与市场经济实现融合发展。

（一）发展战略的变迁

计划经济条件下，国有企业作为政府行政机关的附属机构，完全按照计划指令来指导经

---

① 　一般来说，国有属性强调了外部性，体现了公共利益；而企业则强调了成本收益的对称性，体现盈利性。

营生产,主要的战略还是围绕上级下达的计划来展开。因此,对这一阶段的国有企业发展战略的理解还相对比较狭义。随着市场经济体制的建立和完善,国有企业微观主体地位逐步确定,国有企业面临如何与市场经济融合发展的问题,从而国有企业的发展战略在微观、中观和宏观层面都有了明确的指向。从微观层面看,国有企业的发展战略更多的是如何建立、如何完善现代企业制度,从而使国有企业实现更好地与市场经济融合发展。从中观层面看,对于国有企业普遍性地从经营目标的考核逐步转变为多目标考核,特别是分类改革方案推出后,如何最大化发挥国有企业的公益性和实现最大化市场收益是今后国有企业战略的最主要的两个目标。从宏观层面看,在市场经济条件下,国有经济普遍存在的状况将发生重点转变,需要根据国有经济的定位和作用加快国有经济布局优化和结构调整,从而在推动经济社会发展、保障和改善民生、保护生态环境等方面发挥着重要作用。

（二）发展战略的着力点

1. 提高国有资产存量流动性,增强增量使用效率

国有企业体量大、分布广、但效率低,布局不合理。需要不断优化国有经济布局,调整国有经济结构,提高国有企业组织效率,增强国有企业的核心竞争力。使国有企业从部分竞争性的领域退出,逐步解决国有经济布局分散、战线过长、规模小、效益差的结构性矛盾。加强增量对重点行业和关键领域的投资和调控,使国有资本不断向社会效益和经济效率高的领域集中,占领国家经济发展的制高点。

2. 要按照党的二十大的要求,加快建设世界一流企业

党的二十大报告提出:"高质量发展是全面建设社会主义现代化国家的首要任务。"国有企业要在加快建设成世界一流企业的过程中不断落实这一首要任务。建设世界一流企业,首先需要继续完善中国特色现代企业制度,在国有企业中形成合理高效的治理、经营、激励以及监管机制,为国有企业改革提供制度保障;同时,也需要弘扬企业家精神,构建"亲""清"政商关系,营造良好营商环境,围绕创新能力不断增强国有企业核心竞争力。

3. 促进产业结构升级

当前,随着全球竞争的加剧,迫切需要中国产业不断优化升级,从而更好地抓住新一轮产业革命的战略机遇。当前,国有企业的产业能级不高,许多产业依然处于全球价值链的低端。同时,先进服务业和先进制造业的比重有待提高。今后一段时期,要按照"中国制造2025",坚持创新驱动、智能转型、强化基础、绿色发展,推动制造业领域的国有企业不断提高竞争力,进一步优化国有资本布局结构,推动国有资本的流动,加速推动一二三产业融合发展,从而促进科学发展和可持续发展。

第三节　深化国有企业改革与制度创新

随着中国特色社会主义市场经济进入新时代,国有企业改革也进入新时代,国有企业唯有加大改革力度才能够实现新发展。

一、健全国有企业的产权制度

产权制度是企业制度的重点。根据企业制度的不同,产权制度可以分为传统产权制度和现代产权制度。传统产权制度的微观基础是古典企业(业主制、合伙制企业),即社会经济形态是自然经济或小商品经济形态。现代产权制度适应现代化社会大生产,其微观基础是公司制企业。国有企业在明确建立现代企业制度的过程中,重点对企业产权制度进行了持续创新。长期以来,虽然国有企业归全民所有,但在实际上国有企业的产权并不十分清晰。虽然各级政府是国有产权的所有者,但在实际操作中由于没有具体的产权代表,国有企业的产权边界不清晰,国有产权主体模糊,国有资产所有者缺位引发大量国有资产流失。因此,推动所有权和经营权(控制权)相分离成为一项重要的改革目标和任务。在改革实践中,逐步认识到出资人对投资财产的所有权和实际经营权是相分离的,是有边界的。国家出资将财产投入企业后,只能拥有对财产的所有权以及与财产权利有关的权利,如收益权、重大事项决策权、选择管理者等,并且只有公司解散时,才能按程序向破产公司索要剩余财产。一旦国家出资人将财产投入公司之后,出资人无权对财产进行日常经营管理。出资人投入公司的财产形成公司法人财产,公司经营者对法人财产具有控制权、支配权、使用权,即拥有独立的法人财产权。为此,在实践中,从最初的赋予企业更大的经营权,到后来的所有权和经营权分离,再到后来的国有资产产权登记等一系列的制度创新,逐步实现了国有产权的清晰。

二、创新国有企业法人治理结构

经过改革,绝大部分国有企业都逐步建立起法人治理结构的框架,基本上实现了企业不同治理机构的功能的正常发挥,即股东大会是公司的权力机构,拥有公司的重大事项决定权和最终控制权;董事会是公司的决策机构,股东大会闭幕后,负责公司的重大问题的决策;监事会是股东大会的派生机构,对股东大会负责,在企业的日常经营中,负责监督董事会和经理层;经理层是公司的执行机构,负责公司的日常经营管理活动。但在企业运行过程中,尽管存在党的领导、董事会、监事会、经理层,但相关利益者的权责利没有明确,边界还不清晰。因此,需要进一步创新国有企业法人治理结构。坚持党的领导、加强党的建设,是我国国有企业的光荣传统,是国有企业的"根"和"魂",是我国国有企业的独特优势。中国特色现代国有企业制度,"特"就特在把党的领导融入公司治理各环节,把企业党组织内嵌到公司治理结构之中,明确和落实党组织在公司法人治理结构中的法定地位,做到组织落实、干部到位、职责明确、监督严格。党对国有企业的领导是政治领导、思想领导、组织领导的有机统一。国有企业党组织发挥领导核心和政治核心作用,归结到一点,就是把方向、管大局、保落实。要明确党组织在决策、执行、监督各环节的权责和工作方式,使党组织的作用组织化、制度化、具体化。要处理好党组织和其他治理主体的关系,明确权责边界,做到无缝衔接,形成各司其职、各负其责、协调运转、有效制衡的公司治理机制。

三、深化国资监管体制改革

国资监管体制改革是国有企业改革推进过程中的重要一环,关系到改革成败。2008年,国务院国有资产监督管理委员会成立,标志着国有企业监管体制改革迈出了重要一步。随着监管对象从管资产向管资本转变,相应的国资监管体制逐步从国资监管机构—国有企业的监管架构转变为国资监管机构—国有投资运营公司—国有企业的三层监管架构。随着国资国企深度与市场经济融合,这种初步建立起来的三层监管架构由于监管机构职能转变相对滞后而表现出一些有待完善的地方。一方面,监管机构作为国有资产的监管者,时常对企业内部日常经营活动进行干预,严重影响国有企业市场主体的地位和作用,致使市场的扭曲化。另一方面,政府作为出资人(股东),有对国有企业进行干预的权力,但这种权力的边界却不清楚,从而导致政府经常混合乱用上述的两种权力,造成国有企业功能的迷失。为此,需要国有资产监管机构准确把握依法履行出资人职责的定位,科学界定国有资产出资人监管的边界,建立监管权力清单和责任清单,实现以管企业为主向以管资本为主的转变。该管的要科学管理、决不缺位,重点监管国有资本布局、规范资本运作、提高资本回报、维护资本安全;不该管的要依法放权、决不越位,将依法应由企业自主经营决策的事项归位于企业,将延伸到子企业的管理事项原则上归位于一级企业,将配合承担的公共管理职能归位于相关政府部门和单位。大力推进依法监管,着力创新监管方式和手段,改变行政化管理方式,改进考核体系和办法,提高监管的科学性、有效性。以管资本为主推动国有资本合理流动优化配置。坚持以市场为导向、以企业为主体,有进有退、有所为有所不为,优化国有资本布局结构,增强国有经济整体功能和效率。

四、积极发展混合所有制经济

混合所有制经济是指国有资本、集体资本、非公有资本等交叉持股、相互融合的经济模式,是基本经济制度的重要实现形式。在社会化大生产日益复杂化、利益主体多元化的背景下,发展混合所有制经济就成为改革的必然选择。

(一)推进国有企业的混合所有制改革

按照市场化、国际化要求,以增强国有经济活力、放大国有资本功能、实现国有资产保值增值为主要目标,以提高经济效益和创新商业模式为导向,充分运用整体上市等方式,积极引入其他国有资本或各类非国有资本实现股权多元化。坚持以资本为纽带完善混合所有制企业治理结构和管理方式,国有资本出资人和各类非国有资本出资人以股东身份履行权利和职责,使混合所有制企业成为真正的市场主体。

(二)探索国有企业的混合所有制改革

对主业处于关系国家安全、国民经济命脉的重要行业和关键领域、主要承担重大专项任务的商业类国有企业,要保持国有资本的控股地位,支持非国有资本参股。对自然垄断行业,实行以政企分开、政资分开、特许经营、政府监管为主要内容的改革,根据不同行业特点实行网运分开、放开竞争性业务,促进公共资源配置市场化,同时加强分类依法监管,规范盈利模式。

(三)国有企业要规范和完善混合所有制

在水电气热、公共交通、公共设施等提供公共产品和服务的行业和领域,根据不同业务特点,加强分类指导,推进具备条件的企业实现投资主体多元化。通过购买服务、特许经营、委托代理等方式,鼓励非国有企业参与经营。政府要加强对价格水平、成本控制、服务质量、安全标准、信息披露、营运效率、保障能力等方面的监管,根据企业不同特点有区别地考核其经营业绩指标和国有资产保值增值情况,考核中要引入社会评价。

国有企业改革进程中的制度创新是一个系统工程,需要将上述各项制度创新"拧成一股绳",形成系统合力,才能够全面地推进国有企业深化改革。

第四节　国有企业的监督与管理

国有企业资产属于全体人民所有,全体人民作为出资人并没有直接和国有企业联系在一起。政府是全体人民的代理者,是国有企业的间接出资人,委托其他自然人管理国有企业日常经营事务,从而由于委托代理而引发诸多问题,这就需要对多方协作,将其影响降低到最低程度和最小范围。

一、国有企业内部的激励机制与约束机制

现代企业制度要求权责明确,出资人没有参与企业的日常经营活动,要解决委托代理问题需要进行企业内部治理。企业内部治理最主要的就是对激励机制、约束机制和制衡机制的治理。

(一) 激励机制

激励机制是通过以双赢的方式在制度内部达到委托人与代理人受益最大的制度安排。激励的手段和方法没有最好的,只有最合适的。企业激励机制可以分为对经营者的激励和对员工的激励。解决委托代理问题主要是要解决对经营者的激励问题。

1. 年薪制

年薪制指的是税后分红拿出一部分给经营者。年薪通常包括两部分,一部分是基本年薪,另外一部分是风险年薪。基本年薪通常在年初就确定下来,金额不多,只是保证经营者基本生活,不随企业经营业绩的变化而变化。风险年薪和企业的年经营业绩紧密挂钩。企业年收入高,利润多,经营者的风险年薪就高,否则就低。所以经营者也承担着很大的风险,毕竟企业的经营状况有的时候是人为因素难于控制的。风险年薪也是对经营者承担经营风险和带来经营业绩的一种奖励。

2. 股权激励

股权激励是指通过经营者获得公司股权形式给予企业经营者一定的经济权利,使他们能够以股东的身份参与公司风险和收益的一种激励方法。股权激励是一种长期性激励方式,要求经营者所做的努力更多,承担的风险更大,与此相联系的经营者收益也高。股权激励也被称为长期利润分享机制,具体包括经营者持股、虚拟股票、股票期权、股票增值权、限制性股票、延期支付等。其中股票期权是针对上市公司来说的,是 20 世纪以来盛行多时的股权激励方式。

3. 股票期权

股票期权是指给予经营者在将来某个时期以某一价格购买企业股票的权利。经营者要想获利,就需要企业股票价格超过其行权成本,这实质上是对企业经营成果的剩余索取权。

采取该激励方式,基本的认知就是企业的股票价格的高低能够反映一个公司经营状况的好坏,而且这种反映是一个较长时间内企业经营业绩积累的结果。经营者获得公司股票之后,就是公司的股东,有激励因素促使其改善企业经营状况,推进企业股票价格的上涨。

(二) 约束机制

公司治理中,约束机制主要是根据对企业业绩及对企业经营者各种行为的监督结果,企业所有者或市场对企业经营者做出适时、公正、无情的奖励惩罚决定。权力必须要进行约束,否则必然滋生腐败,影响企业的经营业绩。约束机制通常可以分为企业内部约束和企业外部约束。

1. 企业内部约束

国有企业内部约束指的是从企业内部的权力安排、制度方面形成的对经营者的监督,将经营者的权力关进企业制度的笼子里。当前,要突出监督重点,强化对关键岗位、重要人员特别是一把手的监督管理,完善"三重一大"决策监督机制,严格日常管理,整合监督力量,形成监督合力。要健全以职工代表大会为基本形式的民主管理制度,推进厂务公开、业务公开,落实职工群众知情权、参与权、表达权、监督权,充分调动职工的积极性、主动性、创造性。企业在重大决策上要听取职工意见,涉及职工切身利益的重大问题必须经过职代会审议。要坚持和完善职工董事制度、职工监事制度,鼓励职工代表有序参与公司治理。

2. 企业外部约束

外部约束主要是企业的外部市场、监管部门和外部制度形成对企业的约束。企业的外部市场包括产品市场、经理人市场和资本市场。企业的经营效率直接体现在企业的产品价格上,企业经营效率高,生产的成本低,在产品市场上具有竞争力,反之企业在产品市场上将会寸步难行。经理人市场的完善有利于促使经理人在实际经营中多方面考虑企业的利益。

3. 党的领导

中国特色现代国有企业制度,"特"就特在把党的领导融入公司治理各环节,把企业党组织内嵌到公司治理结构之中。因此,要把加强党的领导和完善公司治理统一起来,将党建工作总体要求纳入国有企业章程,明确国有企业党组织在公司法人治理结构中的法定地位,创新国有企业党组织发挥政治核心作用的途径和方式。在国有企业改革中坚持党的建设同步谋划、党的组织及工作机构同步设置、党组织负责人及党务工作人员同步配备、党的工作同步开展,保证党组织工作机构健全、党务工作者队伍稳定、党组织和党员作用得到有效发挥。

二、提高国资监管机构的效能

市场经济发展到一定阶段,市场竞争将无法容忍在行政架构下存在的市场主体的竞争方式,即需要在现有的行政框架下实现国资监管部门对国有企业的管控从行政方式向市场导向转变、向价值视角下的资产管理和股权管理方式转变。进而要求负责行政职能的相关下属机构将通过职能转移,或者整体移植等方式,考虑与其他机构职能合并或者以属地化管理的方式"外包"出去,从而最大限度的减弱行政化影响甚至达到去行政化。随着国资委越来越多直接持有上市公司的股权,对保值增值的要求将需要对国有资本进行更加专业化资本运营,这就要求国资委的出资人职能在国资委大幅度持股的条件下逐渐独立出来,从而使国资委成为单纯的以管资本为主的监管者。

　　首先,逐步推动国资委去行政化职能。市场经济发展到一定阶段,市场竞争将无法容忍在行政架构下存在大量的微观市场竞争主体,即需要把现有的行政框架下对国有企业的管控模式,向市场性的、从价值角度进行资产管理和股权管理方式转变。从而负责行政职能的相关下属机构将通过职能转移,或者整体移植等方式,并考虑与其他机构职能合并或者以属地化管理的方式"外包"出去,从而实现最大限度地减弱行政化影响甚至彻底实现去行政化。

　　其次,出资人属性和监管属性之间的冲突,以及对保值增值要求引发的更加专业化资本运营的迫切要求,国资委的出资人职能必将在国资委大幅度持股的背景下逐渐分离出来,从而引发出如何实现国资的保值增值的问题。虽然把国资委打造成中国的"淡马锡"的观点不少,但从中国国资量大、类多和跨度大等特点看,即便要使国资委转变为类似"淡马锡"的专业化资本运作平台,不仅仅需要的是一个资本运作平台,而是更多的资本运作平台。如果国资委依然不能实现亲市场化,则难免有"政企不分"的诟病。如果取消国资委,则这些年取得的监管经验可能功亏一篑。因此,要不断强化国资监管机构的管资本的职能,逐步完善现有的国资监管机构、国资运营公司以及国有企业的三层监管架构,这样,既可以避免"另起炉灶"带来的巨大成本,也可以实现对国资的专业、高效运营。

　　最后,随着行政化属性和出资人属性逐步从国资委剥离出去,国资委则在职能上将变成具有单一监管功能的监管机构。这时国资委的基本属性只体现为监管属性,监管的对象是经营性国有资产和国有股权,从而成为纯粹的监管机构。

三、构建有效的社会监督管理体系

　　对国有企业的监督与管理,仅仅依靠政府是完全不够的,必须引入社会监督。社会监督作为国有企业监督的外部力量,应该做到舆论和专业能力相结合,透析外部全方位的监督角度。构建有效的社会监督管理体系,对国有企业的监督管理效率有大的提高。

(一)充分发挥民众的监督潜力

　　社会民众是国有企业的最终出资人,有权利也有义务对国有企业的经营管理进行监督。过多委托代理弱化甚至导致了民众的监督缺位,并且成本和收益的严重不对称导致了激励动力不足,从而无法对国有企业进行有效监督。为了发挥民众对国有企业的监督,必须加大宣传力度,使民众在思想上有一种主人翁的意识;同时给以民众切实可以感受到的收益,使民众在物质上拥有主人翁的存在感。

(二)行业自主管理

　　不同行业,自主形成行业协会,行业协会自行组织对行业内企业的管理。行业自主管理是一种运行成本较低,专业性强,效率高的监督管理形式。行业自主管理的成功能够很好地解决对国有企业的监督管理问题。当然,行业协会等非政府性组织需要进一步去行政化,防止行业协会成为行政机构的附属物,只有建立在市场竞争基础上的行业协会才具有生命力和影响力。

(三)第三方机构监督

　　社会第三方机构主要是指律师事务所、会计师事务所等独立运行,可出具报告的企业。

我国法律规定符合一定要求的企业的验资报告、财务报告必须由外部的专业第三方机构出具。社会第三方机构是中立的,和国有企业没有利益关联,其出具的报告应当要符合事实,真实反映企业的生产经营成果,从而起到监督管理的效果。

(四) 媒体监督

媒体应该是关注社会的每一个细节,做到无孔不入。国有企业关系经济社会发展、广大人民福祉等重大事项,媒体必须要多方位对其进行监督,关注企业的经营业绩、出具报告虚实、未来发展潜力等。同时,利用自身的独特宣传优势,吸引并且引导社会更多力量参与国有企业的监督管理。

四、完善法律法规的体系建设

我国的市场经济法律法规体系始建于改革开放之初,迄今也只有 40 余年的时间。我国市场经济体系还不完善,建立在此基础之上的法律法规体系也必然存在着不足。目前的《公司法》以及《企业国有资产法》等法律都存在着与实践发展不符合的地方,迫切需要对其中的法律条款进行修改。一些法律制定的时间比较早,已经不能适应现在市场经济发展的大环境;同时,对于法律法规的执行情况也存在许多问题,执法不严、违法不究等问题还在不同程度存在。市场经济是法治经济,能够为经济社会发展创造良好的法制环境。首先,要按照中国特色现代国有企业制度的要求,完善《公司法》等相关法律法规,解决这些法律存在的问题,使之更合理,更科学。其次,尽快制定出覆盖面更广、更符合国有企业改革发展要求的《国有企业法》等法律法规,并完善法律体系中的漏洞,健全法律体系。再次,梳理现存法律法规体系,解决其内部的冲突和矛盾。最后,加大执法力度,提高司法效率,做到有法可依,有法必依,执法必严,违法必究,为企业发展创造良好的法制环境。

 复习思考题

1. 什么是现代企业制度? 它有哪些基本特征?
2. 国有企业与一般企业有何本质上的区别?
3. 如何深化国有企业改革和实现体制创新?
4. 如何提高国有资产监管部门的效能?

第十六章 企业成本与利润

习近平总书记在党的二十大报告中指出："完善中国特色现代企业制度,弘扬企业家精神,加快建设世界一流企业。"[①]这就为我国的国企改革和民企发展指明了前进方向。企业追求自身利益是其活力和动力的源泉,提高经济效率是企业经营的核心。因此,弘扬企业家精神,降低成本、增加利润,更好地满足社会需要,是建立和完善现代企业制度的关键。企业追求自身利益是其活力和动力的源泉。提高经济效率是企业经营的核心,为此要弘扬企业家精神、降低成本、增加利润。协调工资与利润的关系,是建立和谐劳资关系的关键。

第一节 企业经济利益与经济效益

企业作为市场经济的重要主体,追求经济利益存在必然性和合理性,企业利益可通过企业的利润、经济效益等多个指标来体现,提高企业经济效益和经济利益是企业生存和发展的根本之道。

一、企业利益是企业经营和发展的原动力

追求经济利益是企业主体地位的充分体现,也是提高经济效益的真正动力,所以无论是对企业还是国家,都具有十分重要的意义。

(一)企业是市场经济的重要主体

市场经济主体是指在市场上从事经济活动,享有权利和承担义务的个人和组织。具体来说,就是具有独立经济利益和资产,享有民事权利和承担民事责任的可从事市场交易活动的法人或自然人。任何市场主体参与经济活动都带有明确的目的,以追求自身利益最大化为目标。

市场经济主体的范围既包括独立的个人,也包括以一定方式出现的企业、团体和机构。市场经济主体既包括营利性组织,如工厂、商店、银行,还包括一些中介机构,如律师事务所、

---

① 习近平:《高举中国特色社会主义伟大旗帜 为全面建设社会主义现代化国家而团结奋斗》,人民出版社 2022 年 10 月版,第 29 页。

会计师事务所、婚姻介绍所等。与市场经济主体相对应的是市场经济客体,指各种商品和服务。

在市场经济条件下,企业作为最重要的主体,是国民经济的细胞,是市场活动的主要参加者,是社会生产和流通的直接承担者。企业是商品和服务的组织者,它通过生产经营活动,创造和实现了社会财富。企业具有两大基本特征:一是以盈利为目的,这是企业区别于其他社会团体的根本标志,也是企业赖以生存和发展的必要条件;二是独立的经济组织,而非政治组织或社会团体,具有独立的经济利益。

(二)企业利益的内容和表现形式

企业利益是以实现企业宗旨为目的,包括所有相关当事人的利益,是一种集体利益的体现。所谓企业利益相关者是指那些能够影响企业目标的实现或被企业目标的实现所影响的个人或群体,不同的利益相关者有不同的利益目标。在企业经营中,利益相关者可以是相互补充的或和平共处的,也可以是不相容的甚至是冲突的。而这种冲突经常表现为企业为实现自身利益最大化的目标,利用信息不对称侵害其他利益相关者的利益。

企业利益可通过企业的利润、经济效益等多个指标来体现,企业的经济效益是指企业的生产总值与生产成本之间的比例关系。用公式表示为:经济效益＝生产总值/生产成本。提高企业经济效益,就是要降低企业的生产成本,以最小的资源消耗,生产出最多的适合市场需要的商品或劳务。利润是生产总值与生产成本之间的差额,企业利润增加,并不一定意味着经济效益的提高,只有在成本一定的情况下获得更多的利润才是经济效益的提高。

(三)利益是企业一切活动的根本出发点

企业的利益是企业一切经济活动的根本出发点。提高经济利益,有利于增强企业的市场竞争力。企业要发展,必须降低劳动消耗,以最小的投入获得最大的效益。只有这样,才能在市场竞争中不被淘汰,获得发展。企业没有利润,设备就不能更新,规模就不能扩大。因此,企业的生产和经营必须追求自身利益,才能不断提高自我改造、自我发展的能力。

对国家和社会来说,提高企业经济利益,搞好国有大中型企业,才能增强综合国力,巩固公有制的主体地位,才能充分显示社会主义的优越性,才能不断增强综合国力,提高我国的国际地位。

二、企业利益与国家利益及社会利益的协调

企业利益与国家利益及社会利益三者间存在一致性,但也有矛盾的方面,正确处理好三者关系,协调矛盾,才能实现经济社会的健康有序发展。

(一)三者利益的一致性

在社会主义制度下企业利益与国家利益和社会利益从根本上说是一致的。一方面,企业是基本生产单位,为满足人民的物质文化需要,提供物质和精神产品做出贡献;同时,企业是财富的创造者,通过税收和上缴利润为国家和社会提供资金积累;企业作为就业单位为广大员工提供就业岗位和工资收入。企业利益增加了,对国家,对社会,对员工都有利。企业还可以以自己名义做公益活动,比如支持教育事业,帮助贫困地区。另一方面,企业的存在

和发展也离不开国家和社会的帮助和支持。国家通过完善法制、规范市场经济秩序，为企业创造更为宽松、健康的成长环境，企业的蓬勃发展可以为国家带来更多的税收和就业岗位。因此，企业利益与国家和社会利益具有一致性。

（二）三者利益的矛盾

企业利益关系着企业的发展和员工的生计，而国家利益和社会利益关系着国家的发展与社会的进步。三者在某些方面存在一定的矛盾。

获取利益是企业存在的根本原因和发展目标，因此，企业的所有经营活动都将围绕获取利益这一目标而展开。然而企业经营所得，并不能完全归企业所有，必须向国家缴纳税收或上缴利润，影响企业的利益。社会责任又要求企业进行环保、安全、员工福利等方面面的维护，这些都会对企业带来负担。

在经营中，一些企业会为了获取更高的自身利益，而采取生产假冒伪劣商品、偷税漏税、废水废气不经处理排放、剥夺员工福利、欺诈消费者等行为，这虽然看起来可以为企业降低成本，提高利益，但是却在很大程度上危害了公共安全、扰乱了市场经济秩序，极大地损害了国家利益和社会利益。如果为了维护国家利益，而向企业征收高额的税费，虽然可以为国家带来经济上的好处，但是却影响了企业的经营成果，打击了企业的生产积极性。

因此我们可以看出企业利益与国家利益和社会利益间存在一定的矛盾性。

（三）三者利益的协调

在处理企业利益与国家利益和社会利益时，不能将其看成是绝对对立的，而是"涓涓细流，汇集成海""大河涨水小河满"的关系，注意三者的协调统一，正确处理的基本原则是做到统筹兼顾，综合平衡。

首先，一个优秀的企业应该注意这三者关系的平衡，在保证国家利益的基础上去谋求企业利润的最大化。企业的使命是效益最大化，但是，企业在整个社会体系和利益体系中只是一个个体，在追求效益最大化的过程中，不应该把企业利益置于国家利益和社会利益之上，不能置于法律道德之上。在利益关系发生矛盾时，必须使企业的局部利益服从国家利益和社会利益。

同时，国家在制定政策时也应充分考虑到企业的生存和发展，如在国际商业竞争中保护本国企业的利益，制定合理的税费政策，在企业文化塑造、品牌推广、员工素质提升等多方面给予帮助和扶持，使企业做大做强。从人性化管理的角度出发，政府公共管理部门和司法部门应当在保护社会公共利益的前提下，合理地维护企业的合法利益。从维护社会稳定角度出发，作为与此相关的执法机关，应当帮助企业寻找出路，指导和支持他们正确地运用法律武器维护自身利益。只有这样企业利益才有可能与国家利益、社会利益真正协调统一起来。

三、市场经济下企业经济利益关系的制衡

社会主义市场经济中企业的经济利益关系区别于西方国家，具有自己的特点，面对复杂的经济利益关系，也存在多种制衡手段。

（一）市场经济下企业经济利益关系的格局

一方面是经济成分复杂性。改革开放以来，我国的经济成分发生了极大的变化，以实现

形式多样化的公有制为主体的、多种经济成分共同发展的活跃局面已基本形成。国有经济实力虽有很大增强,但其所占比重趋于下降,个体、私营企业发展迅速,随着经济成分的多样化,就业结构也发生了明显变化,国有和集体经济单位人员比重下降,而其他经济单位人员占比上升。

另一方面是分配形式的多样化。经济成分的多样化和利益结构的差异化,不能不对收入分配格局产生直接的影响。尤其是改革开放以来,家庭联产承包责任制的实行、乡镇企业的异军突起,个体、私营和"三资"企业、股份制企业的发展,以及国有企业的改革等,使得企业分配制度发生了深刻的变化,现阶段主要采取按劳分配、按资分配、按技术等生产要素分配、多元综合分配等方式。

(二) 企业经济利益关系制衡的手段

面对复杂的经济成分和多样化的分配形式,社会主义市场经济下的企业,除了法律法规之外,经济关系制衡的手段主要有以下几个方面:

一是企业道德自律。企业道德作为市场经济道德文化的一个组成部分,具有其他道德无可替代的重要功能。尤其是在市场经济尚不发达、法律规范的权威地位尚未真正确立的历史条件下,充分运用企业道德的社会功能,是维系市场经济健康发展的重要精神武器。

二是工会等职工组织监督。职工本身对企业也具有一定的制衡作用,尤其是工会等职工组织。工会代表了劳动者的利益,领导工人为实现正当利益而斗争,促进资方满足劳动者的合理要求,劳动关系就会趋向稳定,生产就会发展。特别是在多种经济成分、多种经营方式和多种分配方式并存的条件下,职工群众在就业、工资、工时、社会保险、生活福利、住房分配等方面的具体利益与其他各部分人民的利益之间存在着差别和矛盾。没有代表和维护职工利益的工会参与劳动关系的协调,就不可能建立和保持稳定的劳动关系。

三是市场约束。企业能否适应市场环境的要求,追求到最大化的利润要受到市场多因素的制约。比如,企业赖以生存的市场是否够大,资源(包括人才、资金、物资、技术、信息等)是否充裕,市场规则是否公平。由于资源是稀缺的,而市场的狭小或广阔是相对的,市场的制度环境也是不断变化的。这些要素给企业的生存和发展造成了压力,同时又给了企业无限生机,市场的竞争环境不断淘汰不适应的企业,同时又为能够生存的企业创造了发展条件。

四是政府监管。由于市场经济不是万能的,它不能保证每一个经济主体都能公平地寻求"阳光下的利润",因此,政府作为一种国家力量应该而且能够在制定市场规则、规范企业行为、为企业生存创造条件上有所作为。政府对企业来说,是一种直接而又强有力的制衡。

四、企业经济效益及其衡量指标

企业的经济效益反映了企业经营状况,在设定其衡量指标体系时,应遵循原则、合理分配,以准确体现企业运营质量。

(一) 企业经济效益的内涵

企业经济效益,即企业在从事生产经营活动过程中所取得的经济效益和物质效用。企业经济效益是反映经济运营质量的综合性概念。它是从对比关系上反映产品投入、产出、销售、价值创造整个过程总体效率的高低。

提高企业经济效益,必须首先认清以下三对关系:

(1) 企业经济效益和企业劳动消耗的关系。提高企业经济效益,要求企业在保证产品质量的前提下尽可能减少劳动消耗,使生产商品的个别劳动时间低于社会必要劳动时间,反之,则经济效益低下。

(2) 企业经济效益和企业生产的商品质量的关系。企业要提高经济效益,首先必须生产适销对路,质量较高,能满足人们生活需要的合格产品,这样才能实现社会主义生产目的,才能顺利实现商品的价值。

(3) 企业经济效益和企业经济发展速度的关系。企业经济发展速度快,经济效益不一定好。如果经济发展速度快,而劳动产品有用程度不高,或者劳动消耗大,经济效益并不好。如果发展速度快,有用劳动成果大,劳动消耗小,生产出的产品适销对路,则经济效益就好。我们必须遵循速度和效益相统一的原则,正确处理好两者之间的关系,走出一条既有较高速度又有较好效益的新路子。

(二) 企业经济效益综合评价指标体系的建立和完善

由于企业经济效益是一个综合概念,涉及企业生产经营活动的各个方面,很难用单一的经济指标来进行总体的定性和定量。因此,应该根据企业生产活动的全过程,制定一套较为全面、完整的综合评价方法和指标体系,要从企业生产活动过程的各个不同的方面、环节与角度进行科学的、合理的评价和考察,从而体现出企业经济效益的综合内涵。

根据企业经济效益的内涵,应从企业的盈利能力、发展能力、价值创造能力、偿债变现能力、营运能力、创新能力、社会贡献能力、产出效率、产销状况等各方面设定指标,形成一套综合评价经济效益的指标体系。

通过以上的各类统计指标与财务指标可以全面反映、衡量、评价一个企业在一定时期内的经济效益、社会效益,同时可以反映企业是否有后劲,是否有发展前景,以满足经济和社会发展的需求。

(三) 指标功能分析

1. 对盈利能力的评价指标

总资产贡献率、成本费用利润率、人均创利税,该三项指标可充分反映企业的全部资产、人员、成本费用的投入能达到多大的获利能力和水平,也是充分体现企业管理水平和经营业绩的主要指标。

2. 发展能力的评价指标

增加值劳动生产率、资本增值保值率,该二项指标是衡量企业人均创造的增加值与企业净资产的变动状况,是反映评价企业的发展潜力和是否有后劲的主要指标。

3. 偿债变现能力的评价指标

资产负债率、流动比率,速动比率,该三项指标主要是衡量企业生产经营安全性与风险性的状况如何,没有安全性的盈利是不能达到企业可持续发展的目标,是不具战略性的短期行为。

4. 营运能力的评价指标

应收账款周转率、存货周转率,该二项指标主要是分析企业在一定的投资规模下,如何利用管理的技巧来发挥营运的效果,在不降低企业的盈利水平的情况下减少资产存货和应收款的占用量,加速企业的资金周转速度,以提高企业资金的使用效率。

5. 创新能力的评价指标

新产品产值率是衡量企业是否有适应市场发展需要的新产品,科技费用投入率是反映企业科技开发投入的情况。过去由于大多数企业在生产经营管理过程中,注意力主要集中在生产制造上,而不放在开发创新上。

第二节　企业成本

企业成本是企业必须关注的重要议题,直接影响着企业的竞争能力和增长潜力,采取正确的方法降低成本、避免浪费,是企业获得长久发展的条件之一。

一、企业成本的定义和构成

凡是为生产经营耗费的一切人、财、物都应计入企业成本。企业成本按照不同的标准有很多分类,导致企业成本上升的原因也有很多,应区别应对逐一解决。

(一) 企业成本的定义

企业成本是生产和销售一定种类与数量产品所耗费资源用货币计量的经济价值。企业进行产品生产需要消耗生产资料和劳动力,这些消耗在成本中用货币计量,就表现为材料费用、折旧费用、工资费用等。企业的经营活动不仅包括生产也包括销售,因此在销售活动中所发生的费用,为了管理所发生的费用,也应计入成本。企业成本是为达到一定目的而付出或应付出资源的价值总和,它可用货币单位加以计量。

(二) 企业成本的构成

企业为了生产而发生的各种耗费,可以指一定时期为生产一定数量产品而发生的成本总额,也可以指一定时期生产产品的单位成本。产品成本有狭义和广义之分,狭义的产品成本是企业在生产单位(车间、分厂)内为生产和管理而支出的各种耗费,主要有原材料、燃料和动力,工资和各项制造费用。广义的产品成本还包括各项管理和销售费用等。可以作为产品成本列示的具体内容必须符合国家的有关规定,企业不能随意乱计和乱摊成本。也就是说按企业生产的某一个成品将材料、工资、电费、折旧、分摊到单个成品中。

二、企业成本控制对企业的重要性

企业要发展,离不开销售。按理说,销售越好,营业额越高,企业的发展就越大。事实上,销售好,营业额高,还需重视一个因素——成本的控制。在企业的发展战略中,成本控制处于极其重要的地位。如果同类产品的性能、质量相差无几,决定产品价格高低的主要因素就是成本。

(1) 成本控制能改善企业的经营管理工作。成本控制是通过制定标准,发现差距并改进来实现的。实际工作中形成的成本以标准为中心,尽量达到或低于标准,这就促使各个成本控制的责任中心加强管理,厉行节约,从而改善整个企业的经营管理。

(2) 成本控制能增强企业成本资料的准确性。成本控制是贯穿于成本形成的全过程,主要任务在于监督成本计划的执行情况,纠正不利差距。这些工作是以真实、准确的实际资料为依据的,所以要求相应的成本资料必须符合实际,原始记录工作必须健全。

(3) 成本控制的直接结果是降低成本。当其他因素不变时,降低成本就意味着利润的相对增加。降低成本,增强了企业抗御经营风险的能力,增强了企业的竞争力。成本控制的好坏直接关系到企业的经济利益,关系到企业的生存与发展。

(4) 成本控制能促使企业经济责任制进一步改善和巩固。成本控制的总目标,必须分解落实到企业内部的各个责任单位,使每一个责任单位的活动,在耗费或支出上都有定额或标准。成本控制是加强成本管理的重要手段,成本管理的目的是规范成本行为,降低成本水平,保证成本管理目标的实现。

三、成本最小化与降低成本的途径

企业成本的最小化是现代企业追求的重要目标,降低成本的途径有很多,应从财务、管理、采购、生产、销售等领域来着手。

(一) 企业成本最小化

成本最小化是指利用规模经济和制造技术等优势,大力降低成本以取得价格竞争优势。其技术上的体现是优化产品设计,在生产系统采用优势制造技术,实现专业化,并降低管理费用。

一些现代企业实施了成本最小化战略。成本最小化战略的特征,就是所形成的产品,比现有同类产品性能好、价格低,更能满足消费者的需求。产品进入市场的时间一般在产品生命周期处于成长期为宜。

实施这类战略的企业应具备的条件:①有较强的设计能力;②产品概念定位准确;③实行规模化生产。

(二) 降低成本的途径

在现代企业制度下,提高经济效益是企业生产经营的出发点和落脚点。降低产品成本,企业应从以下几个方面着手。

(1) 财务领域控制:①提高资金运作水平。②财务人员要抓好成本事前、事中、事后的工作。③严格控制、节约费用开支。

(2) 管理领域控制:①技术创新,寻求新出路。②以销定产,避免盲目生产而造成积压。

(3) 采购领域控制。因为现在市场竞争非常激烈,原材料以次充好的现象很多,劣质材料充斥市场以及采购人员不得力,致使原材料价格偏高或材料运杂费增加等。

(4) 生产领域控制。①提高设备的利用程度。合理组织安排生产,避免设备忙闲不均;加强设备的维修保养,提高设备的完好率。合理安排班次,增加设备实际工作时间,实行专业化协作等。②优化工作流程。③减少库存。④控制人员成本。

(5) 销售领域控制。①控制销售成本。②降低物流成本。

中国政府近年来采取了多项措施减轻企业税费负担,帮助企业降本增效,取得了显著成效。

第三节　企业利润与工资分配

企业利润是企业利益的集中体现,工资分配则是员工利益所在,二者既统一,又存在矛盾。社会主义市场经济下的工资分配有其独特性,且不断发展变化,正确协调工资和企业利润间的关系,有利于减少劳资纠纷,既保证企业健康成长,又维护劳动者的合法权益。

一、企业利润的内涵与影响因素

企业利润是收益与成本间的差额,社会主义企业的利润来自有效的宏观管理、企业的微观管理和科技运用三个方面。

(一)企业利润的内涵

企业利润是指企业在一定时期内生产经营的价值成果,等于销售产品的总收益与生产商品的总成本之间的差额。包括营业利润、投资收益和营业外收支净额。企业利润是职工创造的剩余价值的特殊转化形式。企业的营业利润是指营业收入减去营业成本和费用(包括生产成本、管理费用、销售费用及财务费用),利润总额为营业利润加上营业外收入减去营业外支出,净利润为利润总额减去所得税费用。

企业税后利润一般按以下顺序进行分配:①弥补企业以前年度亏损;②提取法定盈余公积金;③提取公益金;④向所有者分配利润。

(二)影响企业利润的因素

利润总额＝营业利润＋营业外收入－营业外支出,在利润的总体构成中,营业利润是决定企业利润是否稳定可靠的基础。在其他条件不变的情况下,营业利润所占比重越大,利润质量越高,其计算公式是:

$$营业利润＝营业收入－营业成本－营业税金及附加－销售费用－管理成本－$$
$$财务费用－资产减值损失＋公允价值变动收益＋投资收益$$

从营业利润是否有足够的现金保障来看,营业净现金流量＝税后营业利润＋折旧等非付现成本－营运资本需求增量,因而非付现成本增多会缩小营业利润与营业净现金流量的差距,有助于提高利润质量;营运资本需求量增加会扩大营业利润与营业净现金流量的差距,从而降低利润质量。

党的十八大以来,国家高度重视企业的发展诉求,不断深化税制改革,减轻企业负担,振兴实体经济。2018年实施将17%和11%两档增值税税率分别下调1个百分点等三项深化增值税改革措施,全年将减轻市场主体税负超过4 000亿元。内外资企业都同等受益,这对制造业、交通运输业、建筑业等行业特别是高端制造业发展和产业结构转型具有积极的推动作用。同时对于经济的毛细血管——中小微企业、初创企业,以及经济的新动能——先进制造业、现代服务业等的扶持力度更明显。

二、中国特色的工资分配机制

社会主义市场经济有其独特的运行规律,工资分配制度要坚持按劳分配为主体,多种分配方式并存的根本原则。

(一) 改革开放前我国工资分配制度

社会主义工资是按劳分配的形式。改革开放前,我国的个人收入分配制度主要有以下几方面的积极作用:一是保障了人们的基本生活需要。二是消灭了旧社会在分配上的不平等。三是一定程度上改善了人民的生活水平。

同时,传统分配制度也存在一些不足:一是传统收入分配制度将劳动能力等同于劳动贡献,导致生产效率低下;二是传统收入分配制度对居民收入的控制高度集中统一,国家在社会经济生活中拥有绝对权力,对居民个人收入实行直接调控,企业只是国家行政机构的附属物,没有任何分配的自主权;三是传统收入分配制度导致平均主义、"大锅饭"日益严重。传统体制下的收入分配制度虽名为按劳分配,但实际上却是对按劳分配原则的严重扭曲,突出反映在实际劳动贡献与其劳动报酬之间严重脱节。

传统收入分配制度的弊端并不是按劳分配造成的,相反,恰恰是违背了按劳分配的原则。这一制度导致了效率与公平的双重缺失,在看似公平的平均主义分配背后,却隐藏着真正的不公平。

(二) 改革开放后工资分配制度的新变化

改革开放后,我国的分配制度开始发生变化。坚持以按劳分配为主体、多种分配方式并存的制度,体现效率优先、兼顾公平的原则。通过工资分配制度,发挥市场机制对工资收入的调节作用,使劳动者的工资收入水平随着经济发展和企业效益的增长相应提高。

1. 工资与企业利润的关系

一般人认为,职工工资的增加会减少企业利润。然而,企业提高员工工资不仅未必会降低利润,很多时候还会提升企业的经营业绩。有以下五方面原因:

(1) 吸引优秀人才。高工资对企业来说未必是最大的成本支出,但对员工来说是最大的收入,也是求职者最先考虑的重要因素之一。

(2) 员工流失率降低。如果一个企业能保持行业、地区的高工资水平,不仅是解决员工饭碗的基本问题,而且是为员工提供了更多的幸福保障,员工会有荣誉感、自豪感、归属感、成就感,这样就保证了企业正常的工作,不会因为员工的离职带来误工成本的损失。

(3) 提高工作效率。面对一方面高工资的诱惑,另一方面有失去工作的威胁,员工会更加珍惜这份充满竞争的工作机会,因此会努力工作,使得工作效率大大提高。

(4) 减少管理成本。因为高工资,增强了员工的主人翁意识,提高了员工的工作积极性,加强了员工的自律性,这样就能减少管理人员和管理费用,降低了企业的管理成本。

(5) 额外成本减少。工资高了,人心齐了,责任心强了,"跑冒滴漏"少了,员工"以企业为家,爱企业如家"的观念提高了,诸如生产设备、交通工具、办公设备等固定资产的流失、损耗和维修降低,电费、水费、办公费等费用减少,这就大大减少了额外成本损失,提高了利润。

2. 政府的收入调节

政府对收入调节的主要内容是调控工资和物价,国家通过分配领域对再生产过程实行干预。它的目标有两方面：一是克服物价和工资的螺旋式上涨引起通货膨胀。二是调节收入分配，调整工资与利润的相对份额。

国家实施收入政策的手段主要有三种：

（1）强制性收入政策。主要是政府通过立法来冻结物价和工资，一般是在通货膨胀严重时采用的手段。

（2）非强制性的"指导性"方法。即政府根据平均劳动生产率的增长趋势，规定每个部门工资增长限度，使货币收入增长不超过劳动生产率增长幅度。

（3）收入指数化措施。即将名义收入与某种物价指数联系起来，名义收入随物价指数变动而变动，其作用在于避免或减轻物价上涨对实际工资的影响。

第四节　企业投资与技术创新

企业投资，存在一定的收益和风险，是企业扩张壮大的重要手段之一；创新驱动是我国经济转型升级的重要动力，也是企业持续发展的根本保障，坚持技术创新，才能掌握核心竞争力，从而在企业投资和市场竞争中立于不败之地。

一、企业投资

企业投资分对内和对外两类，除了追求自身发展、规避风险外，承担社会责任也是企业投资的重要原因。

（一）企业投资的内涵和特点

企业投资包括对内投资和对外投资。在对外投资上，一些企业投资决策者对投资风险的认识不足，盲目投资，导致损失巨大，从而财务风险不断。企业对内投资主要是固定资产和流动资本投资。企业投资的特点：

（1）投资目的多样性。总体上说，企业投资的目的是获得投资收益，从而实现企业的财务目标。但企业的投资总是按相对独立的投资项目进行的，具体投资业务的直接目的也是有区别的。

（2）投放时机的选择性。投资并不是随便进行的，只有客观上存在投资的有利条件时，投资时机才能真正到来。

（3）投资回收的时限性。任何投资都必须收回，由于资金时间价值的客观存在，投资不仅要收回，而且要有收益。

（4）投资收益的不确定性。投资收益是在未来才能获得的，最终收益多少，事先难以准确把握。正是投资收益的不稳定性，使投资存在一定的风险。

（二）企业投资的原因和动力

企业投资的原因和动力主要有以下几个方面：

（1）扩充规模。以扩充规模为目的的投资，称为扩充型投资，其目的又分两种类型：一是扩充现有产品(或服务)或者扩充现有市场的投资;二是开发新产品或开辟新市场的投资,这种投资通常与市场上的一种新的需求相联系,它是通过开辟新的生产经营(或服务)领域,以期获得超额利润。

(2)控制相关企业。它是为了特定经营战略进行的投资。即为了控制市场和增强自身竞争能力,为了形成稳定的原料供应基地和提高市场占有率,通过投资获得其他企业部分或全部经营控制权,以服务于本企业的经营目标。

(3)维持现有规模效益。它是假定企业生产的产品(或提供的劳务)的市场需求规模不变,而在产品(或服务)的成本一定的前提下,为维持现有规模效益所进行的更新投资。如不进行这种投资,必然带来规模缩减,引起企业经济效益下降。

(4)提高质量,降低成本。它是假定企业的生产经营(或服务)规模不变,企业通过投资提高产品(或服务)质量,降低单位成本而取得效益。一般是通过更换旧设备,采用先进的设备和技术来实现。这种投资的不会扩大业务规模,因此也称为重置型投资。

二、投资效益和投资风险

风险和收益往往成正比,企业投资在获得效益的同时,也面临诸多不确定性和风险。

(一) 企业投资的效益

尽管投资的目的有多样性,但是,根本动机是追求较多的投资收益和实现最大限度的投资增值。在投资中,要求在投资方案的选择上以投资收益的大小来取舍,要以投资收益具有确定性的方案为选择对象,要分析影响投资收益的因素,并针对这些因素及其作用程度,寻求提高投资收益的有效途径。

(二) 企业投资的风险

投资风险表现为未来收益和增值的不确定性。诱发投资风险的主要因素有政治因素、经济因素、技术因素、自然因素和企业自身的因素,各种因素往往结合在一起共同发生作用。企业的投资风险从内容上分,有政治性、经济性、人事性以及流动资金等方面的风险。

1. 政治性风险

事物是普遍联系的,企业投资经营也不是孤立存在的,它受诸多因素影响。其中政治影响最为严重,诸如战争、国际关系、示威游行等政治事件,国际上有很多的市场研究机构把该类投资风险放在首要地位。

2. 经济性风险

由于在自由的市场经济中,市场的反应相对迟缓,整个社会的生产处于一种无计划、各自为战的局面,这就使得生产资料的私人占有与生产的社会化之间的矛盾难以调整,经济发展中周期性的危机也就影响了企业投资,这也是产生风险的主要原因之一。

3. 人事性风险

在公司中拉帮结派、各自为政、个人主义盛行、不顾大局是导致公司衰败的最主要的原因,相反彼此团结、敢于奉献、顾全大局、团结互信则是公司兴旺发达的先兆。

4. 流动资金风险

公司正常的资金运行应该是固定资本和流动资本平衡,这样才能够在保障公司正常收益的情况下,保持资金的正常流动。企业流动资金链出现断裂有以下原因:公司货物的滞销、囤积导致固定资本效率下降;投资规模过大,导致入不敷出;货款回收慢,管理滞后,坏账和应收账款过大等,尤其是生产型企业最容易出现这样的问题。

三、企业技术创新

创新是企业发展的灵魂。我国企业在创新过程中既要吸收外来经验,又要根据国情,探索适合自身特点的创新路径。

(一)科技进步推动经济增长

科技进步,是指科学的发展和技术的变革相互促进、相互转化的过程。它主要包括五方面内容:①提高技术水平;②改革生产工艺;③提高劳动者素质;④提高管理和决策水平;⑤经济环境的改善。

科学技术在当代生产力发展中起着决定性作用,技术进步已成为推动经济增长的首要因素。技术进步通过两种途径来推动经济增长:①技术进步通过对生产力要素的渗透和影响,提高各个部门和行业的生产率,推动经济增长。②在高科技基础上形成的独立的产业,其产值直接成为国民生产总值的组成部分和经济增长的重要来源。

无论是马克思主义关于科学是第一生产力的系统观点,还是熊彼特的创新、经济长周期理论及现代经济增长理论的技术进步论,它们都分别从特有的研究角度对科技进步与经济发展进行了考察,直接或间接地反映在人类发展的进程中,科技进步对经济发展源泉、动力结构的认识深化的演进轨迹。创新理论中的“要素新组合”的概念,可以被扩展来说明科学技术的内生性,更好地反映科技创新过程的实质,其企业家的概念能反映创新过程中行为主体的本质和特殊性。创新、企业家、信用创造等概念并非仅适用于资本主义,而可以扩展为社会化大生产的共同需要,其理论框架具有实际的指导意义。该理论的局限性主要在于其方法上是非量化的,从而难以将它作为创新概念量化的载体。

(二)企业技术创新及驱动力

技术创新的主要特征在于体现技术与经济的结合,它异于科学上的发现,突出强调新技术的商业性应用。在一些发达经济体,几乎所有的名牌企业都十分重视开发新技术和新产品。它们认为只有抢占新技术和新产品的制高点,才能取得竞争优势。实际上,企业要想赢得市场份额,其根本途径在于技术创新,在知识经济时代,技术创新显得尤为重要。

企业经营的目的是追求利润,而在利润的背后则是利益的需求。如果一项新技术不能为企业带来更多的利润,那么,企业家不会采取创新行为。因此,有战略眼光的企业家为了增强在市场中的竞争实力和增加利润,就会不断地进行技术创新。

当一个企业在市场竞争中取得了地位,赢得了生存空间和发展权之后,企业就会产生被社会承认的需要,而企业家则会产生受到尊重、取得成就的需要。在尊重需要、成就需要的驱动下企业家就会萌发继续创新的念头。当一个企业的发展已达到成熟时,企业和企业家就会产生对社会发展做出贡献的需要。他们需要用自己创造的财富兴办教育、卫生、体育、社会福利、改善环境等,以社会价值为自己的最高价值目标,因此,我们说社会价值是企业创新的又一个驱动力。

（三）我国企业技术创新的路径选择

企业进行技术创新包括自主创新、模仿创新、集成创新及合作创新。模仿创新战略是对率先进入市场的产品进行再创新。企业通过学习模仿创新者的创新思路和创新行为，吸收成功经验和失败教训，引进、购买或破译率先者的核心技术，在他人的基础上进行改进与完善。在工艺设计、质量控制、批量生产、市场营销等创新链的中后期阶段，投入主要力量，生产出在性能、质量方面富有竞争力的产品与率先创新的企业竞争的行为。从国际上看，美国企业大多实行的是自主创新战略，而第二次世界大战后的日本企业实行的则是模仿创新，它们大量吸收西方发达国家先进技术，将主要技术力量和资金投入到工艺改进、产品性能完善、批量生产、质量控制、市场营销等环节中，逐步建立了自身竞争优势，取得了丰厚的收益。

技术创新主体是指参与技术创新活动过程，并在技术创新活动中占主导地位，发挥主导作用的社会组织或社会角色。在一些发达国家，技术创新活动明显是属于企业的经营活动，因而西方学者并不过多地讨论和研究哪种社会组织是技术创新主体的问题。我国的情况与发达国家有较大的区别，政府在整个经济生活中扮演着极其重要的角色。在传统的计划体制下，技术创新的主体实质上让位于政府，政府部门（尤其是一些工业行业的管理部门），广泛参与了技术创新的各种活动，有的甚至插手或承担着本由企业承担的具体义务，企业失去了真正意义上的经济主体地位。在经济体制转型和全面建设市场经济体制的时期，企业的技术创新活动已成为影响经济结构变动、促进经济发展的主要力量，即在国家宏观技术创新体系中，企业的技术创新占主导地位。进入新时代，我国不断加强企业在科技创新方面的主体地位和作用，激发企业科技创新内生动力，充分发挥企业科技创新主体作用，对促进创新链和产业链深度融合、推动经济社会高质量发展发挥了重要作用。习近平总书记在党的二十大报告中指出："强化企业科技创新主体地位，发挥科技型骨干企业引领支撑作用"。[①]因此，企业必须成为技术创新的主体，即成为技术创新决策的主体、投入的主体、开发的主体、承担风险的主体和获取利益的主体。充分发挥企业在技术创新中的积极作用，推动我国企业技术水平和创新能力的不断提升。

复习思考题

1. 企业利益和企业效益二者是什么关系？
2. 企业、国家和社会三者利益如何调节？
3. 企业成本控制要从哪几个方面入手？
4. 企业为什么要进行技术创新？

① 习近平：《高举中国特色社会主义伟大旗帜 为全面建设社会主义现代化国家而团结奋斗》，人民出版社 2022 年 10 月版，第 36 页。

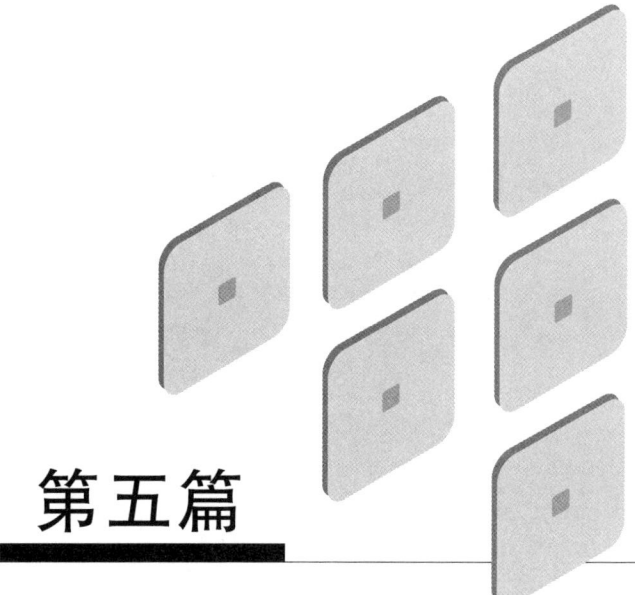

第五篇

宏观经济运行

第十七章　经济增长与经济效益

习近平总书记在党的二十大报告中指出："推动经济实现质的有效提升和量的合理增长。"[①]对经济增长和效益提升提出了更加全面的要求。由于经济形势的不断变化影响经济增长的因素也会相应变动，这就必然造成经济增长的波动，呈现出阶段性和周期性。中国经济经过了高速增长的起飞阶段，正在向中高速增长的新常态过渡，形成以效益、质量为中心的经济增长新模式。

第一节　决定经济增长的因素

"经济增长"是指一国在一定时期产品和劳务产出的增加，它是一国发展所追求的目标之一。只有经济增长，才能满足社会发展和国民消费的需要。决定经济增长的因素主要包括自然资源、劳动力状况、科学技术、投资和消费。关注"经济增长"贯穿整个经济学发展历程，经济增长理论 200 余年的发展历史就是一部经济学的发展史。亚当·斯密在著名的《国富论》中就十分关注"经济增长"。

一、自然资源是经济增长的首要条件

自然资源是经济增长的客观物质条件，不可或缺。但是，随着人类科学技术水平不断提高，一个经济体的经济发展对自然资源的依赖逐步减弱，从而引发了"自然资源对经济增长究竟是起促进作用还是起促退作用"的争论。事实证明，瑞士、日本等国经济增长快也是善于利用别国自然资源的结果，绝不能说明这些国家有超自然的能力，即使在技术发达的今天，自然资源仍然是经济增长的首要条件。

第一，自然资源仍然是一国生产再生产劳动资料和劳动对象的源泉。人类要生存，就必须有维持生活的物质资料，这就必须对自然资源进行开发利用。无论是自然界的现成物，还是经过劳动加工的原材料，归根到底都取之于可再生资源和不可再生资源。自然资源是一切劳动资料和劳动对象的源泉。

---

① 习近平：《高举中国特色社会主义伟大旗帜　为全面建设社会主义现代化国家而团结奋斗》，人民出版社 2022 年
10 月版，第 28—29 页。

第二,自然资源为人类经济活动提供必需的空间。土地是人类进行经济活动的载体,河流是人类必须的水资源来源,等等。没有这些资源,人类任何经济活动无法进行,更不要说经济增长。

第三,自然资源丰裕对劳动生产率有重要影响。劳动生产率一般以劳动者在单位劳动时间内所生产的产品数量来表示,或是用单位劳动产品所消耗的劳动量来表示。它反映人们在生产过程中利用自然物的综合能力。一般说来,在其他条件相同、自然资源优劣不同的情况下,人们即使花费了等量劳动,劳动生产率也是不同的。许多资源丰裕的国家,其社会劳动生产率往往都比较高。

第四,利用自然资源能促进技术进步。随着人们对劳动对象的利用由粗加工向深加工深化,大大减少了生产对自然资源的依赖程度。对于不可再生资源,技术能促进资源系统的承载能力、维持能力,以及提高资源配置能力;对于可再生资源,技术能提高资源潜在利用效率、促进生产要素量的增加和可再生资源系统的产出率提高。

第五,自然资源影响一国的产业布局。一个国家的产业结构首先受制于这个国家的自然资源禀赋。没有矿产资源、林业资源,发展采掘业和林业的可能性就小。一国的生产力越不发达,自然资源对其产业结构影响越大。一般而言,不发达国家的产业结构主要取决于自然资源状况;而发达国家不但能有效利用本国资源,还能利用不发达国家的廉价自然资源。

二、人力资本是经济增长的根本动力

最早提出人力资本概念的是美国经济学家舒尔茨和贝克尔。他们在 20 世纪 60 年代创立了人力资本理论。舒尔茨认为,人力资本是体现在劳动者身上的一种资本类型,它以劳动者的数量和质量,即劳动者的知识程度、技术水平、工作能力以及健康状况来表示,是这些方面的价值总和;它和土地、货币等要素一样,在经济增长中具有重要作用。

第一,人力资本可以促进技术进步,从而加快经济增长。科学技术是第一生产力,这个"第一"首先指科学技术人才。没有大批科技人才,科学技术的发明、创新和应用都不能有效进行,而人力资本正是造就大批科技人才的基础。

第二,人力资本素质的提高可以节省劳动力数量,并推动劳动力与物资资本更有效率地结合。一方面,劳动者投入到生产中的劳动质量提高之后,即使劳动力数量不变,生产中的总劳动量也是增长的,这样,劳动创造的价值就更多。另一方面,劳动者素质的提高使劳动者能够更有效地使用和改进各种复杂的机器设备,如劳动者运用计算机技术,就会完成更为复杂的工作或增加劳动成果。

第三,人力资本素质的提高为产业升级创造必要条件。产业结构升级将随着经济发展的步伐加快,大量劳动力将从第一产业中游离出来涌向技术、知识含量较高的第二、第三产业。在这个趋势中,只有具备较高文化技术才能被吸纳。

第四,高素质的人力资本拓展了资源配置空间。当今世界,经济一体化日益加深,只要拥有大量的具有较高素质的劳动者,就能够消化和吸收世界上的先进技术和管理经验,在更大程度和范围内引进国际资本、技术为本国发展服务。要提升我国劳动者的素质,教育是根本,通过教育提升劳动者素质,促进劳动生产率提高。

三、科学技术是经济增长的助推器

目前,以习近平同志为核心的党中央更加看重科学技术在发展中的重要作用。在党的十九大报告中,习近平同志提出要加快建设创新型国家。他指出"创新是引领发展的第一动力,是建设现代化经济体系的战略支撑。"①2016 年 5 月 30 日,习近平在全国科技创新大会、两院院士大会、中国科协第九次全国代表大会上指出:"科技是国之利器,国家赖之以强,企业赖之以赢,人民生活赖之以好。中国要强,中国人民生活要好,必须有强大科技。"②

第一,科学技术提高资源利用效率,并不断开发出新的资源。科学技术进步使资源利用的边际效率不断提高。如煤的利用,由于燃烧技术的发展,大型锅炉的流化床燃烧工业锅炉和煤粉工业锅炉,使煤的有效利用率达到 90％以上。石油过去一直是作为燃料利用,科学技术的发展,依托石油发展出了整个石油化工产业链。

第二,科学技术进步促进经济增长方式转变。一是科技进步促使经济结构向合理化、高级化发展,提高宏观经济效益;二是科技进步可以实现规模经济,把经济增长方式引向集约化轨道;三是科技进步可以提高生产要素的产出率,减少消耗,集约增长。

第三,科学技术创新、优化产业结构。运用新兴技术改造传统产业、淘汰落后产业,促进产业结构提升层次。由科学技术创新引领的产业结构升级,为经济增长提供了良好的物质载体。

四、投资是经济增长的源泉

投资就是增加资金、劳动力、生产资料、先进科技等要素投入,实现扩大再生产;而扩大再生产则是经济增长的源泉。

第一,投资拉动经济增长。投资增加投资品需求和所增劳动力的消费性需求,同时形成的新的生产能力,促进经济增长。特别是在经济处于低迷时,投资拉动的效果尤其明显。

第二,投资促进产业结构合理化。尤其是固定资产投资与产业结构调整之间存在着相关性。在很大程度上,既定宏观调控政策下的固定资产投资流向推动了产业结构的变动,淘汰落后产业,化解过剩产能,实现产业结构的优化,实现经济增长。

第三,投资促进技术进步,任何技术成果的应用都必须通过投资活动来体现,技术发展本身也是投资的结果。

值得注意的是,过度依赖投资的经济增长不可持续。一是过度依赖投资带来高投入,引起资源消耗过快,导致生态失衡;二是投资效率递减。有研究显示,20 世纪 90 年代以来,我国固定资产投资的增量资本产出率从 15.57％下降到 3％左右;三是过度投资会导致产能过剩,浪费资源。这表明过度依赖投资促进经济增长的模式难以持久。

五、消费是经济增长的牵引机

消费是社会生产过程的终点,又是新的生产过程的起点。生产的最终目的是消费,缺乏消费,再生产无法维持。消费是经济增长的根本动力。

第一,消费是经济持续增长的推动力。没有消费就没有生产,没有生产就没有经济增长。消费需求是最终需求。

第二,消费促进产业结构优化。产品只有满足消费需求,才能实现价值。消费的这种导

---

① 《十九大以来重要文献选编》上,中央文献出版社 2019 年版,第 22 页。
② 《习近平谈治国理政》第 2 卷,外文出版社 2017 年版,第 267 页。

向作用,是产业结构调整的基本依据。消费结构的升级与优化,带动产业结构的升级与优化。我国"入世"以来,由于信息、汽车、住宅消费的比重不断上升,极大地拉动了相关产业迅速发展。

第三,消费水平反映一国国民的生活状况。消费水平的提高,标志着生产力水平相应提高。消费需求增加必然促进供给增加和经济增长。

目前,我国消费存在的主要问题:一是国内消费需求不足,尤其是农村居民消费不足;二是消费结构不合理,缺乏层次性;三是部分年轻人中存在过度消费等。要稳定地发挥消费对经济增长牵引作用,一是提升人们对未来经济的信心,稳定预期,敢于消费;二是鼓励个性化消费,不要盲目跟风;三是发展信用经济鼓励适度超前消费。

第二节　经济增长周期

经济增长是各种因素综合作用的结果,这就决定了经济增长是一个波动上升的过程,并且这个波动过程呈现出明显的周期性。

一、经济增长波动的原因

经济增长波动是指在经济增长过程中交替出现高峰和低谷。这种交替具有周期性,可以分为四个阶段:繁荣、衰退、萧条和复苏。

我国改革开放以来,GDP 由 1979 年的 4 062.6 亿元增加到 2020 年的 1 015 986 亿元,增加了 250 倍,年均增长率为 14.9%,创造了世界经济史上的奇迹。即便如此,40 年间中国经济也经历过几次较大波动,并不是均速增长。如图 17-1 所示:

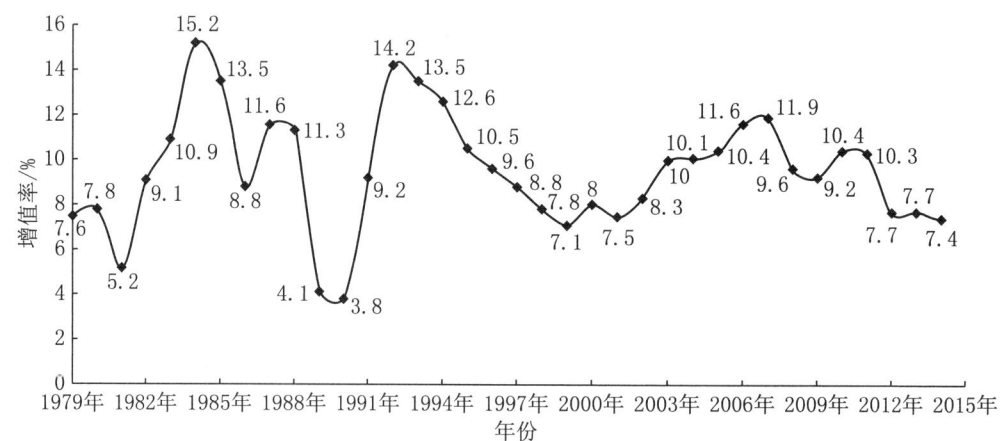

(1979—2012 数据来源　中国经济网 2014-1-15　2013—2014 数据来源　李克强 2014、2015 年政府工作报告)

图 17-1　我国经济增长率的波动状况

1981 年经济增长率降到 5.2%,1984 年上升到周期的顶峰 15.2%,1986 年开始回落到

8.8%，1989、1990 年增速降到 4.1% 和 3.8%。1992 年再次升到新一轮周期顶峰 14.2%，1998、1999 年经济增速又下降到 7.8%、7.1%。2000 年后又进入新一轮周期，2007 年经济增速达到顶峰 14.2%，2014 年又降到 7.4%。在 40 年间，我国经济增长经历了 5 次波动：第 1 轮波动，1979—1981 年，历时 3 年；第 2 轮波动，1982—1986 年，历时 5 年；第 3 轮波动，1987—1990 年，历时 4 年；第 4 轮波动，1991—1999 年，历时 8 年；第 5 轮波动，2000—2010 年，历时 10 年；2010 年中国进入了第 6 个周期。导致中国经济周期波动的原因主要有：

（一）需求变化

投资需求，尤其是固定资产投资周期性波动决定经济波动。固定资产投资对经济波动的作用通过乘数——加速机制而发生作用，同时还受到供求机制约束。在扩张期，投资扩张带动工业生产扩张，引起需求膨胀，从而进一步带动工业生产以及整个社会生产扩张。但是，经济扩张最终会受到供求关系的约束，当供给不足或需求不足发生时，依照扩张时的传导链条发生萎缩，增长也就出现波动。消费可以在经济的复苏时期有效地拉动经济增长，在繁荣时期则可以使经济景气的时间得以延长，同时还是遏制经济萧条的重要杠杆。当经济周期进入衰退或萧条阶段时，居民的收入会减少，但居民消费具有一定的刚性，不会随着收入的下降而马上下降，这就使得总需求中消费需求相对于投资需求更具有稳定性。

（二）产业结构调整

产业结构变化必然影响经济周期波动。如农业波动对投资及工业的影响通过粮食、原材料、劳动力、市场这四条渠道进行传递。粮食可储存性较强，对投资的当期影响较小，滞后期一般为 1～2 年；原材料对投资的影响虽不像粮食那样直接，但直接关联以农产品为原材料的轻工业部门。当农业景气时，农民会自动将资金和劳动力转移至工业或其他非农产业部门，促进经济繁荣，反之亦然。

（三）对外贸易

进出口额的大小值直接关系到一个国家经济对世界经济的依赖程度。改革开放初期，我国尽力扩大出口创汇，多年的贸易顺差对我国利用外资促增长起到了巨大作用。但由对外依赖程度上升，我国经济深受世界经济影响。1997 年亚洲金融危机的爆发，中国作为负责任的大国，宣布人民币不贬值，使中国的出口受到严重影响，导致我国的经济增长率在 1997 年比上一年下降 1.1 个百分点，为 8.7%，到 1998 年经济增长率进一步下降为 7.8%。"入世"为我国开启了扩大出口的大门，2003 年我国的出口增长率达到 34.6%，2004 年的出口增长率为 35.4%。出口大幅度上升促进我国经济进一步好转，2003 年我国的经济增长率达到 9.1%，2004 年达到 9.5%。2008 年受国际金融危机影响，外贸出口增速下降，从而严重影响中国的经济增长。

（四）政府政策

目前，我国处于经济体制转型期，政府对经济过程的干预作用仍然较大。政府政策的调整和变动，也会影响经济周期的波动。2008 年国际金融危机，中国经济陷入低迷状态，政府投资 4 万亿后，经济逐步摆脱低迷走向增长。2009 年第 1 季度中国经济增长还是 6.2%，到了 2009 年第 2、3、4 季度,我国经济增长率分别达到 7.9％、8.9％和 10.7％,全年增速保持在 9.2％的高水平上。

二、经济增长波动的类型

经济学家依据经济增长波动及其周期经历时间的长短不同,分为以下几类。

(一) 基钦周期

由英国经济学家基钦在 1923 年提出。他在研究了 1890—1922 年美国与英国的物价、银行清算、利率等资料后指出:经济周期时间包括主要周期和次要周期两种,主要周期仅仅是 2 个或 3 个次要周期的总和,而次要周期时为 40 个月的经济周期。在他看来,经济周期平均约 40 个月,被称为短周期。

(二) 朱格拉周期

由法国经济学家朱格拉在 1860 年提出。他认为经济周期由繁荣、危机、清算 3 个阶段组成。他通过分析统计资料中的物价水平和大多数经济部门的生产指标,指出经济周期性波动的长度为 9～10 年。后来,奥地利经济学家熊彼特把这种周期称为中周期。美国经济学家 A.汉森将这种周期称为主要经济周期,并通过资料计算出美国在 1795—1937 年间共有 17 个周期,其平均长度为 8.35 年,被称为中周期。

(三) 库茨涅茨周期

由美国经济学家库茨涅茨在 1930 年发表的《生产力价格的长期运动》中提出。他主要依据建筑业的兴衰波动现象来划分的,所以也称“建筑业周期”。库茨涅茨在研究建筑业人口变动、资本形成、收入、国民生产总值及其他因素后,提出经济活动中存在着为期 15～20 年的长周期。

(四) 康德拉季耶夫周期

由前苏联经济学家康德拉季耶夫于 1925 年在《长波周期》一文中,又称“长波论”。他分析了法国、英国、美国、德国等 100 多年中大量商品的批发价水平、利率、工资,以及对外贸易量等,得出一个结论:经济中存在着平均长约 50～60 年的长期波动,被称为长周期。

三、经济增长的周期性与特点

(一) 经济增长的周期性

经济周期一般经过繁荣、衰退、萧条和复苏四个阶段,具有明显的周期性。

1. 繁荣

这一时期就业增加,产量扩大,社会总产出水平达到阶段最高值。但繁荣阶段不可能长期持续下去,当市场趋于饱和,消费增长缓慢,投资就会减少,进入衰退阶段。

2. 衰退

由于消费需求下降,产品滞销,价格下降,企业利润大幅度减少,随之企业投资也减少。

由于投资减少,产量下降,企业开工不足,失业率上升,引起社会收入水平和需求的进一步下降,随之经济跌入萧条阶段。

3. 萧条

经济活动处于阶段最低水平,大量失业,大批生产能力闲置,企业亏损,甚至倒闭。但是,萧条时间也不可能无限延长,随着存货减少,淘汰旧的产能,企业就会增加投资,产量逐渐增大经济进入复苏阶段。

4. 复苏

经济走出萧条转向上升。表现为生产和销售回升,就业增加,价格开始上涨。随着生产和就业继续扩大,价格上升,整个经济又逐步走向繁荣,开始新一轮的循环。

(二) 1949 年后经济新周期的特点

中华人民共和国成立后,也经历了多次经济周期。1978 年以前,中国经济周期的特征是生产不足。1978 年以后的经济周期是市场经济所共有的,同样经历繁荣、衰退、萧条和复苏的规律性变动。不过也具有自己的特点。

1. 与银根变动有关

改革开放以后,只要银根一放松,经济就会加速增长,物价就会尾随增长;银根一紧缩,经济增长速度就会下降,物价就会回落。

2. 经济周期的时间在拉长

从 1979 年至今,经历了 5 次经济周期,从最开始的 3 年逐渐拉长到 10 年。

3. 与政府的强干预密切相关

我国经济增长一旦超过 10%,只要两年的超高速增长,第三年国家必然采取紧缩政策,将第三年经济增长率降下来。

四、熨平经济增长周期性的措施

经济增长波动及其周期性,必然影响经济稳定,甚至会影响社会和谐。政府调控的目标之一就是尽量熨平周期波动,确保稳定增长。

(一) 增强居民消费信心

经济衰退由需求不足引起,包括投资不足和消费不足。在我国,政府有能力弥补投资不足,重点是避免消费不足。当前,城乡居民之所以消费不足,主要是对未来预期存在着太多的不确定性,包括养老、医疗、教育、住房等。避免经济的周期性震动,提升居民的消费信心必不可少。要建立良好的社会保障机制,消除居民对养老、医疗的担忧;教育资源合理配置,实现教育公平等。

(二) 政府出台政策要适度

政府通过财政政策和货币政策干预经济是常态。这两类政策都是逆向操作,即当经济高涨时紧缩,衰退时扩张;抑或两者结合。通过财政政策和货币政策,在一定程度上能缓解经济波动。但是,无论是财政政策还是货币政策,实施时都有一定"时滞",不注意到这一点,运用政策时候过猛或者不足,会使经济波动加大。1994 年我国的通货膨胀达到两位数,政府采用紧缩的货币政策,由于政策过度,结果通胀虽然压下去了,但经济也出现低迷,连续十几个月物价持续下跌,库存积压增加。

（三）调整产业结构

经济波动可能是需求不足引起的,也可能是产业结构不合理造成的。我国某些部门产能过剩,如钢铁、水泥等;也有一些出现"瓶颈",如现代服务业严重不足。这种不均衡也会造成经济波动;因此,压缩过剩产业,发展"瓶颈"产业,使产业结构优化,也是解决经济周期的途径之一。

第三节　中国经济增长的新常态

传统的经济增长模式追求的高增长,常常是通过高能耗和高物耗来实现的,这种增长模式必然遭遇资源的瓶颈,难以为继。必须改变这种增长模式,寻找新的增长方式。

一、经济增长的旧常态和新常态

中国经济发展进入新阶段,呈现出"新常态"的特征。经济"常态",并不是指经济活动在一个长时期内稳定不变和可预期的状态,而是在经济发展的某个阶段,经济活动符合经济规律、相对稳定的动态过程。"新常态"相对于旧常态而言。就我国来说,"旧常态"是指 2008 年美国发生"次贷危机"之前的时期,彼时中国经济还是以经济增长速度和提升规模为主导,经济增长动力主要来自投资和出口。

中国经济"旧常态"具有几个鲜明的特征:首先是经济持续高速增长;第二依托高储蓄、高投资;第三,人口红利贡献巨大;第四,对房地产业依赖度上升,经济、金融和地方财政均有房地产化的倾向;第五,扭曲的国民收入分配结构;第六,货币供给机制不合理,高信贷、高货币投放。旧常态下的高增长,是不平衡式的增长,是以 GDP 为中心、以投资为主导、对技术进步重视不足的粗放式增长。所谓以投资为主导,实则是通过人为政策刺激,因而在原有状态中的增长不可持续,难以为继。

新常态之"新",意味着不断"改革";新常态之"常",意味着长期稳定增长。它要求经济增长速度适宜、结构优化、效益提高和社会和谐;意味着我国经济增长的动能转换,创新趋动成为主要动能;意味着我国经济发展的条件和环境已经或即将发生诸多重大转变,经济增长将与过去 30 多年 10% 左右的高速度基本告别。

二、中国经济增长新常态的特点

中国经济新常态的主要特点是:速度——从高速增长转为中高速增长,结构——经济结构不断优化升级,方式——从规模速度型转向质量效益型,动力——从要素驱动、投资驱动转向创新驱动。

（一）经济增长转入中高速

增速从过去 10% 左右的高速增长转为 6%～8% 的中高速增长,这是新常态的最基本特征。环顾世界,当一个国家或地区经历了一段时间的高速增长后,都会出现增速"换挡"现象。1950—1972 年,日本 GDP 年均增速为 9.7%,1973—1990 年期间回落至 4.26%,1991—2012 年期间更是降至 0.86%。1961—1996 年期间,韩国 GDP 年均增速为 8.02%,1997—2012 年期间仅为 4.07%;1952—1994 年期间,我国台湾地区 GDP 年均增长 8.62%,1995—2013 年期间下调至 4.15%。

(二)经济结构不断优化

1. 第三产业逐步成为产业主体

2013 年,我国第三产业(服务业)增加值占 GDP 比重达 46.1%,首次超过第二产业;2014 年,这一比例攀升至 48.2%。2020 年,第三产业增加值占国内生产总值的比重为 54.5%。发达国家服务业占 GDP 的比重达 70%,生产性服务业占服务业的比重为 70%。新常态下,我国服务业特别是生产性服务业比重上升将是长期趋势。

2. 消费需求逐步成为需求主体

2012 年,我国国民消费对经济增长的贡献率自 2006 年以来首次超过投资。2014 年消费拉动了 51.2% 的经济增长,比上年同期增加了三个百分点。2020 年,我国最终消费支出对国内生产总值增长的贡献率为 54.3%。不过这个比重还是远远低于全球平均 80% 的水平,也大大低于 20 世纪 90 年代初 60% 的水平。这也表明消费拉动经济还有很大空间。

3. 城乡区域差距将逐步缩小

2011 年年末,我国城镇人口比重达 51.27%,数量首次超过农村人口;2014 年城镇人口比重达到 54.77%,2015 年达到 58% 左右。随着城镇化速度不断加快,城乡二元结构逐渐打破。

4. 收入分配结构中居民收入比重上升

改革开放 40 多年来,我国 GDP 年均增长 9.8%,国家财政收入年均增长 14.6%,而城镇居民人均可支配收入和农村居民人均纯收入年均增长分别仅为 7.4% 和 7.5%。在新常态下,这种情况开始发生改变:2014 年,GDP 增长 7.7%,全国居民人均可支配收入实际增长 8%,第一次快于经济增长;农村居民人均可支配收入实际增长 9.2%,快于城镇居民收入增长。全国居民人均可支配收入 30 733 元,比上年名义增长 8.9%,增速比上年加快 0.2 个百分点,扣除价格因素实际增长 5.8%,与经济增长基本同步,与人均 GDP 增长大体持平。

(三)经济将从投资驱动转向创新驱动

创新驱动最主要的是科技创新。过去,我国的主要产业技术含量较低,科技对经济增长贡献率较小。一是产品附加值低。我国 200 多种产品产量居世界第一,大部分缺少核心技术和品牌优势,在全球产业分工中处于"微笑曲线"底部。二是自主品牌少。2013 年我国机电和高新技术产品出口比重分别达到 57.3% 和 29.9%,但其中机电产品 61.2% 是外资企业生产,51.1% 是加工贸易方式出口;高新技术产品 73% 是外资企业生产,65.3% 是加工贸易方式出口。2019 年我国机电产品出口依然逆势增长,突破 10 万亿元大关,机电进出口呈现出口市场多元化、新兴产品增长快等明显特征。2014 年全球企业最有价值的 100 个品牌中,美国 59 个,日本 7 个,韩国 3 个,我国仅"华为"一家入围。2019 年全球最具价值的 100 个品牌中,中国上榜品牌增加到 15 家,阿里巴巴排名第一。走新路只有科技创新,最根本的是增强自主创新能力,最紧迫的是破除体制机制障碍。深化科技体制改革要紧紧抓住促进科技与经济紧密结合这个关键,建立与社会主义市场经济体制相适应、符合科技发展规律的现代科技体制,真正解放和发展"第一生产力"。

三、新常态经济增长的动力结构

新常态下中国经济增长的动力结构:一是向改革要动力;二是向调结构要动力;三是向改善民生要动力。

(一)深化改革是经济增长的首要动力

经过 40 多年的改革,中国经济体制发生重大变化,由计划经济转向市场经济。但是,中国的市场经济还不完善,受计划经济惯性的影响,政府对市场干预太多,市场机制不能完全发挥作用。深化改革,就是改变政府权力过大,抑制市场机制的问题。近年来,中央政府通过深化改革,实行负面清单管理制度,加大了简政放权力度。国务院各部门取消和下放一批行政审批项目,在 2013 年 117 项的基础上,2014 年再取消和下放 246 项,取消评比达标表彰项目 2013 年为 10 项,2014 年为 29 项,职业资格许可和认定事项 149 项,再次修订投资项目核准目录,大幅缩减核准范围。

(二)结构调整是经济增长的潜在动力

1. 城乡结构——新型城镇化

新型城镇化是中国经济最大的潜力与动力之所在。中国正处在新型城镇化的快速发展时期,新型城镇平均每年以一个百分点的比重在提高,这将对中国经济带来巨大的发展机遇。到 2030 年,中小型城市将成为中国经济增长的最大推动力,对 GDP 增长的贡献将达到 40%。

2. 区域经济结构——协调发展

中国经济"稳增长"要找到好的抓手,首先区域经济要协调发展。通过各种经济带,如长江经济带、珠江经济带以及自由贸易区带动经济稳增长,是区域经济协调发展的好途径。"一带一路"也是有益的发展之路。

3. 能源结构——发展绿色经济和新能源产业

"绿色经济"一词是由英国经济学家皮尔斯于 1989 年出版的《绿色经济蓝皮书》中首先提出的。绿色经济鼓励经济持续增长,但需要改变"高投入、高消耗、高污染"的粗放型增长,实现以"提高效益,节约资源,减少废物"为特征的集约型经济增长,要求经济发展和社会发展要与有限的自然承载能力相协调。

(三)改善民生是经济增长的关键抓手

经济增长就是为了民生。只有人民安居乐业、生活稳定,才愿意消费,而消费是拉动经济增长的关键动力。当前,中国改善民生可以开发多个经济增长点:

1. 促进就业和社会保障

一是建立就业工作应急处理机制,形成了一整套促进高校毕业生就业创业的政策体系。通过创业培训、专项资金支助等办法提升大学生创业的成功率,以创业促就业。二是实施统一的城乡居民基本养老保险制度,企业退休人员的养老金逐年提高。三是建设保障性安居工程。

2. 促进教育公平

长期以来,中国教育资源分配不均衡,尤其是城乡教育资源差距较大。党的十八大以来,政府通过各种措施实施教育公平:一是实行义务教育免试就近入学;允许异地高考——目前已有 28 个省份实现了农民工随迁子女在流入地参加高考。二是健全资助体系。目前,全国已初步建立从学前教育到研究生教育完整的家庭经济困难学生资助政策体系,每年资助困难学生近 8 000 万人次。三是努力缩小区域差距,对中西部采取特殊政策;同时,加大对口支援力度,其中包括教育援疆、援藏等;四是坚持教育资源向农村、贫困、少数民族地区倾斜,更多的农村学生能够尽快获得更好的升学机会。现在贫困地区农村学生上重点高校人数连续两年增长 10% 以上。

3. 深入推进医药卫生改革

城乡居民大病保险试点扩大到所有省份,疾病应急救助制度基本建立,全民医保覆盖面超过 95%。基层医疗卫生机构综合改革深化,县乡村服务网络逐步完善。公立医院改革试点县市达到 1 300 多个。

4. 积极发展文化事业和文化产业

推动重大文化惠民项目建设,广播电视"村村通"向"户户通"升级,开展群众健身活动等。

四、经济增长新常态与深化改革

进入经济增长新常态,需要不断深化改革。近年来,把优化营商环境,激发市场活力作为重头戏,在投融资体制、价格、财税、金融、国企、户籍、土地等改革方面取得实效。最主要的改革是:

(一) 切实转变政府职能

要打造经济增长新常态,政府职能转变最关键,而政府职能转变就是要建设创新型政府。"创新型政府"是指"创新"成为政府的一种基本品格;这样的政府勇于自我改革以顺应时势;积极鼓励、保护和支持社会各行业的改革创新。建立创新型政府需要政府职能的转变,两者是相辅相成,相互推进。建立创新型政府包括政府职能的创新与管理机制的创新两个方面,没有政府职能的转换,谈不上也不可能建立起创新型政府,而创新型的政府本身就意味着政府具有新型的品格和职能。

(二) 健全产权保护制度

产权制度是关于产权界定、运营和保护的一系列制度安排,是社会主义市场经济存在和发展的基础。在我国经济体制转型和大规模经济建设时期,私有产权、共有产权和国有产权被侵犯的现象还比较普遍。针对这种状况,党的十八届三中全会通过《中共中央关于全面深化改革若干重大问题的决定》明确指出:健全归属清晰、权责明确、保护严格、流转顺畅的现代产权制度。国家保护各种所有制经济产权和合法利益,保证各种所有制经济依法平等使用生产要素、公开公平公正参与市场竞争、同等受到法律保护,依法监管各种所有制经济。

(三) 界定不同类型国有企业的功能

国有企业从属性上看,属于全民所有,因此国有企业不能单纯以盈利为目的,必须承担一定的社会责任。国有企业分成三种类型：一是承担一定公益性责任的企业。利润不是主要目标，考量他们业绩的标准是为社会提供更多的公共服务；二是竞争性企业，这一类企业经过多年市场经济的洗礼，已经融入市场，公平参与市场竞争；三是国家垄断但产品面向市场的企业。这一类企业的经营活动关涉国计民生，但他们的经营活动也应纳入市场考核体系，不能靠政府政策扶持，否则会造成市场竞争不公平。

（四）深化财税体制改革

经过多年改革，我国逐步建立起公共财政体制，与市场经济要求相适应。在经济增长新常态下，财税体制还需进一步深化改革：一是改进预算管理制度，强化预算约束、规范政府行为、实现有效监督，加快建立全面规范、公开透明的现代预算制度；二是深化税收制度改革，优化税制结构、完善税收功能、稳定宏观税负、推进依法治税，建立有利于科学发展、社会公平、市场统一的税收制度体系，充分发挥税收筹集财政收入、调节分配、促进结构优化的职能作用；三是调整中央和地方政府间财政关系，在保持中央和地方收入格局大体稳定的前提下，进一步理顺中央和地方收入划分，合理划分政府间事权和支出责任，促进权力和责任、办事和花钱相统一，建立事权和支出责任相适应的制度；四是进一步完善转移支付的结构和比例，促进专项转移支付与一般性转移支付的有效结合，适当提高一般性转移支付在中央政府财政转移支付中的比例，加强增值税分享制度和税收返还制度，保证政府转移支付资金的稳定性。

（五）完善投融资体制

一是减少投资审批事项。二是发展多层次金融资本市场。改变大银行垄断格局，为民营金融机构、小微金融机构提供政策性支持；探索区域性股权市场交易模式；拓宽中小型及科技创新型企业融资渠道；利用大数据平台，整合互联网金融、传统银行的优势资源，实现金融生态多样化；创新金融监管模式等。三是进一步推进利率市场化。利率市场化是指资本可以根据金融市场的价格变化合理流动。中央银行可以根据利率变动，传导中央银行的货币政策。通过利率市场化提高金融市场资本配置的效率。

第四节　以效益为导向的经济增长新模式

经济增长新常态，就是要改变传统高投入、高消耗、高速度的经济增长方式，转向以经济效益为核心的增长方式。

一、以效益衡量经济增长的历史必然性

在较长一段时期中，中国经济采用的是粗放型增长模式。这种方式的主要弊端是：

（一）产能过剩

改革开放以来，经济增长主要依靠增加投入。这种投入不仅企业需要，也是政府彰显政绩的需要。这种外延式的发展导致产能不断扩张，至2013年上半年，中国炼钢能力超过9亿

吨,利用率仅有 72%;水泥产能超过 30 亿吨,[①]大大超过预期 2015 年 25 亿吨的需求。根据国家能源局已核准项目预计,国内风电设备产能利用率在 50% 以下;此外,近年来氮肥、电石、氯碱、甲醇、塑料等一度热销的化工产品,也因为产大于需而出现销售困难,铜、铝、铅、锌冶炼等有色金属行业生产形势低迷。产能过剩造成库存增加,价格下降,亏损上升。2014 年 9 月份,规模以上工业企业产成品库存同比增长 15.1%,工业产品出厂价格同比下降 1.8%。

(二)高消耗导致资源濒临枯竭

中国单位 GDP 能耗是世界平均水平的 2.1 倍,是美国的 2.6 倍,是高收入国家平均数的 2.9 倍。主要工业产品单位能耗比国际先进水平高 10%～20%。现在,我国 GDP 占全球的 12% 左右,但消耗了全球 20% 多的能源、40% 多的钢、50% 的水泥。经济增长的高消耗带来的结果是,资源频频亮起红灯! 1996 年年底到 2003 年的 7 年间,我国耕地减少了 1 亿亩,超过全国耕地总量的 5%。目前,我国已有 2/3 的国有骨干矿山进入中老年期,400 多座矿山因资源枯竭濒临关闭,大庆、辽河、胜利等东部油田均已进入中后期。

(三)高速度带来严重的生态环境问题

40 多年来,中国经济总体水平跻身世界第二的同时代价沉重。一是环境污染。我国 70% 的江河湖泊被污染,75% 的湖泊出现不同程度的富营养化,70% 左右的城市空气质量达不到新的环境空气质量标准。二是生态退化。全国近 80% 的草原出现不同程度的退化,水土流失面积占国土总面积的 37%。

综上所述,传统增长模式难以为继,迫切需要由速度至上转向提高经济效益的轨道上来。

二、新增长模式的衡量标准和指标体系

(一)全要素生产率

全要素生产率是在资源、资本和劳动力投入不变情况下的经济增长幅度,比如资本、劳动等生产要素投入不变,但产出增加了 6%,这多出来 6% 的增长额,就是全要素生产率,它是衡量经济效率的最重要指标。全要素生产率所体现出来的经济增长是靠要素质量的提升实现的,它包括宏观上资源的重新配置和微观上是技术进步、劳动力素质提高、组织管理改善等无形要素发挥作用产生的。在中国,1978 年至 2012 年,资本对经济增长的贡献率是 71%,全要素生产率的贡献率是 10%,明显低于发达国家 20 世纪 60 年代后 50% 以上的水平。因此,转换经济增长动力的关键就是看全要素生产率提高速度。

(二)绿色 GDP

联合国定义的"绿色 GDP"指"用以衡量各国扣除自然资源损失后,新创造的真实国民财富的总量核算指标。"简单表达就是:把经济增长造成的环境污染纳入 GDP 考核中。用绿色 GDP 的理念对原有的国民核算体系进行改进,才能发现具有真实增长价值的 GDP。因为这样的增长不需要耗费大量资源去治理它的后遗症。

---

① 黄群慧:《优化产业结构要从创新入手》,《经济参考报》2013 年 1 月 24 日。

（三）居民生活质量

一国的经济增长应使国民受益。衡量国民是否受益的指标主要有：

1. 收入水平

收入水平的高低决定了居民生活质量的好坏，居民收入应随着经济增长同步增长。如果劳动者的报酬在 GDP 的初次分配中比重下降，这种增长模式就有较大弊端。

2. 消费倾向

消费倾向反映了居民生活质量的高低。成熟市场经济国家，居民消费倾向达到 80% 左右，目前我国居民消费倾向在 70% 左右徘徊。影响我国居民提高消费的主要原因是对未来预期的不确定性，包括：物价变动、教育费用、医疗保障和住房价格。

3. 就业率

就业是民生之本，居民只有实现稳定就业才能保证其收入，提高其生活质量。

三、经济效益与经济增长速度的平衡

党的二十大报告提出："推动经济实现质的有效提升和量的合理增长。"[①]符合实际的经济增长速度应该体现着良好的经济效益，而良好的经济效益又必然表现为一定的经济增长速度。这种统一性表现在：一是经济效益是经济增长速度持久稳定的可靠保证。因为，经济效益主要体现在劳动报酬和居民收入增长上，还体现在企业利润和财政收入增长上。这些是经济增长的基础，否则，经济增长就会发生中断。二是经济效益是实现经济增长速度的必要条件。经济效益是以提高劳动生产率、提高科技进步对经济增长的贡献率为前提的，是经济增长速度持久的必要条件。如果没有劳动生产率的提高、科技进步贡献率的提升，经济增长就会成为无源之水、无本之木。三是适度的经济增长速度是取得最佳经济效益的前提。因为在我们这样一个发展中大国，必须保持一定的增长速度，否则解决就业和民生问题就没有物质基础。在经济发展新常态下，我们要处理好两者之间的关系，坚持在提高经济效益和质量的前提下，争取尽可能快的经济增长速度。

复习思考题

1. 决定经济增长的关键因素是什么？
2. 中国经济增长周期的特点和原因是什么？
3. 哪些因素决定中国要实现经济增长新常态？
4. 如何正确认识经济增长速度与效益的关系？

---

① 习近平：《高举中国特色社会主义伟大旗帜　为全面建设社会主义现代化国家而团结奋斗》，人民出版社 2022 年 10 月版，第 28—29 页。

第十八章　经济发展与科学发展

习近平总书记在党的二十大报告中指出：“高质量发展是全面建设社会主义现代化国家的首要任务。”[1]这就要把经济发展与科学发展、全面发展有机结合起来。不同的发展观决定不同的发展路径和举措。马克思追求人的全面发展，认为物质资料的生产只是人的全面发展的基础。基于马克思的经济发展理论探讨中国特色社会主义的经济发展，不仅有利于正确认识中国经济的特点，还有助于科学全面地制定经济政策和措施。

第一节　马克思的发展理论与中国经济的发展实践

马克思在《1857—1858 年经济学手稿》中提出了人类社会依次递进的三个阶段，并在此基础上确立了“生产力的发展只是手段，人的全面、自由发展才是目的”的经济发展理论[2]。

一、马克思的经济发展理论

基于不同历史阶段的生产力水平和人的发展程度，马克思提出经济发展将经历自然经济、商品经济、产品经济三个发展阶段，逐步实现人的全面、自由发展。

（一）自然经济发展和人与人的关系

最初的人类社会，表现出人与人的直接依赖。马克思在《资本论》中有以下描述：“人都是互相依赖的：农奴和领主，陪臣和诸侯，俗人和牧师。物质生产的社会关系以及建立在这种生产的基础上的生活领域，都是以人身依附为特征的。”“无论我们怎样判断中世纪人们在相互关系中所扮演的角色，人们在劳动中的社会关系始终表现为他们本身之间的个人的关系，而没有披上物之间即劳动产品之间的社会关系的外衣。”在这历史阶段，自然经济占统治地位，土地财产和农业构成经济制度的基础，生产以自给自足为主，主要为满足生产者个人

---

① 习近平：《高举中国特色社会主义伟大旗帜　为全面建设社会主义现代化国家而团结奋斗》，人民出版社 2022 年 10 月版，第 32 页。
② 李义平：《马克思的经济发展理论：一个分析现实经济问题的理论框架》2016 年 11 月 22 日，人民网 http://theory.people.com.cn/n1/2016/1122/c40531-28887031.html。

261

或经济单位的需要①。这一阶段生产力水平低下、社会分工不发达。

（二）商品经济发展和人与物的关系

马克思指出，人类社会的第一个阶段会"随着商业、奢侈、货币、交换价值的发展而没落下去。"相对于第一阶段的"人的依赖关系"，第二阶段突出表现为"物的依赖关系"，即一种物化的社会关系②。马克思认为，人类社会进入第二阶段"活动和产品的普遍交换已成为每一单个人的生存条件，这种普遍交换，他们的相互联系，表现为对他们本身来说是异己的、独立的东西，表现为一种物。在交换价值上，人的社会关系转化为物的社会关系；人的能力转化为物的能力。""个人的产品或活动必须先转化为交换价值的形式，转化为货币，并且个人通过这种物的形式才取得和证明自己的社会权力。"这一阶段，原有的等级制度、人身依附被打破，确立了货币面前人人平等的地位。即单个人在拥有货币这种交换价值的情况下，可以不必依附于他人，对物的依赖前提下独立地、自由地用货币去交换任何商品。虽然并没能完全拥有自己，但是人的独立性和自由性得到了前所未有的提高。在这历史阶段，商品经济占统治地位，劳动力成为商品，生产已不仅仅是为了满足生产者个人或经济单位的需要，更是为了获得交换价值的需要。随着机器工业的发展，这一阶段的生产力水平将大幅提高，社会分工将进一步细化，社会产品也日益丰富。

（三）产品经济发展与人的全面自由

马克思认为，人类社会进入第三阶段，"表现为生产和财富的宏大基石的，既不是人本身完成的直接劳动，也不是人从事劳动的时间，而是对人本身的一般生产力的占有，是人对自然界的了解和通过人作为社会体的存在来对自然界的统治，总之，是社会个人的发展。"同时强调"第二个阶段为第三个阶段创造条件。"③这里的条件不仅包括物质条件，还包括精神条件。物质条件指资本主义市场经济造就的强大的生产力，即经济本身的发展和物质的丰富。精神条件指与这样的生产力和生产方式相适应的公平、平等、自由选择和竞争，意味着人的自我价值较之前的社会得到了更充分的实现。这一阶段，产品经济占统治地位，人们取得自己所需的产品不用通过货币来进行交换，而是通过社会中心组织进行按需分配。在这历史阶段，生产力水平极大发展，人得到真正自由而全面的发展。

二、中国经济的发展实践

中华人民共和国成立以来，中国共产党将马克思的发展理论不断应用于中国的革命、建设和改革开放实践。其中基于改革开放之后40多年的社会主义市场经济的发展，形成了中国特色社会主义的发展观，经历了"生存型""发展型""共富型"三个发展时期。

（一）构建低水平、生存型民生体系时期

改革开放之初，中国处在经济崩溃的边缘，财政赤字严重，人民生活贫穷，生存成为最需

---

① 杨学功、楼俊超：《如何理解马克思的三大社会形态理论》，《马克思列宁主义研究》，中国人民大学书报资料中心，2012年第11期。

②③ 刘尚希、傅志华等：《中国改革开放的财政逻辑》，人民出版社2018年10月版。

要解决的问题。为扭转局面,中国一方面尝试推进"对内改革、对外开放",开展经济建设,促进经济增长;另一方面积极推进生存型民生体系建设,满足人们对教育、医疗、文化等需求。[①]

教育是促进人的全民发展的重要途径,改革开放之后中央首先做出恢复高考的决定。其次,考虑财政收入占国民收入比重下降,财政教育投入不足的现实困难,党中央决定构建多种渠道筹措教育经费的新体系,如新增教育费附加,允许对非义务教育阶段学生收取学费,对义务教育阶段学生收取杂费,发展校办产业,支持集资办学、捐资助学,建立教育基金等。1985 年中共中央颁布《关于教育体制改革的决定》,制定对集体、个人和其他力量教育投入的鼓励政策,推进教育经费总投入的增加。1993 年,中国教育经费总投入首次超过 1 千亿元,比 1980 年增长了 7.53 倍。

健康是人的全面发展的基础。中国在实施基本医疗社会保险之前采取的是公费医疗和劳保医疗,前者是对国家工作人员提供的福利,后者是对企业职工提供的福利,基本可以做到有病能治、无病能防,体现了这一阶段的健康福利水平。

文化是实现人的全面发展的高层次需求。改革开放初期,由于国家财力不足,各项非生产性支出受到压缩,但国家始终高度重视文化事业发展,确保财政在文化事业、体育事业、通信和广播电影电视事业的投入,丰富人民群众的文化生活。1979—1993 年,全国财政文化事业费支出年均增长 11.45%,体育事业费支出年均增长 15.17%,通信和广播电影电视事业费支出年均增长 14.34%。

(二)建立发展型民生体系时期

2003 年的"非典"疫情暴发,暴露出中国的经济增长与社会发展存在不协调的问题。随着收入的增加、生活水平的提高,人民群众的需求已不仅仅满足基本的衣食住行,而是更高质量教育、更高质量医疗服务等。[②]

首先,公共卫生成为民生财政的重点保障对象。加强疾病预防控制体系、卫生执法监督体系和突发公共卫生应急救治体系,成为公共卫生服务体系建设的重点。2006 年国家制定《农村卫生服务体系建设与发展规划》,规定基层医疗卫生机构提供基本公共卫生服务所需资金由政府全额安排。2007 年为保障城市居民能够在社区享受到方便可及的公共卫生服务,中央财政和地方财政共同出资建立了城市社区公共卫生经费保障机制。同年扩大国家免疫规划范围,将 15 种传染病纳入国家免疫规划范围,由政府免费提供疫苗,同时增加免费救治传染病的病种。

其次,财政教育支出和财政文化事业支出进一步扩大。2003—2012 年间,一般公共预算安排的教育支出翻了两番多,年均增长 22.7%;文化事业支出年均增长 20%。这一时期,基本普及了 9 年义务教育,推进了学前教育,发展了高等教育,加快了职业教育,建立了从义务教育到高等教育各个阶段的教育资助政策体系。公共文化服务向基层、农村倾斜,同时促进文化产业发展。

第三,社会保障转轨加速推进。首先积极推动国有企业下岗职工基本生活保障向失业保险并轨,其次大幅提高企业退休人员基本养老金,再次开展新型农村养老保险和城镇居民社会养老保险试点。2003—2012 年,一般公共预算安排的社会保障和就业支出年均增长

---

①②　刘尚希、傅志华等:《中国改革开放的财政逻辑》,人民出版社 2018 年 10 月版。

18.6%,截至 2011 年年末,两项制度试点面达到 60% 左右,累计参保人数达到 3.32 亿人。

第四,构建住房保障制度。住有所居是实现人的全民发展的重要保障。2003 年,建设部会同财政部等部门颁布了《城镇最低收入家庭廉租住房管理办法》,初步建立了廉租住房保障制度。

(三)推进共富型民生体系时期

党的十八大以来,中国民生向着共享共富的层次迈进,民生财政开始走向"以人为本的财政"。这意味着国家财政不再单纯地为 GDP 服务,而是需要更多关注人的全面发展,为人的全面发展服务。为此,财政支出开始关注教育的均衡化发展,全民医保体系的建设,社会保障和就业制度的完善,基本住房保障的实现,文化体育事业的发展,生态环保的建设等。[①]

首先,在教育均衡化方面,义务教育从基本均衡转向优质均衡。2016 年《关于统筹推进县域内城乡义务教育一体化改革发展的若干意见》提出要着力解决"乡村弱""城镇挤"的问题;2017 年《县域义务教育优质均衡发展督导评估办法》提出了从资源配置、政府保障程度、教育质量、社会认可度等 31 项具体指标,着眼推动义务教育在基本均衡的基础上,向更高水平、更加均衡、更有质量的方向迈进。

其次,在公共卫生服务体系建设方面,基本公共卫生服务年人均财政补助标准,从 2012 年的 25 元提高到 2022 年的 84 元;人均预期寿命从 2010 年的 74.83 岁提高到 2022 年的 77.93 岁。覆盖城乡、功能比较齐全的疾病预防控制体系、卫生执法监督体系、突发公共卫生实践应急救治体制基本建成并正常运转。

第三,在社会保障和就业方面,养老保险制度得到进一步健全与完善,新型农村社会养老保险和城镇居民社会养老保险合为统一的城乡居民基本养老保险,机关事业单位养老保险与企业职工基本养老保险统一了制度模式,同步建立职业年金。全面建立经济困难高龄、失能老人补贴制度,探索推进长期护理保险制度。

第四,在住房保障方面,将廉租住房统一纳入公共租赁住房管理,实行并轨运行,并促进有关公共租赁住房发展的税收优惠政策。

第五,在文化体育事业发展方面,一方面加快构建现代公共文化服务体系,建成包括国家、省、地市、县、乡和城市社区在内的六级公共文化服务设施和网络。另一方面支持改善城乡公共体育设施条件,推动公共体育场馆向社会免费或低收费开放,在更好地满足群众体育健身需求的同时提高运营活力,实现良性发展。

第六,在支持生态环保和环境整治方面,持续加大国家重点生态功能区转移支付力度,同时倡导绿色生活方式,建立覆盖新能源汽车消费、运营、基础设施建设研发等全方位的财政补贴体系。加强生态环保建设,推动制度改革,细化税费政策,营造公平竞争的市场。

中国改革开放四十多年的实践,确立了以"托底"和"抓重点"为基础的福利模式。前者致力于建设基本全覆盖的较低水平的保障体系,满足生存需要,后者确保人人享有国家发展的红利,并在此基础上,根据经济发展状况和人民群众现实需求,稳步提高保障水平,不断推进人的全面自由发展。

---

① 刘尚希、傅志华等:《中国改革开放的财政逻辑》,人民出版社 2018 年 10 月版。

第二节　经济发展是遵循经济规律的科学发展

传统发展模式在实现 GDP 高增长的同时,带来诸多社会经济问题。对传统发展模式的深刻反思表明:只有遵循经济规律,坚持以创新为引领,实现科学发展,才能走出老路,保证经济增长的高质量、高效益、可持续,以促进社会和谐。

一、传统经济发展方式的缺陷

我国传统经济发展核心是追求经济高速增长,这种高速增长较快扩张了中国经济总量,跃居世界第二,人民生活水平也相应获得提升,但是这种增长方式的缺陷也十分明显。

(一)忽略资源节约与环境改善

追求生产高指标、高产出导致资源过度开采以及大量工业废弃物、气废品排放;大量农药、化肥、毒性杀虫剂的使用,使得水污染、大气污染、土壤污染日益严重。2012 年,我国经济总量占世界的比重为 11.6%,却消耗了全世界 20% 多的能源、54% 的水泥、45% 的钢,城市空气污染普遍超标,区域性灰霾、重污染天气频发(目前 161 个城市中空气质量达标城市仅为 13 个);水污染严重,十大流域 Ⅴ 类水质断面仍有 63 个,地表水、地下饮用水源地不达标率仍有 10.8%,不仅如此,全国近 80% 的草原出现不同程度的退化,水土流失面积占全国总面积的 37%。

(二)缺乏自主创新

长期以来,外延式发展导致企业创新动力不足,产品缺乏核心技术和自主知识产权。据权威部门研究报告,2014 年,我国经济总量居世界第二,创新指数只有 46.57(满分为 100 分),居世界第 29 位;全球竞争力排在第 28 位。由于自主创新能力较弱,90% 的出口商品是"贴牌产品"。许多关键技术、大型成套设备、核心元器件和重要基础件都依赖进口。

(三)难以缩小城乡差距、贫富差距

追求 GDP 的发展模式必然"重财富增长、轻民生投入"。1978 年我国城乡居民收入比为 2.57∶1(以农村居民收入为 1),1985 年降到历史最低点,为 1.8∶1。2009 年上升到 3.33∶1。新一届中央政府对此高度重视,采取各种措施缩小城乡收入差距,2014 年城乡收入差距下降到 2.92∶1。基尼系数是世界通用的衡量一个经济体居民贫富差距的标准。基尼系数区间在 0 到 1 之间,数值越少,贫富差距越小;数值越大,贫富差距越大。我国这些年的基尼系数是:2003 年 0.479,2014 年 0.469。虽然 2014 年基尼系数有所回落,但还是超过警戒线 0.4,说明我国现阶段贫富差距还是比较严重。

二、经济发展与经济增长的关系

"经济增长"这一概念主要表达投入变化对产出数量的作用,包括扩大投资而获得的产

值和增加的产品。它的核算指标主要有"GDP（国内生产总值）""GDP 增长率"和"人均GDP"。"经济发展"不仅包括经济增长，还包括产业结构优化、升级，经济运行质量和效益提高，以及经济社会发展的协调等各方面。

通常人们容易把"经济增长"与"经济发展"混为一谈，认为经济增长就是经济发展。其实，在现实社会经济活动中，会出现"有增长"却"无发展"的状态。如，一个经济体的 GDP 增加了，国民所得并未增加；或者"增长"所耗费的能源、环境代价很大，无法持续。

经济增长与经济发展二者既有联系又有区别。一般讲，经济增长着重"量"，关注的是国内生产总值、人均国民生产总值等；经济发展关注的重点则是经济增长的"质"，包括增长的平稳性、均衡性和社会效益；如结构优化，国民生活质量（包括教育水平、健康卫生标准）等。它是一个"量"和"质"统一的概念，更加注重满足人的全面发展的需要。

经济增长是经济发展的基础，经济发展是经济增长的扩张和质量效益的提升。不能离开经济发展这个目标而一味追求经济增长速度，但要实现经济发展也必须保持一定的经济增长速度，要辩证地对待。因此，习近平总书记在党的二十大提出："推动经济实现质的有效提升和量的合理增长"，[①]为解决经济发展和经济增长的关系指明方向。

三、经济发展要遵循经济规律

经济规律就是经济运动过程中经济现象之间内在的、本质的必然联系。其最主要特点是"客观性"，就是说它是由客观经济条件所决定的，不以人的意志为转移。不管人们主观意图如何，经济规律都存在并发生作用。在经济活动中，人们要遵循规律、顺势而为，经济才能不断发展；违背规律、逆势而动，必然受到规律的惩罚，事与愿违。历史与现实都告诉我们：规律奖励人，也会惩罚人！要想发展好，就要讲规律。

科学发展的核心是要遵循国民经济按比例发展规律的要求"协调发展"。在市场经济条件下，我们要按照市场经济规律办事。为此，一方面必须理顺政府与市场的关系，让市场经济的价格、竞争、供求三大机制更顺畅有效地发挥作用，另一方面，结合实际需求，更好地发挥政府作用从而实现科学发展。

一是要遵循价值规律的要求，致力于形成正确的价格信号。价格是市场的"指挥棒"，市场配置资源的决定性作用要通过市场价格实现。凡是能由市场形成价格的，政府不干预。2014 年上半年以来，国家先后放开、调整了十余项商品与服务的价格，自来水、石油、天然气、电力、交通、电信等重要领域的价格改革也有序推进，这些都是重视经济规律的表现。

二是要遵循竞争规律的要求，致力于维护公平的竞争环境。优胜劣汰需要公平有序的竞争环境。政府的职责和作用主要是加强和优化公共服务，加强市场监管，保障公平竞争。尤其是保证不同所有制经济体之间的公平竞争。

三是要遵循供求规律的要求，致力于完善合理的供求结构。供求结构是形成国民经济良性循环的重要因素，政府应该将供给管理与需求管理有效结合。当前，应更多注重在供给端发力，特别注重对中小微企业的减税支持。自 2012 年营改增试点以来至 2014 年，减税总规模已达 3 764 亿元。此外，扩大小微企业所得税优惠政策实施范围、定向下调服务于"三

---

① 习近平：《高举中国特色社会主义伟大旗帜　为全面建设社会主义现代化国家而团结奋斗》，人民出版社 2022 年10 月版，第 28—29 页。

农"、小微企业的商业银行的准备金率等一系列"微刺激"政策,都从供给端进一步挖掘了中国经济的长期发展动力。同时也要千方百计扩大内需,特别是消费需求,增加居民收入,增强消费信心,提高消费能力,缓解产能过剩,拉动经济增长。

这些政策措施对近几年经济发展发挥了重要作用。事实表明,只有遵循经济规律,注重平衡和协调,才能有效推动经济持续健康发展。

四、践行新发展理念,构建新发展格局

党的十八届五中全会提出的"创新、协调、绿色、开放、共享"五大发展理念,成为新时代中国经济发展的指导思想,为构建新发展格局,推动高质量发展提供了理论依据。

(一)创新

首先,创新是引领发展的第一动力。创新不仅仅是技术层面的创新,如果没有社会条件的创新,技术层面的创新是不可能持久的。其次,创新是一系列制度安排的结果,其核心是知识产权。道格拉斯·诺斯认为,如果没有这种所有权,便没有人会为社会利得而拿私人财产冒险。再次,创新需要大众的参与。大众的广泛参与不仅可以形成积极向上的创新氛围,而且可以促进信息共享。最后,需要完善市场经济体制。从制度建设上、从微观主体的活力上,更好发挥政府对创新的促进作用。

(二)协调

协调是持续健康发展的内在要求,要着力增强发展的整体性协调性,从我国发展中不平衡、不协调、不可持续的突出问题出发,推动区域协调发展、城乡协调发展、物质文明和精神文明协调发展,推动经济建设和国防建设融合发展等。

习近平总书记在党的二十大指出:"推动经济社会发展绿色化、低碳化是实现高质量发展的关键环节。"[①]因此,我们一定要像保护眼睛一样保护生态环境,推动形成绿色发展方式和生活方式。

(四)开放

开放是国家繁荣发展的必由之路,在新时代更要努力推进高水平对外开放。党的二十大提出:"依托我国超大规模市场优势,以国内大循环吸引全球资源要素,增强国内国际两个市场两种资源联动效应,提升贸易投资合作质量和水平。"这就要求构建以国内大循环为主、国内国际双循环相互促进的新发展格局,以加快我国社会主义现代化的进程。

(五)共享

共享是中国特色社会主义的本质要求,要着力践行以人民为中心的发展思想。党的十八届五中全会首次提出这一理念,体现了共同富裕的要求,体现了党全心全意为人民服务根本宗旨和人民是推动历史发展根本动力的唯物史观。共享理念,不仅要实现高质量的全面

---

① 习近平:《高举中国特色社会主义伟大旗帜　为全面建设社会主义现代化国家而团结奋斗》,人民出版社 2022 年 10 月版,第 50 页。

发展和高水平的对外开放,而且要在共建基础上共享发展成果,实现全体人民的共同富裕。

第三节　经济发展是遵循自然规律的可持续发展

自然规律客观存在,人们从事经济活动不能违背自然规律;经济发展乃至人类的发展只有在遵循自然规律前提下,才可持续。可持续发展是生态文明建设这一约束条件下的战略选择:它要求我们不能只追求眼前利益,必须重视和顾及长远利益,在发展中保持人与自然的和谐。

一、遵循自然规律是科学发展的必然要求

可持续发展指一个国家或地区在现代化的过程中既满足当代人的需要,又不损害后代生存发展的资源。也就是经济、社会、资源和环境保护协调发展,保护好人类赖以生存的大气、淡水、海洋、土地和森林等自然资源,使子孙后代能够永续发展。

(一)"经济社会和人的全面发展"要求遵循自然规律

"以人为本"是科学发展观的核心,"经济社会和人的全面发展"是科学发展观的原则。人是发展的主体,也是发展的目的。科学发展观指导下的"发展",既要重视满足当代人民群众的现实需求,又要顾及后代长远发展的需要,不能对资源竭泽而渔。在发展过程中,要高度重视保护资源和生态环境,推动整个社会走上经济发展、人民生活富裕、生态环境良好的文明发展道路。

(二)"全面、协调、可持续"需要遵循自然规律

"全面、协调、可持续"是科学发展观关于发展格局的指导方针,它强调,在中国这样一个多民族、区域经济文化资源结构复杂的大国,发展在空间上是一个整体,在时间上是一个持久延续的过程。因此,单一的考核指标、单一的发展模式无法适应错综复杂的区情、省情,只有因地制宜,也就是适应本地区的自然规律的发展,才可久。

(三)"五个统筹"离不开遵循自然规律

"五个统筹"指"统筹城乡发展、统筹区域发展、统筹经济社会发展、统筹人与自然和谐发展、统筹国内发展和对外开放"。"五个统筹"中,"统筹人与自然和谐发展"必须遵循自然规律自不待言,其他方面的统筹同样离不开遵循自然规律。比如,在改革开放初期,城市的污染工业向农村转移,沿海地区的低附加值工业向欠发达的内地转移,这就谈不上"统筹",结果损害了农村和内地的发展后劲。"五个统筹"是保证科学发展的抓手,也是现实经济活动的要求。

二、可持续发展体现了生态文明的基本理念

可持续发展区别于传统发展的关键,就是不再强调经济的单向度发展,而是注重经济与

人口、资源、环境的协调发展。它追求的目标是以生态文明为手段,使发展能够持续地进行,形成经济发展与生态文明的良性循环。

（一）可持续发展追求人与自然的协调

可持续发展区别于人类历史上已有的发展模式,把人与自然的协调作为约束条件和最终目标。需要注意的是,可持续发展首先是一种发展模式而不是福利模式。人与自然的协调不是单纯地顺应自然,而是充分发挥人的主观能动性,合理改造自然,做到保护自然与发展经济相统一。因此,人与自然的协调发展,是可持续发展的出发点和归宿点。现实表明,唯有良好的生态环境,才能实现人与自然的协调发展。

（二）可持续发展要求人与人的和谐

可持续发展不仅要求当代人要协调发展,保证不同国家、民族平等利用资源,和谐共处;还要求当代人与后代人在资源利用和生态环境方面实现代际公平;这就要求不可再生资源能够被持续利用。同样,当代人的不同群体在利用自然资源满足自身需要时,也应该享有平等权利,这是不同人群和谐共处的前提。但是,由于资源具有稀缺性,如果不把生态文明作为价值标准来衡量和保障资源的合理利用和有效补充,当代和代际的公平就无法实现。

（三）可持续发展促进人的全面发展

可持续发展理念的产生,源于人的生存和发展受到自然环境的严峻挑战。因此,实施可持续发展战略,既要见物,又要见人。离开人的全面发展这一根本目的,可持续发展就失去了实际意义。人的全面发展又是可持续发展的重要手段和有力保障。因为人是社会发展的主体,是可持续发展的承担者和实践者;人的全面发展不仅为可持续发展确立了衡量标准,而且提供了力量源泉和强大动力。由此,我们可以理解可持续发展的人文价值,从而增强可持续发展的自觉性。

（四）可持续发展体现了生态文明的总体要求

可持续发展体现的人与自然的协调发展、人与人之间的平等和谐,以及与人的全面发展的互动关系,都是与生态文明相吻合的。党的十八大报告明确指出,生态文明的总体要求:一是树立尊重自然、顺应自然、保护自然的生态文明理念;二是把生态文明建设放在突出地位,融入经济建设、文化建设、社会建设各方面和全过程;三是把坚持节约资源和环境保护作为基本国策,坚持节约优先、保护优先、自然恢复为主的方针;四是着力推进绿色发展、循环发展、低碳发展;五是形成节约资源和保护环境的空间格局、产业结构、生产方式和生活方式。可见,没有切实有效的生态文明,可持续发展就会成为无源之水和无本之木。

三、遵循自然规律是可持续发展的中心环节

习近平总书记指出:"我们既要绿水青山,也要金山银山。宁要绿水青山,不要金山银山,而且绿水青山就是金山银山。我们绝不能以牺牲生态环境为代价换取经济的一时发展。"[1]只有

---

[1]　中共中央宣传部:《习近平总书记系列重要讲话读本》,学习出版社、人民出版社 2014 年 6 月版,第 120 页。

"绿色"发展才能保证发展成果惠及子孙后代。

发展要遵循自然规律。自然界有自己演进更替的法则,人类自身也是自然界进化的结晶。自然规律客观存在,并不以人的意志为转移。人类可以利用自然、改造自然,但不能漠视自然,破坏自然,与自然规律对着干。如果人类以自然界的主宰者和征服者自居,肆无忌惮地逾越生态红线,打破生态平衡,必定自食苦果。

2015 年,《中共中央国务院关于加快推进生态文明建设的意见》中把"绿色化"融入"新型工业化、信息化、城镇化、农业现代化"之中,形成了"五化一体"的总体布局和战略。"绿色化"既是现阶段生态文明建设的总战略思想,也是遵循自然规律发展经济的必然选择。"绿色化"不是简单的绿色经济,它包含深刻丰富的内涵。绿色是生命的本色,是生态系统生机勃勃的自然展现;"化"是一个过程,指事物要达到的某种状态。绿色化不仅表现为生态系统的自然本性,而且体现在人的精神世界中,即把绿色的理念、价值观,内化为人的素养,外化为人的行为。

首先,它是一种生产方式。生产方式"绿色化",就是要改变以环境污染、资源浪费和生态退化为代价的传统生产模式,构建起"科技含量高、资源消耗低、环境污染少的产业结构和生产方式",实现从生产源头到产出的全过程"绿色化"。

其次,它是一种价值取向。"绿色化"为经济发展提供精神动力、智力支持和思想保障。在个人层面,价值观的"绿色化"要求人们实行绿色生活方式,在衣、食、住、行、用等方面加快向勤俭节约、绿色低碳、文明健康的方式转变,坚决抵制和反对各种形式的奢侈浪费、不合理消费;在企业层面,"绿色化"要求企业从只注重自身发展和自身利益转变为注重人类对环境质量的需求,主动承担对环境和社会的责任;在社会层面,"绿色化"要求从注重经济增长速度的发展观,转变为"保护生态环境就是保护生产力""改善生态环境就是发展生产力"的发展观。

最后,"发展"要"可持续",意味着任何推动"发展"的人类行为,都必须围绕"自然规律"来发力;必须把"自然规律"作为"发展"的最重要的约束条件和"外生变量",不可自以为是,妄自尊大!

四、深化改革,落实可持续发展

在我国,"全面、协调、可持续发展"表达了一种新型的发展理念,也标志着一套新的有关发展的政策体系。这个新理念和这一套新政策难免同以往的发展观念和政策发生冲突,只能通过深化改革才能落实"全面、协调、可持续发展"。

(一)改革发展成果考核评价体系

在我国,政府的价值取向和行政理念对发展模式影响极大。改革发展成果的考核评价体系,是督促政府转变观念落实科学发展观的"龙头"。过去的政绩考核,以经济增长,尤其是以 GDP 为纲。在这种考核体系下,各级地方政府为了追求政绩,"形象工程""面子工程"大行其道,结果是一些地方的 GDP 数字上升了,但民生没有得到有效改善,贫富差距扩大、社会保障严重匮乏和生态环境日益恶化等问题未能有效解决,严重地损害了人民群众的利益,影响了经济社会科学的发展。因此,要改革政绩考核指标,纠正过去单纯以经济增长速度评定政绩的偏向。加大资源消耗、环境损害、生态效益、产能过剩、科技创新、安全生产、新增债务等指标的权重,更加重视劳动就业、居民收入、社会保障、人民健康状况。其指标体系主要有:经济建设指标、政治建设指标、文化建设指标、社会建设指标、生态建设指标、科技创新指标、教育发展指标、社会和谐指标等。

(二)改革现有社会保障体系

社会保障体系包括社会保险、社会救助、社会福利、慈善事业等基本保障部分;还包括补充社会保险、商业保险等补充保障部分。改革开放之前,我国实行二元结构的社会保障体系:城市职工可以享受各种社会保障,农村居民基本没有或者很少享受。改革开放后,政府对原有的社会保障体系进行了改革,农村居民社会保障从无到有,并逐步扩大。现在的社会保障体系还存在不少问题:一是城乡社会保障差距依然存在。就养老保险而言,城乡居民没有享受同等待遇,差距依然不小。二是社会保障存在地域之间差距。东、中、西部地区,发达地区与欠发达地区,同类社会保障享受不到同等程度的保障。政府财政提供保障的能力等差距很大;三是社会保障标准不统一,如养老、医疗保险在企事业单位间不统一,等等。社会保障应该更多地体现社会公平,需要通过改革,建立更加公平和可持续的保障制度。

(三)完善社会发展机制

社会发展与人的发展密切相关,为"人"的发展提供必要条件,是"以人为本"的具体体现。社会发展包括教育、科技、文化、卫生、体育、福利的发展。完善社会发展机制主要包括:

1.健全社会事业和公共服务体系

完整、全面的社会事业和公共服务体系包括普惠型的社会福利体系、高效公共就业服务体系、高水平有特色的现代教育体系、与城市地位相称的科技文化体系、均衡高质的医疗卫生服务体系、便捷的社区公共服务体系、全方位的动态治安防控体系、严格的食品药品安全监管体系、完善的城市应急管理体系和多层次的住房保障体系等。

2.完善社会事业发展体制

社会事业体制关系到社会事业和公共服务的质量和效率。用科学发展观的标准衡量,目前,我国社会事业体制还存在诸多问题,如教育卫生资源配置上的层级体制和区域体制,影响了教育和医疗服务水平的提高和均衡化。

3.改革公共服务供应方式

目前,公共服务的供应主体还比较单一,在供应方式上过于行政化和过度市场化并存。为此,要积极培育社会中介组织,让它们组织参与公共服务供应,弥补社会服务政府单一供应的不足;同时要加强对社会组织的监督,规范社会组织的管理,培育社会组织的公共精神,使之纯粹服务于公共目的,而不是避税营利。

4.促进社会公平、公正和参与度

执政党首先要廉洁自律,弘扬正气,打击消极腐败现象,以促进社会公平公正。为此,要畅通相关的利益表达渠道,完善沟通反馈机制,增强社会凝聚力和百姓归属感,创造条件扩大社会参与度。

第四节　经济发展是遵循社会规律的包容性发展

遵循社会发展规律的包容性发展,是指发展是全体国民的事,发展成果应该由全体国民共享,特别要关注弱势群体和欠发达地区的发展。实现包容性发展,需要一系列政策支持。

一、包容性发展的内涵

包容性发展在理念和价值导向上更多地体现出"权利公平、机会均等、规则公正、分配公平"等精神特质,是一种在发展权利的享有、发展机会的共有,以及发展成果的共享等多层面的价值取向。包容性发展既是"机会均等的增长",也是发展经济、消除贫困的"益贫式增长",更是经济社会全面发展以及发展过程和发展结果有机统一的"共享式增长"。因此,从"包容性发展"的内涵来看,其要义可精炼为"兼容、共赢、公正、共享"。

"兼容",主要体现为一种平衡、协调、综合、可持续性的发展战略框架。兼容性是包容性发展的本质要义。包容性发展的"兼容"本质呼唤的是一种"求同存异式"发展。也就是说在经济社会发展的过程中要更加注重"人与自然的和谐相处""各地区各行业的包容协调""人与人、人与集体、人与社会的包容对话与和谐相处"。

"共赢",指不同区域之间、不同人群、不同阶层共同获利、互利发展。"共赢"不仅体现在区域之间、城乡之间、阶层之间,还体现在政府与企业之间、企业与社会之间、个体与群体之间、人与自然之间。"共赢"是包容性发展方式的一种特质,将会强调更加注重发展过程中的合作参与、机遇共享、互利共生。

"公正",体现了对公平与正义价值的追求。在制度和规则的制定上更加崇尚公平性,能有效维系绝大多数成员的共同利益,尤其是对包括弱势群体在内的全体国民发展权利、发展机会、发展利益的维护和尊重。包容性发展中的"公正"特质要求更加关注起点公平和过程公正,消除歧视和垄断,以确保权利公平、机会均等、规则公正和分配公平。

"共享",表现为全体国民公平分享经济社会发展成果,在公共事业发展和公共服务中均等受益,尤其是社会弱势群体和经济社会发展较缓慢地区能够分享到经济社会发展带来的好处。包容性发展的要义在于民生、民享、民福。确立"共享"的包容性目标,是为了让全体国民生活得更有尊严和更加幸福,这既是对全体社会成员的尊重和认可,也是确保社会公平正义的必然要求。

二、包容性发展的实现途径

"发展"不仅要解决经济问题,而要从经济发展入手,解决社会问题,必须统筹经济社会的发展全局。不仅遵循经济规律、自然规律,也要遵循社会规律,才会给社会带来长治久安。

社会规律是通过人们的活动表现出来的诸多现象间本质的、必然的、稳定的联系。马克思通过对社会发展史的科学研究,深刻揭示了社会发展的普遍规律,这些社会规律也是包容性发展所要遵循的基本规律。"生产关系要适合生产力的状况,上层建筑要适应经济基础的需要",这是马克思所揭示的基本社会规律。在现实生活中,一个国家的公共政策以及所形成的社会环境与包容性发展的关系,正如生产关系与生产力、上层建筑与经济基础之间的关系:好的公共政策能够推进发展的包容性,不适应经济社会发展要求的公共政策则会阻碍包容性发展。

在我国,宏观管理方式和社会公共政策,还存在着不少需要规范、提升和创新的内容,如在公共服务体系方面,社会保险体系建设滞后、异地接转接续不畅;在公共安全方面,食品药品卫生与质量管理比较薄弱;在政府行政管理中,城市管理人员资质缺乏、执法粗暴;房屋拆迁与土地征用管理中补偿不公、不到位和强行拆迁等现象还比较普遍。这些现象与包容性发展相冲突。

提高政府管理水平和管理能力,能够为包容性发展提供保障与支撑。纠正政府职能越位,将资源支配权交还市场,提高资源配置效率;对政府职能缺位的纠正使政府真正履行对市场监管的职责。包容性发展强调对包括弱势群体在内的所有人民群众的实际需求、发展环境与机会以及利益分配的关注。经济社会发展人人有责,只有全民族和全社会不同群体、每一个成员都努力付出,才能有整个国家和民族的发展和进步。政府尤其应当通过发展、创新社会求助方式,对弱势群体进行基本救助,保障他们的基本生活,满足其基本医疗卫生需求;提供教育培训、就业等方面的政策优惠,帮助他们提高自身能力、促进其自身发展。

三、包容性发展的政策措施

(一) 体制创新

体制创新是实现包容性发展的首要措施,体制创新主要体现在:一是产权体制创新,包容"国有"与"民营"。公有制为主体、多种所有制经济共同发展,是支撑我国经济社会健康发展的基础性制度。在产权结构方面需要包容国有与民营等各种所有制经济,切实做到"两平一同":依法平等使用生产要素、公平参与市场竞争,同等受到法律保护。这是产权结构创新的主要着力点。二是分配体制创新,包容"国富"与"民富"。发展成果由全体人民共享,是包容性发展的基本内容。当前应着力促进公平分配,实现居民收入与经济发展、劳动报酬和劳动生产率"两个同步"增长。三是社会管理体制创新,包容"民生"与"公正"。实现包容性发展,就要围绕促进社会公平正义推进社会管理体制创新。基本要求是更加注重保障和改善民生,促进社会公平正义。围绕保障和改善民生推进社会管理体制创新,政府应该增加公共产品和服务,以此解决公共产品服务供给不足问题。

(二) 财政政策

财政政策在支持包容性发展中的作用尤其重要。一是公共财政通过参与国民收入分配和再分配活动,综合利用支出、补助等政策手段,调节居民收入和财富的差异,优化宏观收入分配格局,加强对整个社会弱势群体的支持和保护。二是公共财政通过调整转移支付制度,不断完善和改进中央与地方及省以下政府间关系,可以为财力的纵向均衡和横向均衡奠定基础,从而有效地推进城乡之间、区域之间的相对均衡发展,为我国的中西部地区、贫困地区及整个农村的经济发展和基本公共服务获取提供财力基础。三是公共财政不仅具有直接的调节效应,而且通过资金分配、财税政策优惠等手段,有效发挥财政的间接调节效应或引导功能,引导社会民间资金、银行资金及国外资金等向欠发达地区、向贫困地区、向"三农"倾斜,引导社会富裕阶层通过捐赠、慈善等手段向社会弱势群体给予帮助,从而使社会包容与和谐得到更好体现。

(三) 税收政策

税收政策既有收入分配调节功能,又有产业调节功能。如何制定科学合理的税收政策,需要对原有的税收政策进行改革:一是改革个人所得税;二是运用税收政策支持就业创业;三是加快出台房产税改革;四是完善第三次分配的税收政策。所谓"第三次分配"就是通过捐赠、慈善等方式从富裕阶层及中产阶层中集中一定收入,用于对社会弱势群体的支持和帮助,这是政府财政再分配的重要补充,也是社会救助的重要方式。在这方面要认真借鉴国际经验,积极鼓励发展慈善事业,制定出台慈善事业促进法,建立健全捐赠税收减免机制,形成良好的"第三次分配"的社会氛围。

(四) 就业政策

包容性增长强调社会成员拥有平等参与经济发展的权利和公平发展机会,消除由个人背景或所处环境(包括如家庭财富与权势、宗教信仰、社会关系、肤色、性别、地理环境等)不同所造成的机会不平等,使就业更加充分、劳动关系更加和谐。要通过立法,完善司法,消除户籍歧视、性别歧视、年龄歧视以及残疾歧视等。实现包容性发展,必须将就业政策的着力点放在参与机会平等化上,让每个人平等获得发展机会,体现社会公平正义。

(五) 重视能力建设

包容性发展把重视培育和提升人力资本以帮助人们把握经济机会作为前提。随着教育变得更为普及并被人们更平等地获得,低收入人群将更容易寻找经济机会,同时其后代继续成为弱势群体的可能性将减少。对于弱势群体而言,教育可能是脱离持久贫困的最重要因素之一。考虑到教育、健康医疗以及其他社会服务方面的投资均具有公共产品的性质以及较强的外部性,政府在保证国民具有平等权利方面扮演着关键角色。

复习思考题

1. 为什么经济发展要遵循经济规律?
2. 科学发展与可持续发展是什么关系?
3. 为什么要实现全面的包容性发展?
4. 我国经济发展模式转变有何重要性?

第十九章　宏观经济管理与调控

习近平总书记在党的二十大报告中指出:"健全宏观经济治理体系,发挥国家发展规划的战略导向作用",[1]说明了宏观调控的必要性和重要性。宏观调控理论在实践中不断丰富和发展,越来越体现出她的现实意义和指导作用。社会主义宏观调控具有显著特点,既要把提高人民生活水平列为中心目标,又要充分发挥计划调节和集中力量办大事的优势,处理好政府与市场的关系,实现资源的优化配置和经济的高质量发展。

第一节　宏观调控理论的形成与发展

凯恩斯的宏观经济学是现代宏观调控理论发展的源头,凯恩斯以后,西方宏观经济理论经历了货币主义、供给学派、新古典主义以及新凯恩斯主义的发展。我国的宏观调控理论是在长期宏观调控实践中形成和发展起来的,因而是具有中国特色的宏观调控理论。

一、凯恩斯的宏观调控理论

凯恩斯宏观调控理论产生的一个重要原因是发生于 20 世纪二三十年代的世界经济危机。第一次世界大战以后,世界经济经历了一段相对稳定的发展时期,但从 1929 年开始,以美国纽约股市暴跌为导火索,整个世界陷入了一场长达五年的经济大萧条。西方主要工业化国家如美国、英国、法国以及德国的工业生产率大幅下降,失业率则大幅上升,发展中国家经济也面临崩溃。[2]

许多经济学家探寻造成这场经济危机的原因,1936 年英国经济学家凯恩斯出版《就业、利息和货币通论》一书,在书中他提供了一个解释经济危机的理论框架,并据此提出通过财政政策与货币政策解决经济危机之策。古典经济学基于理性人、完全信息、完全竞争以及市场出清等一系列假设,认为市场经济是一架能够自我调整的运行良好的机器。当经济发生失衡时,市场机制这只"看不见的手"将快速反应与调整,使经济重新恢复到充分就业的均衡

---

[1]　习近平:《高举中国特色社会主义伟大旗帜　为全面建设社会主义现代化国家而团结奋斗》,人民出版社 2022 年 10 月版,第 29 页。

[2]　杰弗里·萨克斯等著,费方域等译:《全球视角的宏观经济学》,上海三联书店、上海人民出版社 1997 年 5 月版。

状态。因此他们主张对经济自由放任,反对政府干预经济活动。凯恩斯的核心论点是认为市场经济并不能平滑自我调节,因为市场价格机制并不具有完全弹性,工资、价格和利率在向下方向上是刚性或黏性的,价格向供求均衡点的移动非常迟缓,市场将不会像古典经济学所言被出清。凯恩斯认为只有调整宏观经济政策,才能阻止经济衰退,保持经济稳定。凯恩斯提倡权衡性财政政策,政府根据经济形势进行判断和权衡,即所谓"逆经济风向行事"。凯恩斯认为市场经济的自发运行经常因为有效需求不足而处于小于充分就业的均衡,要使经济走向充分就业,必须扩大总需求[①]。而扩大总需求的手段主要通过扩大政府支出水平,凯恩斯主张通过借债而非增加税收为政府扩大支出筹集资金,但这将引发财政赤字,这也与古典经济学所倡导的财政收支平衡原则不符。凯恩斯认为应容忍一定时期和一定规模的财政赤字,因为财政赤字比经济衰退以及大量失业的后果要好。除了财政政策,凯恩斯认为解决市场有效需求不足还可以通过扩张性的货币政策实现,通过扩大货币供给影响利率进而影响投资水平,从而实现对产出的调节。凯恩斯认为在萧条时期,财政政策比货币政策的作用更为直接,效果更加明显。

二、现代西方经济学的宏观调控理论

关于市场经济下政府作用的论述最早可追溯至重商主义时期,为了保证一国财富的增加,重商主义者认为国家必须管制国民经济活动以保证整个国民经济符合扩大出口和货币输入的要求。古典经济学则认为市场本身依靠"看不见的手"可自发促进经济的发展,不需要市场之外的力量。一直到 20 世纪初,西方经济学基本主张自由放任的原则。20 世纪 30 年代以后,凯恩斯的国家干预思想成为西方经济学的主流。20 世纪 70 年代石油危机爆发,许多国家遭遇了经济停滞与通货膨胀并存的"滞胀",凯恩斯经济学对此无能为力。新的经济学流派如货币主义、供给学派、理性预期学派出现,他们均认为正是因为执行凯恩斯国家干预经济的政策,才造成了经济的"滞胀"。

货币主义学派认为经济是内在稳定的,政府没有必要去干预经济,稳定政策只能增加而非减少经济的不稳定。与凯恩斯主义一样,货币主义也是从总需求的角度寻求经济波动的原因。货币主义强调货币政策的重要性,他们认为经济波动在很大程度上是货币供应发生变化的结果,稳定货币供应才是实现宏观经济稳定的关键。因此他们反对凯恩斯的所谓相机抉择政策,认为凯恩斯的"逆经济风向行事"的货币政策对宏观经济是有害的。

与凯恩斯主义和货币主义强调需求不同,供给学派强调供给分析,认为引起滞涨的原因是供给不足。而供给不足的原因是政府对经济的过多干预,由于推行凯恩斯政策,扩大了政府开支,为了弥补开支,西方国家不得不提高税率,从而损伤了劳动者的积极性以及资本家的投资积极性。供给学派主张大幅削减个人所得税与企业税,停止财政与货币调节而主要依靠自由市场经济的内在动力。

20 世纪 80 年代,新凯恩斯主义在继承凯恩斯主义、回应各学派对凯恩斯主义的攻击并吸收货币主义、新古典主义等有用成果的基础上产生。新凯恩斯主义继承凯恩斯的传统,试图改善传统凯恩斯主义而非挑战其主要假设。新凯恩斯主义强调市场的不完全性,赞成政府干预经济活动,认为总体而言,政府干预要优于自由放任。

---

① 　高鸿业,刘凤良:《20 世纪西方经济学的发展》,商务印书馆 2005 年版。

20 世纪 70 年代以来的新自由主义思潮并未给西方国家带来平稳的经济发展,学者们开始质疑自由市场经济并重新评价政府的作用。20 世纪末期,许多新兴市场经济国家遭遇金融危机,一些经济学家持折衷的观点,认为当市场不能满足需求时,政府就要干预,同时也反对把政府理想化。

三、中国特色社会主义的宏观调控理论

伴随着我国渐进化经济体制改革的推进,我国宏观调控理论在实践中不断发展与完善,并形成了自己的特色。党的十八大以来,中国经济发展进入新常态,宏观调控也进入新阶段。中国经济的宏观调控在实践中不断摸索,形成了具有自己特色的调控理论,主要表现在以下几个方面:

一是不断加深关于宏观调控地位与作用的认识。党的十八届三中全会以来,强调市场在资源配置中起决定性作用,但同时也强调要更好地发挥政府的作用。宏观调控不是暂时性的经济调节手段,而是市场经济体制的重要组成部分,是发挥社会主义市场经济体制优势的内在要求。

二是有关宏观调控体系的理论不断丰富完善。就调控主体而言,逐步认识到中央政府应在宏观调控中发挥顶层设计的作用;就调控目标而言,从西方经济学传统的四大目标到具有中国特色的宏观调控目标体系;调控手段从最初的以行政手段为主到经济手段为主;调控政策工具不断丰富,政策搭配采取多种形式;调控的范围从"一刀切"根据不同行业、不同区域实行更精准的调控;调控力度上,从"大水漫灌"的调控方式到适度微调;调控时机从事后调控、被动调控逐渐向预防性调控和主动调控转变。

三是逐步认识到微观基础对于宏观调控有效性的重要意义。党的十九大报告指出要着力构建市场机制有效、微观主体有活力、宏观调控有度的经济体制。对于宏观调控效果的实现,过去理论界主要从完善宏观调控机制本身的角度思考,随着理论研究的深入,逐步认识到微观基础的重要性。通过完善市场体系、规范市场秩序、健全信用体系、进行企业制度改革等重塑市场经济的微观基础,增强微观主体的活力,从而使微观主体对于调控信号能做出及时灵敏的反应。

四是把宏观调控与经济体制相联系。中国的宏观调控不能简单照搬西方国家的经验,而应当与我国的经济体制相适应。我国具有转型经济的特点,市场发育尚不成熟,相比较市场经济较完善的国家政府而言,政府应发挥更好更大的作用。在政策手段、政策目标、政策工具的选择上,首先应明确宏观调控的体制基础,否则设计再好的调控政策也无法达到良好的效果。

五是实现需求管理与供给管理的有机统一。党的二十大报告提出,要坚持以推动高质量发展为主题,把实施扩大内需战略同深化供给侧结构性改革有机结合起来。长期以来我国主要从需求角度实施宏观调控,但我国存在比较大的结构性不均衡,尤其是现阶段我国经济发展的主要矛盾已转化为结构性的矛盾,矛盾的主要方面在供给侧,主要靠需求管理无法产生较好的调控效果。供给侧是从供给角度实施结构优化,通过增加有效供给的途径进行的宏观调控。供给侧与需求侧应互相配合,协同推进,才能更好地实现国民经济高质量的发展。

第二节 市场经济与宏观调控

宏观调控是市场经济的组成部分,是在市场发挥资源配置决定性作用的前提下,政府对国民经济运行进行的调节与控制。宏观调控要使政府承担起国民经济的协调与管理职能。实行宏观调控是社会主义市场经济健康运行的需要。社会主义宏观调控具有自己的特点及优势,体现在社会主义政治与经济制度的优越性上。

一、宏观调控的含义

宏观调控是我国市场化改革以来出现的一个新的经济概念。所谓宏观调控是指在市场发挥资源配置决定性作用的前提下,政府按照预定目标,运用经济手段、计划手段、法律手段和必要的行政手段,对整个国民经济运行进行的调节和控制。宏观调控概念包含以下几个方面:

首先,宏观调控是与市场经济相联系的。在计划经济体制下,我们也有国民经济管理或计划管理这一概念,但与宏观调控有根本的区别。计划管理是按照有计划按比例发展的要求,通过指令性计划和指导性计划对国民经济进行管理和调节。政府直接干预微观经济行为,不存在独立自主的微观经济主体。而宏观调控植根于市场经济,是政府对经济活动的间接干预。调控的目的是改变企业和个人进行经济决策的环境参数,而不是代替微观经济主体决策,通过调控可以使市场更好地发挥资源配置的作用。

其次,宏观调控是对国民经济总量而非个量的控制。国家运用经济政策对总量进行调节,促进总供给与总需求的基本平衡。

再次,宏观调控是市场经济的组成部分,贯穿于经济发展的全过程,不是临时之策或权宜之计。宏观调控也不是仅指紧缩的调控,应包括紧缩性调控和扩张性调控。

最后,宏观调控的内涵与外延将随着市场经济的发展以及政府应对危机水平的提高不断充实完善。宏观调控的地位与作用、调控目标以及调控手段与政策的变化都将反映在宏观调控的含义中。2020年,中央首次提出宏观经济治理概念,这是对宏观调控概念的新突破,也是新时代宏观调控理论创新的重要体现。相比宏观调控,宏观经济治理概念在注重经济的高质量发展、注重经济的长期可持续发展,以及实行更高水平的对外开放等方面对宏观调控的内涵做了进一步的拓展。

二、宏观调控与政府职能

宏观调控就是要使政府承担起对国民经济的协调与管理职能。计划经济体制下,政府的职能主要体现在直接管理、微观管理以及行政审批等几个方面,政府通过下达各种指令性以及指导性计划、通过层层审批来直接管理微观经济主体。一般而言,在市场经济体制下政府职能主要集中在制定和实施"游戏规则"、提供公共产品、保护产权、提供社会保障等方面。随着计划经济向市场经济的转变,我国政府的职能自然也应随之改变,部分的政府职能应转移给企业、社会组织与市场。

政府职能的转变并不意味着需要政府做的事情少了,恰恰相反,政府需要承担更多的职责。首先政府要承担建立与完善市场经济的任务,因为我国的市场经济不是如西方国家一样自发形成,而是由政府启动的,因此政府需要承担起向市场经济转型的职能;其次,政府要承担起变革自身的任务,变革的内容即是将传统的但不为市场经济所需要的职能转移,也就是自我放权的过程。从这两方面而言,政府既是市场经济改革的主体,又是改革的客体。在社会主义市场经济体制下,政府的职能主要表现在制定规则、宏观调控、监督与运营国有资产、基础设施建设以及社会保障等方面。

宏观调控是市场经济中政府主要的经济职能。具体内容包括制定国民经济和社会发展的长远规划、确定发展战略;制定和执行宏观调控政策;进行总量与结构调控,实现总供给与总需求的平衡;制定产业政策,促进产业结构优化;综合运用经济杠杆调节经济活动;调节收入分配,实现社会公平等。从计划经济体制下的计划管理向市场经济体制下的宏观调控转变,意味着政府的经济职能将从直接管理、微观管理为主转为以间接管理、宏观管理为主。在政府职能转变的过程中,应注意纠正政府管理的"错位""越位""缺位"等问题,否则将造成市场经济秩序混乱的后果。

三、市场经济需要宏观调控

建立与健全社会主义市场经济,需要加强和完善宏观调控。实行宏观调控,不仅是社会化大生产的需要,也是防范经济风险、促进市场健康运行的需要。

(一) 社会化大生产的需要

市场经济是以社会主义大生产为基础的商品经济。社会化大生产的主要特征是分工与协作。随着社会分工的深化,各生产部门、各生产环节的协作关系日益密切,形成不可分割的有机整体。这就需要各生产部门和生产环节保持一定的比例关系。为适应社会化大生产以及国民经济按比例发展的要求,需要政府对生产的各部门和各环节以及国民经济的整体进行调节和配置。

(二) 防范经济风险的需要

我国的市场发育还不完善,经济结构比较脆弱,容易受到内外部不利因素的影响。就国内而言,受疫情冲击以及面临经济新常态下的新挑战,经济运行中仍存在许多潜在风险,如宏观经济下行压力加大、就业形势严峻、实体经济不振等。就外部因素而言,我国开放型经济易受国际经济环境影响,当前的俄乌冲突、欧美国家通胀以及世界政治经济局势不稳等都对我国经济发展产生重大影响,政府有必要加强调控,以防止来自国内外的风险与冲击。

(三) 促进国民经济稳定发展的需要

宏观经济运行由总供给与总需求决定,短期内总供给与总需求会出现不平衡的现象。当总供给大于总需求时,会出现经济衰退现象;当总需求大于总供给时,则会出现经济过热现象。宏观经济中衰退与过热交替出现,使经济呈现周期性波动。我国经济存在比较严重的结构不平衡问题,体现在产业结构、供需结构以及区域不平衡等方面,这些不平衡的问题若长期存在,势必影响经济的稳定发展,甚至引发社会问题。政府有必要制定有效的调控措施,促进国民经济总量与结构的平衡,促进国民经济平衡、稳定发展。

（四）促进社会主义市场经济健康发展的需要

社会主义市场经济应该发挥市场配置资源的决定性作用,但市场也有缺陷。市场具有自发性与盲目性,市场主体受各自利益驱动,其活动并不能与社会的长远目标和整体利益相一致;市场不能提供公共产品,基于公共产品的非竞争性与非排他性特点,私人企业不愿也不可能提供全部公共产品;市场竞争容易产生两极分化,不能保证公平分配。基于市场的缺陷,政府有必要对市场经济的运行进行调控,更好地发挥政府作用,把市场调节与宏观调控相结合、"看不见的手"与"看得见的手"相结合,从而保证市场经济的健康发展。

四、社会主义宏观调控的特点和优势

（一）社会主义宏观调控的特点

中国的宏观调控具有自己的特色,主要表现在:

1. 过渡性

我国正处于计划经济体制向市场经济体制转轨的过程中,政府对宏观经济的管理也兼具了计划经济与市场经济的特点,既不同于过去的计划管理,也不同于发达市场经济国家的经济干预,具有比较明显的过渡性。

2. 综合性

从我国宏观调控实践来看,无论是宏观调控的目标、调控手段,还是调控形式、调控体系以及政策工具的运用,都表现出综合的特点。

3. 创新性

我国经济的持续健康发展离不开宏观调控在理念上的创新,从单一目标调控到区间调控,从大规模调控到精准、定向调控,从逆周期调节到实现跨周期调节与逆周期调节的有机结合,从需求管理到需求与供给管理并重,从总量调控到兼顾总量与结构调控,从注重经济增长到经济、社会、环境并重,不同的经济形势下不断推出调控的新理念、新方法,引导宏观调控的有效实践。

4. 注重社会的和谐与稳定

在社会主义现代化建设中首先要处理好的一个关系就是改革、发展与稳定的关系,其中稳定是前提或基础。党的二十大报告提出,"社会稳定是国家强盛的前提",[①]只有社会稳定了才可进行改革,才能有经济发展。宏观调控的目标主要集中在经济稳定上,经济运行稳定有利于实现社会稳定。在经济失衡的情况下,进行宏观调控尤其是进行经济结构的调整,往往会触动部分地区、行业、企业或个人的利益,在此情况下,社会的和谐稳定是政府的优先目标。

（二）社会主义宏观调控的优势

我国的宏观调控具有一定的优势,主要源于社会主义制度的优越性。社会主义制度的

---

① 习近平:《高举中国特色社会主义伟大旗帜　为全面建设社会主义现代化国家而团结奋斗》,人民出版社 2022 年 10 月版,第 52 页。

优越性表现在政治制度与经济制度两方面。

1. 政治制度的优越性

我国政治制度体系具体包括人民代表大会制度、中国共产党领导的多党合作与政治协商制度、民族区域自治制度以及基层群众自治制度等。人民代表大会制度可以集中各方意见、兼顾各方利益；中国共产党代表最广大人民的利益，能够根据整体利益制定政策以实现社会利益最大化；多党合作与政治协商制度可以化解矛盾、实现局部与整体、个体与根本利益的协调；民族区域自治以及基层群众自治既充分尊重与保障了地方及个体的民主权利又能形成共同意志。在中国特色的政治制度下，国家政权具有高度的稳定性，从而保证国家长期稳定发展。

2. 经济制度的优越性

我国经济制度的优越性主要体现在以公有制为主体、多种所有制经济共同发展的基本经济制度上。国有经济是我国国民经济的主导力量，控制着国民经济的命脉，是保持政府经济控制力及影响力的基础。土地等重要生产资料归公所有，政府具有比较强的调配资源的能力。此外，我国是从计划经济体制中走出来的，对于如何通过计划以及行政手段管理经济积累了相当多的经验。虽然在市场经济体制下，宏观调控主要通过经济与法律手段，但在遇到突发事件和外部冲击时，通过运用行政手段可较快出台相应对策，并通过垂直管理方式，有利于调控政策的贯彻执行。国家通过制定中长期计划可以消除市场经济忽视长期与整体利益的局限性，可在较短时间内集中人力、物力、财力进行重点项目建设。

第三节　宏观调控的目标与任务

社会主义宏观调控首先应明确其目标与任务。满足人民日益增长的美好生活需要是宏观调控的核心目标，保持经济总量平衡、促进经济结构优化以及实现国民经济可持续发展是宏观调控的主要任务。当前我国宏观调控还存在许多问题，应在总结过去经验与教训的基础上不断创新与完善。

一、社会主义宏观调控的目标

宏观调控的总体目标是国民经济的持续、健康、稳定发展。新常态下，高质量发展成为我国宏观调控的根本要求，我国宏观调控的目标相比西方国家更为多样化。具体包括经济增长、充分就业、稳定物价、国际收支平衡等四大传统目标，以及满足人民日益增长的美好生活需要这一中国特色的核心目标。实践中，许多国家并不追求所有目标的实现，往往将促进就业与物价稳定作为调控的主要目标。

（一）促进经济增长

当前经济建设仍是我国首要任务，是解决其他问题的关键。经济增长主要体现在两个方面：一是经济规模扩大；二是经济结构优化。20世纪90年代以来，我国经济总量以年均超过10%的速度增长。2011年，我国国内生产总值上升到世界第二位，人均国民收入已进入中高收入国家行列。但 2012 年以来,我国经济增速开始下降,世界许多国家在进入中等收入阶段后,大都出现贫富差距拉大、社会矛盾增多等所谓的"中等收入陷阱"问题。党的十八大提出要在 2020 年实现全面建成小康社会、国内生产总值和城乡居民人均收入比 2010 年翻一番的目标,为实现这一战略目标,中央提出了以加快形成新的经济发展方式为主线、以提高质量和效益为推动发展立足点的战略抉择。党的十九大提出我国经济已由高速增长阶段转向高质量发展阶段。党的二十大提出:"高质量发展是全面建设社会主义现代化国家的首要任务……我们要坚持以高质量发展为主题……推动经济实现质的有效提升和量的合理增长。"[①]在新时代下,快速的经济增长不再是宏观调控追求的主要目标,促进经济增长将不再延续以往单纯追求增长速度以及数量扩张的老路,而是将重点放在提高经济增长的质量上,"稳中求进"成为基本取向。

(二) 充分就业

就业状况是衡量经济社会发展的重要指标,充分就业是政府宏观调控的主要目标。近些年来,我国政府通过大力实施创新驱动,使就业规模不断扩大,就业结构有较大改善。但就业形势仍比较严峻,主要表现在就业总量大以及就业结构性矛盾凸显两个方面。就业是民生之本,关系到经济发展与社会稳定。党的十八大以来,中央高度重视就业工作,全面强化就业优先政策,城镇新增就业年均 1 300 万人以上。党的二十大提出:"实施就业优先战略"[②],通过完善重点群体就业支持体系、统筹城乡就业政策体系、健全终身职业技能培训制度、支持发展新就业形态等,以实现高质量的充分就业。

(三) 稳定物价

物价稳定既是宏观调控的主要目标,也是落实货币政策的重要标志。价格是市场运行的信号,价格变动既反映商品需求,也调节商品供给。稳定物价并不是使物价保持不变,而是指把物价控制在经济发展和居民生活可承受的范围之内。物价在短期内大幅波动会对国民经济产生不利影响。物价快速上升产生经济过热以及通货膨胀现象;物价大幅下降则产生失业以及通货紧缩现象。受国际局势变化、国内疫情以及极端天气等多重因素影响,当前物价面临上涨压力。持续的价格上涨,不仅提高了生产成本,还增加了居民生活支出,政府应采取积极措施保持物价在合理区间。

(四) 国际收支平衡

国际收支是指一国在特定时期内(通常为一年)外汇收入和支出的总和。国际收支平衡即在国际经济交往中各组成项目的借贷总量基本相等;国际收支失衡则是指国际收支产生巨大差距的情况,一般源于经济周期性波动、产品国际竞争力大小、通货膨胀率高低以及世界经济结构变化等。当一个国家出现国际收支失衡时,不论是顺差还是逆差,都会对国民经济造成不利影响。一国实现国际收支平衡,通常会采取外汇平衡、调整汇率、直接管制以及

---

①　习近平:《高举中国特色社会主义伟大旗帜　为全面建设社会主义现代化国家而团结奋斗》,人民出版社 2022 年 10 月版,第 28—29 页。

②　习近平:《高举中国特色社会主义伟大旗帜　为全面建设社会主义现代化国家而团结奋斗》,人民出版社 2022 年 10 月版,第 47 页。

调整财政、金融等措施。数据显示,伴随着国内经济持续恢复,以及实行更加积极主动的开放战略,当前我国国际收支保持基本平衡。

(五)满足人民日益增长的美好生活需要

中国特色社会主义进入新时代,我国社会主要矛盾已经转化为人民日益增长的美好生活需要和不平衡不充分的发展之间的矛盾。增进民生福祉是发展的根本目的,新时代宏观调控应该围绕以人民为中心的发展思想,聚焦人民日益增长的美好生活需要。党的二十大报告指出:"我们坚持把实现人民对美好生活的向往作为现代化建设的出发点和落脚点"。[①]改革开放以来,城乡居民收入快速增长,尤其是党的十八大以来,人均国内生产总值从 39 800元增加到 81 000 元,居民人均可支配收入从 16 500 元增加到 35 100 元。为实现到 2035 年我国基本实现社会主义现代化、人均国内生产总值达到中等发达国家水平、居民人均可支配收入再上新台阶、中等收入群体比重明显提高、全体人民共同富裕取得更为明显的实质性进展等目标,以及到本世纪中叶把我国建设成为综合国力和国际影响力领先的社会主义现代化强国,都需要借助宏观调控,通过推动经济发展方式转变、不断提高全要素生产率,以及推进城乡融合与区域协调发展等措施加以实现。

二、宏观调控的主要任务

我国宏观调控的主要任务是保持经济总量平衡、促进重大经济结构协调和生产力布局优化,减缓经济周期波动影响,防范区域性、系统性风险,稳定市场预期,实现经济持续健康发展。宏观调控的任务并非固定不变,因时期以及面临的不同经济形势而异。

(一)社会总供给与总需求的平衡

总量平衡是宏观调控任务的核心内容。保持社会总供给与总需求的平衡就是要防止出现生产过剩或经济过热两种市场失衡状况。社会总需求是指经济社会在一定价格水平上愿意且能够购买的产品和服务的总量,通常由消费需求、投资需求、政府购买需求以及净出口需求构成。社会总供给是指在一定价格水平上,所有企业愿意且能够提供的产品和服务的总量。总供给取决于经济社会中的劳动、资本、土地、管理以及技术等经济资源。在短期内,总需求或者总供给都有可能出现过大的现象,当总需求过大时,会出现经济过热、通货膨胀等症状,短期内需要采取措施抑制总需求;当总供给过大时,则会出现失业增加、通货紧缩等症状,需要采取措施刺激总需求。在长期内,可通过供给管理促进供求总量的平衡。

(二)重大经济结构协调与生产力布局优化

经济结构协调是指与现阶段经济发展水平相适应的比例关系。伴随着经济的高速增长,中国经济面临诸多重大结构性失衡的问题,制约着国民经济健康持续发展。结构性失衡主要表现在供求失衡、产业结构失衡以及区域结构失衡等方面。随着我国经济发展进入新常态,主要不是通过提升经济增长速度而是要通过结构调整促进经济持续发展。经济结构

---

① 习近平:《高举中国特色社会主义伟大旗帜 为全面建设社会主义现代化国家而团结奋斗》,人民出版社 2022 年10 月版,第 22 页。

调整,要做好加减乘除法。加法就是发现和培育新增长点,减法就是压缩落后产能、化解产能过剩,乘法就是全面推进科技、管理、市场、商业模式创新,除法就是扩大分子、缩小分母,提高劳动生产率和资本回报率。生产力布局优化是社会生产在一定空间范围的合理分布。党的二十大报告提出:"优化重大生产力布局"。[①]重大生产力主要指基础性经济部门、高科技产业以及保障民生的相关产业。在当前发展阶段,重大生产力布局优化的重点是促进区域的协调发展,构建优势互补、高质量发展的区域经济布局和国土空间体系。

(三)减缓经济周期波动影响

经济周期是国民经济扩张与收缩不断交替的过程。由于内生以及外部冲击等因素的影响,产生经济周期波动现象。基于凯恩斯需求管理理论,可运用逆周期调节即主要依靠财政政策和货币政策组合,减缓经济周期波动影响。改革开放以来,我国充分发挥逆周期调节作用,较好地实现了经济的稳定运行。但逆周期调节主要针对的是短期经济波动,无法较好解决长期结构性问题。当前,我国经济发展面临的主要障碍是结构性问题,2020 年中央提出跨周期调节的新思路。2021 年进一步提出,要将跨周期与逆周期调节有机结合,从而更好地兼顾短期与中长期目标。跨周期调节主要聚焦于经济发展中长期体制性与结构性的难题,与逆周期调节相比,更具有前瞻性、全局性、可持续性等特点。跨周期调节作用的充分发挥,离不开国家中长期发展规划与多项政策的协同。

(四)防范风险与稳定预期

统筹发展和安全是党治国理政的一个重大原则。我国正进入风险易发、高发期,防范各种风险至关重要。要守住不发生系统性风险的底线,加强战略预判和风险预警,既要警惕"黑天鹅",也要防范"灰犀牛"。通过建立健全风险研判、决策风险评估、风险防控协同、风险防控责任等机制,实现发展与安全的动态平衡。当前,世界经济的最大风险是不稳定性与不确定性,面临复杂多变的国内外形势,需要采取措施稳定预期。预期是市场主体对未来发展变化的看法,影响着市场主体的消费与投资行为。中央多次强调要稳定市场主体、稳定市场预期,也采取各种措施发挥对稳预期的保障作用。市场主体只有获得了稳定的预期,才能增强对未来经济发展的信心,政府才能更好地实现宏观调控的目标。

(五)经济持续健康发展

可持续发展是指经济增长与保护自然资源、保护生态环境相协调。对当前中国而言,发展仍是硬道理。只有经济保持稳定增长,才能保证财政收入、企业利润以及居民收入的增长,保证经济发展方式的转变以及经济结构的调整;也只有经济保持稳定增长,才能解决发展中存在的各种问题以及面临的各种挑战,各项改革的深化才能得以推进。从各国以往的经验来看,经济增长往往会带来资源紧张、环境污染等问题,我国也不例外,随着人们生活水平的提高,未来经济社会发展与资源环境的矛盾将越来越突出。在当前中国处于转型发展的背景下,一方面要保持经济一定的增长速度,另一方面要重视可持续发展,通过支持发展

---

① 习近平:《高举中国特色社会主义伟大旗帜　为全面建设社会主义现代化国家而团结奋斗》,人民出版社 2022 年10 月版,第 31 页。

绿色、低碳产业,治理环境污染,促进资源集约利用等措施实现国民经济持续健康发展。

三、我国宏观经济调控存在的主要问题

从我国目前的宏观调控来看,从决策到执行、从目标到政策工具运用、从调控的主体到调控的内容都存在许多问题,主要表现在以下几个方面:

(一)调控偏重社会稳定目标

稳定是发展的前提,当宏观调控因触动部分人的利益而致社会矛盾凸显时,政府会为了社会稳定而牺牲经济稳定,即政府减弱调控力度,从而影响经济调控的效果。此外政府在不同时期对调控目标有不同的选择,据统计,自 2008 年以来,政府曾分别将稳物价、稳增长、调结构等放在政策目标的首位。调控目标的变化造成政策的多变,进而影响政府公信力。

(二)宏观调控滞后

从我国经历的数轮宏观调控来看,有多次是在经济形势发生逆转的情况下,政府并未及时做出反应,最终造成通货膨胀率过高或经济加速下滑的后果。以美国次贷危机对我国的影响为例,2007 年次贷危机在美国爆发,2008 年开始影响中国,但当时我国宏观调控仍然延续控制经济过热和物价上涨过快的财政政策与从紧的货币政策组合,一直到 2008 年年底才转变为积极的财政政策与适度宽松的货币政策组合。这一调控政策的实施距离 2008 年年初我国出口大幅下滑时滞为 9 个月[①]。

(三)调控目标与政策不匹配

调控政策的出台自然是希望达到预期的调控目标,但由于政策与目标的不匹配结果导致事与愿违。如调整经济结构的目标,需要从紧的宏观经济环境,否则落后的产品、技术和企业就无法淘汰。如果采取的却是积极的财政政策与适度宽松的货币政策,自然达不到预期的目标。又如抑制房价过快上涨目标,政府在采取各种抑制住房需求政策的同时,也采取了降低土地供给的政策,抑制房价的目标自然大打折扣。

(四)中央与地方存在利益冲突

宏观调控的主体是中央政府,对于中央制定宏观调控政策,地方政府应予以贯彻执行。但现实中,由于财权与事权不相匹配以及现有的政绩考核制度,导致地方政府与中央利益不一致,往往造成所谓"上有政策,下有对策"的结果,影响调控政策的传导。

此外,宏观调控还存在政策不透明,征求意见不广泛;未制定专门的法律作为依据;宏观调控中行政干预比较普遍;重发展速度、轻质量效益等问题,都需要在未来不断完善,以实现政府更有效的调控。

四、加强与完善宏观调控的思路和方向

根据我国目前存在的问题,需要在以下几个方面加强与完善宏观调控。

---

① 方福前:《大改革视野下中国宏观调控体系的重构》,《经济理论与经济管理》2014 年第 5 期。

（一）充分发挥市场机制作用

我国经济体制改革的目标是建立社会主义市场经济体制,随着市场经济体制的不断完善,市场应当发挥资源配置的决定性作用,政府在此过程中也逐渐完成扶持市场经济的使命,更多地将政府作用放在弥补市场失灵、加强市场监管、维护市场秩序上。

（二）加快宏观调控立法

要制定相关法律,使宏观调控有法可依。通过规定宏观调控的原则、任务、基本目标、调控程序以及法律责任等内容,加强宏观调控的规范性、权威性,增强宏观调控的执行力。

（三）改革财税体制

理顺中央与地方事权与财权,同时改革政绩考核制度,采取激励措施充分调动地方政府执行中央宏观调控政策的积极性。

（四）宏观调控目标在一定时期应保持相对稳定

避免政府多角度干预,导致削弱市场作用以及经济不稳定。根据经济形势确立宏观调控的目标,随着我国城市化的快速发展,失业问题会日益突出,未来可将促进就业作为宏观调控的首要目标。

（五）加强宏观调控目标与政策的配合以及政策之间的协调

为了避免政策无效或政策之间效果抵消,应提高决策透明度以及调控过程的参与度,广泛征求各方意见。建立非官方的宏观调控研究机构,为政府调控部门提供合理的建议,以利于政府做出准确判断并采取有效措施。

第四节　宏观调控的方式与政策手段

习近平总书记提出:"必须创新宏观调控思路和方式,健全以国家发展规划为战略导向……目标优化、分工合理、高效协同的宏观经济治理体系。"[1]宏观调控目标的实现离不开具体的调控方式与政策手段。在市场经济体制下宏观调控应以间接调控方式为主,综合运用多种政策手段。通过建立与完善宏观调控体系,共同完成宏观调控的目标。

一、宏观调控的方式

政府为了实现宏观调控的目标一般可采取直接调控与间接调控两种方式。

直接调控是政府通过行政与计划手段直接控制生产、流通、分配与消费过程的方式。直接调控以指令性计划为特征,直接管理微观经济主体活动。直接调控的优点在于管理简单

---

① 《习近平经济思想学习纲要》,人民出版社、学习出版社 2022 年 6 月版,第 82 页。

便捷,容易弥补市场调节的不足,一般关系国计民生的重大项目和重要产品往往由政府直接调控。但也容易带来调控失败,若出现思维理念和行政管理上的失误,就会造成比市场调节更大的困难和损失。

间接调控是政府主要运用经济手段调节各类市场,通过市场机制引导企业符合调控目标的方式。建立社会主义市场经济体制,必须给予企业充分的经营自主权,必须承认与保护多种经济成分独立的经济利益。因此政府不能直接干预企业以及各种经济成分的市场行为,而只能通过市场机制加以引导与调节。伴随着我国经济进入新常态,经济面临的结构性矛盾不断增多。采用间接调控方式,因中间环节多、时间长而一定程度上影响了宏观调控的效果。因此,宏观调控应以间接调控为主、直接调控为辅,将间接调控与直接调控相结合,才能更有利于实现宏观目标。

随着我国宏观调控理论与实践的发展,宏观调控方式也在不断创新。不管是直接调控方式还是间接调控方式,如果都是通过单一指标如经济增长率或通货膨胀率作为宏观调控的目标,实践中容易造成顾此失彼,也不利于稳定市场主体对于政策的预期,而通过区间调控方式则可较好地解决这些问题。所谓区间调控就是通过将复合目标组成的区间目标代替单一目标,确立经济运行的合理区间,上限为通货膨胀率目标,下限为增长率和失业率目标。只要经济运行在合理区间,就保持宏观经济政策的稳定,而一旦偏离这一区间,政府就要采取措施予以调整。

区间调控方式主要通过"目标＋区间"创新了宏观调控的目标,但仍延续传统的调控思路即侧重调节经济总量的调控方式。为提高宏观调控的精确度,2014年中央提出了所谓"定向调控"的理念,定向调控方式侧重调节经济结构,主要针对国民经济的薄弱环节进行调控。将区间调控方式与定向调控方式相结合,意味着稳定宏观经济总量与调整结构相结合,当经济运行在合理区间时,就主要运用定向调控将调控重点放在调整结构上,通过二者的有机结合,将更有利于国民经济的平稳运行与结构优化。[①]党的十九大以来,逐步形成了精准把握宏观调控的度、主动预调微调以及强化政策协同的认识和做法。

二、宏观调控的主要政策和手段

在社会主义市场经济中,宏观调控需要综合运用财政、货币、产业和土地等多种政策措施,以及经济、法律、计划、行政等多种手段方法,才能取得良好效果和达到预期目标。

(一) 宏观调控的政策

财政政策与货币政策是宏观调控的主要政策手段,党的二十大着重提出要加强财政政策和货币政策的协调配合。为更好地发挥政府的作用,我国还采用了产业政策、土地政策等进行协同调控,形成了具有中国特色的宏观调控政策体系。

1. 货币政策

货币政策是指中央银行通过控制货币供应量来调节利率进而影响投资和整个经济以达到一定经济目标的行为。货币政策分为扩张性的货币政策与紧缩性的货币政策,扩张性的货币政策是通过增加货币供给来带动总需求的增长;紧缩性的货币政策是通过削减货币供

---

① 马建堂等:《中国宏观调控实践与理论的创新》,《文汇报》第4版,2015年11月13日。

给的增长来降低总需求水平。货币政策工具主要包括再贴现率、公开市场业务、法定准备金率等。再贴现率是指中央银行通过变动给商业银行或其他金融机构的贷款利率来调节货币供应量。公开市场业务是指中央银行在金融市场上公开买卖政府债券以控制货币供给和利率的行为，是中央银行比较重要而且常用的政策工具。公开市场业务操作灵活，便于中央银行及时改变货币供给方向，即使出现政策失误也可得到及时纠正。中央银行还可通过变动法定准备金率来决定商业银行必须保留的现金占存款的比例。变动法定准备金率将导致所有银行的信用都必须扩张或收缩，作用比较猛烈，因此这一政策工具较少使用。

2. 财政政策

财政政策是政府运用财政收入和财政支出影响宏观经济的调节政策。财政政策分为膨胀性财政政策与紧缩性财政政策。当总需求水平过低经济出现衰退时，政府可通过削减税收或增加支出来刺激经济；当总需求水平过高出现通货膨胀时，政府可增加税收或减少支出，以抑制经济过热。政府可根据经济形势，相机选择膨胀性或紧缩性的财政政策。供给学派的财政政策则意在通过提高企业与劳动者的生产积极性而刺激总供给。与凯恩斯权衡性增税或减税措施不同，供给学派的财政政策主张长久性减税，以持续刺激和增加总供给。

3. 产业政策

产业政策是指政府在一定时期为实现各产业之间协调发展所采取的政策措施。与财政政策、货币政策相比，产业政策具有长期性、稳定性和全局性的特点。由于市场机制对产业结构比例的调整和优化作用较弱，需要政府制定相应的产业政策。产业政策一般包括产业结构、产业组织和产业布局政策。产业结构政策的目标是产业结构合理化以及产业结构升级；产业组织政策的目标是提高产业内部企业的活力与效率；产业布局政策的目标则是调整产业区域分布，保证区域经济协调发展。

4. 土地政策

土地政策参与宏观调控是我国宏观调控理论与实践的创新。土地是经济活动的基础，运用土地政策的目的就是通过控制土地供给量、土地供给结构、土地供给方式以及土地供给主体等进而调节投资规模、调整产业结构、优化产业布局，以及合理利用土地资源、整顿土地市场秩序。调节土地供应量包括事前与事后两类，事前调节是通过编制土地利用总体规划和年度用地计划来控制；事后调节即监督检查规划和计划的执行情况，并对违规行为依法进行查处。控制土地供给结构可从源头调整产业结构以及扶持新兴产业发展。调节土地供给方式可选择最符合市场经济需要的招标、拍卖、挂牌方式。控制土地供给主体可避免多头供地，造成土地供给总量失控。

（二）宏观调控的手段

在市场经济体制下，宏观调控应以经济手段为主，并与其他手段相结合，才能获得较好的调控效果。

1. 经济手段

经济手段是运用经济杠杆调节经济以达到宏观调控的目标。各经济杠杆能够比较灵活地对经济运行的某一方面进行有效的调节。由于经济手段的运用需要经过一系列中间环节，因而见效比较慢，但由于经济杠杆与经济主体的利益密切相关，能较好地引导市场主体的经济行为，使之符合宏观调控的目标。

2. 法律手段

法律手段具有普遍的约束性、强制性、稳定性以及规范性等特点。宏观调控的法律手段主要体现在经济立法与经济司法上。经济立法是通过制定法律法规,为市场主体规定活动框架和行动规则;经济司法是通过解决经济纠纷、打击违法犯罪活动,以维护市场经济的运行秩序。法律手段不仅调节市场经济主体的行为,也规范政府的经济行为,在监督宏观调控政策的执行以及保证宏观调控目标的实现中发挥着重要作用。

3. 计划手段

计划体现了国家经济决策,是调控宏观经济运行的基本依据。我国由计划经济体制向市场经济体制转型,并非要取消计划调节。但与计划经济体制下的指令性计划不同,市场经济的计划调节主要表现在确定发展战略、调整经济结构和生产力布局上,不直接干预企业的微观经济活动。市场经济中的计划手段,有利于政府集中人力、物力、财力进行重点建设,协调处理各方面利益关系。

4. 行政手段

行政手段具有强制性、权威性、垂直型等特点。强制性指政府发出的命令下级组织必须服从和执行;权威性指政府可通过行政指令控制下级工作人员的行动;垂直性指按照行政级别,自上而下实行垂直领导和指挥。对于关系全局的经济活动、重大比例关系的调整、短期内需要完成的项目等,运用行政手段可取得较好的效果。但行政手段因易受到官员有限理性、官僚主义、利益集团等因素的影响,具有一定的局限性,在实践中应注意使用的范围与程度。

三、宏观调控体系

宏观调控是一个完整的体系。就宏观调控内容而言,宏观调控体系包括宏观调控的目标、任务、手段、内容以及方式等诸多方面内容;从宏观调控的内在机理角度,宏观调控体系由经济决策系统、控制调节系统、信息和咨询系统以及监督保证系统构成,每个系统各自发挥自己的职能,同时又相互联系、相互制约,构成一个完整的宏观调控体系,共同完成宏观调控的目标。

经济决策直接关系宏观调控的成效,被视为宏观调控的中枢。宏观调控决策主要内容包括经济社会发展规划、战略、指导性计划、重大方针政策、固定资产投资规模、产业结构调整、货币发行、财政收支预算、外汇收支平衡等。宏观调控决策机构包括全国人民代表大会及其常务委员会、国务院及国务院各部委。正确的调控决策离不开科学决策,即在充分掌握信息的基础上,通过可行性研究对未来发展进行预测,提高决策的准确性与科学性;民主决策,即在决策前,广泛征求社会各方意见,对决策的各种方案充分探讨比较,选择最佳方案;依法决策,对造成严重后果的决策失误,决策者应承担法律责任。

控制调节系统的主要任务是实施经济调控的决策,及时纠正经济活动中对调控目标的偏离,修正决策中的失误。宏观调控的有效性离不开国家发展和改革委员会、财政部、中国人民银行等机构之间的协调配合,发改委制定并负责监督经济发展计划、产业发展规划、国民经济重大比例关系计划等的实施,财政部与中国人民银行在制定以及执行经济政策时都要接受发改委的指导与约束。

信息和咨询系统是宏观调控科学决策的依据。信息是重要的资源,通过信息与咨询机构对信息的收集、分析、整理、传递,可准确、及时反映国民经济供求状况,并反馈至政府决策系统与控制调节系统,从而有利于迅速制定经济决策、及时修正决策失误。当前大数据的迅猛发展为宏观调控提供了机遇,政府应充分利用大数据技术,为决策提供支撑与保障。

监督保证系统的主要任务是国家通过各种监督机构与手段,监督调控决策的正确性、各项法律法规、相关政策的贯彻实施、各种调控方式与手段的运用,同时也监督微观经济主体的经济行为,以约束与引导微观经济主体行为符合宏观经济调控的目标。

复习思考题

1. 中国特色社会主义宏观调控理论有何新的发展?
2. 社会主义市场经济为什么必须加强宏观调控?
3. 社会主义宏观调控的目标和主要任务是什么?
4. 社会主义宏观调控有哪些特点和优势?

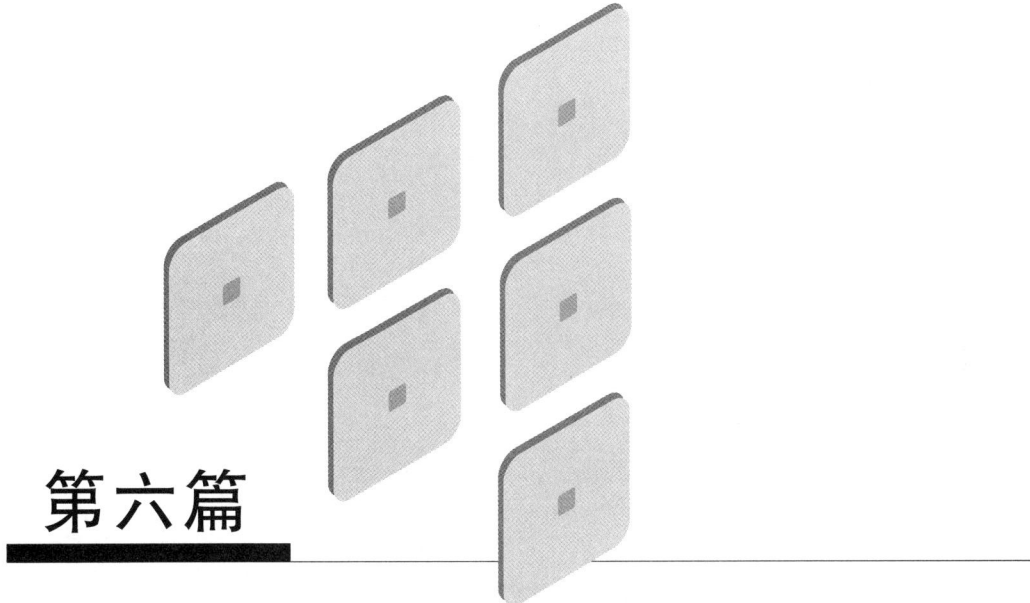

第六篇

国际经济关系

第二十章 经济全球化与开放型经济

习近平总书记在党的二十大报告中指出:"中国坚持对外开放的基本国策,坚定奉行互利共赢的开放战略,不断以中国新发展为世界提供新机遇,推动建设开放型世界经济,更好惠及各国人民。"①改革开放以来,中国从顺应融入到主动引领经济全球化,建成开放型经济大国。在新时代新征程上,我们正向建设开放型经济强国迈进,要把握开放型经济发展规律,推动经济全球化朝着更加开放、包容、普惠、平衡、共赢的方向发展。

第一节 经济全球化的内涵、动因与趋势

经济全球化是社会生产力发展的客观要求和科技进步的必然结果。我们需要认识其本质内涵,分析其动因,把握其演进趋势。

一、经济全球化的本质要求和内在含义

我们要透过经济全球化的表面现象,科学把握生产要素国际流动的本质要求,以及正确剖析经济全球化的深刻内涵。

(一)经济全球化的本质要求

经济全球化是世界经济发展的现实表现,全球化经济的重要基础是国际直接投资。国际直接投资的本质是以资本为载体的生产要素的国际流动,生产要素的国际流动是经济全球化的本质要求。这里所说的生产要素包括货币资本、产品设计、技术、品牌、专利、经营管理、营销网络、高端人才等。这些要素从投资国转移到东道国,而东道国所提供的生产要素则是土地、劳动力、资源、产业配套、激励政策和经营环境等。国际直接投资的这一全球化经济的基础性现象,也决定了传统的国际分工概念要被抛弃。要素流动下的世界经济是要素合作型的国际专业化,使各国不同生产要素经流动而组合到同一生产过程,但由于各国提供的要素类型不同,致使在产品价值链中的地位也不同。

---

① 习近平:《高举中国特色社会主义伟大旗帜　为全面建设社会主义现代化国家而团结奋斗》,人民出版社 2022 年 10 月版,第 61 页。

（二）经济全球化的内在含义

全球化一词最早出现在 20 世纪 80 年代初,诞生于以跨国公司为题材的文学作品里。随后,这一术语被用来指政治界限的开放和旨在促进全球经济活动进展的自由贸易现象。

1997 年联合国贸发会议报告明确指出:"全球化的概念既指货物和资源日益加强的跨国界流动,也指一套管理不断扩大的国际经济活动和交易网络的组织结构的出现"。与此同时,国际货币基金组织在 1997 年 5 月的《世界经济展望》一书中提出:"全球化是指跨国商品和服务交易及国际资本流动规模和形式的增加,以及技术的广泛迅速传播使世界各国经济的相互依赖性增强。"①由于上述二个国际组织的定义比较接近,又是全球认可的国际性组织,因此它们的解释被世界上大多数经济学家认为是当前最具权威性的定义。

我们定义经济全球化是以生产要素的国际流动为本质,以国际直接投资为基础,以要素合作型的国际专业化为支撑,以跨国公司为载体的一种全球经济现象。经济全球化的内涵将随全球经济发展而不断丰富和完善。

二、经济全球化的成因动因

究竟是什么因素导致了经济全球化? 是否存在着推动经济全球化扩展的因素呢? 大多数经济学家认为,最重要的四种内在推动力,是科技进步、贸易扩大、资本流动和劳动力流动,这些因素都使得经济全球化加速。此外,还存在四种外在推动力,即冷战结束后世界政治新格局的构建、经济管制的松解、区域经济一体化以及运输工具的标准化。

随着经济全球化的不断发展,尤其重要的是,跨国公司是经济全球化的重要载体,作用不容小觑。作为市场寻求者和资源寻求者,因为"企业内贸易"可以使得公司充分利用国与国之间的汇差、税差、利差来获利,而不依赖供给与需求的外部市场机制。这种现象被称为国际商务内部化,是跨国公司一个重要特点。

投资成为贸易发展的原因,既是经济全球化的表现,也是经济全球化更深刻的基础。国际直接投资使不同国家的不同生产要素相结合,使生产的国际分工转变为要素的国际合作。这是世界经济运行特征的一个历史性变化,是全球化经济形成更重要的条件。

三、经济全球化的演进趋势

从历史上看,经济全球化经历了两次"松绑"过程。第一次工业革命促进了工业和运输业的飞跃发展,比较优势使得各国生产和消费发生空间分离,国际生产分工实现了第一次"松绑",但国际分工在各国的节点拥有本国相对独立完整的生产链。我们将此称为经济全球化 1.0 版。随着工业化和信息化进程的加快,规模经济使得产品生产的跨国境分离成为可能,国际生产分工实现了第二次"松绑",我们将此称为经济全球化 2.0 版。前两次"松绑"过程主要发生在货物贸易领域。随着数字技术的发展,服务生产和消费的时空分离成为可能,经济全球化将实现第三次"松绑",服务贸易和制造业服务化趋势成为近年来国际生产分工的典型特点,②我们将此称为经济全球化 3.0 版。《2018 年世界贸易报告》数据显示:全球服

---

① 国际货币基金组织:《世界经济展望》,中国金融出版社 1997 年版,第 10 页。
② 刘斌等:《制造业服务化与价值链升级》,《经济研究》2016 年第 3 期。

务贸易一半以上是通过数字技术实现的。数字技术打破了全球生产分工的时空限制,为提高服务的可贸易性提供了必备条件。与发达国家相比,当前中国服务贸易发展较为滞后,但中国数字技术的发展将激发服务贸易的后发优势。数据显示:2018年中国数字经济规模位居世界第二,占GDP比重高达35%。

经济全球化3.0版将呈现五大趋势,新兴经济体和发展中国家将成为经济全球化的主导力量;符合经济全球化的新"游戏规制"将加速形成;全球新的产业布局正在形成;全球新的国际金融体系正在重构;科技革命正在加速催生经济全球化多种产业的新形态。

四、中国引领

中国是经济全球化的积极参与者和坚定支持者。在推动全球化发展过程中,中国从边缘地带走向世界经济舞台的中央,从被动融入全球化逐步到主动引领新型全球化。特别是以高质量共建"一带一路"为平台,推动构建人类命运共同体。

在全球化浪潮遭遇逆流的大环境下,中国为构建一个包容开放、平等协商的国际经济体系和新的治理模式,推动经济全球化朝着更加开放、包容、普惠、平衡、共赢的方向发展,为全球化进程注入新动力。2013年以来,中国借助既有的、行之有效的区域合作平台,提出共建"一带一路"倡议,与沿线国家和地区建立良好的经济合作伙伴关系,打造了一条"世界上最长、最具有发展潜力的经济大走廊"。"一带一路"沿线国家和地区占全球面积的三分之一以上,人口占全球人口总额超过60%,GDP占全球超过30%。它促进了世界最大经济体欧盟与世界经济增长引擎亚太地区的沟通与交流,有效推动欧亚非三大洲和其他地区的可持续发展。共建"一带一路"倡议以构建人类命运共同体为目标,贯彻"共商、共享、共建"的理念,成为全球广受欢迎的公共产品、国际合作"新范式",是对全人类福祉的中国贡献,体现了负责任大国的担当,引领了新型经济的全球化。

中国主动践行自由贸易理念,逐渐成为与世界经济联系密切的开放型经济体;开创了"中国经济奇迹",促进了全球贸易投资,惠及全球和地区经济发展,成为世界经济增长的主要稳定器和动力源。2020年中国进出口货物占世界份额的13%,所占比重远高于其他国家。面对国际金融危机、逆全球化浪潮和新冠肺炎疫情全球大流行等负面冲击,中国通过刺激内需"一揽子"计划创造了巨大的市场空间,以庞大的进口规模解决了不少贸易伙伴出口低迷问题。中国统筹疫情防控与经济社会发展,率先复工复产,为国际市场提供原材料和零部件、生活必需品、防疫物资和疫苗等,维护并重构了行将断裂的全球产业链和供应链。通过中欧班列逆势扩行、临时出境口岸开通、跨境电商B2B出口试点等创新举措稳住了全球经济大盘,为稳定世界经济做出了积极贡献。

第二节 全球经济治理的成因、模式与问题

全球化的经济需要全球化的治理。全球经济治理有其深层原因,历经霸权治理的三种模式。现面临制度失灵、治理工具失效、治理主体缺位等诸多问题。中国需要抓住历史机遇,提供中国方案。

一、全球经济治理的成因

发达国家主导下的国际经济治理格局是导致当前全球经济失衡的主要原因。全球经济失衡的重要因素为金融深化、消费和经济增长差异。分析表明,鉴于美国金融市场非常发达,其他国家争相购买美国相对无风险或低风险资产,美国金融市场堆积了过多的金融资产,导致全球经济失衡和治理危机频出。

解决全球经济失衡问题,必须重构全球经济治理。研究表明,应通过发达国家让渡国际经济治理权力,改变发展中国家完全被动适应发达国家主导的国际经济治理格局,即改革当今世界经济体系的上层建筑。

二、全球经济治理的机制模式

全球经济治理机制大致经历了三种以霸权治理模式为主要依托的制度演进历程。

(一)霸权竞争型治理模式

1900 年至 1945 年,当时的全球性霸权国家为英国。由于当时的全球市场秩序、贸易秩序和金融秩序并没有完全成型,所以英国对全球经济治理是比较有限的。通过两次世界大战及其大国竞争,大国经济实力和综合国力发生显著位移,德、日、美不断崛起,英国霸权地位日渐衰落,国际社会缺乏定型力量。

(二)霸权主导型治理模式

1945 年至 1971 年、1991 年至 2008 年这两个阶段,以布雷顿森林体系建立为标志,形成了以美国霸权主导国际经济机构和全球经济秩序的治理格局。主要涉及国际宏观经济政策协调、货币金融、贸易投资、发展援助事务等四大领域。相应的全球经济治理机制分别为世界贸易组织(其前身是关贸总协定)、国际货币基金组织、世界银行等国际组织等。

(三)霸权合作型治理模式

1971 年至 1991 年、2008 年至今这两个阶段。布雷顿森林体系逐步瓦解,伴随日本、欧洲的崛起、美国国内经济危机和全球金融危机爆发,美国自身经济实力相对下降。美国一方面在国际经济层面更多寻求合作治理,另一方面继续不断交替使用单边主义政策和多边主义手段,试图阻遏多极化趋势,维系其霸权治理模式。例如,七国集团(G7)和八国集团(G8),就是一类美国主导的主要全球治理机构,一度在全球政治经济事务中发挥着关键作用。2008 年以来,由新兴经济体参与的二十国集团(G20)机制开始运作,表现出治理方向和治理力量重心的一定转移,在应对全球金融危机中发挥积极作用,形成了发达国家与新兴国家合作治理模式。其间,出现了众多新型洲际区域经济合作组织,一定程度地践行了多边合作治理思路。

三、全球经济治理的现状问题

从全球经济治理现状看,当前全球经济治理面临制度失灵、治理工具失效、治理主体缺位等诸多问题。2019 年 3 月,习近平主席在巴黎出席中法全球治理论坛闭幕式上提出,当前全球经济治理体系面临的"四个赤字",分别为治理赤字、信任赤字、安全赤字与发展赤字①。治理赤字源于国际公共产品的供需失衡。当前国际公共产品供给主体的经济实力此消彼长。近年来,美国提供国际公共产品的意愿明显降低,国际公共产品的供给质量显著下降。信任赤字源于单边主义的兴起。多边贸易体制受到严重冲击,大国间的"竞合关系"开始转向竞争、脱钩甚至局部对立。安全赤字源于"文明冲突"加剧的西方中心主义。其认为西方文明高于其他文明,全球其他文明必须顺应西方文明,或长期演变为西方文明。如果不遵从这一路径,势必发生冲突,甚至诱发战争。西方学者又引申出所谓的"修昔底德陷阱",认为追赶国必然与守成国发生冲突。发展赤字源于贫富鸿沟日益扩大。许多被"边缘化"的发展中国家甚至陷入"贫困化增长陷阱",部分地区恐怖主义、难民潮等全球性挑战此起彼伏。这源于西方国家"利润最大化""效率优先"和"中心—外围"的发展理念。

四、中国方案

中国顺应了全球经济治理发展的三个趋势,即全球经济治理的机制正在从"一中心"向多元化转变、全球经济治理的范围从传统领域向新兴领域拓展、全球经济治理的规制开始从国际向国内延伸,提出了全球经济治理的中国方案(中国模式)。

(一)全球治理观

推进全球经济治理要倡导平等、开放、合作、共享的全球经济治理观。应该以平等为基础,更好反映世界经济格局新现实,增加新兴市场国家和发展中国家代表性和发言权,确保各国在国际经济合作中权利平等、机会平等、规则平等。应该以开放为导向,坚持理念、政策、机制开放,适应形势变化,广纳良言,充分听取社会各界建议和诉求,鼓励各方积极参与和融入,不搞排他性安排,防止治理机制封闭化和规则碎片化。应该以合作为动力,全球性挑战需要全球性应对,合作是必然选择,各国要加强沟通和协调,照顾彼此利益关切,共商规则,共建机制,共迎挑战。应该以共享为目标,提倡所有人参与,所有人受益,不搞一家独大或者赢者通吃,而是寻求利益共享,实现共赢目标。

(二)构建重点

共同构建公正高效的全球金融治理格局,维护世界经济稳定大局;共同构建开放透明的全球贸易和投资治理格局,巩固多边贸易体制,释放全球经贸投资合作潜力;共同构建绿色低碳的全球能源治理格局,推动全球绿色发展合作;共同构建包容联动的全球发展治理格局,以落实联合国 2030 年可持续发展议程为目标,共同增进全人类福祉。

(三)重要举措

构建开放透明的多边贸易和投资治理体系是中国应对逆全球化的重要举措。多边投资协定一直缺位,双边投资协定层出不穷,规则内容相互冲突。当前贸易投资的机制封闭化、规则碎片化,导致全球经济治理困境。习近平总书记在党的二十大报告中明确指出,中国支持多边贸易体制,推动建设开放型世界经济。在具体实践方面,中国通过"诸边谈判"推动"多边谈

---

① 《习近平出席中法全球治理论坛闭幕式并致辞》,《人民日报》第 1 版,2019 年 3 月 27 日。

判"，努力在 G20、上海合作组织、RCEP 和金砖国家等合作平台上呼吁建立全球投资规则。

（四）架构方式

建立多元、公正、高效的全球金融货币体系是完善全球经济治理架构的重要方式。鉴于全球金融治理资源分配严重不均、国际货币基金组织调节国际收支平衡的能力不足、世界银行对发展中国家贷款附加政治条件等问题，习近平主席在不同场合多次提到改革现有的国际金融体系，建立多元化的融资体系。一要推进全球金融治理的"存量改革"，加快国际货币基金组织与世界银行扩容增资与份额改革进程，正确反映新兴经济体与发展中国家的正当权益。二要推进全球金融治理的"增量改革"，完善国际金融治理结构。如亚洲基础设施投资银行的运行模式与现有国际金融机构实现了优势互补，成为高标准国际金融机构构建的成功范例。三要充分利用"一带一路"建设推动人民币国际化，在沿线国家率先实现人民币支付、结算、储备等基本货币功能，提升中国金融资源在全球的配置能力。

（五）重要路径

解决全球公共产品供需矛盾是中国构建新型全球经济治理体系的重要路径。习近平主席多次向世界表态，中国有能力、有意愿向全球提供更多的国际公共产品。在打造人类命运共同体的核心理念指引下，共商共建共享是建立全球经济治理体系新型国际公共品供需关系的基本原则。

中国以企业和市场为主导提供拥挤性较强的公共产品；以政府引领与企业能动相结合的模式提供拥挤性较低的公共产品；以政府为主导提供纯公共产品。基础设施类公共产品属于拥挤性较低的准公共产品，当前的主要问题是供给严重不足，特别是供给主体缺乏能动性。发展中国家对基础设施建设的需求较高，鉴于中国在基础设施建设上的成功经验，基础设施建设应作为中国提供全球性公共产品的"先行军"。

第三节　中国开放型经济的理论发展

中国开放型经济理论源于实践，又指导实践。我们要深入分析和研究中国开放型经济的理论来源、内在逻辑和发展趋势，明确发展方向，解决基本问题。按照客观经济规律的要求，取得开放型经济的更大成就。

一、中国开放型经济的理论逻辑

我们要正确运用马克思主义政治经济学的基本研究范式，分析生产力和生产关系、经济基础与上层建筑的矛盾及其客观规律；分析阶级关系和阶级矛盾，深刻揭示开放型经济发展的必要性和可行性。

（一）开放型经济的含义

广义的开放型经济是与封闭型经济相对立的概念，是一种经济体制模式。在开放型经济中,要素、商品与服务可以较自由地跨国界流动,从而实现最优资源配置和最高经济效率。开放型经济强调把国内市场和整个国际市场联系起来,尽可能充分地参加国际分工,同时在国际分工中发挥出本国资源禀赋的比较优势。一般而言,一国经济发展水平越高,市场化程度越高,越接近开放型经济。在经济全球化的趋势下,发展开放型经济已成为各国的主流选择。

狭义的开放型经济是在中国改革开放实践中提炼形成的专门名称,是西方经济学所没有提及的专门概念。要防止不正确的理解,望文生义,庸俗地将开放型经济与自由贸易或国际贸易等同,并认为是自发形成的,这是错误的。在开放型经济研究领域,如何构建马克思主义中国化时代化的学科体系是应有之义,具有必要性、迫切性、前瞻性,对加快中国的开放型经济发展具有指导意义。

开放型经济经历了从党的工作理念到理论观点、最后成为内涵丰富的经济范畴的发展过程。[①]1993 年 11 月召开的党的十四届三中全会通过的《中共中央关于建立社会主义市场经济体制若干问题的决定》,首次提出"发展开放型经济"。那时,这个概念是若干工作任务的集合体,并非就是理论观点,但是已经有了新理念的萌芽,后来它的内涵不断丰富完善、理性概括层次不断升高。党的十五大报告的提法是:"完善全方位、多层次、宽领域的对外开放格局,发展开放型经济"。党的十七大报告表述为:"完善内外联动、互利共赢、安全高效的开放型经济体系,形成经济全球化条件下参与国际经济合作和竞争新优势。"党的十八大报告有了更完整的表述:"全面提高开放型经济水平。适应经济全球化新形势,必须实行更加积极主动的开放战略,完善互利共赢、多元平衡、安全高效的开放型经济体系。"党的十九大报告表述为,"发展更高层次的开放型经济","加快培育国际经济合作和竞争新优势"。

(二)中国开放型经济中的经济学问题

在国内外两个市场中,国内生产力与国外生产力的同一性多,矛盾性少;但在一定条件下也会转化,也会走向各自的反面。国内生产关系、上层建筑与国外生产关系、上层建筑的矛盾多,同一性少。

中国生产力发展与世界生产力之间的矛盾主要表现为中国外贸发展与世界市场空间的矛盾。中国生产力发展与国内外生产关系的矛盾主要表现为市场准入、资本自由流动、人民币汇率、外汇管理等问题,继而引发中国生产力与全球产业链、价值链、供应链、服务链连接所形成的生产方式、分配方式之间的矛盾。

中国经济基础与世界性上层建筑的矛盾、开放型世界经济体系与旧有的世界上层建筑的矛盾,主要表现为国际经贸规则、多双边组织规则以及全球经济治理及其观念问题。在发展中国开放型经济中,要处理好国内生产力与世界生产力的互动关系;处理好生产力发展与国内外生产关系、国内外上层建筑的关系与矛盾;处理好坚持构建开放型世界经济与全球经济治理及其观念的矛盾。

总之,中国开放型经济的经济学逻辑,不仅要求保护和发展中国的生产力,也要求保护和发展世界的生产力;不仅要求改革和完善中国的生产关系和上层建筑,也要求改革和完善世界经济体系的生产关系和上层建筑。这就大大拓展了马克思主义经济学的研究领域和发

---

① 裴长洪:《中国开放型经济学的马克思主义政治经济学逻辑》,《经济研究》2022 年第 1 期,第 48 页。

展空间,是 21 世纪马克思主义经济学的新发展。

(三) 中国开放型经济中的两个规律

第一,渐进式开放的规律。行业(产品)开放与区域开放、对居民开放与对非居民开放、边境上开放与边境后开放,这三对开放关系有一个从分离到融合的发展趋势,反映了中国开放型生产力如何适应开放型生产关系和上层建筑的规律。这也反映了由商品要素开放向规则、制度、标准和管理开放的渐进式路径,从 1980 年创办的经济特区,到 2001 年加入 WTO,再到 2013 年后的自由贸易试验区、自贸港等就是其实践的历程。

第二,国际竞争力提升的规律。新中国成立 70 多年、特别是改革开放 40 多年,中国渐进式的扩大开放,在国际竞争中逐步形成了要素禀赋优势、开放合作优势、基础设施和产业集聚优势、大规模市场优势、互联网技术与分工创新优势,进而综合竞争合作优势等,体现了国际竞争力提升的发展规律。

二、邓小平开放型经济的理论观点

1978 年 12 月党的十一届三中全会决定中国实行改革开放,"实现了从高度集中的计划经济体制到充满活力的社会主义市场经济体制、从封闭半封闭到全方位开放的历史性转变"。[1]邓小平作为中国改革开放的总设计师,以马克思主义政治家的战略眼光,及时洞察世界大势的走向,形成了"两个市场、两种资源"的理论观点。

(一) 矛盾分析与战略抉择

一是对发生新的世界大战可能性的战略判断。1977 年 12 月 28 日,邓小平在中央军委全体会议上说,国际形势也是好的。我们有可能争取多一点时间不打仗。因为我们有毛泽东同志的关于划分三个世界的战略和外交路线,可以搞好国际的反霸斗争。另一方面,苏联的全球战略部署还没有准备好。美国在东南亚失败后,全球战略目前是防守的,打世界大战也没有准备好。所以可以争取延缓战争的爆发。

二是重新界定当今时代特征与主题。邓小平根据世界形势的重大变化,扬弃了以往定位为"帝国主义与无产阶级革命时代"的认识,以敏锐的洞察力提出了和平与发展是当今时代两大主题的新观点。1985 年 3 月,他明确指出:"现在世界上真正大的问题,带全球性的战略问题,一个是和平问题,一个是经济问题或者说发展问题"。[2]这为中国战略中心转移和对外开放提供了客观依据。

(二) 利用"两个市场、两种资源"

最早提出利用"两个市场、两种资源"的是 1982 年 1 月胡耀邦在中央书记处会议上发表的意见:我国的社会主义现代化建设,要利用两种资源——国内资源和国外资源;要打开两个市场——国内市场和国外市场;要学会两套本领——组织国内建设的本领和发展对外经济关系的本领。到 1993 年 11 月中共十四届三中全会通过的《中共中央关于建立社会主义市

---

① 习近平:《在中国共产党成立 100 周年大会上的讲话》,《人民日报》第 2 版,2021 年 7 月 2 日。
② 《邓小平文选》第 3 卷,人民出版社 1993 年 10 月版,第 105 页。

场经济体制若干问题的决定》把这个观点正式表述为："充分利用国际国内两个市场、两种资源，优化资源配置。"在整个 20 世纪 80 年代期间，邓小平做出的许多论述都在不断深化对这个理论观点的认识。把邓小平的有关论述加以归纳，可以总结出"两个市场、两种资源"这个理论观点的政治经济学逻辑。

第一，开放本身就是世界性问题，是世界人民的利益所在。邓小平敏锐指出，开放是一个世界性的问题，"现在的世界是开放的世界"，"经济上的开放，不只是发展中国家的问题，恐怕也是发达国家的问题"；只有各国都开放，世界市场才能扩大，否则"西方面临的市场问题、经济问题，也难以解决"。

第二，坚持开放与独立自主、自力更生相统一。在明确强调扩大开放的同时，邓小平也反复强调中国坚持独立自主、自力更生的立场不变。1982 年邓小平就告诫全党："中国的事情要按照中国的情况来办，要依靠中国人自己的力量来办。独立自主，自力更生，无论过去、现在和将来，都是我们的立足点。"①

第三，"两个市场"是社会主义经济与世界经济体系的对立统一。"两个市场"的理论含义，按照不同主权国家利益和经济制度划分的市场，就是中国国内市场与资本主义统一的国外市场，具有非对立、互影响、互渗透的特点，而不是按照政治制度和意识形态特征来划分的市场。这就从理论上否定了苏联时期斯大林提出的"两个平行的世界市场"的理论，提出了马克思主义中国化的理论，即社会主义国内市场与统一的资本主义国外市场的理论观点。②

三、习近平开放型经济的主要论断

习近平总书记在二十大报告中指出："中国坚持对外开放的基本国策，坚定奉行互利共赢的开放战略，不断以中国新发展为世界提供新机遇，推动建设开放型世界经济，更好惠及各国人民。"③习近平的重要论述是对中国特色社会主义政治经济学的最新发展。

（一）"世界百年未有之大变局"的科学判断

这是习近平总书记对一百年来生产力与生产关系，经济基础与上层建筑在国际范围的矛盾运动，一百年来中国人民、世界人民与国际垄断资本的阶级矛盾运动得出的科学判断。④主要表现为以下三对矛盾。

第一，中国经济崛起与世界各国的利益矛盾。它反映了中国生产力快速发展与世界经济（世界生产力）相互依存又相互矛盾的关系。中国经济的崛起，改变了世界历史发展的进程，改变了中国人民的命运，也改变国际经济政治格局和未来走向。在现象上表现为中国与某些大国或发展中国家在市场、资源问题上的矛盾日益增多，成为百年未遇的希望与挑战。

第二，文明单一与文明多样的矛盾。它反映了中国开放型经济基础与世界旧有的意识形态的矛盾。现代化文明和发展道路从单一美国模式，改变为包括中国道路在内的多种文明模式。美国梦不再是发展中国家追求现代化的唯一途径，中国的发展道路愈来愈引起世

①　《邓小平文选》第 3 卷，人民出版社 1993 年 10 月版，第 3 页。
②　裴长洪：《中国开放型经济学的马克思主义政治经济学逻辑》，《经济研究》2022 年第 1 期，第 47 页。
③　习近平：《高举中国特色社会主义伟大旗帜　为全面建设社会主义现代化国家而团结奋斗》，人民出版社 2022 年 10 月版，第 61 页。
④　裴长洪：《中国开放型经济学的马克思主义政治经济学逻辑》，《经济研究》2022 年第 1 期，第 50 页。

界的关注,特别是引起正在追求经济现代化的许多发展中国家的强烈兴趣。

第三,新一代科技优势的竞争矛盾。它反映了中国科技发展要求世界合作开放与国际垄断资本控制技术的矛盾,是中国生产力与旧的世界生产关系矛盾的新形式。在前三次科技革命和产业革命中,因中国处于学习、模仿和追赶的状态,力量较小,与西方发达国家矛盾相对较少。现在,中国的科技力量日益壮大,在愈来愈多的领域参与世界竞争,特别是在高铁技术、5G通信技术、数字技术、人工智能技术等方面,走在了世界科技力量的第一方阵,与西方大国展开了激烈的竞争与角逐,出现了百年未有之奇观,同时也成为国际垄断资本打压的对象。

(二)构建高水平开放型经济的新体制

构建开放型经济新体制,目的是进一步破除体制机制障碍,使对内对外开放相互促进,引进来和走出去更好结合,构建互利共赢、多元平衡、安全高效的开放型经济体系。要建立市场配置资源新机制,促进国际国内要素有序自由流动、资源高效配置、市场深度融合,加快推进与开放型经济相关的体制机制改革,建立公平开放、竞争有序的现代市场体系。形成经济运行管理新模式,按照国际化、法治化的要求,营造良好法治环境,依法管理开放,建立与国际高标准投资和贸易规则相适应的管理方式,完善参与国际宏观经济政策协调的机制。坚持自主开放与对等开放,拓展开放型经济发展新空间,推动东西双向开放,促进基础设施互联互通,扩大沿边开发开放,形成全方位开放新格局。巩固和拓展传统优势,加快培育竞争新优势,不断增强创新能力,全面提升在全球价值链中的地位,促进产业转型升级。越是开放越要重视安全,着力增强自身竞争能力、开放监管能力、风险防控能力。

(三)人类命运共同体与开放型世界经济

2017年1月,习近平在联合国日内瓦总部发表了题为《共同构建人类命运共同体》的主旨演讲,全面系统阐述了人类命运共同体理念,其核心内涵就是建设持久和平、普遍安全、共同繁荣、开放包容、清洁美丽的世界。

从当代世界范围的阶级关系和社会矛盾来看,构建人类命运共同体是当代世界各国现实行动的需要,也是世界和平与发展的需要。习近平总书记指出:"我们积极推动建设开放型世界经济、构建人类命运共同体,促进全球治理体系变革,旗帜鲜明反对霸权主义和强权政治,为世界和平与发展不断贡献中国智慧、中国方案、中国力量。"[①]对于怎样实现人类命运共同体的追求目标,习近平总书记明确提出了四个坚持:坚持各国相互尊重、平等相待,坚持合作共赢、共同发展,坚持实现共同、综合、合作、可持续的安全,坚持不同文明兼容并蓄、交流互鉴。这是中国共产党处理当今世界性基本矛盾、处理世界性生产力与生产关系矛盾、经济与政治矛盾的基本方法论和指导原则,是马克思主义政治经济学在新时代的具体运用。

(四)共建"一带一路"的理论贡献

2013年秋,习近平总书记提出了共建丝绸之路经济带和21世纪海上丝绸之路的重大倡

---

① 习近平:《在庆祝改革开放40周年大会上的讲话》,《人民日报》2018年12月19日。

议,指出"一带一路"是经济合作倡议,不是搞地缘政治联盟或军事同盟;是开放包容进程,不是中国俱乐部的小圈子;不以意识形态划界,不搞零和游戏。秉持的是共商共建共享原则,共建的关键是互联互通。共建"一带一路"倡议及其核心理念已写入联合国、G20、APEC 等国际组织的重要文件,成为广受世界欢迎的国际公共产品。

"一带一路"倡议源于中国,机会和成果属于世界。不同于欧美国家主导的高标准贸易协定,其实操性、适应性极强,吸引各国主动参与对接,以基建先行为原则与沿线国家和地区开展项目合作,尊重各国发展差异,不采取一国独大的规则体系,倡导多方共同参与协商、利益共享的新型国际关系。"一带一路"建设"不是另起炉灶、推倒重来",而是协调衔接沿线各国的发展战略,实现自由贸易区、次区域合作、经济走廊、产业园区等多种元素共存,增强了市场的稳定性和逻辑性,是真正意义上的资源共享和共同繁荣。

第四节　中国开放型经济的实践创新

习近平总书记指出:"加入世界贸易组织以来,中国不断扩大开放,激活了中国发展的澎湃春潮,也激活了世界经济的一池春水"。①中国对外拥抱经济全球化,积极融入全球价值链产业链供应链,与贸易伙伴互利共赢,为世界经济发展注入强大动力。

一、贸易投资发展

促进国内国际双循环的中国,更加注重统筹利用国内国际两个市场、两种资源。主要表现为从更多注重出口和引进外资,到进出口协同和双向投资并重的转变。

外需扩张是新兴国家经济追赶的重要途径。中国加入 WTO 初期的基本策略,是通过低成本优势参与国际大循环进而形成出口导向经济模式。得益于当时全球贸易进入中高速增长带来的巨大外部需求,中国外贸规模迅速扩大。随着国内外环境的变化,这种过度依赖外需的粗放型发展模式越来越难以为继,扩大内需成为转变经济发展方式的必经之路。

在投资方面,从最初的"引进来"为主逐渐演变为"引进来"与"走出去"协调发展。中国顺应贸易与投资一体化的世界经济发展趋势,伴随贸易快速发展,FDI 也进入高速增长,成为利用外资的主要渠道。国家统计局数据显示,20 多年来,中国实际利用外资年均增长 6.1%,累计实际使用外资近 2 万亿美元,已成为全球吸引外资的第一大国。对外投资方面,2014年,中国对外投资额超过利用外资额,成为资本净输出国。2020 年中国对外直接投资流量为1 537.1 亿美元,流量规模首次居全球第一,存量高达 2.58 万亿美元。开展跨国并购重组是中国企业"走出去"的重要方式。在更大范围整合和利用全球资源、全球市场,促进国内产业结构的优化升级,提升了开放型经济发展的综合优势。

在贸易方面,进出口趋于平衡,"世界市场"与"世界工厂"互促共进。总体看,中国的进口是以生产型为主,约 70%的进口产品是用于中间投入。中国已是全球第二大消费市场,汽车等许多单项领域的消费市场居全球第一,特别是网络零售市场规模全球最大。近年来,国

---

① 《习近平在第四届中国国际进口博览会开幕式上发表主旨演讲》,《人民日报》2021 年 11 月 5 日。

际进口博览会、中国国际消费品博览会等会展已成为广受欢迎的国际公共产品,数字化的广交会更是成为全球产业链供应链的稳定之锚,形成了中国消费赋能全球经济的格局,发展了开放型世界经济。

二、开放模式转变

中国从顺应国际经贸规则转向积极引领全球经济治理,主要表现为从商品和要素流动型开放,逐渐转向更加注重制度型开放,体现了中国渐进式的开放思路。

中国通过扩大开放倒逼经济体制改革,营商环境极大优化,将深度融入世界经济体系带来的压力转化为对内深化改革的动力。贸易壁垒大幅降低,取消进口配额、许可证和特定招标等。在服务贸易方面,100 多项分部门的准入限制被放宽。2019 年《中华人民共和国外商投资法》通过实施,则是一个重要突破。以自贸试验区为重要载体推进高水平制度型开放,取得了众多制度创新成果及可复制、可推广经验。前五批自贸试验区以不到全国千分之四的国土面积实现了全国 14.7% 的外贸规模,是中国开放型经济的高地。由此,中国主动推进贸易便利化、投资自由化、服务贸易、电子商务等议题先行改革,取得实质成效。世界银行《2020 年营商环境报告》显示,中国营商环境排名第 31 位,比上年提升 15 个位次,跨境贸易便利化程度排名第 56 位。此外,"入世"后人民币国际化稳步推进,人民币国际地位的提升让中国经济与世界经济的联系更加紧密了。

中国作为新兴经济体的代表,发挥着多边贸易体制主渠道作用,将自主开放、扩大双边和区域合作进行有机结合。一方面,坚定地支持与维护以 WTO 为基础的多边贸易体制,积极参与世界组织改革;另一方面,加大布局区域贸易协定。中国积极推动金砖国家新开发银行、亚洲基础设施投资银行,以及中国—东盟银行联合体和上合组织银行联合体等,区域合作组织和多边开发机构建立,推动了区域金融和经济一体化进程。中国正逐步从被动接受国际经贸制度,转向积极引领国际经贸制度。

三、注重创新驱动

中国在产业链低端和高端分别受到发展中国家和发达国家的"两端挤压",必须通过创新驱动实现开放型经济的可持续发展。主要表现为从发挥廉价劳动力比较优势,转向更加注重创新驱动发展。服务贸易、数字贸易、跨境电商的蓬勃兴起,是中国贸易创新发展、寻求突围的重要方式。

深化服务贸易国际合作,是服务生产要素市场化配置和服务产品全球流动的必然要求。中国服务进出口规模持续扩大,占世界比重呈上升趋势,连续七年成为全球第二服务贸易大国。商务部统计数据显示,2015—2019 年知识密集型服务进出口年均增长 11%,高于传统服务进出口 9.6 个百分点,对服务进出口贡献率达 70.9%。

数字贸易代表了国际服务贸易发展的新方向,使不可贸易的服务成为可以贸易,改变传统的贸易方式、有效扩大贸易规模,成为国际贸易新的发展动力。《中国数字贸易发展报告2020》显示,中国数字贸易占服务贸易的比重正逐年上升,2020 年相较 2015 年增长了 47.4%,占服务贸易的比重从 30.6% 增长到 44.5%。跨境电商规模 5 年增长近 10 倍,跨境电商的进出口增速远高于同期总体贸易增速。2020 年疫情导致全球产业链、供应链"断链",跨境电商凭借其交易链短、线上非接触等优势,对外贸企业应对疫情冲击起到了积极作用。

四、布局结构改善

随着开放型经济的深入发展,中国开放区域布局与结构不断改善。

加入 WTO 后,中国对外贸易伙伴更趋多元化,对外经济抗风险能力明显增强,对外开放的范围极大拓宽。2020 年中国贸易伙伴已增加至 230 多个国家和地区,并成为 120 多个国家和地区的最大贸易伙伴。对外新兴市场深度开拓,国际市场布局持续优化。东盟已成为中国最大的贸易伙伴。新兴经济体的贸易流量逐渐增大,全球近 1/3 的商品贸易市场,以及近 1/4 的服务贸易市场来自发展中国家和地区。"一带一路"倡议提出以来,中国与"一带一路"沿线国家货物贸易额显著增加,贸易年均增长率高于同期中国对外贸易增速。据商务部统计,2020 年中国与"一带一路"沿线国家贸易额达 1.35 万亿美元。

对内从沿海地区开放为主向沿海内陆协同、整体开放转变。贸易基础设施持续完善,中西部地区承接加工贸易梯度转移成效显著,国内区域布局更加合理。作为改革开放的前沿,东部沿海地区凭借地理区位和政策优势等承接国际产业转移,先期成为中国开放型经济主要阵地。为促进区域协调可持续发展,中西部地区是中国平衡发展、可持续发展的关键。过往,大量劳动力由中西部地区向东部沿海地区转移。近年来,出现了东部劳动密集型产业和农民工就业向中西部地区转移的趋势,促进了开放格局的协调均衡。

2013 年起,共建"一带一路"后,边境贸易迅速发展,陆海新通道、自由贸易试验区、保税区等加速布局,中西部逐渐从开放"末梢"走向开放"前沿"。逐渐形成陆海内外联动、东西双向互济的全方位对外开放新格局。尤其是中欧班列已建设成为贯穿欧亚大陆的国际贸易大通道。截至 2021 年 10 月底,中欧班列已铺画 73 条运行线路,通达欧洲 23 个国家的 175 个城市,累计开行超 4.6 万列。进而,加速优化了国内区域开放的空间布局。2001—2020 年,中西部进出口贸易总额占全国比重提升 11 个百分点。

复习思考题

1. 如何理解经济全球化的内涵和动因?
2. 如何理解全球经济治理的成因和模式?
3. 中国开放型经济有哪些理论创新?
4. 中国开放型经济有哪些实践创新?

第二十一章　中国对外经济开放

习近平总书记在党的二十大报告指出："推进高水平对外开放。依托我国超大规模市场优势,以国内大循环吸引全球资源要素,增强国内国际两个市场两种资源联动效应,提升贸易投资合作质量和水平。"[①]对外开放是我国经济发展的重要驱动力和基本国策。我国经济对外开放经历了逐步扩大和深化的过程。目前,我国正在构建制度型对外开放,积极参与全球经济治理,全面提升对外开放的质量和水平。

第一节　对外开放是我国经济融入世界的必然选择

一个国家的经济只有融入世界经济体系之中,参与国际经济分工与协作,才能实现有效率生产与可持续增长。我国经济融入世界经济体系可以从三个维度考察。从广度来说,是一个从点到面、从局部到全局逐步扩大的对外开放过程。从深度来说,是一个从被动开放到主动开放、单向开放到双向开放,由浅到深,逐步加深融入的过程。从速度来说,是一个从大胆设想到谨慎试点,到全面推开,再到全方位快速推进的过程。社会主义经济本质上是开放型经济,中国经济融入世界经济体系具有客观的必然性。

一、对外开放是顺应经济全球化趋势的必然要求

社会主义中国实行对外开放是顺应经济全球化趋势的必然要求。经济全球化是生产社会化发展的结果。生产社会化的根本特点是分工和交换的扩大,迅速从一国的范围扩展到国际范围。资本的国际化是从资本主义时期社会化大生产的扩展开始形成的。正如马克思,恩格斯在《共产党宣言》中所说:"资产阶级,由于开拓了世界市场,使一切国家的生产和消费都成为世界性的了。"[②]所以,从某个角度来看,资本主义经济是开放型经济,是基于各国市场与资源相互联系与依赖的国际型经济。

社会主义国家的经济也是建立在社会化大生产基础上的,不仅不会割断其已形成的世

---

① 习近平:《高举中国特色社会主义伟大旗帜　为全面建设社会主义现代化国家而团结奋斗》,人民出版社 2022 年 10 月版,第 32 页。

② 《马克思恩格斯选集》第 1 卷,人民出版社 2012 年 9 月版,第 404 页。

界各国间的经济联系,而是会在新的条件下进一步扩大这种联系。正如列宁所说:"人类的整个经济、政治和精神生活,在资本主义制度下已经越来越国际化了。社会主义会把它完全国际化。"①这是因为社会主义消除了国与国之间掠夺与被掠夺的关系,建立了平等合作、互利共赢的新型关系,使国际经济分工协作大大发展,国际化程度显著提高。

以信息技术和互联网发展为核心的第三次科技革命,有力地推动了经济国际化进程,出现了全球经济深度融合的大趋势。随着国际贸易、国际金融、国际投资、国际技术交流向广度和深度拓展,国际分工进一步深化,互助合作更加广泛,资源、资金、技术和人才在国与国之间流动更加频繁。为适应这种深度融合的大趋势,中国必须更加注重对外开放,积极参与全球经济治理,引导对外开放向纵深发展。

二、对外开放是社会主义市场经济的内在要求

对外开放符合扩大市场、深化分工、发挥优势、推动经济发展的规律。市场经济本质上是开放型与交换型经济。各个地区与国家互通有无,基于比较优势与要素禀赋,开展经济生产分工与协作,提高经济生产效率,可以促进经济可持续增长。从本质来看,社会主义国家超越本国的地域范围同不同国家开展合作,运用市场交换机制,利用国外市场扩大商品销售,再利用所获得的收入获得国外的资源,可以有力地促进我国经济效率提高。这也是社会主义市场经济发展的内在要求。

社会主义市场经济不仅要求国内各地区开放,形成国内统一市场,而且要求突破国家和民族的限制,扩展到全世界,形成各国开放的世界市场。同时,市场经济作为社会资源配置方式,不仅要求国内资源自由流动和合理配置,提高国内资源的利用效率,而且要求社会资源在国际范围内流动,优化配置。国际贸易、国际投资、国际信息、技术合作的双向流动与合作共赢,有利于提高资源配置效率,促进本国经济和世界经济发展。因此,社会主义市场经济体制必然是对内对外充分开放的经济体制。

三、对外开放是实现社会主义现代化的必由之路

正如邓小平指出的:"总结历史经验,中国长期处于停滞和落后状态的一个重要原因是闭关自守。经验证明,关起门来搞建设是不能成功的,中国的发展离不开世界……对内经济搞活,对外经济开放,这不是短期的政策,是个长期的政策,最少五十年到七十年不会变。"②开放发展是习近平同志提出的五大理念之一,也是社会主义市场经济的内涵之一。实行对外开放,积极参与经济全球化,是发展生产力,实现社会主义现代化的必由之路。

中国的社会主义建设应当立足于自力更生,依靠本国人民的辛勤劳动,充分利用本国资源来发展经济。在经济全球化的趋势下,我们必须在自力更生的基础上,积极发展对外经济关系,利用国际上一切积极因素发展自己,必须充分利用国际上的先进技术、充足的资源、资金和人才,才能节省时间,实现快速发展。对外经济开放是实行跨越式发展的捷径和必由之路。

开放发展是认识发展规律的科学理念。通过扩大开放,中国顺利实现了从贫穷落后大

---

① 《列宁全集》第19卷,人民出版社1959年2月版,第239页。
② 《邓小平文选》第3卷,人民出版社1993年10月版,第78—79页。

国到世界第二大经济体、第一大货物贸易国的飞跃。

第二节 我国经济对外开放的历程

党的十一届三中全会之后,对外开放是我国 40 多年来坚持的基本国策。在对外开放基本国策下,社会主义经济才有如此巨大的发展机遇和广阔的市场空间,我国的社会主义建设才能取得举世瞩目的成就,社会主义经济制度才会展现出旺盛的生命力与竞争力。

一、对外开放基本国策的确立

党的十一届三中全会以后,以邓小平为代表的中国共产党第二代领导集体,对经济对外开放进行了积极的探索。党的十一届三中全会提出,在自力更生的基础上积极发展同世界各国平等互利的经济合作,努力采用世界先进技术和先进设备。我们的开放是在独立自主与自立更生基础之上的开放,开放的目的是吸引外来资金与技术,学习外国的先进管理经验。邓小平提出,自己不懂就要向懂行的人学习,向外国先进管理方法学习。党的十一届三中全会之后,坚持对外开放成为“一个中心,两个基本点”的重要内容,对外开放成为一项基本国策。我国需要大力发展和不断加强对外经济技术交流,积极参与国际交换和国际竞争,促进经济的变革,使我国经济结构由封闭型转变为开放型,促进国民经济健康快速发展。

自此,对外开放成为指导我国经济与社会发展的战略方针与基本国策。1982 年,党的“十二大”把对外开放作为我国坚定不移的战略方针,提出:我们要促进国内产品进入国际市场,大力扩展对外贸易。要尽可能地多利用一些可以利用的外国资金进行建设,要积极引进一些适合我国情况的先进技术,特别是有助于企业技术改造的先进技术,努力加以消化和发展,以促进我国的生产建设事业。1984 年 10 月,邓小平再次明确指出,关起门来搞建设是不能成功的,中国的发展离不开世界。邓小平指出,总结历史经验,中国长期处于停滞和落后状态的一个重要原因是闭关自守。经验证明,关起门搞建设是不能成功的,中国的发展离不开世界。

1987 年党的“十三大”进一步把改革开放作为党在社会主义初级阶段基本路线的重要内容,提出必须坚持对外开放。当代国际经济关系越来越密切,任何国家都不可能在封闭状态下求得发展。在落后基础上建设社会主义,尤其要发展对外经济技术交流和合作,努力吸收世界文明成果,逐步缩小同发达国家的差距,闭关自守只能越来越落后。

在 1992 年党的“十四大”报告中,强调实行对外开放是改革和建设必不可少的,应当吸收和利用世界各国包括资本主义发达国家,所创造的一切先进文明成果来发展社会主义,并把实行对外开放作为建设有中国特色社会主义理论的主要内容之一。江泽民指出,从党的十一届三中全会到 1992 年的十四年期间,新时期最鲜明的特点是改革开放。兴办深圳、珠海、汕头、厦门四个经济特区是对外开放的重大步骤,是利用国外资金、技术、管理经验来发展社会主义经济的崭新试验,取得了很大成就。必须把改革开放同四项基本原则统一起来。

1997 年党的“十五大”明确:“对外开放是一项长期的基本国策。面对经济、科技全球化趋势,我们要以更加积极的姿态走向世界,完善全方位、多层次、宽领域的对外开放格局,发展开放型经济,增强国际竞争力,促进经济结构优化和国民经济素质提高。以提高效益为中心,努力扩大商品和服务的对外贸易,优化进出口结构。"①党的"十五大"报告首次提出必须注意经济安全问题,服务业开放问题以及外资的国民待遇问题,这也说明我们党对开放问题认识提升到一个新的水平。

进入21世纪以后,我国对外经济开放迈上新台阶。2000年8月25日第九届全国人民代表大会常务委员会第十七次会议通过了《关于我国加入世界贸易组织的决定》。2001年11月10日,世界贸易组织(WTO)第四届部长级会议审议通过了中国加入世界贸易组织的申请。2001年12月11日,中国正式成为世界贸易组织成员,加入世界贸易组织标志着中国对外开放进入了新的阶段。

二、我国对外开放新格局的形成

我国的对外开放经过40多年的实践,不断总结经验和完善政策,形成了由南到北、由东到西,以"经济特区——沿海开放城市——沿海经济开放区——沿江和内陆开放城市——沿边开放城市"为框架的宽领域、多层次、有重点、点线面结合的对外开放新格局。目前,我国的对外开放城市已遍布全国所有省区。2001年我国加入世界贸易组织标志着我国多层次、多渠道、全方位对外开放新格局正式形成。

(一)创办经济特区

在我国改革开放初始阶段,我国通过渐进和试验的方式,不断扩大和加深对外开放。首先是使经济特区成为我国与世界直接联系的桥梁。1979年7月,党中央、国务院根据广东、福建两省靠近港澳与侨胞众多的优势,决定对两省的对外经济活动实行特殊政策,以便利用外资,发展地方经济。1980年5月,中央确定在深圳市、珠海市、汕头市、厦门市试办经济特区。四个特区经过一段时间运行,地方经济快速增长,取得较为明显的效果。为此,在经济特区成功的基础之上,1983年4月,党中央、国务院批转了《加快海南岛开发建设问题讨论纪要》,决定对海南岛也实行经济特区的优惠政策。1988年4月的全国七届人大一次会议,正式通过了建立海南省和海南经济特区两项决定,海南岛成为我国最大的经济特区。经济特区一方面将国外先进的技术、知识和管理经验,引进来加以消化吸收并传播给内地;另一方面又将国内的商品和我国的政策介绍给国外,让世界了解中国。

(二)开放沿海港口城市

在深圳、厦门、汕头和珠海经济特区成功的基础之上,我国总结经验,决定扩大开放城市与区域。1984年5月,党中央、国务院批转了《沿海部分城市座谈会纪要》,决定全部开放中国沿海港口城市包括:大连、秦皇岛、天津、烟台、青岛、连云港、南通、上海、宁波、温州、福州、广州、湛江和北海,共14个大中港口城市。1990年4月,在邓小平提议下,党中央、国务院正式做出开发开放浦东的重大决策,充分利用上海的地理优势,把上海建设成为国际金融、贸易、经济中心。浦东开发开放,使得上海成为拉动长江三角洲经济增长的引擎,对于促进上海这座我国最大的工业城市发展起到重要作用。

---

① 《中国共产党第十五次全国代表大会文件汇编》,人民出版社1997年9月版,第29页。

（三）建立沿海经济开放区

1985 年 2 月,党中央、国务院将长江三角洲、珠江三角洲和闽南三角区划为沿海经济开放区,这些经济重镇的发展对于我国对内搞活经济、对外实行开放具有重要战略意义。1988 年初,中央又决定将辽东半岛和山东半岛全部对外开放,同已经开放的大连、秦皇岛、天津、烟台、青岛等连成一片,形成环渤海开放区。这样,我国经济对外开放开始由城市走向区域,也使得先期开放的城市有经济腹地的支撑。在 20 世纪 90 年代以后,我国对外开放的步伐逐步由沿海向沿江、内陆和沿边城市延伸,初步形成了沿海开放格局。

（四）开放沿江及内陆沿边城市

1992 年春天,我国的对外开放从沿海到内陆全面铺开。1992 年 6 月,党中央、国务院决定开放长江沿岸的芜湖、九江、岳阳、武汉和重庆 5 个城市。沿江开放对于带动整个长江流域地区经济的迅速发展,对于我国全方位对外开放新格局的形成起了巨大推动作用。不久,党中央、国务院又批准了合肥、南昌、长沙、成都、郑州、太原、西安、兰州、银川、西宁、乌鲁木齐、贵阳、昆明、南宁、哈尔滨、长春、呼和浩特共 17 个省会为内陆开放城市。同时,我国还逐步开放内陆边境的沿边城市,从东北、西北到西南地区,有黑河、绥芬河、珲春、满洲里、二连浩特、伊宁、博乐、塔城、普兰、樟木、瑞丽、畹町、河口、凭祥、东兴等。沿江及内陆和沿边城市的开放,是我国对外开放迈出的第四步。

（五）对外经济开放进入全方位阶段

2001 年 11 月 10 日,世界贸易组织(WTO)第四届部长级会议审议通过了中国加入世界贸易组织的申请。2001 年 12 月 11 日,中国正式成为世界贸易组织成员。加入世界贸易组织标志着中国对外开放进入了新的阶段,中国在更大范围和更深程度上参与国际经济分工与合作。在加入世贸组织的条件下,中国进一步融入了经济全球化的环境,国内市场的竞争与国际市场的竞争更加紧密地结合在一起,在更大范围、更广领域和更高层次上参与国际经济技术合作和竞争。中国的进出口贸易额开始长足增长,直至今天的世界第一贸易大国。

三、我国经济对外开放的发展阶段

改革开放以来我国对外开放已经历了从点到面、从东到西、从局部到全面、从浅到深和逐步深化的阶段:

（1）第一阶段(1978—1991 年)。这个阶段是我国改革开放的初始阶段,珠江三角洲是我国经济对外开放的前沿基地,也是带动我国经济参与国际经济循环的主要区域。珠江三角洲通过接受来自我国香港地区、台湾地区、韩国和日本的产业转移,利用劳动力成本低的优势,发展劳动密集型产业。在这个时期,我国的进口主要是机电产品,出口主要是原材料以及加工度较低的产品,原材料是煤、油和木材等,加工的主要是"三来一补"的产品。

（2）第二阶段(1992—2000 年)。这个阶段是党的十四大确立中国特色社会主义市场经济体制,以及党中央与国务院号召开发开放浦东为标志。长江三角洲开始引领我国经济增长和对外开放。这个阶段我国出口产品开始从纺织、服装、箱包、鞋帽为主,随着传统的劳动密集型向资本和技术密集型升级,机电类的中间产品出口数量不断增加。

（3）第三个阶段（2001—2007 年）。以我国加入了世界贸易组织为这个阶段的开端，我国经济运行的许多制度与政策加快与国际规则接轨。中国进出口贸易进入快速增长时期，经济运行的出口导向型色彩趋于明显。

（4）第四个阶段（2008 年至今）。这是中国从受世界影响转变为影响世界的阶段。中国开始转变为经济大国，对世界经济产生重要影响，包括贸易和金融等。全球金融危机之中，中国经济一枝独秀，对世界经济走出金融危机起到重要作用。我国开始加大对全球经济治理的参与程度，加大从规则与制度上对世界经济秩序的影响力。作为一个经济大国来说，中国正不断加大对外开放，不断加大参与全球经济治理的力度，推动经济全球化进程，加快推进开放型经济的发展。

第三节　我国经济对外开放的成就与问题

改革开放 40 多年来，我国经济对外开放取得了巨大成就，我国跃升为世界第一贸易大国，服务业和机电产品在出口比重不断上升；我国成为外商直接投资的主要目的地，每年吸引到的外资达一千亿美元左右。与此同时，我国经济对外开放存在的问题值得我们关注，如我国的外贸依存度过高、经济增长的不确定性较大，以及外贸结构不合理等问题。

一、我国对外经济开放的成就

多年来，我国对外开放的成就较为显著，对外贸易成为我国经济增长的引擎，吸引外资规模扩大，对外投资发展迅速，推进了我国产业结构转型升级，也促进了我国社会发展。

（一）对外贸易成为我国经济增长的重要引擎

自 1978 年实行改革开放以来，我国对外贸易取得了重大成就。对外贸易愈来愈成为我国经济增长的重要引擎，成为解决地方就业的重要途径与增加国家税收的重要来源。1978 年，中国货物进出口总额仅 355 亿元，2021 年，中国货物进出口总额已高达 39.10 万亿元。其中，出口 21.73 万亿元；进口 17.37 万亿元。货物进出口顺差 4.37 万亿元，比上年增加 7 344 亿元。对"一带一路"沿线国家进出口总额 11.60 万亿元，比上年增长 23.6%。其中，出口 6.59 万亿元，增长 21.5%；进口 5.01 万亿元，增长 26.4%。2021 年受疫情趋缓，中国服务进出口总额 5.30 万亿元，比上年增长 16.1%。其中，服务出口 2.54 万亿元，增长 31.4%，服务进口 2.75 万亿元，增长 4.8%。服务进出口逆差 0.21 万亿元。[①]

从全球范围看，我国外贸增速明显高于全球的平均增速。2021 年中国货物进出口总额同比增长 21.4%，外贸对我国经济增长贡献突出。在最近国内经济下行压力加大情况下，外贸对经济增长起到了重要的支撑作用。对外贸易已经成为我国经济增长的重要引擎，对我国产业技术水平提高起到积极作用。如果与 2000 年比较，我国进出口已经有了较大的提高。机电产品、高技术产品出口都有大幅度增加。[②]我国商品结构继续优化。装备制造业成为我

---

①② 数据摘自《中华人民共和国 2021 年国民经济和社会发展统计公报》。

国出口的重要增长点,铁路机车、通信设备出口增速均超过 10%,生物技术、航空航天技术、计算机集成制造技术等高新技术产品进口增速均在 15% 以上。

目前,我国的贸易伙伴更趋多元,外贸开拓新兴市场也取得新成效。在我国进出口的区域分布之中,中西部地区对外贸增量贡献首次过半。2014 年我国中西部地区合计对进出口增量贡献 60.3%,首次超过东部地区。2020 年我国中西部地区出口占比达到 19.4%,较 2015 年提高 2.9%。出口产品向价值链上游攀升,机电产品出口占比达到 59.5%。同时,民营企业外贸出口成为稳增长的主力军,贸易新业态模式加快发展,跨境电商综合试验区增加 105 个,区内企业建设 1 800 多个海外仓。①我国民营企业与西部地区企业正是抓住了经济全球化深入推进的历史性机遇,优化区域开放布局,深入实施黄河流域生态保护,加快建设西部陆海新通道,提高中西部和东北地区开放水平。充分利用全球资源要素,充分利用全球大市场,促进中国经济社会快速发展。

我国对外贸易对于促进就业与提高税收具有积极作用。目前,我国出口加工类企业较多,成为国家与地方税收的重要来源,也成为解决就业问题的重要途径。据不完全估计,"十三五"时期外贸带动就业约 1.8 亿人,关税、进口环节增值税、消费税累计超过 8.9 万亿元。②2021 年关税和进口环节税占全国税收的比重超过 10%。③

(二) 吸引外资规模扩大,对外投资发展迅速

我国对外开放 40 多年来,在吸引外资方面也是成绩斐然,利用外资规模不断扩大,水平逐步提高。进入新世纪,中国吸引外资更是保持高水平状况,有力地促进国民经济持续健康发展。外资流入量首次超过美国成为全球第一,并连续多年居全球发展中国家首位。这充分证明中国是全球对外国直接投资最具吸引力的经济体,中国与世界共舞,世界与中国互动,共同推动世界经济的发展。2021 年全年外商直接投资(不含银行、证券、保险领域)新设立企业 47 643 家,实际使用外商直接投资金额 11 494 亿元,折 1 735 亿美元,其中"一带一路"沿线国家对华直接投资(含部分自由港对华投资)新设立企业 5 336 家,对华直接投资金额 743 亿元,折 112 亿美元,全年高技术产业实际使用外资 3 469 亿元,折 522 亿美元。④

另一方面,我国对外投资不断增长,并在 2014 年与外商对我国投资在数据上取得平衡。2021 年我国全年对外非金融类直接投资额 7 332 亿元,折 1 136 亿美元,其中,对"一带一路"沿线国家非金融类直接投资额 203 亿美元。⑤同时,我国企业海外并购取得突破。我国大型对外投资并购项目呈现多元趋势。能源矿产继续成为投资热点,此外还有汽车、电子信息以及农业都正在成为对外直接投资的重点。我国对外直接投资产业结构继续优化。对外直接投资产业门类广泛,涉及采矿业、批发和零售业、建筑业、制造业、房地产业、交通运输、仓储和邮政业等 15 大类。这充分说明我国已能有效地利用国外市场与资源,反映了对外开放的水平正在不断提高,"引进来"与"走出去"正在同步进行。

---

① 数据来源:《建设更高水平开放型经济新体制》,国家发展和改革委员会规划司。
② 数据来源:中共中央宣传部举行"打通内外贸,构建双循环"有关情况发布会图文实录(scio.gov.cn)。
③ 数据来源:根据《2015—2022 年中国统计年鉴》和《中华人民共和国 2021 年国民经济和社会发展统计公报》估算。
④⑤　数据摘自《中华人民共和国 2021 年国民经济和社会发展统计公报》。

（三）对外开放促进我国产业结构升级

我国通过对外开放,产业结构不断升级,从劳动密集型产业到具有较多自主知识产权的战略装备产业,都与对外开放具有紧密关系。通过"引进"外国的资金、技术与管理经验,不断提高企业自身素质,规范经营管理。通过"走出去"战略,企业在国际市场上得到锻炼与提高。通过对外开放,我国产业结构正在不断升级,第三产业已经成为国民经济的主要产业。如我国金融业在机构设立、市场业务准入、战略投资者引进、客户和地域范围拓宽等方面实施了多层次、宽领域的开放措施。通过对外开放,国内银行提高服务质量与能力,明显改善了公司治理、风险管理和服务意识等,实力不断增强。

（四）对外开放推进我国社会治理及相关领域发展

对外开放使我国全面融入国际社会和经济体系,在国际事务和经济体系中的话语权增加,国际地位不断提升。外资的大量引入使得我国许多领域开始按照国际通行规则运行,促进了我国社会的法治化和政府行为的规范化。对外投资与引进投资既带来了规范的公司治理结构、先进的管理模式和一流的经营理念,也带来了国际通行的法律法规、会计准则和质量标准,为我国经济改革提供了参照标准,促进改革不断深化。

二、我国经济对外开放存在的问题与挑战

在我国经济对外开放的过程中,仍然存在不少突出问题,面临严峻挑战。因此,需要我们认真总结教训,努力克服,争取对外开放的更大发展。

（一）外贸依存度过高,经济增长的不确定性增大

我国实施出口导向型经济,外贸依存度不断攀升,在 2008 年达到 50％以上。[①]我国许多地区与城市的外贸依存度高达 100％以上。从 2008 年以后,我国的外贸依存度有所下降,但目前仍处于 34％左右。[②]这使我国经济较为容易受到国际经济波动的影响。在进出口总额不断提高的情况下,我国受世界经济影响也在不断加大。由于出口产品大部分处于产业价值链的中低端位,产品生产过程需要能源消耗超出国内的可产出量,导致能源的消耗在不断上升,进口量在不断增加。如果全球经济发生波动并发生能源危机,我国经济必将受到较大的冲击。当前我国进出口集中在少数发达国家与地区,容易产生卖方与买方相对垄断问题,这也是我们不能不防范的问题。

因此,我国有必要立足本国的比较优势,发展面向民众消费需求的产业,建立相对完整与外贸依存度合理化的国民经济体系,有效与合理利用国外市场与资源。必须实行适当的外贸依存度,在充分利用外贸带动经济发展的同时,努力达到就业平稳化、风险最小化、利益最大化、贸易结构最优化和贸易主体合理化,既要保证国家经济安全和国内经济的良性循环,又要有利于优化产业结构和国内经济的协调发展。

---

① 数据来源:《中华人民共和国 2008 年国民经济与社会发展统计公报》。
② 数据来源:《中华人民共和国 2021 年国民经济与社会发展统计公报》。

（二）加剧国际贸易摩擦，扩大国内经济的不平衡

出口导向经济成为拉大我国国内区域之间经济发展水平差距的一个重要因素。过大的对外贸易量，使得生产要素过多地集中到出口部门，这是由于出口导向型经济强化了收入差距，特别是扩大了资本与劳动之间的收入差距。工业化向纵深推进与出口导向型的经济增长对不同产品部门的影响是不同的。特别是，在进口与出口都大幅度增加的条件下，不同产品部门由于生产要素专用性的不同而产生了分化效应。极高的外贸进出口程度与出口依存度拉大了人们的收入差距，特别是加大了资本与劳动之间的收入距离，加剧了资本之间的竞争。我国经济增长的"二元化"特征变得更为明显，经济发展的"嵌入式"特征突出。资源与生产要素主要流向出口制造部门，并抬高生产要素价格，对其他产业发展起到抑制作用。

中国对外贸易逐年上升，使得我国不可避免地、更多地与其他国家发生贸易摩擦，包括反倾销、人民币币值估计问题、知识产权保护以及各种贸易争端在不断增多。我国与其他国家的贸易摩擦的方式已由过去的关税、配额许可证等，向反倾销、反补贴、绿色壁垒、技术壁垒以及社会和劳工标准等方面转变，新贸易壁垒将困扰我国的外贸发展。此外，在国内，我国实行对外开放的一个特征是政策优惠，政府为鼓励外商直接投资而实施了一系列的优惠措施，政策差别导致在外商直接投资的过程中，对本土企业产生越来越多的挤出效应。

（三）生态环境压力增大，可持续发展问题严重

目前，我国对外加工出口有大量的低端产品与高污染产业，这些产业技术水平低，不仅需要大量的原材料与能源，而且需要的劳动相对密集，也对环境破坏较大。这些产品需要大量的运输，因而耗费了大量的能源与资源。随着我国出口加工型产业不断发展，我国的能源、土地和水这三种基础资源的供需矛盾也越来越突出。我国土地资源退化，森林资源减少，耕地面积缩小，水资源供应也变得越来越没有保障。由于这些低端产品的大量生产与运输，我国的生态与环境正面临着越来越严重的威胁。我国的可持续发展问题与多头对外的加工贸易生产有紧密的关系。

此外，由于我国实行强制结售汇制度，数量巨大的进出口贸易使得外汇的结算释放出大量的人民币，导致流动性过剩问题较为突出，助长了国内经济结构的扭曲，增加了物价上涨的压力。

三、以国内大循环为主体和国际国内双循环相互促进

习近平总书记在二十大报告中指出："依托我国超大规模市场优势，以国内大循环吸引全球资源要素，增强国内国际两个市场两种资源联动效应，提升贸易投资合作质量和水平"。[①]实践证明，在国际竞争环境明显恶化和世界经济不景气的大背景下，坚持以国内大循环为主体、国际国内双循环相互促进的发展战略是符合客观条件的明智选择，是坚持以自力更生为主的对外开放政策的必然要求。

---

① 习近平：《高举中国特色社会主义伟大旗帜　为全面建设社会主义现代化国家而团结奋斗》，人民出版社 2022 年10 月版，第 32 页。

（一）形成以国内大循环为主体的必要性

随着改革开放的日益深化和国内需求潜力的不断释放，国内市场逐步壮大和国内循环活力显著增强，客观上具备了经济发展由国际大循环为主，向国内大循环为主转化的必要性和可能性，内循环已成为我国经济发展的根本动力。

第一，内循环有利于提升国内的最终需求。只有国内的最终需求上去了，才能使国内的市场需求大于国外的市场需求，降低我国的对外依存度，减少国际经济动荡对我国经济的冲击力和破坏作用。

第二，内循环有利于健全国内统一的大市场。只有建立和完善国内统一的大市场，才能打破区域分割和行业壁垒，促进生产要素和产品的自由流动，推动区域经济的优势发挥和相关产业的兼并重组，使国内统一市场不断发展和壮大。

第三，内循环有利于提高科技的自主创新能力。近年来，西方发达国家在高新技术领域对我国实行封锁和打压，因此我们只有不断提高自主创新能力，才能突破他们的限制，把核心技术牢牢掌握在自己手里。国内循环越顺利，越能形成对全球资源要素的引力场，越有利于在国际合作和竞争中建立优势，在全球产业链供应链中拥有更多话语权。

（二）充分发挥国际大循环的积极作用

坚持以国内大循环为主体，不等于放弃对外开放和重新回到闭关锁国的状态。习近平总书记指出："中国开放的大门不仅不会关闭，而且会越开越大。"①我们要充分利用国际经济资源的比较优势，来弥补本国资源缺陷和加快本国经济发展。

第一，参与国际大循环有利于提高国内产品的国际竞争力。只有在与发达国家的平等竞争中才能找到差距和弥补不足，才能提高我国的创新能力和赶超世界先进水平。因此积极参与国际大循环，能够不断促进本国经济的高质量发展。

第二，参与国际大循环有利于学习国外的先进技术和管理理念。只有充分学习和借鉴国外的市场化经验，通过深化供给侧改革和完善统一的国内市场，才能畅通国内大循环，使得国外产业更加依赖中国的供应链和消费市场。

第三，参与国际大循环有利于向外推广我国的先进技术。只有积极参与国际大循环，才能把我国的优质产品和先进技术不断推向国际市场，提高国际竞争力和世界市场的占有率，占据高新技术的制高点和取得经济发展的主动权。

（三）形成双循环相互促进的新格局

我们既不能只搞国内循环而脱离国际循环，也不能只依靠国际循环而忽视国内循环。现实表明，只有把国内循环与国际循环有机结合，才能使它们相互促进和相得益彰，以推动我国经济形成新格局和登上新台阶。

重视以国际循环提升国内大循环的效率和水平、以国内大循环吸引全球资源要素，才能建设更高水平开放型经济新体制，实施更大范围、更宽领域、更深层次的对外开放。

第一，构建双循环新发展格局，必须体现独立自主和对外开放的统一。独立自主是我国

---

① 《习近平经济思想学习纲要》，人民出版社、学习出版社 2022 年 6 月版，第 126 页。

的制度优势,也是我国发展的宝贵经验。中国特色社会主义进入新时代,加快国民经济的高质量发展,更要坚持独立自主和对外开放的有机结合。

第二,构建双循环新发展格局,必须提升国际循环质量和水平。推动国内国际双循环相互促进,必须坚定不移推动经济全球化朝着开放、包容、普惠、平衡、共赢的方向发展,推动建设开放型世界经济的新格局。

第三,构建双循环新发展格局,必须加快实现我国经济的高质量发展。高质量发展是我国经济战略的指导原则。应充分发挥我国的超大规模市场优势,快速提升产业链的现代化水平,改变我国长期处于价值链中低端的国际分工地位。

第四节 构建高质量发展的对外开放体系

习近平总书记在党的二十大报告指出:"深入推进改革创新,坚定不移扩大开放,着力破解深层次体制机制障碍,不断彰显中国特色社会主义制度优势"[①]这就要求我们充分运用社会主义制度优势,稳步扩大规则、规制、管理、标准等制度型开放,构建我国高质量发展的对外开放体系,实现高水平对外开放。

一、形成对外经济竞争的新优势

在构建对外开放新体系时,要不断提高我国的产业技术水平,以产业结构升级推动服务产品出口,形成我国对外竞争的新优势。

(一)提高产业技术水平

随着我国土地成本与劳动力成本的提高,原有的低成本加工贸易行业正在逐步衰退。劳动密集型产业的市场空间已经受到较大压缩。我国必须加紧培育与发展以创新驱动为主的产业,培育具有较高技术含量与附加值的产品。必须从过去主要依靠物质资源投入来推动经济社会发展的方式,转变为主要依靠人力资本和知识资本来推动经济社会发展的方式,提高对外开放的实力水平和竞争能力,形成我国国际合作竞争的新优势。需要提高产业技术水平,以高新技术产业不断取代低端产业,提升高科技、新材料、新工艺和新技术产业的比重。应当促进我国从低技术的加工出口走向高技术产品出口,使我国产品出口从长、大、重、厚转变为短、小、轻、薄,加快培育以技术、品牌、服务为核心竞争力的新优势,走低耗能的可持续发展道路,减少对生态环境的污染与破坏。

(二)以产业结构升级推动服务产品出口

要形成对外经济合作竞争新优势,需要提高我国服务业比重,特别是要扭转服务贸易逆差过大的局面,提高服务业的服务能力。同时,加快金融、会计、法律以及专业服务业的发

---

① 习近平:《高举中国特色社会主义伟大旗帜 为全面建设社会主义现代化国家而团结奋斗》,人民出版社 2022 年 10 月版,第 27 页。

展,发展知识经济与服务经济,加快服务品牌的培育与发展。当代世界发达国家产业结构演进的一个重要特征是高增值环节逐渐向服务部门集中,贸易增值主要依赖前端的研发设计和后端的营销服务,组装制造环节利润比例越来越小。要使我国出口中的服务产品比重不断增加,提升相应的知识含量,增强服务产品的竞争力,以改变我国服务贸易逆差过大的状况。

二、形成对外开放的新体制

随着国内外形势的深刻变化,从改善市场环境和加快自由贸易区建设等方面,对我国形成对外开放新体制提出了新要求。我们要深入推进改革创新,坚定不移扩大开放,“稳步扩大规则、规制、管理、标准等制度型开放”,[①]“着力破解深层次体制机制障碍,不断彰显中国特色社会主义制度优势,不断增强社会主义现代化建设的动力和活力,把我国制度优势更好转化为国家治理效能。”[②]

(一) 努力营造良好的市场环境

在我国经济进入新常态时期,需要建立统一开放与竞争有序的市场体系,给予所有的市场主体国民待遇。全面实行准入前国民待遇加负面清单管理制度,促进内外资企业一视同仁、公平竞争。对外商投资企业既不能歧视,又不能过于优惠,以免损害我国的国有企业与民营企业。要营造平等的法治环境,加强政府行为的法治化、经济行为的市场化约束,建立健全企业履行主体责任、政府依法监管和社会广泛参与的现代经济管理机制。学会运用法律手段解决问题,使开放有法可依和有法可循,使我国的管理法规与国际通用规则相协调。在健全对外投资促进政策和服务体系上,要清理和取消各种不合理限制,让企业放开手脚到外国投资。需要不断强化涉外法律服务,推动同更多国家签署司法协助协定,维护我国公民、法人在海外的正当权益。[③]

(二) 以自由贸易试验区建设带动对外开放的体制改革

“实行更加积极主动的开放战略,构建面向全球的高标准自由贸易区网络,加快推进自由贸易试验区、海南自由贸易港建设,共建‘一带一路’成为深受欢迎的国际公共产品和国际合作平台。”中国自由贸易试验区是指在国境内设立的,以优惠税收和海关特殊监管政策为主要手段,以贸易自由化、便利化为主要目的的多功能经济性特殊区域。建立自由贸易试验区是我国更加积极主动对外开放的举措,是我国扩大对外开放的标志,也是以开放促改革,带动对外开放体制建设的重要措施。2013 年 7 月 3 日,国务院常务会议原则通过了《中国(上海)自由贸易试验区总体方案》,2014 年 12 月 28 日,全国人民代表大会常务委员会授权国务院,在中国(广东)自由贸易试验区、中国(天津)自由贸易试验区、中国(福建)自由贸易试验区,以及中国(上海)自由贸易试验区扩展区域,暂时调整有关法律规定。2019 年 7 月,

---

① 习近平:《高举中国特色社会主义伟大旗帜　为全面建设社会主义现代化国家而团结奋斗》,人民出版社 2022 年 10 月版,第 32 页。

② 习近平:《高举中国特色社会主义伟大旗帜　为全面建设社会主义现代化国家而团结奋斗》,人民出版社 2022 年 10 月版,第 27 页。

③ 王一鸣:《形成对外开放新体制》,《经济日报》2015 年 11 月 24 日。

中央又批准设立上海自由贸易试验区临港新片区,上述自由贸易试验区已经完成挂牌进入运作阶段。目前,我国已建立了21个自由贸易试验区,与26个国家和地区签署了19个自由贸易协定。2022年1月1日,区域全面经济伙伴关系协定(RCEP)生效实施,全球最大的自由贸易区正式启动。①

在自由贸易试验区内,以政府放权为标志的改革将进一步深化,实行"三张清单"制度,原先受到较多管制的创新类金融服务、商务服务和专业服务业等,将获得很大的发展机会。政府实行负面清单管理制度,积极探索政府经贸和投资管理模式创新,促进投资贸易便利化、监管高效便捷化以及法制规范化,深化对外开放体制改革,形成国际经济合作竞争新优势。2017—2021年,我国连续修订全国和自贸试验区负面清单,数量分别由93项、122项、减少至31项、27项。②合理缩减的外商准入负面清单,加快推动了自由贸易试验区、海南自由贸易港的建设,营造市场化、法治化、国际化的一流营商环境,形成具有全球竞争力的对外开放新生态。

三、构建内外均衡的对外贸易新体系

在对外贸易中要立足内需,保持国际收支均衡,以及推动国际区域经济合作,以形成内外贸易协调的新体系。

(一)构建立足内需的对外贸易体系

在经济全球化的新形势下,要统筹国内发展和对外开放,使两者相互促进,共同提高。应当注重内需和外需平衡、进口和出口平衡、引进外资和对外投资平衡,以保障我国经济安全。我国在过去一段时间里,对外贸易的主要特征是外需强而内需不足。因此,必须立足于内需主导型的经济发展战略,努力开拓国内市场,不断促进其发展,不仅能为本国企业建立稳固的后方市场,而且也能为发展对外贸易创造条件。由于我国人口众多,国内市场庞大,而经济处于高质量发展阶段,潜在的市场需求是其他国家不可比拟的,必须扩大国内需求,建立以内需为基础的进出口体系。应当在发展对外贸易的同时,将扩大内需作为经济发展的长期战略方针和基本立足点,以保证我国经济持续、稳定、健康的发展。要促使我国企业从国内市场导向国际市场,基于国内市场开拓国际市场,以国内市场为基础,不断引导企业创新和产业结构升级,实现国民福利提高与产品国际竞争力增强的良性循环。

(二)促进国际收支的均衡化发展

随着我国外汇储备不断增长,需要更加注重国际收支平衡,注重货物进出口与资金进出均衡化发展,不仅要利用好我国劳动密集型经济的出口优势,也要利用好外汇储备,充分利用进口提高我国产业技术水平,满足人民生活的多样化需要。要在比较优势的基础上,运用我国的竞争优势获得利润与盈余。要运用外汇储备不断提高对外投资的水平和质量,促进主权基金对外投资多元化,不断提高投资的利润率。要有序推进人民币国际化,深度参与全

---

① 数据来源:《高质量发展是全面建设社会主义现代化国家的首要任务》,国家发展和改革委员会(ndrc.gov.cn)。
② 数据来源:《自由贸易试验区外商投资准入特别管理措施(负面清单)(2021年版)》《外商投资产业指导目录(2017年修订)》,国家发展改革委、商务部。

球产业分工和合作,维护多元稳定的国际经济格局和经贸关系。

(三)推动国际区域经济合作进一步发展

在经济全球化条件下,国际区域经济合作在不断发展。国际区域经济合作一方面可以构建一定区域之内的利益共同体,以抵御经济全球化的冲击;另一方面也促进了经济全球化的发展。我国一直致力于推动世界贸易组织、亚太经合组织等多边机制更好发挥作用,扩大金砖国家、上海合作组织等合作机制影响力,增强新兴市场国家和发展中国家在全球事务中的代表性。事实上,许多国家参与经济全球化是以一个国家与其他国家结成区域化经济实体参与国际经济竞争的。我国必须不断加强与周边邻国的区域经济合作,建立区域经济合作伙伴关系,包括与东盟、日本、韩国以及南亚国家的经济联系。

四、积极参与全球经济治理,构建国际经济新秩序

当前,国际经济秩序仍然是以美国及其美元主导的战后经济秩序,西方发达国家在此中是既得利益者。我国要更加积极主动地参与国际规则制定,维护发展中国家的权益。

随着我国经济总量和对外贸易额不断增长,亟须积极参与全球治理,构建国际经济新秩序,以获得平等、对等与合理的收益,推动全球治理朝着更加公正合理的方向发展。当前,经济全球化非均衡机制有利于发达国家而不利于发展中国家,经济全球化实际上在加剧世界贫富差距而不是缩小。发达国家从中获得较大利益,而发展中国家与不发达国家只是获取较小利益。如果不注意开放过程中保护国家经济安全,发展中国家和不发达国家在参与国际经济分工与协作中利益会受到损害,导致国家经济与社会陷入危机。因此,我国对外经济开放,参与国际经济分工与协作,必须参与全球经济治理。我国必须提高国际贸易规则制定的参与能力,更加注重从接受既定规则向更多地主动参与制订规则转变。我国需要努力推动建立普惠与共赢的多边贸易体制,推动全球货币改革,推动人民币国际化,推动国际货币基金组织与世界银行进行改革,参与贸易规则和金融规则的修订等。这都是我国在扩大对外开放中需要着手的工作和亟须解决的问题。

五、倡议和推进"一带一路"建设

在我国对外经济扩大开放的新时期,我国倡议并积极推动"丝绸之路经济带"和"21世纪海上丝绸之路"(简称"一带一路")建设,推进我国与有关国家既有的双边或多边合作机制发展,建设发展与沿线国家的经济合作伙伴关系。我国与"一带一路"的国家以共商、共建、共享为原则,积极推进国家发展战略的相互对接,以新的形式使亚欧非各国联系更加紧密,互利合作迈向新的历史高度。许多沿线国家在发展经济、改善民生等方面,同中国有着共同利益。"一带一路"建设,既是中国扩大对外开放的重大战略举措,又是积极参与全球经济治理的伟大实践,具有极其深远的意义。

中国倡议和积极推动的"一带一路"建设,强调平等参与和互利共赢,有助于克服过去经济全球化不平衡不公正的偏向,给世界经济注入新的活力,推动经济全球化朝着更加平衡、共赢、开放、包容、普惠的方向发展。"一带一路"建设使不同民族、文化、宗教的人群和谐相处,不同社会制度国家和平合作。它是构建人类命运共同体的实践平台。当今世界正处在和平发展、合作共赢的时代,我国倡议"一带一路"建设,体现了我国作为世界上最大的发展

中国家在新时代推进中国特色外交的历史担当,它也是完善全球发展模式和治理体系、构建人类命运共同体的伟大实践。

复习思考题

1. 坚持开放发展新理念有何重大意义?
2. 深度融入全球经济如何注意国家安全?
3. 中国为什么要积极参与全球经济治理?
4. 倡议"一带一路"建设有何积极作用?

第 二 版 后 记

《中国特色社会主义政治经济学》出版以来，受到经济学界特别是高校政治经济学教师的好评，并在教学中得到学习和使用。党的二十大召开以后，根据习近平新时代中国特色社会主义思想和党的二十大精神，我们对本书的第一版进行了修改、充实和提高。其中增加了第五章（遵循经济规律与促进共同富裕）、第十章（全面推进中国式现代化建设）。重新改写了第十一章（新型工业化与数字化）、第十二章（农业现代化与城乡融合发展）、第二十章（经济全球化与开放型经济）。使本书的第二版更加符合习近平经济思想和新时代的经济发展要求，也深化了中国特色社会主义政治经济学的理论研究和实际运用。

本书第二版的主编：陈伯庚、陈承明、沈开艳；副主编：傅尔基、刘美平、速继明、石涛。执笔修改的人员分工如下：陈伯庚：前言、导论、第一章；陈承明：第二章、第三章、第四章、第五章；沈开艳、邓立丽、谢超：第六章；沈开艳、邓立丽、李卫：第七章；傅尔基：第八章、第九章；刘美平、徐晓莹：第十章；速继明：第十一章；李炜永：第十二章；周静：第十三章、第十六章；石涛：第十四章、第十五章；陈婷：第十七章；李晶：第十八章；孟星：第十九章；金彤：第二十章；陈建华、吕文：第二十一章。在分工修改后，由主编、副主编统稿，最后由陈承明教授和沈开艳研究员定稿。

本书的再版是在高等教育出版社的大力支持下完成的，得到了华东师范大学殷德生教授、李巍教授、中共上海市委党校鞠立新教授和高等教育出版社编辑的认真审读和仔细修改。对他们的辛勤付出，在此表示衷心的感谢！此书是速继明教授主持的国家社科基金重大项目《郭大力文集整理、出版与研究》（批准号：22&ZD077）的阶段性成果。由于此书编写的时间较紧，加上编者水平有限，缺点和错误在所难免，希望使用本书的教师、学生及同仁不吝赐教。

编 者

2023 年 3 月

第 一 版 后 记

《中国特色社会主义政治经济学》是响应习近平总书记"学好用好政治经济学"的号召，遵循"立足我国国情和我国发展实践，发展当代中国马克思主义政治经济学"的要求而编写的。

编写组在上海市经济学会领导和支持下，利用学会社会主义市场经济研究专业委员会的平台征集人员，开展工作。实行两个"三结合"，一是老中青相结合，最年长的82岁，最年轻的不到30岁，多数是年富力强的中年骨干；二是产学研相结合，高等院校、科研单位和实际部门相结合，参编单位有华东师范大学、上海交通大学、上海社会科学院经济研究所、上海市委党校和上海市政府发展改革委员会等，具体参编人员有15位专家、教授。

书稿从2015年2月启动，通过讨论编写提纲、专题研讨、初稿审阅等，先后进行了六次研讨活动，统一思想，创新观点，反复修改提高，先后统稿三次，力求提升书稿质量。书稿于2016年1月底最终完成，花了整整一年的时间辛勤耕耘。

本书主编：陈伯庚、陈承明、沈开艳；副主编：傅尔基、孙仲彝、石涛。执笔人员分工如下：陈伯庚：前言、导论、第一章、第五章；陈承明：第二章、第四章；孙仲彝：第三章、第十一章；沈开艳、邓立丽：第六章、第七章；钟祥财：第八章；傅尔基：第九章；赵义怀、解栋栋：第十章、第十六章；周静：第十二章、第十五章；石涛：第十三章、第十四章；朱琴芬：第十七章、第十八章；孟星、李晶：第十九章；陈维：第二十章；陈建华：第二十一章。在分工执笔后，由主编、副主编统稿，最后由陈伯庚和陈承明教授定稿。

在初稿编写过程中，多次参加研讨活动的有：上海市经济学会名誉会长、原会长袁恩桢研究员、上海市委党校常务副校长、上海市经济学会副会长王国平教授、上海市经济学会副会长、东方房地产学院院长张永岳教授，上海市社联党组书记、上海市经济学会副会长兼秘书长权衡研究员、复旦大学王克忠教授，上海社会科学院陶友之教授，上海市委党校黄文忠教授，华东师范大学经济系主任李巍教授等。参加征求意见稿研讨活动的有：上海市经济学会会长周振华研究员、上海社会科学院经济研究所所长石良平研究员、复旦大学企业研究所所长张晖明教授、上海财经大学经济系主任马艳教授等20多名专家、学者，他们提出了宝贵的修改意见，在此一并表示衷心感谢。上海市经济学会名誉会长、原会长、上海社会科学院经济研究所原所长著名经济学家袁恩桢研究员为本书作了序言，在此表示由衷感谢。

编 者

2016 年 1 月

教师教学资源服务指南

关注微信公众号"**高教财经教学研究**"，可浏览云书展了解最新经管教材信息、申请样书、下载课件、下载试卷、观看师资培训课程和直播录像等。

课件及资源下载

电脑端进入公众号点击导航栏中的"教学服务"，点击子菜单中的"资源下载"，或浏览器输入网址链接http://101.35.126.6/，注册登录后可搜索相应资源并下载。

样书申请及培训课程

点击导航栏中的"教学服务"，点击子菜单中的"云书展"，了解最新教材信息及申请样书。

点击导航栏中的"教师培训"，点击子菜单中的"培训课程"即可观看教师培训课程和"名师谈教学与科研直播讲堂"的录像。

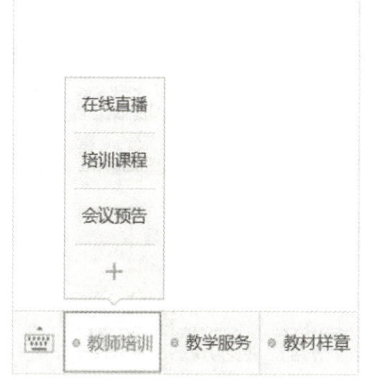

联系我们

联系电话：（021）56718921

高教社经济类教师交流QQ群群号码：247459712